施瓦辛格健身全书

The new encyclopedia of modern bodybuilding

[美] 阿诺德·施瓦辛格 / 著

万义兵 费海汀 杨婕 / 译

北京科学技术出版社

读者须知

运动学和医学是随着科研成果与经验的积累不断发展的。本书中所有的建议都由作者审慎提出，尽管如此，读者仍应根据自身情况和医生的建议来选择适合自己的运动方式。

因本书相关内容而造成的直接或间接的不良影响，出版社和作者概不负责。

THE NEW ENCYCLOPEDIA OF MODERN BODYBUILDING

Original English language edition Copyright ©1985, 1998 by ARNOLD SCHWARZENEGGER
Published by arrangement with the original publisher, SIMON & SCHUSTER INC.
Simplified Chinese translation Copyright ©2024 by Beijing Science and Technology Publishing Co., Ltd.

著作权合同登记号　图字：01-2024-1917

图书在版编目（CIP）数据

施瓦辛格健身全书/（美）阿诺德·施瓦辛格著；万义兵，费海汀，杨婕译.—北京：北京科学技术出版社，2024.8（2025.4重印）
书名原文：The New Encyclopedia of Modern Bodybuilding
ISBN 978-7-5714-3751-0

Ⅰ.①施…　Ⅱ.①阿…②万…③费…④杨…　Ⅲ.①健身运动-基本知识　Ⅳ.①G883
中国国家版本馆CIP数据核字（2024）第051772号

策划编辑：魏林霞	**电　话：**0086-10-66135495（总编室）
责任编辑：陈憧憧	0086-10-66113227（发行部）
责任校对：贾　荣	**网　址：**www.bkydw.cn
图文制作：旅教文化	**印　刷：**北京中科印刷有限公司
责任印制：李　茗	**开　本：**787mm×1020mm　1/16
出 版 人：曾庆宇	**字　数：**580千字
出版发行：北京科学技术出版社	**印　张：**31.5
社　　址：北京西直门南大街16号	**版　次：**2024年8月第1版
邮政编码：100035	**印　次：**2025年4月第2次印刷

ISBN 978-7-5714-3751-0

定　价：109.00元

京科版图书，版权所有，侵权必究。
京科版图书，印装差错，负责退换。

致 谢

在此，我由衷地感谢书中提及的所有健身者，他们都是最棒的，正是由于他们的通力合作，本书才得以面世。

我还要感谢所有优秀的摄影师，正是由于他们的辛劳，本书才有了如此多精彩的插图。

特别感谢所有西蒙 & 舒斯特（Simon & Schuster）出版公司的工作人员，感谢他们为这个全新的版本而付出的辛勤劳动。艾伯特·布塞克（Albert Busek）先生总是有求必应，时时给我鼓励；乔·韦德（Joe Weider）先生慷慨地奉献出了他的资料库，提供了丰富珍贵的研究材料；感谢弗朗哥·哥伦布（Franco Columbu），我的知心好友和优秀的训练伙伴；感谢吉姆·罗瑞莫（Jim Lorimer）先生孜孜不倦地提出宝贵意见；感谢医学博士杰吉·梅德斯基（Jerzy W. Meduski）提供的宝贵意见。

感谢荣达·哥伦布（Ronda Columb）、林·马克斯（Lynn Marks）、大卫·贝克（David Beck）以及我的助理贝丝·埃克斯坦（Beth Eckstein）。最后，郑重感谢所有韦德出版公司的工作人员——吉姆·查达（Jim Chada）、丽萨·克拉克（Lisa Clark）、埃里克·唐纳德（Eric Donald）、杰夫·费利西亚诺（Jeff Feliciano）、比尔·盖格（Bill Geiger）和皮特·麦克戈夫（Peter McGough），感谢他们为此书付出的辛勤劳动。

阿诺德·施瓦辛格

目录

前言　XV

第一部分　健身入门

第一章　演变和历史　2
　　健美比赛的开始　5
　　40年代及50年代的健美比赛　7
　　60年代的健美比赛　9
　　70年代的健美比赛　12
　　《举重》　17
　　80年代和90年代的健美比赛　17
　　健身运动的飞速发展　19
　　"阿诺德健身周末"　20
　　健身运动的职业化　21
　　乔·韦德　21
　　现代训练的演变　23
　　健身运动的未来　24
　　女子健身与健美　25

第二章　健身基础知识　28
　　渐进的过程　28
　　举重、阻力训练和健身　29
　　有氧运动与肌肉清晰度　34
　　运动员的健身　35
　　重量训练与健康　41

第三章　训练体验　43
　　所想即所得　43
　　泵感　45
　　训练强度　46
　　肌肉疼痛和肌肉酸痛　47

障碍与挫败　　49
　　　训练伙伴　　51
　　　安排训练日程　　53
　　　女性健身　　55

第四章　健身场所　　57
　　　健身房"大爆炸"　　57
　　　在健身房里要看什么　　58
　　　环境与氛围　　58
　　　普通健身者如何选择健身房　　60
　　　在家训练　　61

第五章　开始训练　　63
　　　进步快的人和进步慢的人　　65
　　　自由重量还是组合器械——关于重力　　67
　　　鞋子　　68
　　　手套　　69
　　　腕带　　69
　　　腰带　　69
　　　护肘和护膝　　71
　　　练颈帽　　71
　　　倒吊鞋　　72
　　　训练日志　　72
　　　健身与孩子　　73
　　　起步较晚　　74
　　　关于健美比赛　　74

第二部分　训练计划

第一章　基础训练原则　　82
　　　个体的需求　　82
　　　循序渐进　　83
　　　反复　　84
　　　练到力竭　　84
　　　练习组　　86
　　　动作的幅度　　87

目　录

　　肌肉收缩的质量　87
　　热身　88
　　强力训练　89
　　"重磅日"　91
　　训练过度与恢复　92
　　组间休息　93
　　呼吸　94
　　拉伸　94

　　　拉伸练习　96
　　　站姿侧弯 96　　站姿前弯 96　　腘绳肌拉伸练习 97
　　　弓步压腿 98　　分腿坐姿前屈 99　　大腿内侧拉伸练习 100
　　　股四头肌拉伸练习 100　　跨栏式伸展 101
　　　脊柱扭转练习 101　　悬垂拉伸练习 102

第二章　了解你的身体类型　　　　　　　　　　　　　　103
　　认识你的体型　105
　　新陈代谢和肌肉生长　108
　　外胚型训练　108
　　中胚型训练　109
　　内胚型训练　109
　　身体成分测试　110

第三章　基础训练计划　　　　　　　　　　　　　　　　112
　　分化训练　112
　　基本的肌肉群　113
　　组织你的训练　114
　　休息和恢复　117
　　何时训练　117
　　训练计划·阶段1　118
　　训练计划·阶段2　120

第四章　高级训练原则　　　　　　　　　　　　　　　　122
　　增加训练强度　122
　　强度技巧　123
　　强力训练原则　126
　　学习使用高级训练原则　132

v

第五章　练就一流的身材：高级训练计划　134

　　何时开始高级训练　135
　　"高组数"训练　136
　　双分化训练　137
　　高级训练计划　139
　　两阶段高级计划　139
　　训练计划·阶段1　140
　　训练计划·阶段2　142
　　达到极限　144
　　变更训练计划　144
　　弱点训练　146
　　训练弱区　147

第六章　参赛训练计划　151

　　塑造参赛体形　151
　　对于变小的恐惧　153
　　参赛训练的基本元素　154
　　依靠你的训练伙伴　155
　　训练量　155
　　选择练习动作　156
　　分化训练　156
　　参赛训练计划　158
　　个性化训练计划　160
　　肌肉分离度　160
　　发达度和清晰度：分析你的进步　161
　　户外训练　162

第七章　精神高于一切　164

　　大目标和小目标　166
　　从失败中学习　167
　　肌肉抑制　167
　　动机最大化　168
　　冲破障碍　169
　　健身如何影响精神　170

第三部分　身体部位练习

肩部　　177

　　肩部的肌肉　177
　　观察肩部　178
　　训练三角肌　182
　　基础训练计划　182
　　高级训练计划　183
　　参赛训练计划　183
　　训练斜方肌　184
　　弱点训练　185

肩部练习　190
　　杠铃推举 190　　颈后推举 191　　提铃上举 192
　　借力推举 193　　器械推举 194　　哑铃推举 195
　　阿诺德推举 196　　站姿侧平举 197
　　拉力器单臂交叉侧平拉 198　　拉力器单臂侧平拉 199
　　坐姿拉力器单臂交叉侧平拉 200
　　反握哑铃过顶侧平举 201　　器械侧平举 201
　　哑铃前平举 202　　坐姿俯身哑铃侧平举 203
　　站姿俯身哑铃侧平举 204　　俯身拉力器侧平拉 205
　　侧卧侧平举 206

斜方肌练习　207
　　直立划船 207　　大重量的直立划船 208　　哑铃耸肩 209
　　杠铃耸肩 209

胸部　　210

　　胸部的肌肉　210
　　完全发达的胸部　211
　　训练胸部　214
　　基础训练计划和高级训练计划　215
　　参赛训练计划　216
　　弱点训练　217
　　强力训练　222
　　前锯肌　222
　　训练前锯肌　223

胸部练习　224
　仰卧杠铃推举 224　　上斜杠铃推举 226　　器械推举 227
　仰卧哑铃推举 228　　下斜哑铃推举 228
　上斜哑铃推举 229　　哑铃飞鸟 230　　上斜哑铃飞鸟 231
　器械飞鸟 231　　站姿拉力器夹胸 232
　前倾拉力器夹胸 233　　仰卧拉力器夹胸 233
　双杠屈臂撑 234　　仰卧直臂上拉 235　　器械上拉 235
　绳索下拉 236　　单臂拉力器下拉 237　　窄握引体向上 237
　悬垂前锯肌卷腹 238　　悬垂哑铃划船 238

背部　239

背部的肌肉　239
训练背部　240
背部肌肉的功能　244
设计背部训练计划　245
弱点训练　245
拉伸和紧缩　248

背部练习　249
　宽握颈后引体向上 249　　宽握正面引体向上（可选） 250
　窄握引体向上 250　　背阔肌器械下拉 251
　窄握或中等握距下拉 251　　俯身杠铃划船 252
　俯身哑铃划船 254　　T杠划船 255　　单臂哑铃划船 256
　单臂拉力器划船 257　　坐姿拉力器划船 258
　器械划船 258　　屈臂杠铃上拉 259　　器械上拉 259
　硬拉 260　　负重体前屈 262　　俯卧挺身 262

臂部　263

臂部的肌肉　263
训练臂部　264
完美的臂部　267
训练肱二头肌　268
借力弯举　272
基础训练计划　272
高级训练计划　273
参赛训练计划　273
弱点训练　274

目 录

训练肱三头肌　281
基础训练计划和高级训练计划　282
参赛训练计划　283
弱点训练　284
训练前臂　287
基础训练计划　288
高级训练计划　289
参赛训练计划　289
弱点训练　290

臂部练习—肱二头肌　292
站姿杠铃弯举 292　　臂托板弯举（可选）294
借力弯举 294　　斜托弯举 295　　三部弯举（21响礼炮）297
上斜哑铃弯举 298　　坐姿哑铃弯举 299
锤击式弯举（可选）299　　交替哑铃弯举 300
集中弯举 301　　仰卧哑铃弯举 302　　双手拉力器弯举 303
斜托拉力器弯举（可选）303　　反握弯举 304
反握斜托弯举 304　　肱二头肌训练器 305　　器械弯举 305

臂部练习—肱三头肌　306
拉力器下压 306　　单臂拉力器反握下压 308
坐姿臂屈伸 308　　站姿臂屈伸 309　　仰卧臂屈伸 310
仰卧哑铃臂屈伸 312　　仰卧交叉臂屈伸（可选）312
俯身臂屈伸 313　　单臂臂屈伸 314　　屈臂撑 315
背后屈臂撑 316　　固定杠臂屈伸 316

臂部练习—前臂　317
杠铃腕弯举 317　　单臂哑铃腕弯举 318　　背后腕弯举 319
反握杠铃腕弯举 320　　反握哑铃腕弯举 320
反握杠铃弯举 321　　反握斜托杠铃弯举 322
反握器械弯举 323　　单臂反握拉力器弯举 324

大腿　325

大腿的肌肉　325
大腿训练的重要性　327
腿部训练的要求　328
训练股四头肌　330
训练腘绳肌　332

IX

基础训练计划和高级训练计划　　333
　　参赛训练计划　334
　　紧缩和拉伸　336
　　弱点训练　338

　　　　大腿练习　340
　　　　深蹲 340　　大重量深蹲 341　　半深蹲 341
　　　　器械深蹲 342　　肩前深蹲 344　　挺髋深蹲 345
　　　　腿举 346　　腿举的变式 346　　哈克深蹲 347　　弓步 348
　　　　腿屈伸 349　　腿弯举 350　　站姿腿弯举 350　　直腿硬拉 351

小腿　　　　　　　　　　　　　　　　　　　　　352

　　小腿的肌肉　352
　　训练小腿　353
　　拉伸小腿　355
　　基础训练计划　355
　　高级和参赛训练计划　356
　　弱点训练　358

　　　　小腿练习　362
　　　　站姿提踵 362　　屈腿训练器提踵 364　　坐姿提踵 365
　　　　骑驴提踵 365　　单腿提踵 366　　反向提踵 367

腹部　　　　　　　　　　　　　　　　　　　　　368

　　腹部的肌肉　368
　　训练腹部　369
　　局部减肥　370
　　针对腹部的练习　371
　　腹外斜肌练习　372
　　前锯肌和肋间肌　373
　　基础训练计划　373
　　高级训练计划　374
　　参赛训练计划　374
　　弱点训练　375

　　　　腹部练习　376
　　　　卷腹 376　　转体卷腹 376　　反向卷腹 377
　　　　悬垂卷腹 378　　器械卷腹 379　　垂直凳卷腹 380

目 录

　　拉力器卷腹　380　　罗马椅卷腹　381　　坐姿屈膝上举　381
　　坐姿转体　382　　俯身转体　382　　抬腿　383
　　仰卧抬腿　383　　仰卧屈膝抬腿　384　　上斜屈膝抬腿　384
　　垂直凳屈膝抬腿　385　　悬垂抬腿　385　　悬垂转体抬腿　386
　　额外的抬腿练习　386　　侧卧侧抬腿　387　　屈膝侧抬腿　387
　　侧卧前踢腿　387　　跪姿后踢腿　388　　背后剪腿　388
　　完全吸腹　389

第四部分　健康 营养 饮食

第一章　营养和饮食　　　　　　　　　　　　　　　　　392
　　健身的特殊要求　393
　　基础营养物　394
　　蛋白质　395
　　碳水化合物　399
　　脂肪　401
　　水　403
　　维生素　404
　　矿物质　408
　　食物中的能量　411
　　代谢率　411
　　健身训练与热量消耗　412
　　"假"能量　413
　　营养底线　414
　　平衡饮食　415
　　糖原的重要性　416
　　酮症　416
　　吃和训练　417
　　吃的频率　418

第二章　体重控制：增加肌肉，减少脂肪　　　　　　　　419
　　身体的成分　419
　　身体成分的影响因素　420
　　饮食和体型　421
　　年龄和体内脂肪　421
　　热量消耗　422

XI

饮食的质量　422
制造"需求"　423
要做多少有氧运动？　423
通过饮食增长肌肉　424
增长肌肉的饮食计划　425
参考饮食计划　426
高蛋白质、高热量饮料　428
怎样减肥　430
酮症　432
蛋白质的推荐饮食来源　432
碳水化合物的推荐饮食来源　433
减肥饮食的规则总结　434
查看标签　434

第三章　参赛饮食计划　436

控制体重、塑造身材　437
全部记下来　438
在吃，正在吃，还是在吃　439
营养匮乏　439
代谢率下降　440
测量身体的变化　440
开始行动：提前12周　442
酮症测试　442
不要做太多有氧运动　443
关于药物　443
药物和体育　445
使用类固醇的副作用　446
利尿剂　448
生长激素　448
健美比赛与药物检测　448
超级补剂　449
赛前最后一周　454
"虚空"　455
"充碳"　455
减掉水分　456
训练、造型和饮食　458
赛前一晚　459
比赛当天早上　459

目 录

在预赛和晚间比赛之间　459
比赛之后　460

第四章　受伤及处理　461

专业知识　462
肌肉和肌腱　462
关节与韧带　465

实践内容　468
小腿　468
膝部　468
大腿　469
腹股沟　469
下腹　470
下背　470
上背　471
肩部　471
胸肌　472
肱二头肌　472
肱三头肌　472
肘部　473
前臂　473
受伤时的训练　473
天气寒冷时的训练　474

简要总结　475
肌肉僵硬、酸痛以及损伤　475
关节疼痛及其他关节问题　475
饮食填充　476
要注意的是：脱水　476
我的免疫系统怎么了？　476
最后的补充　476

前言

谁曾想过，会有人能够写一部关于健身和阻力训练的百科全书，更不用说这么大部头？毕竟，关于举起沉重的铁块有什么好讲的？正如有些人所说，健身又不是火箭科技。

确实，很多人开始健身训练的时候，就是那样来的。我知道，因为在健身房很容易见到他们。这些人通常在杠铃上加上很大的重量，然后用各种方式，将铁块举起（额外地，下背会突然用力，这很明显），然后再将杠铃重重地丢在地上。这绝不是健身！这是"有勇无谋"。这些人要么因为伤痛而被迫退出，要么立马放弃，因为做了那么多，却看不到显著的成效。

其实，学习健身的精要，不需要读到博士学位；但是，它也不像骑自行车那样可以自然而然地掌握。真见鬼！健身中的词汇就像是一门外语：金字塔训练、腓肠肌、负功训练、泵感、分化训练、顶峰收缩。你需要学习阻力训练的众多不同因素，在数以百计的练习动作及其各种特别的变式中，懂得如何组合出一个有效的训练计划——这都需要时间和实践。如果想取得最快的进步，那么你就要明白自己正在干什么。

如果你足够富有，可以负担每小时50美元（甚至更多）聘请一名私人教练，这样你可能免于成为健身菜鸟；或者，你花上不到一小时的钱，来购买这部健身全书，那么从你下次训练开始，就可以终生受益。

很多人都忘了，我和你一样，也曾经是一名初学者，在我开始锻炼身体时，所处的位置如你现在所处的完全一样。如果你不相信，可以去看看我十几岁时候的照片，你就会明白，我的变化有多大，我付出了多大的努力。让我从同辈人中脱颖而出的是那种想塑造肌肉的深深的欲望以及永不停止的执著。一路走来，我犯过很多错误，因为我仅有的指导就是乔·韦德的几本英文肌肉杂志，而我甚至还不说那种语言！那些杂志激励我去学习英语，这样我就能学习我早年的偶像雷格·帕克的训练方法。不过，杂志只能教我一些粗浅的概念，其他的一切都是通过不断犯错、摸索而获得的。

只要你有心从错误中学习，经验就是最好的老师。开始时，我训练肱二头肌的强度远远比训练肱三头肌的大，虽然后者是一块更大的肌肉；我跳过了腹部训练，

XV

因为那个时代的传统观点认为,在很多大重量的复合动作中,腹肌已经得到了足够多的刺激;那时,我也没有太注意对小腿的训练。后来,我来到美国,不得不加倍努力地训练它们。我甚至疯狂到剪掉运动裤的裤管,让每个人都能随时看到我的小腿——这可以不断提醒我这个要格外注意的弱点。

我们那时有的器械也不多;在最初的几年中,我从未做过腿弯举和腿屈伸。总之,因为我的知识缺乏,再加上我只懂得通过少数的动作来锻炼整个身体,我遇到了不少障碍。幸运的是,有了这本书,你就不会犯我曾经犯过的错误了。

你将像我一样,发现通过锻炼肌肉可以让生活的各个方面都受益。你在这里所学到的,将会对你生活的其他所有方面产生影响。当你看到自己辛苦的成果,你的自信心将得到提高,这些收获将为你的工作和个人关系增添色彩。就我个人而言,健身不仅给了我优良的身体素质,也为我获得的其他所有成就——在商业上、演员事业甚至家庭生活中——奠定了基础。我相信,任何事情,只要我选择去做,就能够成功。我相信这点,因为我懂得,要想获得就需要牺牲、努力、坚持,并逐渐地克服障碍。

即使在今天,很多和我一起共事的人都会称赞我的执著;当我拍电影的时候,我总是乐于将一场困难的戏一遍又一遍地拍摄,直到完美。为什么?这都归结于自律。如果你决心让自己的身体更加健康,你会发现自律、专注和成功的渴望都会逐渐灌注进你生活的其他方面。虽然你现在可能还没意识到这点,但是当你使用相同的自律来处理挑战时,你就会最终认识到这点。这是我对健身之所以如此热衷的另一个原因。

这本书不是一部自传,也不是一部关于七届"奥林匹亚先生"得主的人生故事,更不是一位演员的生平介绍。(如果你对这些感兴趣,可以在别处找到相关的信息。)虽然人们都知道我是健美运动员出身,也知道我是演员和商人,但是在很多场合,我可以以另一个身份出现,这为我带来了莫大的殊荣——这就是老师的身份。这就是我为什么在1985年首次出版这本健身全书以来,始终与该运动保持紧密关联的原因。自本书首次出版以来的这些年,我一直在收集素材,进行探索并修订信息,以供这次扩容和更新参考。

可以说,我鼓舞了各个年龄阶段的男女,让他们学会管理自己的健康和身材,这让我感到无比喜悦。在20世纪70年代中期,那时我在圣莫尼卡健身房讲学,听众只有几十个学生;之后,我以国家健身顾问委员会主席的身份去全国50个州游历,并指导各地的中小学生训练;然后,是那些贫民窟里的不幸孩子以及特奥会的身体

前　言

发展有障碍的人；再后来，是我主笔的报纸专栏和肌肉杂志的读者，再到最后——你——这本百科全书的读者。你们正是我为之付出巨大努力的原因。你们选择以我为师，我确实充满感激。

我可以与你分享世间最伟大的激情，这是获得健康、长寿和优质生活的唯一真正的秘诀。这也让这本书成为绝对必需的一种尝试——一种乐趣！健身是我的老本行，我将通过我的作品，坚持不懈地推广健身运动，使之传播于世界各地。

我累计有35年的健身经验，曾经和世界一流的健美运动员在一起训练上万个小时，不管过去的比尔·珀尔（Bill Pearl）、雷格·帕克（Reg Park）、戴夫·德雷珀（Dave Draper）、弗兰克·赞恩（Frank Zane）、塞吉奥·奥利瓦（Sergio Oliva）和弗朗哥·哥伦布（Franco Columbu），还是今天的冠军如弗莱克斯·惠勒（Flex Wheeler）、肖恩·雷（Shawn Ray）以及八届"奥林匹亚先生"李·哈尼（Lee Haney）。我研究过许多前辈所著的关于现代健身的著作，有些可以追溯至一个世纪前，这包括尤金·山道（Eugen Sandow）的《身体训练系统》（1894），美国军方的《身体训练手册》（1914）以及伊尔勒·李德曼（Earle Liederman）的《肌肉锻炼》（1924）。我咨询过世界杰出的运动科学家，我也研究过来听我讲课的学生提出的问题——我在各个大洲都讲过学，从非洲到亚洲再到南美洲，最近我每年都在哥伦比亚、俄亥俄州授课。总之，我将每一滴知识都放进了这部百科全书中。

有了这本参考书，不管是初学者还是参加竞技的健美运动员，抑或是想提高运动表现的运动员，又或者是那些只想更健康、看起来更好的人，都可以随意从这广阔的知识海洋中撷取自己所需的部分，要知道这些知识是我这么多年的积攒所得。

在某种意义上，我像一名出诊的医生，人们不断地向我咨询各种专业问题。最近，太阳谷的一位滑雪运动员问我，如何锻炼股四头肌的力量和耐力，从而提高表现；在一次健康大会上，几个人向我询问关于肌酸的增肌特性的最新信息；在温布尔顿，一位顶尖的网球选手向我咨询如何锻炼他的前臂力量；在夏威夷度假的时候，一位女士走上前来，问我如何才能减掉100磅（45.36千克）的脂肪，而且不会反弹；健身班上，年轻的健身者想知道，如何塑造肱二头肌的肌峰，同时提升大腿外侧的弧线；当我同军方人员交谈时，一般会被问到在只有基础设备的条件下，如何才能达到更好的训练效果。每天都有人问我问题，从维生素A到锌，再到休息和恢复的必要性，再到运动药物的虚假宣传。因此，我很久以前就明确了，如果我要去传播健身益处的"福音"，就绝对要保证信息的及时更新。

这不是一件简单的事情。健身以光速发展着，不仅是在竞技运动的层面上，对业余爱好者来说也是一样。那些简单地排斥使用合成代谢药物的人，没有看到相关行业内发生的变化。长久以来，教练们对增加肌肉的练习嗤之以鼻，认为这会让肌肉僵硬，缺少灵活性。研究者已经对这些练习进行了仔细的研究。实际上，阻力训练正在真正地变为一门科学，我们这些健身者通过多年的摸索，从一次次的失败经历中总结得出的理论，被运动科学家们证实。这不是说，我们不知道我们以前都在做什么；相反，早期的健美冠军都是健康和健身领域的先驱者，为后来者播下进步的种子。我们创造了一些格言，诸如"没有疼痛，就没有收获"，现在的每个健身者都知道并理解。

虽然科学告诉我们如何最有效地控制各种变量来组织你的训练，但是你不能低估主观因素的重要性。我出生于"二战"之后的奥地利的一个贫苦家庭，那种环境让我有极强的成功动力。"训练直觉"是另外一个难以捉摸的因素，不过很多顶级的健身者都具有。欲望、自律和动力都会发生作用，科学难以量化这些因素，但是它们的重要性是不可忽视的。你的遗传因素也是如此：有些人的骨骼结构和肌纤维构成，使他们更容易在力量运动或者健美比赛中获胜。说到底，通过健身，每个人都可以得到提高，继而挖掘出自己100%的潜力，即使那不是成为世界级运动员的潜力。

然而，研究身体运动的科学家和医学专家以及饮食和运动营养学领域的研究人员，正在使用已有的成果，对训练技巧进行调整和精化。即使不会是铁律，这些理念中的大多数也最好被视为原则。当然，科学界的任何发现都必须要对运动员和健身者有用，我们才是最终检验这些理念的有效性的人。运用这些真理来达到目的是这部健身全书的实践基础。我在本书中呈现的信息都是经过验证的，具有实践价值，而且也会对你有用！

自从我上次出版这部全书，健身运动的性质已经在很多方面发生了变化。当然，仰卧推举还是仰卧推举，深蹲还是深蹲，各种练习的要领变化甚微，不过我看到了其他一些非常重要的因素发生的变化。下面，我不仅会简单地列举这些发展变化，还会告诉你如何将它们运用于你的训练中。你将知道：

- 如何安排你的训练，不管你是为了具有傲人的体形，还是只为了让身体更紧致结实，以及如何有效地锻炼那些薄弱的身体部位；
- 力量运动员如何增强爆发力；
- 哪些练习可以达到最好的肌肉训练效果，哪些练习适合高阶的健身者；
- 如何将控制身体脂肪和让力量最大化的训练结合起来，甚至如何在两者之间

前　言

循环，以使两方面都达到最佳的效果；
- 如何通过增加5~10分钟的热身和适度拉伸练习，达到既减少受伤的风险，又切实增加训练重量的目的；
- 如何让每次反复和每组练习都达到最佳效果——让肌肉达到完全力竭，在酸痛中获得最大的好处；
- 当你的训练进入瓶颈时，如何组合各种训练变量；
- 什么时候太多的训练热情反而过犹不及。

　　我已经说过了，很多动作的练习要领和20年前差别不大。然而，关于如何进行腹部练习却有了不同的看法——让骨盆和胸腔相互靠近的卷腹练习动作幅度更小，比普通的仰卧起坐更安全。在我们参加比赛的时代，最优秀的健美运动员确实通过仰卧起坐练出了杰出的腹肌，但是很可能是他们强壮的上腹部让他们免于遭受脊椎问题。在某种程度上，四分之三的美国人都深受下背部疼痛的折磨，所以在美国仰卧起坐普遍被视为禁忌。于是，我已经完全修改了腹部训练部分，以适应如今的科学观点。我还扩展了练习列表，新增了大量的卷腹动作的变式。

　　重量训练的基本组成——杠铃练习、哑铃练习和以自身的体重为阻力的练习——也没有什么变化；但是说到阻力训练器械，我们就不能这样说了。出于安全考虑，器械训练总是会被某些人追捧。今天，几十家生产商彼此之间激烈地竞争，这大大地改变了该行业和器械运动的面貌。那些备受喜爱的器械变得越来越精密，更容易上手，并且比以前更逼真地模仿自由重量练习。有些允许你在不同的组之间改变阻力的角度；有些则增加了负功上的阻力；还有些使用计算机来改变阻力。我想在未来几十年，我们还会目睹更加巨大的变化。

　　商业性健身房并非唯一的获益者；家庭式健身房的数量也在猛增，因为大型的、笨重的器材已经被较小型的、更安全的器材所取代，它们不会对你的钱包狮子大开口，而且正好可以放在空余的房间内。对于那些无法去健身房的大忙人来说不失为一种理想的选择。

　　在营养方面，传统的"吃什么，你就是什么"的概念仍然一定的有正确性，但我们也不能忽视运动营养学领域发生的巨大变化。当然，科学已经创造了一些超级食品，如更硬的西红柿、在所谓的农场中饲养的鱼、更瘦的鸵鸟肉和食用牛肉。今天，我们对艰苦训练的运动员的饮食需求了解得更多，而且看到了一些可以提高运动表现的重要运动补剂的问世。

让我们从基本的健身饮食开始。我见过无数种流行饮食方案风靡一时，却很快就烟消云散。但是几乎所有我知道的健美运动员都遵循了相同的指导原则，我在书中已将它们列出来了。通常，你的肌肉锻炼见效比较慢，可以同你的饮食中的营养缺陷关联起来。如果借用程序员的说法，那就是"无用输入导致无用输出"。我列出了几种常识性的、可能适合你的策略。我常常被问到在宏量营养素中，蛋白质以及支持组织生长的关键氨基酸的作用，以及每天应该摄入多少量；为了更好的吸收，如何安排饮食时间。脂肪不像人们错误认为的那样，是健身的敌人，是健身者要不计一切代价避开的；其实，在合成重要的肌肉生长所需的激素以及维持健康方面脂肪起着非常重要的作用。

如果不提及最重要的运动补剂，那么关于营养的讨论必然是不完备的，某些运动补剂已经极大地改变了运动营养的面貌。肌酸已经被证明可以提高运动表现；另外，很多其他产品，包括谷氨酰胺、支链氨基酸以及抗氧化剂对运动员也非常重要。

关于营养被吸收进血液循环的方式，我们了解了更多。并非所有的食物都以相同的速度被吸收，所以人们创造了"血糖生成指数"这个指标来测量胰岛素反应——一种重要的合成代谢过程。由于艰苦的训练会消耗肌肉中的糖原储量（能量的基本储存方式），训练之后的饮食就非常关键。如今，相关的研究告诉我们，训练之后的饮食中应当包含什么，以及在训练完之后，应该过多长时间再进行能量补给。在这方面，有谁比那些顶级的健美运动员，那些经历了无数比赛的人更有发言权呢？即使不是职业运动员，也可以用这些方法来减少身体脂肪，哪怕只是为了在沙滩上看起来更棒呢。

随着高收入运动员的薪酬单的变化，运动心理学也蓬勃发展起来。新的理论和技术都证明了精神在训练和比赛中的重要性，这包括如何激发动机，集中注意力，以及如何设定可达到的短、长期目标。如果你有志于成为"奥林匹亚先生"，那么你最好首先清楚地制定一个最终目标——在头脑中想象你最终想拥有的身材，然后再执行一个计划，达到那个目标。没有事情是偶然的，比方说，你不会随随便便就成为一名令人尊敬的医生。你需要经过多年专心的学习才能达到你的目标。在训练上，道理是一样的。

一旦清楚了自己的目标，我会告诉你如何安排自己的个人训练计划，但是精神的作用还没有结束。你头脑中的图景会在每一组的每一次反复中激励你，并让你不断地接近目标——对我来说就是这样的。另外，除了在健身房里的训练，还有很多因素需要考虑:饮食和生活方式，它既可能让你离目标更近，也可能让你离目标更远。

前 言

这就是为什么精神在所有运动（包括健身运动）中如此重要。你必须在头脑中首先想象出你想拥有的身材，而你的训练必须和那种想象同步。一旦你看到了变化，你就会开始感觉良好。收获是一个永远延续的过程：你集中精神来训练身体，而开始发生的变化也会反过来影响你的精神。向往它，相信它，继而达到它！

健身运动的快速增长已经孵化了一个产值达几十亿的产业集群，在健身俱乐部、服装、设备、营养品、出版物和媒体、物理疗法、个人训练和教练等领域都有无数工作机会。你能想象将自己自由选择的兴趣作为每天的谋生之计吗？如果你就喜欢那样，那么尽可能地了解身体及其工作原理会是一个很棒的开始。

随着研究领域的变化，健身在社会上的面貌也非比往常了。今天，重量训练是美国最流行的消遣类健身活动之一，但是在25年前，肯定不是这样的。我还记得曾听过很多教练和运动员抨击肌肉训练，声称这会阻碍运动表现。（哎呀，我想知道现在那些家伙在哪里！）现在，几乎各种人都在使用阻力训练。

从高中到大学再到职业体育队，重量训练正帮助运动员达到"更好""更强"甚至"更快"的目标。当然，要达到运动的巅峰需要有惊人的天赋，但是毫无疑问阻力训练是一种取胜的法宝。棒球强击手马克·麦奎尔（Mark McGwire）即使在赛季中也定期地进行重量训练，正如全国橄榄球联赛的每个队员一样。我在芝加哥的金吉姆健身房，甚至还看见过美国职业篮球赛的冠军——芝加哥公牛队——的队员在训练。你可以放心，他们绝不是去那里参观拍照的！

通过阻力训练，你在打网球时可以增强你的反手，打排球时可以增加极有价值的弹跳力，踢足球时可以提高截球的能力，游泳时可以更有力地划臂和蹬腿，短跑中可以增加力量与步幅，你还可以打造股四头肌以更好地滑雪。更重要的是，事故发生的时候，你更不容易受伤。

当然，你不能期待长跑运动员像足球运动员那样训练。练习动作以及各种训练变量的选择让每个运动员可以根据自己的实际需要和目标，对训练活动进行调整。对有些人而言，力量是至关重要的，比如说与重量级选手竞技的拳击手和摔跤手，或者不能大量增加体重的体操运动员；但是相比于传统健身，他们需要一种不同的训练。橄榄球员、铅球运动员或者铁饼运动员，每个人都有其特定的训练要求。如果你玩某种运动，你就会知道如何制订你的训练计划，以满足你特定运动的需求。然而，不管你是150磅（68.04千克）还是250磅（113.40千克），在最后，力量训练都是唯一的道路。

有些职业的工作人员要经过模拟工作环境的严格的身体条件测试。军校、消防队和警察学校的入门考试有严格的身体素质要求——在力量、肌耐力以及有氧适能方面,以确保每个人在工作过程中的安全以及完成任务的效率。这对于女性来说尤其苛刻(但是绝非不可能做到),她们也许要比男性训练得更加艰苦。即使你被录取,也并不意味着你就不需要保持体能状态了;警察和消防部门现在正在给他们的设施中增加重量训练房,并鼓励"老兵们"保持他们身体的最佳状态。

在海湾战争期间,《华盛顿邮报》报道,在中东服役的军人提出的第一要求是将训练器材送至那儿,这样他们就可以继续训练。在这之前,他们一直在使用装满沙子的提桶锻炼身体。那时,我正在担任国家健身顾问委员会主席,我和很多大型的设备生产商接洽,希望他们能捐献一些设备。总之,我们筹集了400多吨的设备,科林·鲍威尔(Colin Powell)将军坚决将它们空运给部队。你可以看到,健身对这些人来说有多么重要!

现在,甚至老年人也在进行阻力训练。在25岁以后,你每年会减少半磅(0.23千克)肌肉。如果没有合适的训练来刺激,你的肌肉的尺寸和力量都会逐渐下降。定期的训练会帮助延缓这个衰老过程——其实衰老不过就是不加利用的结果。对于很多老年人来说,旺盛的体力会让他们更加独立,生活质量也会得到提高。

说到这儿,不要只会想象一位站在深蹲架下的老奶奶,要知道即使只是基本的练习也可以增强你的肌肉和骨骼,并提高其灵活性,但是至于究竟选择何种训练方案一定要因个人情况而异。现在,老年人中很流行在水池中依靠水的阻力进行练习。

新近的研究表明,训练也有助于对抗病魔。别以为这只是我个人的观点,这是经过确证的事实。最近我在《力量与健康研究期刊》中读到一篇报道,报道称重量训练可以帮助癌症病人。很多其他的研究已经将阻力训练同糖尿病、高血压、心脏病、关节炎、哮喘病以及艾滋病等患者的病情的缓解联系起来。训练可以增强免疫力,帮你更好地击退一些小毛病,甚至轻度的抑郁。再说一遍,重量训练方案必须根据个人的特定需要而制定。

那么未成年人呢?是的,只要稍加修改,他们也能从阻力训练中获益,比如使用高次数的、以自身体重为阻力的练习可以增强骨骼和肌肉,促进其生长。

最近最值得注意的健身风潮发生于1987~1996年,那一段时间,女性中力量训练的普及率翻了一番。在竞技层面上,现在既有针对健美运动员的比赛,也有适宜普通健身者之间的比赛。在非竞技层面上,大多数女性锻炼,只是为了让肌肉变得紧致,重塑身材,以及锻炼特定的问题区域,比如髋部、臀部和肱三头肌。通常情况下,女性的目标和男性的目标不同,后者一般关注的是如何增大肌肉块头,同

前 言

时显著地增加力量。这种目标的差异主要体现在训练计划的组成和练习动作的选择上，而动作的基本要领还是相同的。从生理上说，女性的身体和男性的也不同：女性的骨架较小，相对于腿部来说上半身肌肉更少；同腰部相比，臀部、大腿和髋部区域有更多的脂肪。但即使如此，肌纤维仍然是肌纤维，不管在男性还是女性的身体上，它们对于相同的动作和训练技巧都有反应。对于很多女性来说，只要遵从稍加修改的力量训练指导就可以了。

这是否意味着，如果像男性那样训练，你的肌肉块头就会变得很大？当然不是：女性分泌的睾酮——主要负责肌肉生长的合成代谢激素——非常少，所以训练效果远远没有男性明显。总之，本书为各种身体类型、各个年龄段和性别列出了不同的目标；即使一名女性的目标不是传统意义上的健身，她还是能取得同样令人惊叹的身材转变。

对于曾经骨折过，然后去看理疗师开始康复治疗的人而言，力量训练也是有用的。它不但会降低软组织和关节受伤的风险，而且也是完全康复、重新恢复活力的最佳途径。不管是暂时的肌肉酸痛、下背疼痛、关节僵硬或者骨折，阻力训练都会让你较快地重获之前的力量水平。

自从查尔斯·阿特拉斯（Charles Atlas）给那些前途渺茫、自暴自弃的人提供帮助之后，健身运动已经走过了很长的一段路。现在全世界都流行阻力训练。毫无疑问，这绝不仅仅是为了有粗壮的手臂，或者为了在沙滩上看起来很棒（但是注意，这些绝不是糟糕的目标）；重量训练可以重塑并调整你的身体状态，改善你的健康状况，提升你的运动能力，让你免受损伤，给你更长久、更有活力的未来。不管你是初学者，正在寻找训练的门道；还是一位中等程度的训练者，想进行分化训练，加快发展落后的身体部分；或者是一位高阶训练者，想让你的身材变得更加健美，并想将各种高级训练技巧组合起来，你都可以在这些文字中找到答案。

显然，自我第一次出版该全书以来，在健身领域中和健美运动员身上所发生的变化远远不止是简单的发展——它们更接近于革命。除了刚才提到过的，我们对于阻力训练的好处也有了更深的理解，这也是它之所以流行的部分原因。

每个进入健身房或者健身俱乐部的人都有自己的动机，这让他（或她）选择阻力训练来实现某种目标。当然，健身的目标是为了让肌肉发达，提高身体的美感，但是这绝不是人们使用重量进行训练的唯一原因。有些人健身也是出于增大力量的考虑：你有能力做更多的工作，不管是指单次举起更重的重量（肌肉力量），还是更多次地提起较轻的重量（肌肉耐力）。有些健身训练，比如循环训练，对心脏健康和呼吸系统功能很有帮助。如果在常规的健身中混合某种有氧训练，将会给健康带来更多的好处。

在科技日益发达的现代社会，人们习惯于长时间坐在电脑前和电视机前，吃热量过高的食物，从而引发肥胖以及多种主要的健康隐患。健身对锻炼出紧致的肌肉组织，同时减少身体脂肪发挥着重要作用。和脂肪组织不同，肌肉组织会消耗能量——无论是恢复还是维持都需要很多能量，所以肌肉组织的增加对应的是新陈代谢率的提升。健身可以让你实实在在地重塑身材，每周减少2磅（0.907千克）脂肪，而且避免了因服用减肥药或采用节食减肥法带来的危害。有种奇怪的、极具讽刺性的生命现象是，体重过重的人也很容易疲劳，而那些消耗大量能量来训练的人，似乎有使不完的能量。

健身对健康的其他益处也是可以衡量的。研究表明，正确完成的阻力训练可以让身体更加柔韧，而不是让肌肉僵硬。这是因为在一个动作中一块肌肉收缩，处于对抗地位的肌肉就会得到拉伸。很多在健身房训练了很长时间的顶级运动员，比如满身肌肉的体操运动员和短跑运动员，必须拥有极强的柔韧性，这样才能在其各自的项目中发挥出色。我甚至看到过顶级的职业健美运动员，比如弗莱克斯·惠勒在台上表演劈叉！运动可以保持身体的柔韧性，并且我建议你锻炼每个身体部位时，都让动作幅度超过它们的正常能力范围。

随着你年龄的增加，尤其如果你是女性，骨骼会缩小，其韧性也会降低。阻力训练可以预防甚至逆转骨质疏松。对肌腱和韧带来说也同样如此。更强的肌肉、骨骼和结缔组织可以减少受伤的危险。骨骼肌作为一种减震装置，可以分散外力的冲击，无论这种外力是来自于反复运动比如跑步，还是来自于一次摔落，如跌倒在硬地板上。

如前所述，决不能低估精神要素在健身中的重要性。精神健康专家认为，在对抗焦虑方面，没有什么比得上运动。说到自尊，你可从一项完成得很好的工作中获得，也可以从身体健康上获得。你努力要实现目标，一旦目标达到，你自然会感到自豪，在该过程中你也赢得了他人的尊重。最后，我想说，定期训练可以显著地提高你的性生活质量，因为你会有更多的能量，睾酮水平更高，焦虑感下降，而且更有自尊。

所有这些加起来，就让健身成为一项不同凡响、引人注目的事业。1995年健康产品委员会经过调查发现，重量训练成为美国最受欢迎的健身活动，而且从那以来一直保持在最高位。甚至《今日美国》报道"每周进行两次举重训练，每次20～30分钟，可以显著增强肌肉力量和紧致度"，这也是可能的，尽管他们相信"健美运动员每天都要在健身房里花去无尽的时间"这样的传言。所以，你是想成为这场健身

前　言

革命的一部分，还是加入愈来愈庞大的肥胖队伍？

这本书就是我能给你的。我将以这部全书的篇幅，写下我丰富的经历，从与昔日冠军一起训练，到与今日顶级健身者的对话，从向世界范围内的运动科学家、营养学家以及研究人员的咨询，到读者——就像你一样——问我的关于训练的问题。知识是无限的，即使在我走下竞技台之后，我仍然竭力保持在健身运动的顶端，研究过去的成功范式和最新的理论。实际上，在健身领域，我仍然是一名学生，但是因为我仍然非常喜欢健身运动，我在很长一段时间还将继续走下去。与此同时，通过分享知识的财富，我还可以作为一名教师服务社会。如果你觉得合适，不妨把我看做你的私人教练。

这本书是你必须做的，即使为我。这很简单，但我的意思并不是说这很容易——毕竟我说过，"没有疼痛，就没有收获"这句口号源于健身界。这是成功者和失败者之间的区别：你必须拥有一种真挚如火的欲望，去追求你的梦想，全心投入，获得进步，掌控你的条件以改变你的身体。你必须意识到，通过捷径，比如使用合成/雄性类固醇，只能获得短期的进步，却可能导致长期的健康问题。要理解，健身不是一朝之功，而是一生的事业。你的主观因素对你最终的成功发挥着重要作用，诸如你的态度、投入度以及提高美感的欲望。努力去学习所有你能学到的，聪明地训练，倾听你的身体，同时配合恰当的饮食。但是，不要太着急，不要想一次就弄懂所有的训练理念和原则。因为你很有可能还没有足够的经验来恰当地理解所有的信息。

如果听我说到这儿了，你就已经把其他人抛在数英里之外了。相信我，你命将不凡！

我尽力让本书诚实、准确、实用。研究它，反复阅读这些材料，当你有问题的时候，需要继续训练的动力的时候，或者只是为了改变一下你的训练方案的时候，就不断地参考这本书。在你的手中，这本书里，就有你要的答案。

准备好了吗？我想是的。让我们开始吧！

阿诺德·施瓦辛格
1998 年 11 月

第一部分

健身入门

第一章

演变和历史

19世纪末，人们对肌肉的态度开始发生变化，即不再仅仅将肌肉作为生存或自卫的自然手段，而是回到古希腊时期的理想主义——将肌肉的发展作为对人体美的一种颂扬。

在这一时期，举石头的古老传统演变成了现代的举重项目。随着体育的发展，举重项目在各种不同的文化中呈现出了不同的面貌。在欧洲，举重项目是一种娱乐活动，由此出现了一些职业的大力士——他们以能举起或支撑很大的重量作为谋生手段。至于他们的体形看起来怎样，无论是对他们自己还是对观众来说都是无关紧要的。结果，他们都倾向于发展出强壮而笨重的身躯。

而在当时的美国，人们越来越多地从健康的角度关注力量。这种健身文化的拥护者强调人体对自然饮食，特别是未经加工的食物的需求——这种观念扎根于人们对日益发展的食品加工技术的回应。美国人开始从农场和小镇向城市迁徙，而汽车则提供了一种新的移动方法。但同时，人的生命越来越多地在坐姿中度过，并且健康问题渐渐浮现，特别是当很多人食用了大量不该吃的食品，没能进行足够的锻炼，并且长期处在压力之下时。

健身文化分子正是在与这种趋势作斗争，他们信奉整体健康和身体锻炼，并提倡生活各个方面的适度与平衡。醉醺醺的、挺着啤酒肚的欧洲大力士当然不符合他们的理念。他们需要一个偶像，其体形是他们一直传播的理念的化身。这个偶像应当与古希腊运动员的完美雕塑相类似，而不是像欧洲巴伐利亚啤酒吧中的那些莽夫一样。他们在一个人身上找到了他们的理想——尤金·山道，这正是一个处在时代之交的超级健身明星。

山道最开始是作为一个职业大力士享誉欧洲的，他成功挑战了其他职业大力

第一章 演变和历史

士,用那些人擅长的把戏战胜了他们。他于19世纪90年代来到美国,受到弗洛伦茨·齐格菲尔德(Florenz Ziegfeld)的极力推崇,后者称他为"世界上最强壮的男人",并带着他巡回演出。但实际上,真正让山道脱颖而出的还是他那极具美感的体形。

山道是美的,这毫无疑问。他喜欢出风头,且非常享受有人观看他的体形,同时欣赏他的大力士表演。他会走进一个玻璃箱,然后展示他的肌肉,并仅仅用一片无花果树叶遮羞。这时,观众们就会紧盯着他的身体,而女人们更会对着他那美观而匀称的肌肉大呼小叫。这种对男性身体的美学特征的赞颂,在当时尚属新生事物。在维多利亚时期,男人们都将自己的身体严严实实地包裹起来,只有极少数艺术家会使用裸体男性作为他们绘画的主题。正因如此,山道的形象才如此令人惊叹。

很大程度上,由于山道的大受欢迎,哑铃和杠铃的销量像火箭一样直线上升。山道每周能获得几千美元的收入,并且围绕着他,通过书籍和杂志的销售诞生了一整个体系的产业。山道还举办了一些比赛,在其中参赛者凭借自己的肌肉尺寸与他人一较高下,之后,山道就会将一个自己的镀金雕像奖励给获胜者。但是,最终他也成为自己男子气概光环的受害者。据说,某日他的汽车开出了路面,而他则感到必须通过单手将汽车拖出路沟,才能展示他的力量。最终,这个被英格兰乔治国王称为"国王的科学健身教授"的男人因脑溢血而结束了他的生命。

尤金·山道

山道受到女士们的极度崇拜。

3

同一时间，乔格·哈肯施密特（George Hackenschmidt）因他在1898年获得俄国举重冠军时的表现而获得了"俄国雄狮"的称号，他还获得了各种世界级摔跤比赛的冠军。在移居英国之后，他逐渐地富有起来。他同时也是一名雄辩的演说家和一名多产的作家，他与当时的知识分子比如萧伯纳（George Bernard Shaw）进行争论，甚至向爱因斯坦挑战，以交流思想。

还有很多例子——路易斯·阿提拉（Louis Attila）教授、亚瑟·萨克森（Arthur Saxon）、赫尔曼·格纳（Hermann Goerner）和奥斯卡·希尔根菲尔德（Oscar Hilgenfeldt）。他们创造了男性力量的一个光辉传统，这个传统通过保罗·安德森（Paul Anderson）、瓦西里·阿列谢夫（Vasily Alexeev）一直延续到我们这个时代的举重运动员身上。

对有些人来说，对健身文化的追求实际上已经成为一种信仰，比如出版商贝尔纳·麦克菲登（Bernarr Macfadden），他可以被认为是任何时代健康狂人的原型。为了宣扬这样一个理念——"身体虚弱是不道德的体现"，他创立了《健身文化》杂志，之后他又出版了《纽约晚画报》，针对教育水平较低的淳朴读者。

乔格·哈肯施密特 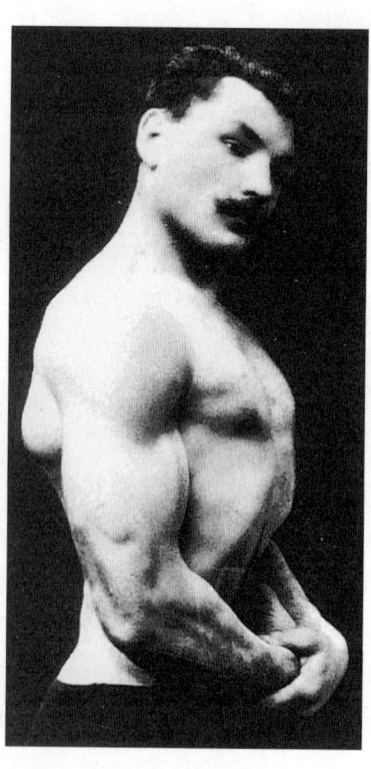　　　　　　亚瑟·萨克森 　　　　　　赫尔曼·格纳

麦克菲登是一个卓越的创始人，从 1903 年开始，他在纽约的麦迪逊广场公园举行了一系列的比赛，来选拔"全世界肌肉最完美的男人"。在第一次比赛中，他提供了 1000 美元的奖金——这在当时已经算是一小笔财富了——来奖给获得这一称号的人。在那几十年里，比赛和杂志都获得了成功。并且，麦克菲登也身体力行了他所大力宣传的东西，每天早晨从他在纽约城区河滨大道的家，赤足步行至他在市中心的办公室，并袒胸出现在他自己的杂志上。他直到 70 多岁都一直是健康和健身的模范。

或许，麦克菲登可能并不认同现代的健身运动，后者更强调身体的视觉效果，而不是运动技巧。但是，他和其他的健身文化分子毕竟在健身运动的演变中扮演了重要角色。他举办的比赛促进人们的兴趣从单纯关注肌肉的强壮度转移到关注身体的形象，并且，从这些比赛中诞生了一个超级巨星，他将在下面的几十年间成为全美国最著名的人之一。

1921 年麦克菲登的比赛的获胜者是安吉洛·西利亚诺（Angelo Siciliano）。为了使他日益增长的名声更加响亮，这位肌肉极其发达的男人将他的名字改成了查尔斯·阿特拉斯，并且获得了教授一门叫做"动态张力"的健身课程的权利。在超过 50 年的时间里，许多男孩子都是在杂志和漫画书中看着这门课程的广告长大的，包括那个骨瘦如柴的在沙滩上被欺负的孩子，去参加一门健身课程，然后回来将那个欺负他的人痛揍一顿，并赢回心上人的故事。"嘿，瘦干，肋骨都露出来了！"变成了最深入人心的广告语，以至于作家查尔斯·甘尼斯（Charles Gaines）将其称为历史上最为成功的宣传运动。

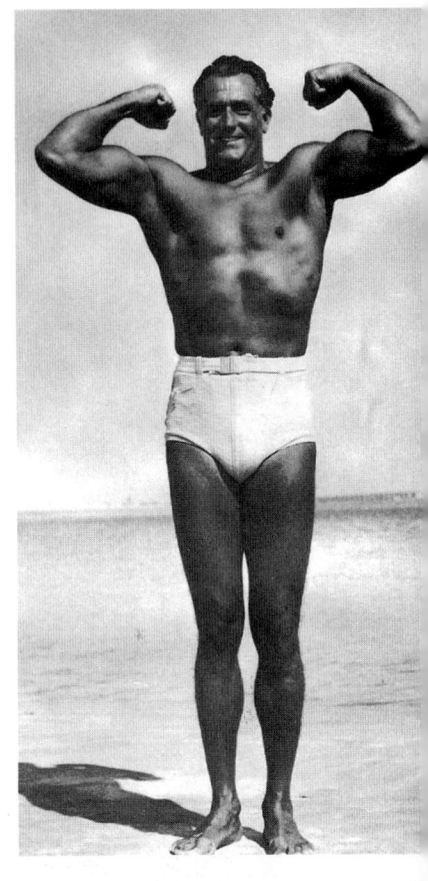

查尔斯·阿特拉斯

健美比赛的开始

在 20 世纪二三十年代，非常明显的是，身体的健康和体形的发展已经紧密地联系在一起了，而重量训练是在最短时间内最大程度地发展肌肉的最好方式。不管他的广告里怎么说，阿特拉斯本人甚至都是用重量而不是静力的"动态张力"来锻炼出他那杰出的身体的。那时关于健身训练的知识非常有限，但当时的健身者们仅仅靠着将自己的体形与那些上一代的明星们相比较，依然学会了不少东西。

5

路易斯·西尔

西格蒙德·克莱因

比如说，最为著名的划时代的大力士之一是路易斯·西尔（Louis Cyr），300磅重（136.08千克），又壮又胖，腹部和躯干的每一寸都很粗，像水桶一样的大力士。但在20年代，也出现了像西格蒙德·克莱因（Sigmund Klein）一样的男人，他们展示了一副漂亮的肌肉发达的体形，平衡而比例协调，身体脂肪很少，线条清晰。克莱因作为一家健身房的老板和健身训练及营养方面的作家，变得很有影响力。他的体形与西尔的体形，其区别就如同白天与黑夜一样。克莱因、山道和像麦克菲登一样有影响力的健身文化分子，逐渐说服人们，一个人的体形看起来怎样——而不仅仅是他的力量看起来有多大——是非常重要的，因为打造富有美感体形的训练同样有益于整体健康。尽管如此，完全以美学的标准来评价男性体形的时代仍然还有好几年才能到来。

在20世纪30年代，通过重量训练来发展力量的做法依然在某种程度上遭到质疑，就好像举重运动员并不真的配称为运动员一样。在健身房中训练而不是参加各种各样的体育运动来锻炼肌肉，几乎被认为是在作弊。之后的约翰·格里迈克（John Grimek）是一位奥林匹克举重运动员，常被认为是许多向往健身者的偶像。他在最早的作品中，自愿披露他那些傲人的肌肉就是从举重中锻炼出来的，虽然任何人在沙滩上看到他那样的体形都会明白，无论做多少次倒立和玩多少次水球都不可能实现那样的肌肉效果。

无论怎样，以体形来比赛的传统仍然延续了下来，并且在30年代末期，时不时地还会有拳击、体操、游泳、举重和其他项目的运动员聚集到这类比赛中。这些参赛者不得不在展示他们体形的时候也表演一些运动技巧。因此，那时的举重运动员能完成一些倒立或其他体操动作，都是很平常的。

1939年，情况开始出现了一些变化。业余体育运动联合会（AAU）介入，7月4日在芝加哥举行了它自己的"美国先生"比赛。获胜者是罗兰·艾斯麦克（Roland Essmaker）。这次比赛的参赛者仍然不是完全成熟的健美运动员，而是来自各种不同的体育背景，并且穿着各种东西——从拳击短裤到运动护裆都有——来展示身体。

但是，随着比赛越来越强调体形的视觉效果，举重运动员们就开始体现出了明显的优势。举重运动比其他任何一种训练都更能改变身体的轮廓，因此，他们看起来非常强壮，也越来越受评委们偏爱。

1940年，AAU举办了第一次真正意义上的现代健美比赛。那年和下一年的"美国先生"是约翰·格里迈克，他的训练主要就是在健身房里举重。这就向那些与他同台比赛的人发出了一个信号，那就是他们必须进行相似的训练了。格里迈克同样反驳了人们的一个想法，那就是进行重量训练的健身者会肌肉僵硬，无法进行灵活的表演。在比赛中，他站在舞台上做的展示动作，都体现了极高的力量、柔韧性和协调性。

40年代及50年代的健美比赛

1945年获得"美国先生"称号的人，被普遍认为是第一个真正意义上的现代健身者。克拉伦斯·罗斯（Clarence "Clancy" Ross）的体形即使在今天的任何一个舞台上也不会显得落伍——宽阔的肩膀、炫目的背阔肌、紧致的腰部、漂亮的小腿和腹肌。从此以后，在通过举重纯粹发展力量和用重量训练来塑造协调的体形之间就有了明显的界限。相对于其他肌肉发达的体形，健美运动员的体形现在被认为是特殊的了。

然而，健美比赛仍然不太引人注目。直到史蒂夫·李维斯（Steve Reeves）出现之前，没有任何一个健美冠军闻名于大众。而史蒂夫则是一个

约翰·格里迈克

克拉伦斯·罗斯

在正确的地方、正确的时间出现的一个正确的人。他英俊、有风度，并且有一副傲人的体形。肌肉沙滩（肌肉沙滩现在位于加利福尼亚州的威尼斯市，在20世纪40年代末50年代初聚集了一大批的健身者）时代的老人们还记得，在李维斯沿着沙滩漫步时，人们跟随他的情景，以及那些对他一无所知的人是如何停下来盯着他看，并且惊奇不已的。

在获得了"美国先生"和"宇宙先生"称号之后，李维斯开始拍电影，并且借助他在电影《赫拉克勒斯》（雷格·帕克和我在之后都出演了这个角色）、《海盗摩根》和《巴格达大盗》中作为剧名角色的表现成为了国际巨星。对于普通民众来说，在20世纪50年代，除了长盛不衰的查尔斯·阿特拉斯之外，就只有唯一一个著名的健身者——史蒂夫·李维斯。

到那时为止，几乎可以说历史上从来没有任何一个地球人能够达到像格里迈克、罗斯和李维斯一样的发达度。因为他们比任何一个前人都更加努力、也更加有计划地训练，而健身者们对身体的潜能也开始了解得更多，在这方面甚至远超医学科学家们的预测能力。关于健身与健美比赛的信息广泛传播，每年都会出现越来越多的杰出健身者——比尔·珀尔、查克·赛普斯（Chuck Sipes）、杰克·德林格（Jack Delinger）、乔治·艾佛曼（Georege Eiferman），以及我的偶像之——雷格·帕克。

我记得当我在1967年遇到雷格·帕克时，感到多么难以置信，我几乎敬畏得一句话都说不出来。我敬佩他的原因之一是他很魁梧、强壮，有一副看起来力大无穷的体形。我刚开始看到他的照片——健硕、有力，像赫拉克勒斯一样——就知道我想要塑造出什么样的块头

史蒂夫·李维斯

20多岁的雷格·帕克　　40岁的雷格·帕克

和紧致度。雷格是在李维斯离开比赛场开始拍电影之后，出现的下一个重要冠军。他在 1951 年成为"宇宙先生"，并在 1958 年和 1965 年成为了职业组"宇宙先生"。那时，每一个人都意识到雷格已经远远超过其他的优秀健身者了——他统治了健美比赛的舞台达 20 年之久。

60 年代的健美比赛

我第一次踏上国际健美比赛的舞台是在 1966 年。当时，我在杂志上读到过的绝大多数顶级健美运动员都在加利福尼亚生活和训练。

在 1967 年全国业余健美协会（NABBA）的"宇宙先生"比赛中战胜了当年的"美国先生"丹尼斯·泰那里奥（Dennis Tinerino），是我迎来的第一次国际性的胜利，但这也意味着我将不得不与当时的其他冠军们一较高下了。毫无疑问，当时有着许多激烈的竞争——比如弗兰克·赞恩，他对此次比赛的准备之彻底不输于任何一名健身者，以及我的好友弗朗哥·哥伦布，仅仅凭借纯粹的意志就从一个力量举重运动员成为了"奥林匹亚先生"，当然了，还有塞吉奥·奥利瓦。

每一次当人们谈论历史上最优秀的健身者的时候，塞吉奥·奥利瓦这个名字都会不可避免地跳出来。他和我在舞台上有几次令人难以置信的对抗。我能战胜他的唯一方法就是打造绝对完美的体形——块头、紧致度和分明的线条——并且不出现任

1967 年，比尔·珀尔赢得了职业组的"宇宙先生"称号，我赢得了业余组的"宇宙先生"称号。

乔·韦德和塞吉奥·奥利瓦——1967 年的"奥林匹亚先生"赛

何失误。塞吉奥是极其优秀的，以至于如果你不当心的话，他在更衣室里就能击败你。他的衬衫一旦脱下，就会现出那些不可思议的块头。他会用眼神刺穿你，像一头野兽一样呼噜着呼气，然后那炫目的背阔肌忽然跃出……而正当你认为这已经是你所见过的最不可思议的背阔肌的时候，嘭，又变宽了，并且越来越宽……直到你开始怀疑你眼前的还是不是一个地球人。

当我在欧洲争夺各种头衔时，也非常关注在美国进行的各种比赛。拉里·斯科特(Larry Scott)赢得了头两次的"奥林匹亚先生"争夺赛，我知道我最终不得不战胜拉里和其他顶级巨星，比如查克·赛普斯。但还有一个健身者同样令我印象深刻，不仅仅因为他那杰出的体形，还因为他所能塑造出的那些形象，那就是戴夫·德雷珀。

德雷珀代表了加利福尼亚健身者们的一个总体形象——壮硕、金发、太阳晒黑的皮肤，还带有个人风度和胜利者的微笑。当我在奥地利的冬天被三英尺厚的积雪围绕时，戴夫·德雷珀在加利福尼亚海滩上的形象确实相当诱人。并且，戴夫在电影中的角色——像和托尼·柯蒂斯(Tony Curtis)在《艳侣迷春》中——和他在电视上的出现都启发了我：健身在健美比赛的竞技场之外仍然有用武之地。

20世纪60年代，在健美界有两个不同的世界：欧洲和美国。1967年和1968年"宇宙先生"的称号奠定了我在欧洲的卓越地位——瑞奇·韦恩(Ricky Wayne)曾在文章中写道："如果赫拉克勒斯降生在今天，那么他的名字就会是阿诺德·施瓦辛格。"——但是，我应该如何挑战美国的健美冠军仍然是一个问题。

在大洋的另一边，我看到了戴夫·德雷珀、塞吉奥·奥利瓦、切特·约顿(Chet Yorton)、弗兰克·赞恩、比尔·珀尔、弗雷迪·奥尔蒂斯(Freddy Ortiz)、哈罗德·普尔(Harold Poole)、瑞奇·韦恩和其他人。我的挑战就在于与这些伟大的健身者们同台竞技，并战胜他们。

在短短几年里，我对世界的认识就获得了极大的拓展。当在奥地利进行训练时，我曾经把赢得伦敦的"宇宙先生"争夺赛作为我所能追求的最高成就。现在我才发现，赢得这个称号还只是

拉里·斯科特

戴夫·德雷珀

10

第一章 演变和历史

一个开始！在我的前面仍然有一条长长的路要走，并且在把自己视为是最优秀的健身者之前，还有许许多多的人要战胜——这意味着要与最顶级的美国运动员们正面对抗。因此在1968年赢得我的第二个"宇宙先生"称号之后，我启程前往美国。

1969年，我制订了一项计划，包括在一年内赢得三项顶级称号，以及所有重要联盟的冠军头衔。那时我在参加完在纽约举行的国际健美健身联合会的"宇宙先生"争夺赛后，立即赶往伦敦参加全国业余健美协会的"宇宙先生"比赛——这让我在一周内赢得了两个称号！但即使拥有了这些胜利，我还没有战胜每一个人，因此我计划在下一年中做得更多。

随着60年代的结束，有六个名字开始统治性地出现在健美比赛的赛场上：戴夫·德雷珀、塞吉奥·奥利瓦、比尔·珀尔、弗朗哥·哥伦布、弗兰克·赞恩和我。

弗雷迪·奥尔蒂斯

1968年的"宇宙先生" 　　　　1969年的"宇宙先生"

11

70年代的健美比赛

1970年，我全力以赴，赢得了业余体育运动联合会职业组的"世界先生"，全国业余健美协会的"宇宙先生"，以及国际健美健身联合会的"奥林匹亚先生"称号。最终，我战胜了每一个人，现在我终于有理由称自己为"世界冠军"了。而1971年，则标志着比尔·珀尔那辉煌生涯的一个高峰。他第一次赢得了"美国先生"的称号是在1953年，然后继续在1953、1961和1967年中的"宇宙先生"争夺赛中取得胜利。在赢得"美国先生"称号之后的18年，1971年的"宇宙先生"比赛，他回来了，击败了强大的塞吉奥·奥利瓦，并再一次证明他是历史上最杰出的健身者之一。遗憾的是，他没有继续下去，参加当年的"奥林匹亚先生"争夺赛，因此我始终没能获得和他一较高下的机会，也就无从看到，我们俩谁会成为最顶级的冠军。

1970年"世界先生"

1970年，我赢得了职业组的"宇宙先生"称号，弗兰克·赞恩赢得了业余组的"宇宙先生"称号，克里斯汀·赞恩（Christine Zane）赢得了"比基尼小姐"称号。

第一章 演变和历史

1970年的"奥林匹亚先生"赛，我和塞吉奥·奥利瓦

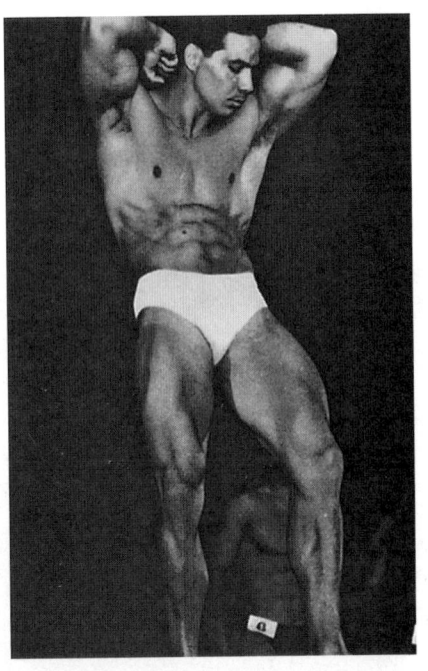

比尔·珀尔

　　我在1970～1975年间赢得了6次"奥林匹亚先生"称号，但是这并不意味着我没有遇到强大的对抗。比如1972年，可怕的塞吉奥就给我带来了一场挑战，那次的场面至今仍是人们谈论的话题。塞尔日·纽伯莱（Serge Nubret）在这一时期也表现出可怕的潜力，在1973年的"奥林匹亚先生"竞赛上，他展示出了他那惊人的能力——在本来偏瘦小的体格中塑造出了那样的尺寸和形状。

　　1973年，一个新的巨兽又出现在了舞台之上。卢·费里诺（Lou Ferrigno）赢得了国际健美健身联合会的"宇宙先生"称号，并向大家发出一个信号，那就是一股新的力量已经出现在了健美界的地平线上。卢在次年又一次赢得了"宇宙先生"称号，并进军"奥林匹亚先生"争夺赛。他过去曾表示过将我当成他的偶像，但这丝毫不妨碍他要竭尽全力将"奥林匹亚先生"的称号从我这里抢走。

塞吉奥·奥利瓦

13

1975年的"奥林匹亚先生"争夺赛是这项赛事历史上的一次高峰。费里诺回归,并决心夺冠,塞尔日·纽伯莱也带着他体形的巅峰状态回来了。第一次,有六七位绝对一流的冠军来争夺这个称号,因此我也对这次比赛的胜利特别自豪。在这次胜利之后,我就退出了健美比赛。

第二年,我看到了健美比赛历史上一次真正的大地震:弗朗哥·哥伦布赢得了

1972年的"奥林匹亚先生"赛,我和塞尔日·纽伯莱、塞吉奥·奥利瓦

1974年的"奥林匹亚先生"赛,我和卢·费里诺、乔·韦德

1971年的"奥林匹亚先生"赛,我和塞尔日·纽伯莱、乔·韦德

1973年的"奥林匹亚先生"赛,我和塞尔日·纽伯莱、弗朗哥·哥伦布

1975年的"奥林匹亚先生"赛，我和塞尔日·纽伯莱、本·韦德、卢·费里诺

1975年的"奥林匹亚先生"赛，我和弗朗哥·哥伦布

1976年的"奥林匹亚先生"称号，这是第一次由一个小个子来获得这个头衔。此前，大个子们总会获得胜利，但从1976年开始，小个子们拿到了他们应得的东西。发达的肌肉和极低的体脂率成为胜利的因素，而这要求以一种几乎是科学的方式进行训练和饮食控制。70年代末，弗兰克·赞恩达到他的全盛状态，用他那极具美感的体

弗朗哥·哥伦布 　　　　　　弗兰克·赞恩 　　　　　　罗比·罗宾逊

15

形连续三次赢得"奥林匹亚先生"称号。罗比·罗宾逊（Robby Robinson）同样达到了世界级的水准，并且拥有兼具审美和质量的肌肉。相反，当卡尔·斯卡拉克（Kal Szkalak）赢得1977年世界业余健美锦标赛冠军时，更多的是依靠他那令人难以置信的块头的优势，而不是赞恩的平衡美。

1980年，我从退役状态中复出，去参加在悉尼举办的"奥林匹亚先生"争夺赛。我简直无法相信，那时比赛的竞争性已经变得那般激烈了，也无法相信我几乎被一个像克里斯·迪克森（Chris Dickerson）那样的小个子逼到了墙角。在我周围我看到了许许多多一时难以想象的发达肌肉，从汤姆·普拉茨（Tom Platz）的双腿到罗伊·卡伦德（Roy Callender）的背阔肌，难以置信的厚度，不可思议的紧致度。我的健美比赛生涯已经比大多数人要长了（我相信这要归功于我很年轻时就参加比赛了），但在20世纪70年代，随着这项运动的流行度越来越高，意味着许许多多60年代的明星可以继续活跃在这个领域，并与70年代新崛起的冠军们同台竞技。

20世纪70年代，我同样见证了国际健美健身联合会的崛起，并成为统治性的健身组织。在它的主席本·韦德（Ben Weider）的领导下，国际健美健身联合会拥有了上百个成员国，并成为了世界上第六大体育联盟。除此之外，"奥林匹亚先生"的称号现在已经被公认为职业健身界的最高冠军头衔，就如同网球界的温布尔顿和高尔夫界的全美公开赛一样。

1980年的"奥林匹亚先生"赛，我和博耶·科、弗兰克·赞恩

《举重》

70年代的健身界中，最为重要的事件之一就是这部书以及后来的电影——《举重》。查尔斯·甘尼斯和乔治·巴特勒（George Butler）选择了一个大多数人并不知晓的题材，并将其打造成了几年之内的火爆话题之一。这是第一次用普通大众的眼光来看待什么是健身运动，以及健美运动员实际上都是怎样的。甘尼斯和巴特勒成功地用这个长期被忽略和误解的运动吸引了公众，并且，《举重》的成功为之后二十年健身运动的爆炸性普及提供了台阶。这部书的成功不仅极大地推动了我的事业，而且让健身运动也打入了体育媒体网络和大制作的电影领域。另外，它的影响同样在于将健身运动从地方高校的体育馆带入了文化宫殿，比如悉尼歌剧院和纽约惠特尼艺术博物馆。健美运动员们登上了数不清的杂志封面，并且健身成了大量畅销书的主题。

1981年的"奥林匹亚先生"，弗朗哥·哥伦布

80年代和90年代的健美比赛

曾经，我还能站在竞技舞台上，接受其他参赛者的挑战。在1980年的"奥林匹亚先生"赛中，包括了弗兰克·赞恩、克里斯·迪克森、博耶·科（Boyer Coe）、肯·沃勒（Ken Waller）、迈克·门泽尔（Mike Mentzer）、罗杰·沃克（Roger Walker）、汤姆·普拉茨、萨米尔·贝若特（Samir Bannout）和罗伊·卡伦德，这样的天才阵容在1967年还是不可想象的。虽然在这场比赛中，塞吉奥·奥利瓦、拉里·斯科特、雷格·帕克或者哈罗德·普尔的体形同巅峰时期相比没有多少变化。也就是说，最顶级选手的水平并没有提高，但是那时比以前出现了更多的冠军级竞争者。

随着健身在80年代的全面发展，这种局面继续延续下去。1981年和1982年的"奥林匹亚先生"是富有经验的参赛者——分别是弗朗哥·哥伦布和克里斯·迪克森——但是

1982年的"奥林匹亚先生"，克里斯·迪克森

在几年之内，这些冠军们都纷纷退役，并且我们进入了一个大块头主宰"奥林匹亚先生"赛的时代。在那之前，个子偏小的人与那些比较高大的人相比，还能够有同样良好的表现。在20世纪80年代初，体重不足200磅（90.72千克）的"奥林匹亚先生"（斯科特、赞恩、哥伦布、迪克森），多于体重在200磅以上的竞争者（奥利瓦、贝若特和我）——并且，萨米尔的体重还只是稍微高于200磅。

然后，李·哈尼出现了，并凭借他那壮硕、极具审美效果和比例协调的体形赢得了8次"奥林匹亚先生"称号，打破了我7次的记录。李之后又来了多里安·耶茨（Dorian Yates），这是来自英格兰的拉什莫尔山，他靠着那265磅（120.20千克）重的、赫拉克勒斯般的体形和坚硬的、线条清晰的肌肉统治了每一场他赢得"奥林匹亚先生"称号的比赛。如果有一个健身爱好者乘坐时间机器，去看看从20世纪60年代中期到90年代中期的"奥林匹亚先生"比赛的阵容，会感觉我们已经被一种外星生命入侵了——那些参赛者体形好巨大。在多里安的身边，他会看到纳赛尔·桑贝蒂（Nasser El Sonbaty），几乎是同样的尺寸；而在保罗·迪利特（Paul Dilett）旁边，则有让-皮埃尔·福克斯（Jean-Pierre Fux）和凯文·莱夫隆（Kevin Levrone）——他们是如此的壮硕，以至于矮个子健身者们只有凭借近乎完美的体形，像肖恩·雷（一个阿诺德传统赛冠军）和李·普里斯特（Lee Priest）那样，才能在舞台上和他们一较高下。20世纪90年代的一个标志就是，如弗莱克斯·惠勒那样极具审美效果的体形，几乎和我最后一次赢得"奥林匹亚先生"比

90年代的参赛者，体形都很大。

他们仍然必须保持对称性、协调性和细节，就像这幅照片展示的一样。

赛时一样的体重，已经不再是比赛场上最大的体形之一了。

很明显，这体现了一种趋势，这种趋势不可能无限发展。一个 270 磅（122.47 千克）的"奥林匹亚先生"，很好；但一个最具竞争力的体形，需要维持必要的平衡性、比例以及肌肉细节，而这并不允许它在尺寸上增长过多。一个 320 磅（145.15 千克）重的健身者，他的身体不可能和一个 220 磅（99.79 千克）重的身体有着同等的美观度。不仅如此，在 20 世纪 90 年代，对那些一味看重块头而不是美感和平衡的评委，健美比赛的观众也显示出了越来越多的不满。但健美运动同样是在一个循环中，就像许多其他事物一样，因此，向一个方向摆动的钟摆会不可避免地回摆到中央位置，然后摆向另一个极端。

健身运动的飞速发展

20 世纪 80 年代的人们见证了健身运动的飞速发展，这不仅限于职业的健美比赛，更多的是在于它对我们的文化和大众的影响。在 80 年代初，国际健美健身联合会已经是一个成功的组织了，拥有上百个成员国。在 20 世纪 90 年代末，它已经拥有了 160 个成员国，并且根据联合会主席本·韦德的说法，成为了世界第四大运动联盟。

苏联在 20 世纪 80 年代中期成为国际健美健身联合会的成员，并且在苏联解体之后的一系列国家都申请加入联合会，这就更促进了组织的膨胀。1990 年，中国也加入了国际健美健身联合会，并开始主办比赛，不仅有男子的，还有女子的比赛。

1997 年，健身运动得到国际奥林匹克委员会的官方认可，健身运动的成功达到了顶点。这也使比拼体形的比赛在国际业余运动界中成为正式项目。

至于健身运动对现代文化的影响也是显而易见的，特别是当我们开始看到越来越多肌肉发达的体形出现在纸质媒体和电视广告上面时。一个银行会使用一只弯起的、展示发达的肱二头肌的手臂来宣传自己在金融机构中的力量。有一项免费电话的服务，它的广告则是模仿了我的形象和健身者罗兰德·基金格（Roland Kickinger）的声音。健身运动理所当然地改变了动作电影中英雄的形象。人们都习惯于在电影中看到像柯南、兰博一样的体形，或者是尚格·云顿（Jean-Claude Van Damme）在功夫片中的形象。无论是电影演员、电视演员、平面模特还是走台模特，大家都知道了，如果想要给人们留下深刻印象，那么最好有一个较好的体形。

当然，所有这些发展也暴露了它本身的问题。你的体形越大，你受关注的程度就越高——这既有好处也有坏处。当布什总统通过国家健身顾问委员会推动健身训练的普及的时候，以及像《今日美国》之类的出版物刊登文章赞扬重量训练时，健身运动的反对者就开始投入更多的精力来攻击这项运动了。

对健身运动的最坏打击就是合成代谢类固醇和其他兴奋剂事件。无可否认，在健身运动中的确存在着药物滥用的现象；但是不要忽略，这个问题同样存在于其他许多运动项目中。有一次《体育画报》刊登了一篇许多人都认为非常不负责任的文章，指责一位前健美运动员的不当行为——虽然他已经15年没有参加比赛了——将其作为健美运动员的典型形象，认为这些以体形来比赛的人都对使用药物有着强烈嗜好。

然而，作为对公众压力和国际奥林匹克委员会要求的回应，国际健美健身联合会宣布将进行一项雄心勃勃的药检项目，此项目将在世界业余组健美冠军赛（从前的"宇宙先生"争夺赛）中早已实施的药物检查的基础上进行拓展。我希望这个项目将不仅仅能帮助教育年轻的健身者们，让他们了解使用违禁药物的危险性以及劝阻他们在这些药物上进行试验，并且能够帮助说服大众，健身运动实际上是一项合法的、激动人心的运动，而它的冠军们也是合法的、值得赞扬的运动员。

"阿诺德健身周末"

从1994年开始，在健美比赛方面出现了一个新事物，那就是我和长期合作伙伴吉姆·洛里默（Jim Lorimer）在俄亥俄州的哥伦布市所长期推动的一系列赛事。当我从健美领域转入电影产业之后，我开始越来越清醒地意识到，健身运动实际上是多么缺乏重视，它本可以有激动人心的规模。因此吉姆和我开发了一整套的赛事，包括针对男子的阿诺德传统赛、针对女子健身者的"国际小姐"比赛、一个针对女性的健康竞赛、一个大型的健康产业贸易展和一个激动人心的武术比赛及展览。

这一整个令人兴奋的周末吸引了许多健身迷来到这座城市，以至于吉姆·洛里默告诉我这已经成为了哥伦布市的年度第三大盛会，只有国家和国际马展吸引了更多的参与者。"毫无疑问它们会吸引更多的人，"我告诉吉姆，"它们的参赛者比我们的要大。"

在阿诺德传统赛上，乔·韦德和我给弗莱克斯·惠勒颁发奖品。

健身运动的职业化

"阿诺德健身周末"的成功仅仅是一个标志，表明健身运动已经成长为一项主要的职业运动。随着健身运动越来越普及，这项运动能产生的经济效益也越来越大。以前就有一些健身者能通过他们的体形来挣钱——比如说在20世纪50年代，约翰·格里迈克、比尔·珀尔以及雷格·帕克就常常被邀请举办健身班和演出——但只有极少的健美明星能够只靠运动来维持全部的生活。即使到70年代中期，我认为也只有两个人单靠全职的健身运动就能生活，那就是弗朗哥和我。你必须记住，在1965年，第一届"奥林匹亚先生"比赛的奖品仅仅是一顶桂冠。而在1998年，一个顶级的职业冠军则能够带走11万美元的奖金，并且在"奥林匹亚先生"比赛或者阿诺德健身周末的比赛中的奖金总额已经攀升到了六位数。

当然，无论什么事情，当它涉及大量的金钱时，都会发生变化，并会成功孕育出更多的机会。许多健身明星们都开始开办健身房，生产健身器械，或者制造服装或营养品。大多数人都通过邮购的方式销售这些产品，当然还有课程或演出，来增加自己的收入。

健身运动的发展也让主流文化日益感觉到健康的重要性。最近几年人们对健康的兴趣爆炸性地增长，由大量出现的健身房、健身会员，以及健身服装、运动器械和营养补剂的明显增长中，就能看到这一点。

在整个20世纪80年代，健身运动开始在电视上越来越多地出现，覆盖了三大电视网络，还有娱乐与体育节目电视网（ESPN）和其他的有线体育节目。不幸的是，媒体对这个部分的兴趣并没能在90年代继续增长，其原因就是对药物使用的争论。虽然许多其他的运动项目同样被合成代谢类固醇和其他兴奋剂药物所祸及，但民众的注意力仍然不成比例地倾向于集中到健美比赛的领域中。显然，如果健身运动要获得它应该获得的成功，那么这个问题本身和民众对于健身运动及健美比赛的认识问题必须在未来得到解决。

乔·韦德

如果不提及乔·韦德和他的杂志《肌肉与健身》等的贡献，那么任何一个关于健身运动的论述都会不完整。从20世纪40年代初开始，乔所提供的就远远不止于提供好的照片和文章来描述健美比赛的细节，发表关于训练方法的文章以及顶级健身明星的个人档案。他同样在收集并保存大量极有价值的训练信息，并通过他的杂志、图书和影像资料将这些信息提供给一代又一代的年轻健身者。

  好多年来，乔花了大量的时间走进全国的健身房，观察明星们是如何训练的。比如说，在20世纪60年代，他注意到了拉里·斯科特使用斜托来做弯举练习，还有那个特别强壮的查克·赛普斯会在两个动作组之间，通过快速地减少杠铃上的重量，连续地进行高强度练习。他对这些方法做了记录，写下它们，再赋予它们名称。斯科特并没有将他的技巧称为"斯科特弯举"，而赛普斯也没有意识到他在运用"递减法"进行训练。但是通过乔，很快每个人都了解了这些极具价值的训练技巧了。

  在奥地利，我在早上进行训练，然后在晚上再训练一次，因为那是我的日程表所要求的。现在，这种训练方法已经被称为"韦德双分化训练法"，并且被全世界的健身者所采用。韦德训练原则是曾被使用过的最好的健身技巧的集合。乔·韦德意识到了这些原则，并将它们用自己的名字命名（韦德直觉原则、韦德优先训练原则、韦德顶峰收缩原则等），再把它们在他的杂志上刊登。想要了解究竟有多少健身者从乔那里获了益是不可能的，他关于训练、营养、饮食和其他一切能帮一个人成功健身的理念帮助了太多的人。

乔·韦德和健美运动员们

现代训练的演变

健身者们的肌肉在几十年里变得越来越大、越坚硬、越有线条，原因之一就是随着时间进展，他们经过大量的试错，发现了更好的训练方法和更有效的饮食控制措施。每一项运动都在过去的五十年里得到了改进，健身运动也不例外。实际上，有些人甚至会说，由于健身技术越来越广泛地为人所知和接受，在每一项运动中人们的健康程度都有所提升。

在约翰·格里迈克的时代，健身者仍然在很大程度上像举重运动员一样训练，并且倾向于每周锻炼身体三次。现在的健身训练要远比那时复杂。健身者用更高的强度训练每一个身体部位，从不同的角度刺激所有肌肉，使用更多种类的动作和器械，并且更加清醒地认识到，必须在相对短的时间里进行爆发性训练，然后让身体休息、恢复和生长。曾经，变得更"大"是主要目标，而现在的健身者则努力去赢得"质量"——塑造出一副漂亮、平衡的体形，让每一块肌肉都非常清晰并相互分离——其肌肉的清晰度让今天的健美冠军们看起来就像行走的人体解剖模型。

随着健身者发展出新的技巧，他们用来塑造身体的工具也随之发生了改变。20世纪30年代和40年代的健身房按照今天的标准看来只是原始场所。健身房的拥有者，比如后来的维克·坦尼（Vic Tanny）——现代健身俱乐部的创始人之一——实验了各式各样的拉索和滑轮装置，来给他的顾客提供更多的练习选择，但杠铃和哑铃仍然在健身房占据统治地位。在60年代早期，组合器械的引进更加丰富了练习动作的种类。现在，赛佰斯（Cybex）、悍马（Hammer Strength）、派拉蒙（Paramount）、环球（Universal）、诺德士（Nautilus）和其他许多生产商制造了很多器械，对健身者的自由重量训练构成关键的补充。在世界健身中心（World Gym），乔·戈尔德（Joe Gold）（同样是金吉姆健身房的创始人）设计并制造的器械是如此成功，以至于他的那些设计在全世界范围内都被复制和模仿。

健身者们同样掌握了饮食和营养的原则。在以前的健美比赛中，干净而发达的肌肉并不像今天一样是重要的因素，纯粹的块头曾被认为是更重要的。但健身者逐渐意识到，靠脂肪造成的块头对高质量的体形而言是毫无用处的，并且，尽可能地减少脂肪是非常必要的，这能最充分地展示肌肉的发达度。

因此健身者们不再膨胀体形。他们学会了在努力训练的同时严格控制饮食，并且使用维生素、矿物质和蛋白质补剂来加快他们的发展。他们认真研究了类固醇和甲状腺剂以及所有生物化学制剂对身体的影响，并且开始使用激励技巧甚至催眠法来驾驭精神的力量，使身体的发展能突破从前的极限。在他们这样做时，越来越多的医生和医学科学家的注意力被吸引了过来。他们意识到，这些运动员开发人类身体的能力体现了一个重大突破，使我们对健身训练及其对身体的作用有了进一步的理解。这就在普通大众的练习动作和健身技巧方面引起了一场革命。

在美国乃至于全世界，重量训练在民众中的流行度大为提高，其明显的标志就是正规健身房数量的激增。在我年轻时，在一个地方常常只能找到一所真正能让我完成训练的健身房。但现在，无论我到哪里去，都能看到一所世界健身中心、一所宝力豪健身俱乐部（Powerhouse Gym）、一所金吉姆健身房、一所百利健身俱乐部（Bally's）和一所家庭健身中心（Family Fitness Center），以及一些其他的装备良好的地方训练设施。在一所绝对的健身房和一家所谓的健康会所中，可用的设施已经没有太大区别了。人们明白了，肌肉就是肌肉，无论你是想通过训练来保持体形和健康，还是想去参加健美比赛，你都需要同样种类的健身设施。

健身运动的未来

我曾周游过整个国家，也游历过世界，我见到越来越多的优秀健身者在美国进行训练，并且越来越多来自欧洲的参赛者也能够赢得国际比赛，因此我对这项运动的未来抱有极大的希望。健身运动如此地特殊，又如此地艰难，其中只有很小比例的人是以参加比赛为目标的，但一些投入过其他运动项目的运动员也开始考虑在健身运动领域一展身手。这项运动会继续发展，比赛的水准也会一如既往地提高，民众的兴趣也会持续增长。

毫无疑问，相比于过去，在未来的最顶级的参赛者会倾向于更大。我喜欢拿拳击比赛来做类比。几年之前，重量级冠军的体重常常不足 200 磅（90.72 千克）——乔·路易斯（Joe Louis）和洛奇·马尔恰诺（Rocky Marciano）就是很好的例子。现在，最小的重量级选手也常常会超过 200 磅，并且像里迪克·鲍（Riddick Bowe）一样有 230 磅（104.33 千克）体重的选手也变得越来越普遍。但除了橄榄球选手、举重运动员和其他一些运动员会获得巨大的体形外，260 磅（117.93 千克）重量级的参赛者却从未出现过——可能永远也不会出现。在某种程度上，获得更大的体形，不如提高你在某种运动中的能力。这对拳击、网球、足球等运动等来说是一条真理，并且或许在健身运动中这也同样是一条真理。

健身运动在今天要比在我刚刚爱上它时有着更多的含义。那时，只有比赛，但今天它已经发展出消遣的一面了——很多人为了健康和体能而健身，或者将其作为一种增强自信和改善自我形象的方法；整形外科医师开始用它来改善病人特定的身体问题；年长的人用它来对抗各种衰老效应。它同样在体育训练中变得越来越重要，因为许多运动员发现健身能够很好地提高他们的运动表现。很多女性、儿童乃至于整个家庭都开始参与到健身运动中。这不是一时的潮流，很明显，它就应该是这样的。

但随着职业健美运动员的层次越来越高，以及比赛奖金的数目越来越大，人们不应该忘记，健身运动的第一原因是对运动的爱。没有这种爱，健身者之间的友情就会丧失，而运动员就只会毫无乐趣和满足地进行比赛。如果你只考虑经济因素，那么当你在比赛中失败时，你就不仅仅失去了比赛，同样也失去了一部分生活。如果处在这种位置上，任何人都很难对其他参赛者——最终也包括健身本身——不抱有负面情绪。

但我还是希望看到健身运动被介绍给更多的人，而不仅仅是那些想要比赛的人。健身训练是实现身体健康的最佳方法之一，越多的人知道这一点并从中获益，这个世界就会越好。像国际健美健身联合会一样的组织常常会忘记在有组织的健美比赛之外还有一个更大的世界，因此它们常常限制运动员们何时、何地、为谁举办健身班。我的观点是，应该更积极地鼓励健身运动在任何场合、任何人群中展开。使人们通过更好的健康水平来改善生活的每一方面，这种必要性才是要首先考虑的。

在健身领域一种相对较新的趋势就是健美运动员去做私人教练。当许多人看着一个健美运动员并说"我不想变成那个样子"时，他们似乎也意识到了，除非这个人知道一些非常特别的锻炼身体的方法，否则他不会是那个样子的。因此健美运动员被越来越多的人聘请为私人教练，而这个始于加利福尼亚的趋势也开始在全国乃至于全世界蔓延开来。健身的技巧适用于每一个人，也适用于每一种目的。毕竟，要教给你最好并且最有效的训练方法，有谁会比一个执著的健美运动员更能胜任呢？因此虽然我从未期望健美比赛能够成为一种大众运动（虽然在未来没人能保证这一点），我仍然很有信心，健美运动员会对整个文化产生真正的影响。

女子健身与健美

在健美比赛领域最主要的发展之一就是女子健美比赛的出现，同时也有越来越多的女性选择健身训练来发展健康、体能和力量。

现代女子健美比赛的试验阶段是在 20 世纪 70 年代末期，其中乔治·辛德(George Synder)的"世界最佳"比赛可能算是最成功的了（除了当时女性还穿着高跟鞋出现在舞台上的事实外）。1980年，国际体能委员会（NPC）举办了它的第一次针对女性的全国冠军赛，并且国际健美健身联合会也批准了第一次"奥林匹亚小姐"比赛。女性的健美比赛作为一项由业余和职业选手参加的、国家级的以及国际级的运动项目正式步入发展轨道。

第一个得到很好宣传的女性健美运动员是莉萨·莱昂（Lisa Lyon），她将肌肉展示和舞蹈动作结合起来，这成了直到今天的女性健美比赛的特点。莉萨还寻找最顶级的摄影师，例如赫尔穆特·纽顿（Helmut Newton）和罗伯特·梅普尔索普（Robert Mapplethorpe），他们为她拍摄的照片也让许多人首次看到了具有审美效果的、肌肉发达的女性身体。瑞秋·麦克里施（Rachel Mclish）成为第一位"奥林匹亚小姐"对于健身运动来说是极其幸运的。瑞秋将光泽性感的外表、发达的肌肉和个性结合起来，这就为此后的女性健美运动员们制定了一个优秀的标准。柯莉·艾弗森（Cory Everson）和伦达·默里（Lenda Murray）统治了20世纪80年代和90年代的健美比赛，每人都赢得了6次"奥林匹亚小姐"称号。在她们之后是金·奇泽夫斯基（Kim Chizevsky），三次"奥林匹亚小姐"桂冠的获胜者。金那令人难以置信的结实度和发达度迅速引起了同样的关于肌肉和美观的争论，就像我们在多里安·耶茨统治"奥林匹亚先生"赛场时所见过的那样。

女性的健美比赛是如此新鲜的事物，因此毫无疑问也会有围绕着它的争论。在此之前，从来没有女性为了审美效果而发展她们的肌肉。许多人并不赞成女性从事这项运动，并且不喜欢这项运动的样子。每一个人都有保留自己意见的权利，但我认为，女性和男性有着同样的骨骼肌，因此她们也应该有自由根据自己的意愿来发展它们——健身是一项不论男女都能参与的运动。因此我每年在哥伦布市既要举办阿诺德传统赛，也要举办"国际小姐"比赛。在这个时代，女性已经开始参与了各种曾经排斥她们的活动和职业中。作为两个女儿的父亲，我对正在发展的这个趋势感到非常高兴。我非常高兴地看到女性正在越来越多地战胜过去曾限制她们的各种人为障碍。女性的健美比赛只不过给这种文化转向添加了一个例子而已。

但在我看来，女性健身意义最重大的一个方面还是对她们健康和体能的影响。我们这个社会的女性常受力量太小、肌肉组织太少以及体能不足之苦，特别是当她们年老时，因为她们并没有适当地练习她们的肌肉。太多的女性只关注有氧运动，而排斥阻力训练，因为她们认为锻炼肌肉会让她们看起来缺乏女性美。此外，她们常常会进行极端的、不健康的节食，而这会引起骨质和肌肉的缺失。我切实期望，女性会认识到健身训练和饮食控制的益处，这样，就会有尽可能多的女性享受到健康，以及一副体能充沛、强壮并且匀称的体形所带来的幸福。

那么，也许会有人问，为什么在这部健身全书里没有为女性专门设计的训练项目呢？最主要的原因是肌肉训练和饮食控制的基本原则对两性来说都是一样的。虽然女性与男性相比会怀着不同的目的——强健身体而不是打造最大的肌肉块头——但这并不反映在她们所做的某个动作的具体要领中，而在于她们完成多少次反复、多少组动作，怎么组合动作以及选择一些针对女性特定问题区域的练习动作。而饮食控制，无非就是适当摄入各种必需的营养物以及正确数量的卡路里。没错，女性的身体会在某种程度上对训练和饮食作出不同的反应，但其实每一个人都将发现，他（或她）需要调节训练和饮食计划来适应自己的个人需求。因此，我对女性的建议就是，学习这本书中的健身技巧，并尽你最大的可能将它们运用到实践中，一旦你进行了足够长的时间，有了效果，只要站在镜子前，欣赏你的身材吧！

第 二 章

健身基础知识

渐进的过程

　　健身是一种系统的锻炼方式，可以最有效地让肌肉发达、结实起来，直到获得富有美感的体形——在这个意义上，就是健美了。当然，绝大多数致力健身的人都不会去参加健美比赛。就像很多人玩网球和高尔夫，但是鲜有人是奔着温布尔顿国际网球锦标赛或者大师邀请赛去的。但是无论你进行健身是想塑造健美的身材，还是提高自己在各种运动中的表现，抑或是为了健康，看起来气色更佳，感觉精力充沛，抑或是为了身体康复，要正确地训练肌肉无不依赖相同的基础训练原则，坚持渐进式的训练过程。

　　渐进式训练之所以有效，是因为只要身体所承受的压力比它习惯的大，它就会去适应，从而变得强壮起来。如果你习惯每天跑 2 英里，那么每天跑 5 英里就对你的肌肉提出了更高的要求，同时这也要求心血管系统提供更多的氧气和营养，以保证肌肉在更大负荷下正常工作。如果你的身体状态很好，足够跑 2 英里，那么你的身体状态必须更好，才能跑 5 英里。在这个例子中，提高你的状态的方法其实就是增加跑的距离，并给身体时间去调整以适应这种变化。

　　在训练肌肉上，同样的原则也适用。肌肉适应了某个程度的要求——具体而言，就是你在训练中以某种强度能够举起的某种重量——当你所承受的重量或者强度增加的时候，你的肌肉就被迫变得更加发达而强壮，以适应增加的负荷。一旦你的肌肉适应了新的程度的要求，你训练的时候就可以再增加重量或者强度，这样肌肉就能继续变得更加发达和强壮。换句话说，随着时间的推移，你渐进地提高对肌肉提出的要求。

内华达大学的劳伦斯·戈尔丁（Lawrence Golding）博士这样解释这一现象："如果你的汽车为 10 马力，你要它承受 12 马力的负荷，那它肯定会出故障。但是，如果你的身体的相当于一辆 10 马力的汽车，你让它承受 12 马力的负荷，它最终就会变成一辆 12 马力的汽车。"

但是，并非任何一种使用重量的训练都能给你带来健美的身材。所以，你应该选择正确的练习，使用正确的技巧，这样才能向你的神经系统发出特定的信号，告诉你的身体你想要它达到什么样的适应度——这就是所谓的训练明确性，可见知道如何正确训练是何等重要。我想将这件事情比作操作电脑。但凡你使用过电脑，你就肯定碰见过这样的情况：电脑并没有做你想要或者希望它做的事情。于是，你试了一遍又一遍，电脑还是不"听"你的话。你认为这是电脑的硬件或者软件有了什么问题。然后，你意识到你犯了一个非常小的错误，可能是在需要打分号的地方打了句号。但是，电脑没有思维，只是遵从着你的指示。所以，如果你不是非常明确地告诉电脑要做什么，那么问题就出现了。因为电脑不可能知道你到底"想"要告诉它去干什么；它只是知道你实际告诉了它去做什么。

健身也是如此。身体也不知道你到底"想"要它怎样，你通过你的锻炼方式向它发出明确的指示，而它只是记录并适应那些指示而已。你可能觉得自己是在健身，因为你锻炼得很卖力，大汗淋漓，精疲力竭，浑身酸疼，但是除非你向你的身体发出正确的信号，否则这都是无用功，结果也必然会让你大失所望。这里说的"信号"就是对渐进式训练原则的正确理解。

举重、阻力训练和健身

很多人都问过我，职业的健美运动员是否真的很强壮，还是说他们发达的肌肉中看不中用。我想说的是，顶级的健美运动员确实都非常强壮，但是力气对这些以体形来比赛的人来说只是达到目的的手段，而非最终的目标。只有举重运动员才最关注力气的大小。

举重运动中，运动员较量的是在特定的方式中所能举起的重量。在历史上，有多种力量比赛和举重比赛。现在，有两种公认的比赛类举重：奥林匹克举重（包括抓举和挺举）和力量举重（有三个项目：硬拉、仰卧推举和深蹲）。

现在，举重运动员都会做大量的健身训练，也就是说，他们要让所有的肌肉群均衡发展，不过他们的主要目标还是力量训练。与奥利匹克举重运动员相比，力量举重运动员更是如此，因为在力量举重中没有多少技巧、时机把握和协调上的要求，更多的是考验体能和力量。

举重运动员的力量训练和健身训练的主要差异在于：前者比后者的动作反复度要低得多。也就是说，健身训练（我们在本书的章节中会看到如何训练）使用的重量较小，动作反复度较高。举重运动员平时的训练，是为了在比赛中能单次举起最大的重量，所以他们经常增加尽量多的重量，然后做三次反复、两次反复或者一次反复的练习，以使他们在比赛中能够举起巨大的重量。

健美的体格

虽然也有其他的运动项目可以让人发展肌肉块头，但是健身关注的是让整个体形呈现出最完美的形态。最理想的体形应该是这样的：宽阔的肩膀和背部，往下越来越细，直到一个紧致的腰部；腿和躯干的比例协调；肌肉发达、清晰、匀称，并且饱满直到关节部位；每个身体部位都足够发达，包括三角肌后部、下背、腹部、前臂和小腿；肌肉有良好的清晰度和分离度。

当然，无论在何种运动中，都不存在完美无缺的运动员。运动员总是有各自的长处和短处。参加健身的人也都有各自的弱点，这就需要通过特定类型的训练来加以克服。大自然造就的某些体形要比另外一些好，它们的比例更加理想，对训练更容易作出反应。

在所有运动项目中——事实上，在生活的所有领域——都有一些人在特定的地方比其他人有更多的天赋。同样，冠军的体形不仅是练出来的，也是生出来的——你的基因必须正确。因为，虽然你可以通过训练增加肌肉的力量和大小，但是你的骨架类型和比例是不能改变的。但是，请记住，你到底有何种潜能并非总是显而易见的。所以，有时候你需要训练几年之后，才能最终发现自己的潜能所在。

还有一点，天下没有一蹴而就的事情。所以，有时候，你需要克服很多困难和障碍，才能充分发掘出你的潜能。往往最具禀赋的运动员总是不明白这个道理：要想在运动场上称雄，必须靠艰苦的训练。奥林匹克十项全能冠军布鲁斯·詹纳（Bruce Jenner）告诉我，他上高中的时候，在他参加的各项运动中其实都表现平平，但是，经过数年艰苦训练,学习十项全能项目涉及的各种技巧，他最终获得了人人觊觎的"世界最佳运动员"称号。有时候，记住龟兔赛跑的故事是很有裨益的。

当然，不管你有哪方面的天赋，你的训练方式会影响你能实现的效果。为了良好的身材，你需要打造肌肉的形状，而这意味着要从每一个可能的角度训练肌肉的每一个区域，这样才能刺激到整个肌肉，让每一个肌纤维都得到锻炼。其实，肌肉是很多更小单元的组合，是由一束一束肌纤维组成的。所以，每当你以稍微不同的方式使用肌肉的时候，你就刺激了不同的肌纤维束组合，同时也激活了更多的肌纤维。要让身体达到总体上的美观，就要追求每块肌肉的全面发展，让每块肌肉都尽可能丰满，让肌肉之间彼此协调。

要如此地锻炼身体，就需要全面了解各种相关的技巧。你也许想改变胸肌的形状，让肱二头肌更加饱满，或者让上半身和下半身达到更好的比例。但是，要知道这些改变都不会偶然发生，而是需要你懂得肌肉组织的工作原理，懂得训练如何对身体产生影响，懂得采用何种技巧能够达到特定的效果。

健身训练如何有效

假设你手握一个杠铃，用力将其举过头顶。这时马上会发生以下几件事情：第一，肩部的肌肉（三角肌）将手臂往上抬起；第二，上臂后面的肌肉（肱三头肌）收缩，让手臂变直。你所做的任何运动，无论是将一个物体举过头顶、走路还是简单的呼吸，都是一系列肌肉收缩的复杂组合的结果。

另外一方面，单个肌纤维的运动非常简单。当受到刺激的时候，肌纤维收缩；当刺激停止时，肌纤维放松。整个肌肉的收缩是许许多多微小、单个的肌纤维收缩的结果。肌纤维的收缩遵循"不进则退"的规则。也就是说，它们总是尽力收缩，或者完全不收缩。不过，在一系列收缩动作之后，肌纤维开始变得疲惫，其能尽的力也随着下降。当你一次性举起极限重量的时候，其实你仅仅使用了肌肉中很少一部分的肌纤维。你能够举起的重量取决于三个因素：（1）你能够征用的肌纤维数量；（2）单根纤维的强度；（3）你所使用的技巧。

如果你仅重复一两次举的动作，你的身体根本没有机会去征用新的纤维，用来替换正在变弱和疲惫的纤维。举重运动员在一次性举起极限重量的时候，征用的肌纤维数量会大大超过正常值。但是，他们在平时训练的时候，就对这些肌纤维施以巨大的压力，这样身体为了适应那种压力并保护自己，就会让这些肌纤维变得越来越粗、越来越强。

无论举重运动员在一次性的"极限举重"中会使用到多少肌纤维，其总量还是比他反复多次举起较轻物体时所使用到的要少。因此，举重运动员在训练中锻炼到的、强化到的只是部分肌肉。而且，举重运动员的举重方式有限，所以有很多角度，是肌肉根本没有被锻炼到的。

　　健身者认识到，你可以通过一种不同的训练极大地改变身体的外观。和极限举重不同，健身训练时使用的重量较轻，反复的次数则较多，而且每组动作都做到精疲力竭为止，也就是肌肉不能再多做哪怕一次反复为止。然后他会稍作休息，再做更多的练习组，可能针对某个特定的身体部位做多至15～20组不同动作的练习。

　　那么，如何知道应该使用的重量呢？又应该做多少组动作，每组中又有多少次反复呢？传说19世纪重量训练的先驱尤金•山道先生可是能反复百次之多啊！简单的回答是，我们通过反复尝试发现了这个训练系统。在这点上，没有前人能够告诉我们答案，我们只有自己摸索。

　　我们的体形证明了我们摸索出来的系统是正确的。难道有谁可以看着史蒂夫•李维斯、比尔•珀尔、雷格•帕克、塞吉奥•奥利瓦、李•哈尼和我的身体，然后宣称我们对于打造肌肉没有特别的了解？最近，运动生理学已经确认了健身训练的原理。一般而言，让肌肉最大化发展的方式是，使用单次能举起的最大重量的75%进行训练。对于多数人，使用这种重量，可以针对上半身做8～12次反复动作，针对腿部做12～15次反复动作。

　　当然，光刺激肌肉增长还是不够的。为了让肌肉增长，还需要让肌肉得到休息，同时吸收足够的营养，这样肌肉才能复原和修复。这就是为什么在这部全书中，你不但会找到具体的练习动作以及如何将它们组合起来，还会找到整体训练计划、每次的训练量、如何安排训练日程，以及如何饮食，来为你的身体提供充足的营养以发展肌肉。

健身与有氧耐力

　　有两种基本类型的耐力：肌肉耐力和心肺耐力。

- 肌肉耐力，是指在运动过程中肌肉反复收缩，且为完成动作征用最大数量的肌纤维的能力。比如说，在深蹲练习中，腿部肌纤维会很快疲劳。所以，如果你想完成整套动作组，就需要肌纤维快速恢复，而且在整个运动过程中，激活更多的肌纤维。
- 心肺耐力，是指心脏、肺、循环系统将氧气运至肌肉以维持运动的进行，并带走产生的废品（乳酸）的能力。

虽然这两种耐力是截然不同的，但是它们之间也存在关联。如果一个人具有良好的心肺耐力，但是肌肉不能跟上运动的节奏，不能给出足够的力，那么这又有什么用呢？另一方面，即使你有强大的肌肉耐力，但是你的循环系统不能输送必要的氧气，你的运动表现又会好到哪里去呢？

大家都知道，可以通过大量的有氧运动来增加心肺耐力。所谓有氧运动就是让你呼吸急促、心跳加快而你还能保持较长一段时间的练习。做有氧运动时你将会：

- 增加肺脏从空气中吸入氧气并将其运送至血液中的能力；
- 增加心脏通过循环系统输送大量的血液至肌肉的能力；
- 增加运输血液至特定肌肉的毛细血管的数量和大小；
- 增加心血管系统从肌肉中带走乳酸的能力（当我们在激烈运动过程中，乳酸让我们感觉肌肉灼痛）。

弗兰克·赞恩和克里斯汀·赞恩

你可以通过较为大量的肌肉收缩运动，增加肌肉耐力。这时你将会：

- 增加得到锻炼的特定肌肉的毛细血管的大小和数量；
- 增加肌肉储存糖原（碳水化合物）的能力。糖原为肌肉收缩准备能量；
- 增加肌肉线粒体（能量工厂）的规模，线粒体用糖原制造出ATP（三磷酸腺苷），后者为肌肉收缩提供动力；
- 增加耐力训练中被经常使用的肌纤维的发展。

在此提醒一下，一共有两种基本的肌纤维（也有许多中间类型的肌纤维）：

- 白色的快肌纤维为无氧驱动的纤维。该种纤维在短时间内强力收缩，但是耐力不够，恢复期较长。
- 红色的慢肌纤维比白色肌纤维小20%，力量也不如白色肌纤维。不过，这是一种有氧驱动的纤维，只要氧气充足，就可以在长时间内收缩。

因为健身训练依靠的是大量的运动（各种动作和反复次数），所以它对心肺功能有益，而且同样也能增加肌肉耐力。健身训练的最佳强度应该是在心肺功能的极限之下，也即你的训练速度和身体向肌肉供给氧气的能力应该基本相当。这不会自然而然地提高你在各种耐力运动（比如跑步和骑自行车）中的表现，但是可以让你的心血管系统保持在良好的状态。至于在其他类型的运动中，你既需要特定的训练，也需要特定的体能适应。你要想成为一名优秀的自行车比赛选手，你就必须用自行车训练。同样，如果你想提高跑步的能力，你就要去跑步。不过，一名好的健身者的身体状态，足以在这些运动中表现出色；如果他的体形和体重不构成太大的不利因素的话，往往能进步神速。

我一直坚信，心肺耐力同肌肉耐力同等重要。高强度的训练会使疲劳的肌肉中产生堆积的乳酸——生产肌肉收缩所需的能量时产生的废品。如果心脏、肺以及循环系统能够给这些地方提供充足的氧气，那么身体就会将这种乳酸重新加工成一种的新的能源；反之，这些堆积的乳酸会逐渐影响肌肉收缩，最终导致肌肉完全力竭。

我一直喜欢每天跑几英里的路程，以增强我身体的有氧能力。然而，一些健身者发现，跑步对他们并不合适，或者会导致他们的腿和踝关节受伤。所以，他们转而诉诸其他方式来增强他们的心肺功能，比如说单车、跑步机、踏步机以及其他类型的有氧运动器械。事实上，你的心、肺和循环系统功能越好，那么你进行健身训练的强度就可以越大，这样你就可以更快地实现你的健身目标。

有氧运动与肌肉清晰度

几乎每个专业的健美运动员都追求结实而苗条的身材，因此他们总是做大量的有氧运动，以燃烧掉多余的热量。不过，他们仍可以摄入额外的能量，为身体提供充足的营养。我记得，汤姆·普拉茨的腿部肌肉异常发达，每次在健身房训练的时候，他总是训练到大腿精疲力竭为止，然后再骑上一辆自行车，跑上 20 英里（32.19 千米）。尽管训练强度非常大，他的腿部仍然非常粗壮，股四头肌的清晰度和分离度都非常完美。

通过有氧运动可以让身体变得苗条是有道理的。假设你使用 100 卡路里的多余能量进行心肺功能训练，那就是说，你减少了身体中 100 卡路里的脂肪存储；或者，你可以多摄入 100 卡路里的蛋白质，而又不会影响你的减肥进程。

不过，身体所能承受的有氧运动带来的压力并非是无限的。过多的心肺功能训练只能以损害身体而告终，这点我们在后文还将提到。过分的有氧运动（有些运动员在比赛前无休止地训练，他们是会追悔莫及的！）可能减弱肌肉和整个身体的恢复能力。这会导致肌肉组织被作为能量消耗掉（用更大的白色肌纤维作为燃料供给小的红色肌纤维），这种结果就是所谓的"训练过度"。

"训练过度"并非单指过度训练之后的疲劳感。这意味着你体内某种能量补给机制和恢复机制被压制或者关闭。"训练过度"是一种慢性症状，在这种状态下，不管你如何努力训练，都将徒劳无功。如果你发现自己处于"训练过度"状态，最好的疗法就是休息，有时要休息上几周。但是，只要你能合理地安排训练，就可以完全避免"训练过度"状态。所以，一定要注意足够的休息和足够的营养摄入。这点，将在第四部分进行详细阐述。

预防"训练过度"的一剂良药就是，在有氧训练中千万不要走极端。记住！健身就应该有健身的样子。你应该明确，和其他的运动不同，塑造和发展肌肉的主要方式就是通过渐进式的重量训练——举起那个铁家伙，而非有氧运动。

运动员的健身

现今的运动员变得更高大、更强壮、也更快了。记录一个接一个被打破，甚至远远超越了前辈。在我看来，运动员的水平之所以普遍提高，其中一个原因是，几乎在所有运动中，所有专业的运动员都会进行某种形式的阻力训练。

但是，在不久以前，教练们不仅不推荐、甚至禁止运动员进行重量训练。原因是，他们认为举重会让运动员"肌肉僵硬"，有损他们的敏捷和灵活性。身为国际运动科学协会（ISSA）的弗雷德·哈特菲尔德博士（Frederick C. Hatfield）说："认为重量训练会让你变慢，让肌肉僵硬，破坏身体的敏捷和协调性，这是盛行了数十年的说法。这种说法源于将重量训练等同于举重——也即增加身体的力量，做单次最大重量的举重运动——的误解，那种举重训练不适合大多数运动员，因为很多运动员在赛场上制胜的关键在于速度而非单纯的力量。"

在现今，依哈特菲尔德博士所言，重量训练的作用在于将不同肌肉的力量提升到适当的水平，即可以让运动员在赛场上有最佳表现的一种最基础、最低限度的水平。但是这种"最优化"的力量训练不应该单纯注重增加肌肉的块头或者提升肌肉的最大力量，除非这是赢得比赛的必不可少的条件。哈特菲尔德博士还补充说道："如果你盲目地崇拜力量，那么你在速度、敏捷、灵活性、协调性等方面确实会出现问题。"

在某些运动中，运动员更快地接受了所谓"最优化"重量训练的方法。身为演员和曾经的美国橄榄球联盟会员的弗雷德·德赖尔（Fred Dryer）回忆说，当他在20世纪60年代成为职业橄榄球运动员之时，压根儿没人进行重量训练；不过当他于20世纪70年代退役的时候，他所在的橄榄球队的队员无不走进举重健身房，进行重量训练。

作为1976年奥运会十项全能冠军的布鲁斯·詹纳在20世纪70年代早期意识到，要想在如此多不同种类的运动项目中发挥出最佳水平，必须进行重量训练，以实质性地增加体力和肌肉块头。詹纳说："十项全能项目旨在考验运动员全面的运动素养，包括跑步、跳、掷等项目。起初，我的身体苗条而结实，不过我意识到，我必须增加块头，变得更加强壮，才能得到满意的分数。但是，体重和力量超过某点之后，又可能不利于我的整体表现。"在那个时候，田径运动员才刚刚开始使用重量训练来增强身体，所以詹纳对于采用何种训练计划，以及何种训练强度都十分小心谨慎。他回忆说："实际上，那时我对训练还知之甚少。我做的训练多半同举重差不多，而非真正的重量训练。无论我做了多少无用功，我的力量确实得到了提高。我练就了一身实实在在的肌肉，这也正是我能在1976年蒙特利尔奥运会上一举夺冠的原因。"

应该存在一种完美体形适合所有运动（虽然，我们有时候看到，在各类比赛中夺冠的人什么体形都有），你所进行的训练都应该使你朝着这种完美体形的方向前进，而非背道而驰。生理学专家威廉·麦卡德尔（William McArdle）和弗兰克·凯奇（Frank Katch）、维克托·凯奇（Victor Katch）在他们1994年出版的合著《锻炼生理学：能量、营养与人的表现》（第四版）中写道："身体成分测试已经揭示了，一般来说，不同运动项目中的运动员有着不同的身体特征。比方说，田赛项目的运动员有大量的无脂肪组织，而身体的脂肪比例也较高；而长跑运动员的瘦肉和脂肪都最少……这些体格特征中都包含了发达的生理支持体系，为造就冠军提供重要的保障。"

虽然体重过重对于很多运动都不利，但是在某些情况下，运动员确实需要增加大量的肌肉，这是制胜的重要条件。比方说，如果你将20世纪60年代的橄榄球线上球员同现在的橄榄球球员的体形相比较，你会发现两者的差异令人咋舌。这种差异不单单是在重量上，而且体现在身体成分上。30年前一个300磅（136.08千克）的球员的身体成分中有15%～25%的脂肪。而现在，任何一个300磅的球员其身体成分中的脂肪比例都在12%以下，少数人的脂肪比这还少。

传统上，拳击和摔跤这两项运动都尽量避免使用重量训练。其中一个原因就是，肌肉的增加会让你列入更高重量级的选手中间，这就意味着你要和那些本来就很重、很强壮的选手一决雌雄；另外一个原因是，太多年轻的拳击选手为了让自己的拳头更加有力而进行重量训练，却忽视了了速度、时机把握和协调性的培养。但是，当原本是次重量级拳击手的伊万德·霍利菲尔德（Evander Holyfield），在"奥林匹亚先生"李·哈尼的鼎力帮助下，增加了大约30磅（13.61千克）结实的肌肉，一举成为重量级拳击冠军时，整个拳击界为之愕然。

哈尼说："大多数拳击手完全依赖于传统的训练方式和营养计划。但是，伊万德善于接受新观念。为了成为一名真正的重量级拳击手，他别无他选，只有增加体重。他注意到，在大幅度增加肌肉方面，健美运动员是最好的专家。所以他采用了很多健身技巧，以及一系列在饮食搭配、心肺健康以及敏捷提升方面的科学方法。"

霍利菲尔德之所以成功，部分是因为他没有忘记拳击既是一项注重速度的运动，又是一项需要依靠肌肉和心肺耐力的运动。他意识到健身的重要性："我成功的原因之一，在于我能将体重保持稳定，这让我信心百倍，让我在精神上和身体上都感到轻松。"所以在霍利菲尔德看来，通过重量训练和适当的营养打造身体是简单而必需的第一步；然后，他才专注于拳击技巧的提高。

魔术师约翰逊（Magic Johnson）加入NBA（美国篮球职业联赛）的时候，年轻的篮球运动员都已经充分地认识到力量训练对赛场上的表现有好处。但是有趣的是，魔术师在很多次采访中说到，在他退役后，对他来说锻炼和保持体形变得更加重要，因为这可以使他的身体处于健康的巅峰，延缓疾病的衰落效应。我曾认为我的生活已经够忙的了，可是当听到魔术师描绘他每天的生活，我都感到有点疲惫。从有氧训练，到重量训练，强度仅比NBA比赛稍差点的篮球训练，甚至在做其他事情和参加媒体活动时也是马不停蹄的。

其实，早在20世纪50年代，高尔夫选手弗兰克·斯特纳汉（Frank Stranahan）就开始使用重量训练，以强健身体，提高在比赛中的表现。当今，许多高尔夫选手都将阻力训练纳入他们整体的训练计划之中，虽然在高尔夫界重量训练还未同在其他运动中一样被完全接受。所以

伊万德·霍利菲尔德对迈克尔·摩尔（Michael Moorer）的卫冕之战

说，当人们明白重量训练可以提升竞技表现之前的 30 年，斯特纳汉早就开始了重量训练。

还有一项一直抵触重量训练的运动便是棒球。不久之前，大多数棒球运动员一般都身材较小、瘦长精干、速度快、协调性好。在该项运动的高手对决中，从前鲜有体重超过 200 磅（90.72 千克）的选手，而现在，体重超过 230 磅（104.33 千克）的本垒打选手数不胜数，他们在速度和敏捷性上一点都不差。看看马克·麦奎尔吧，他是如此强壮，以至于可以将高飞球变成全垒打。这个差别来源于重量训练在今天的流行，现在的运动员在高中或者初中时代就会开始系统地健身，当然他们对饮食营养学也了解得更多了。

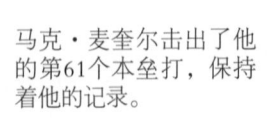

马克·麦奎尔击出了他的第61个本垒打，保持着他的记录。

重量训练日渐成为一项普及性的运动。F1 赛车之王迈克尔·舒马赫（Michael Schumacher）的训练计划非常周详，其中就包括重量训练项目。球星马拉多纳在其职业生涯的后期发现，重量训练可以提高他在球场上的竞技水平。网球运动员、游泳运动员、撑竿跳运动员，甚至职业赛马运动员都开始进行重量训练，以提升自己的实力。

重量训练和其他健身训练计划对于那些优秀的运动员来说特别有价值，因为他们在各自的领域中，要想百尺竿头更进一步已经非常难了。比方说，作为跳高比赛的王者之一的德怀特·斯通（Dwight Stones），在他的职业生涯的后期，每周都要拿出好几天时间进行训练，其中就包括重量训练，专门训练跳高的时间反而并不多。为什么？因为，多年的努力已经让他完全掌握了跳高的技术，所以过多的专业训练很难再有明显的成效。在技术上和神经肌肉的协调性上，他已经达到了登峰造极的程度，所以无论他多么努力训练收效总是甚微。所以，他需要的是一种更好的"工具"，来提升他的能力和技术。这就是为何他投入那么多时间在重量训练上的原因。

重量训练除了能使肌肉发达之外，还特别有助于增强身体的脆弱的地方，这些地方会影响身体的平衡，不利于在各种运动中动作的施展。正如劳伦斯·莫尔豪斯（Laurence Morehouse）博士在其1974年的专著《最佳表现》中注意到的那样："神经系统倾向于使用最畅通的通道。如果你想使用较弱的肌肉来做某个动作，你的神经系统会尽可能地使用更发达的肌肉来替代……结果就导致了肌肉不平衡，动作不完美，甚至可能会受伤。"

当你在学习、训练和做某项运动时，所用到的肌肉会发展到那项运动所需要的水平，可是仅此而已。那些不参与运动或者参与较少的肌肉会随着时间渐渐变弱，这就进一步加剧了身体的不平衡。结果，在专注于某项运动数年之后，运动员肌肉的不平衡越来越厉害，这使得他们特别容易受伤。而且，长时间高强度地进行某项运动还可能让身体损耗，如果不对症下药进行某种训练计划来对抗这种不良后果，就会越来越容易受伤，同时运动成绩也会随之下降。

比如，跑步运动员经常会拉伤腘绳肌，因为他们的股四头肌太过发达，相对来说，股二头肌又太弱了。高尔夫运动本身对于增加力量效果甚微，因为挥杆时候的扭转运动用力过猛，高尔夫运动员常常会有背部问题，特别是年纪变大之后。短跑运动员发现，当他们的上身肌肉变得强壮之后，他们的成绩会有所提高。但是，短跑训练本身却无助于使上半身肌肉发达起来。网球运动会让运动员的身体一边比另外一边发达很多。可以注意一下，很多网球运动员的一只手臂总是比另外一只手臂要粗壮许多。随着时间的推移，这种力量上的不平衡很容易造成身体问题，同时影响比赛成绩。

进行全身的重量训练，也即遵循本书中所介绍的基本的训练计划，包括各种练习动作、技巧、组数、反复次数以及训练日程，能有效增强体质，让运动员拥有更好的体格，同时还有助于消除因特定运动的要求和压力造成的身体不平衡。健身训练可以让你塑造出最适合你的运动的身体——块头、力量和体重——这一点其他任何训练项目都做不到。

国家运动员表现研究所主任马克·维尔斯特根（Mark Verstegen）说："身体健壮不但有助于提高运动表现，比如说在力量、速度以及耐力方面，也能大大降低受伤的风险。健身让运动员得以改变身体的成分，以满足特定运动项目的需要。也就是说，如果需要，就让身体变得强壮而有力，或者相反，维持或降低体重，但在任何体形下，都要尽可能使自己的力量最大化。"维尔斯特根为他训练的专业运动员制定了各自的训练计划。这些训练计划中无所不包，从柔软体操到敏捷训练，从健身实心球到使用自由重量和组合器械的阻力训练。

维尔斯特根的顾客既有来自美国大学体育总会的顶尖篮球选手，也有来自美国橄榄球协会的选手，甚至洛杉矶湖人队的科比·布莱恩特也是其中一员。维尔斯特根补充说道："一旦完全掌握了运动技巧，接下去运动员能做的就是提高身体素质。你会增加体力，从而增强耐力和爆发力，增加腰腹力量从而有更好的动作姿势，增加关节稳定性从而减少受伤。"

但是，要弄清楚何种运动项目适宜使用何种重量训练并非易事。依运动生理学家乔治·布鲁克斯（George Brooks）和托马斯·费伊（Thomas Fahey）所言："增加力量的最重要因素，是肌肉紧张的强度和持久度。我们需要对每项运动的力量要求进行评估，才能制定出一份合理而有针对性的训练计划。一般而言，对肌肉耐力有要求的运动项目应该使用动作反复次数较多的力量训练计划，对力量有要求的运动项目使用反复次数较少的训练。"因此，专业的运动员需要在体能教练的指导下进行训练，他们在给特定运动项目制订有针对性的训练计划上知识深厚，经验丰富。然而，不管你是针对何种运动项目进行训练，我认为以下这些基本理念是普遍适用的：

1. 总体而言，健身式的重量训练是控制身体成分的理想方法，无论你是想要你的身体变得更大、更重，还是想要更强壮同时又不增加体重，或者是让身材变得精干而结实又能减去过多的脂肪。这种训练计划应量身定制，以打造出最适合你的运动项目的体形。对于有些项目，身体过大或者过重反而会过犹不及。

2. 饮食、营养和重量训练一样是控制身体成分的重要因素。无论是为了增加体重，还是减少体重，抑或是为了变得强壮，"吃得正确"都是非常重要的。

3. 对于运动员来讲重量训练的最基本目的就是塑造更好的身体（更好的"硬件设施"），将力量提升到恰当的水平，同时增强身体的弱区。针对特定项目而进行的重量训练应该在具有资质的教练指导下进行。

4. 以健身为目的的重量训练对运动员的好处是它没有针对性。记住，相比于组合器械，使用自由重量进行训练能更好地提高身体的适应性。

5. 记住，举重是一项特殊的运动，需要特定的技巧以及单次最大力量的提升。但是，运动员的重量训练目的在于达到最优而非最高的力量状态，同时增强身体弱区，使各肌肉群达到更好的力量平衡。

重量训练与健康

根据《时代》杂志的调查，重量训练已经成为全美国最流行的体育运动。在这本书初次出版的数年后，我目睹了越来越多的人在使用重量训练。他们并非是为参加比赛的健美运动员，也不是专业运动员，只是想保持健康，让自己看起来气色更佳，感觉精力充沛，同时让青春常驻、强壮如昔。

健身训练能让身材标准，让身体健康、强壮，这绝非无稽之谈。毕竟，如果这种训练方式能成就那些"奥林匹亚先生"，那么对于大多数要求不高的人来说当然也一定会有很棒的效果。而且，如果你想要去做什么，为何不选择最佳的方式呢？当有人问我："我想变得健康而结实，但是又不想变得块头太大。怎么办？"我会这样回答他们："你想成为网球高手，你是否能说你只想学学网球，但是不想打得太好，你不是冲着温布尔顿冠军去的？或者你会让一个职业高尔夫选手教你打高尔夫，但是告诫他说不要把你教得像老虎·伍兹（Tiger Woods）那样棒？"

事实上，并非所有的人都有足够的天赋、时间和精力让身体变得真正魁梧，铸就健美的身材。所以，既然你的目标也没有那么高，你是否应该使用最有效的方法来让你的身体得到可能的发展呢？毕竟，你花时间和精力去锻炼，总是想要点结果的。

肌肉适能为何如此重要呢？因为如我们所见，肌肉是有适应性的，它们根据要求发生变化。纵观大部分的人类历史，劳动主要是由人体完成的。那时的人们需要的不是锻炼，而是好好休息一下。在100年前，哪怕是一个坐着工作的人完成的工作也会让大部分现代人筋疲力尽。在20世纪50～60年代的时候，我还是个孩子，我们常常到处跑着玩、爬山、参加各类运动，不会坐在那儿看电视、玩电脑。

那么对于一天到晚坐在椅子上的现代人来说，他们的肌肉发生了哪些变化呢？他们会想：都有车代步了，有必要走着去那300米远的地方吗？他们常常说："把遥控器给我，省得我跑到电视机前去调频道。"很简单，当我们不去用肌肉，肌肉就开始萎缩和减少。我们不用它们，也就失去了它们。在我们20多岁的时候，这还不明显；到我们30多岁的时候，肌肉萎缩的速度就更快了；而且，随着岁数的增长会越来越快。恩斯特·约克尔（Ernst Jokl）博士说："一般人在18岁到65岁之间失去了50%的肌肉。"可是，我们的身体大可不必跟着这股潮流堕落下去，我们可以做点什么——而健身正是抵制肌肉退化的最有效的方式。

不要担心会变得"过分发达"。你应该担忧的是你现在还剩多少肌肉。就像《爱丽丝梦游仙境》中的爱丽丝所发现的：你需要跑得越来越快，才能保持原地不动。

拥有一身强壮而健康的肌肉可以让你精神焕发，充满活力，让你在各项运动中游刃有余，即使你始终是一个业余选手。健身训练也可以起到稳定和降低血压的作用（不要使用过重的重量训练，可以使用持续的、大量的训练）；可以增强背部，减少背部问题的出现；同时还可以促使血液流向皮肤，让皮肤活力四射，更有弹性。锻炼可以解压，而压力低的好处不言而喻：既可以提升免疫系统的能力，又可以降低患上癌症和心脏病的风险。

事实上，人一天消耗的热量并非仅仅是看运动量，也和人拥有的肌肉量相关——肌肉会"燃烧"卡路里。这里的"燃烧"是指细胞中的氧化过程，为运动供给能量。所以，你的肌肉越多，就越容易变得和保持苗条。

显然，举起的重量如果过重会对身体有损害。所以，职业举重运动员一般有或轻或重的身体问题，这都是这项运动对力量要求过大造成的。但是，健身运动中对重量训练的使用是有节制的——使用次高水平的阻力和相对高的训练量。因此，只要做得正确，注意特定的技巧，一般健身者除了一些正常的肌肉酸痛或者偶然的扭伤（任何运动都会有的）之外，不会有重大的伤损。

最后，我想说的是，健身训练还是一种让你的生活变得规律、有节制的好方法。当你通过训练让你的体质得到增强的时候，你就会变得更加注重饮食习惯。毕竟，为何要让那些不雅的肥肉掩盖美观的肌肉呢？你必须控制你的日程，确保训练的进行，这也就意味着更好地安排你的业余时间。坏习惯呢？像吸烟和酗酒这类事情，可能会干扰你的训练效果，影响身体的进步。明天进行晨练！千万不要熬夜，浪费太多时间在深夜档的电视节目上。如果你用健身运动来规范你的生活，它不仅会对你的身体和精神产生影响，也会改变你的所作所为，改变你身边的人。

第三章

训练体验

每个健身者站在镜子前,看着自己浑身的肌肉不断冒出之时,无不欣喜异常。有人甚至还会拿出一卷皮尺,来精准地测量出自己身体每个部分到底长出了多少肌肉。但是对我来说,训练体验本身就是一种回报,就是值得欣喜的。我常常在一天中的最佳时刻去健身房训练。我喜欢训练的感觉、训练时的泵感、训练之后那几近虚脱的放松感。我不仅仅享受于作为一个健身者,也陶醉于健身的过程。

训练中带着这种热情是非常重要的。每日出入健身房,进行各种训练,再强壮的家伙都受不了这种过程,除非你真的爱它。和那些急不可耐地要去健身房举重的人相比,那些逼着自己去健身房训练的人是不会取得他想要的结果的。有些人需要别人去激励他们进行强度更大的训练,有些则需要人去提醒:不要训练过度了。就我的经验而言,那些需要克制的人,迟早是要出人头地的。

所想即所得

在健身训练中,"身"与"心"同等重要。我所知道的那些健美冠军都热情高涨,他们迫切希望让他们的肌肉发达起来。但是,"心"之所以重要还有另外一个原因。为了取得效果,你需要学会思考;你必须明白自己在干什么;你必须掌握训练技巧;你必须超越基本的健身原则,找出真正适合你的训练方式;你必须发展自己的直觉,就像发展你的肌肉一样,而且要学会倾听它们。毋庸置疑,艰苦的训练是少不了的,不过如果想要很好的效果,也少不了聪明的训练。

当然,这需要一步一步来。在开始阶段,每个健身者都应该严格遵守基本的健身原则。在这个阶段,你不能跟着感觉进行训练,因为你压根还不明白正确的训练方式是什么感觉——而这需要体验。诀窍就是掌握正确的训练技巧，渐渐习惯训练的感觉，然后你才可以开始依靠感觉和直觉的指引。

和其他健身者一样，我开始的时候也是做最基本的练习。随着时间的推移，通过各种尝试和思考，我发现我可以做很多组针对胸肌和背阔肌的练习，可以用最大强度训练这些肌肉。但是，直到我组合了背部肌肉和胸肌的练习——将"拉"与"推"的动作结合起来，才获得了很好的训练效果。不过这种技巧并非对每块肌肉都适用，也不会让每个健身者都能取得像我这样的效果。你需要掌握所有相关的技巧，然后研究每项技巧在你身上产生的效果。这是健身的真谛。

第一步就是清楚地了解你在健身房做的是什么，然后充分利用自己的直觉和感觉，随着训练日程的不断推进，学着领会每日的不同体验。其实对于有经验的健身者来说，大家知道的技巧都差不多，只是大家运用自己的直觉和感觉的水平造成了人与人之间的差异。

无论你的经验积累到何种地步，问题仍会不断出现，这就是你不得不动动脑子的另外一个原因——分析你正在进行的训练，评估你的进步。即使一名"奥林匹亚先生"也会对自己的训练感到不满意，于是开始尝试不同的训练原则，找到更好的训练方法。只有去学习尽可能多的训练原则和训练方法，才能理解其中有哪些真正适合你。

基于以上这些原因，我着手撰写了这部健身全书，而不是另一本仅仅讲述如何锻炼的书。在书中我既介绍了诸如仰卧推举、杠铃弯举的具体要领，又介绍了如何选择练习动作，以及如何将几种练习组合在一个训练计划之中。在书中，我既讲述了基础的训练，又讲述了高级的训练原则和计划，即使你是冲着健美比赛去的，这本书对你也有指导意义。你还可以找到增加肌肉、减少脂肪的饮食方法。总之，该书包罗了与健身训练相关的种种信息。但是，我已经说过，你仍然需要不断地思考和学习，聪明地进行训练，运用你的头脑，获得你需要的知识，从而达到你个人的健身目标。

但是，在你开始学习最基本的训练原则之前，我认为你应该了解训练过程中的一些具体体验，诸如泵感、训练强度、肌肉酸疼和肌肉疼痛（还有两者之间的差别），以及和一个好的伙伴一起训练的好处。所有这些，我在本章节都会一一阐述。

泵感

当你开始训练之时，第一个要注意的就是泵感。你的肌肉膨胀，超过其正常大小，你的血管显现出来，你感觉更"大"、更有力气。泵感一般出现在4或5组练习之后。你常常能在整个训练过程中保持这种感觉，随着时间的推移，泵感会越来越强烈：更多的血液流入得到锻炼的区域，带来新鲜的氧气和营养，满足肌肉持续紧张收缩的需要。

泵感之所以产生，是因为肌肉的运动和心血管系统的压力导致血液流入特定的肌肉区域，可是又不存在同等的压力将血液排出肌肉。所以，多余的血液将逗留在肌肉内一段时间，这样就会导致肌肉的膨胀。因为有泵感的时候，肌肉会更大，更吸引人的眼球，所以健美运动员在摆造型之前，都喜欢进行泵感训练，增大肌肉块，让其更具美感。

奇妙的泵感是这个世界上最好的感觉之一，甚至可以同性爱媲美。据举重冠军和运动生理专家弗雷德·哈特菲尔德博士（粉丝们称他为"深蹲博士"）所言："大量血液涌入肌肉会刺激或多或少的本体感受器。训练和随之产生的泵感会产生一系列荷尔蒙反应，其中包括内啡肽和脑啡肽的释放，这两种物质是天然的止痛剂。"这些物质的释放也会带来快感，所谓运动的快感。此外，哈特菲尔德博士还说到，随着时间的推移，锻炼就越来越会引发积极的情绪，所以当锻炼的感觉与好的精神状态在你的身体中关联起来之后，你的快乐中枢就会受到更多的刺激。

这种身体上和生理上的结合会对你的训练感受和你的训练强度产生重大的影响。当你的肌肉渐渐膨胀起来，你会有一种奇妙的感觉，觉得自己强壮了许多，同时更乐意进行艰苦的训练，从而达到更高的训练强度。有时候，你觉得自己就是穿梭在健身房里的金刚！当然了，每日的感觉也许会有所差异。有时，你可能拖着疲惫和懒洋洋的身躯走向健身房，但是只要你训练几分钟之后，就会获得一种奇妙的泵感，突然间就会觉得自己无比强大，精力充沛，能轻而易举地举起眼前的任何重量。

然而，也有些时日你会感觉自己精神萎靡，不管你如何训练，泵感总是迟迟不来。这可能是因为你的身体原因——你没有得到足够的休息，或者训练超过了身体的极限，又或者是你的饮食摄入的营养不足：这些对泵感的产生都会产生影响。不过我认为在绝大多数情况下，缺乏泵感是因为注意力不够集中。毋庸置疑，充分的休息很重要，不要操劳过度，饮食要均衡，以为锻炼补给营养，但是无论你感觉有多糟，或者多么没有精力，只要你集中精神，专心致志，泵感仍然会出现。

训练强度

我自认为是一个注重效果的人，我做任何事情都关注结果。所以，我在健身生涯的早期就已经意识到，在训练中——和在大多数事情中一样——你的投入决定你的收获。训练越是刻苦，取得的成绩也就越显著。当然，前提是你的训练方法是要尽量有效。

不过，达到某个程度之后，你的训练给你的回报就很难有太多了。因为，你的训练重量已经是最大了，不能再往上增加重量了；你训练的组数已经够多了，训练频率已经够高了，再多就要训练过度了。那么，你应该怎么办呢？

当达到这种瓶颈状态时，要想取得更好的结果就需要增加你的训练强度。我的意思是什么呢？非常简单，强度是对你的训练效果而非训练投入度的衡量。使用什么方法可以增加强度呢？比如说，你可以：

- 增加训练重量；
- 增加每一组中的反复次数；
- 减少组之间的休息时间；
- 一次性不间断做两组或者更多组（超级组）。

另外还有许多特别的强度训练技巧，其中有很多都需要两个人一起完成。这其中包括强迫次数训练、局部充血法、负功训练、超级组、巨人组、局部次数训练、停息训练等。我将在第二部分中对这些方法进行详细介绍。

心肺耐力是增加强度的一个制约因素。如果无法向肌肉供给充足的氧气，肌肉会过早地停止工作，你也就不能充分刺激它们。不过，如果你减少间歇时间，逐渐加快你的训练进度，就能给身体充分的时间来适应，你进行艰苦训练和持久训练的能力也会随之增加。

另外，随着你的训练强度不断增加，你的身体会更快地疲劳。也就是说，训练强度大，持续的时间就难以长；即便你状态良好，也是如此。这就是为什么现代的健身者大都分开锻炼身体的各部位，每次训练只着重于少数肌肉，绝不一次针对所有的肌肉进行锻炼。如果你采用"双分化"训练法——将一天的训练分成两段，这样你可以有充足的休息时间——进行训练，你的训练强度可以进一步提升。当我为参加健美比赛而要用更大的强度训练的时候，我总是将最重的训练安排在早上，因为那时我感觉精力最充沛——我不会在后半天做负荷过重的训练。（关于如何安排训练会在第二部分中详细阐述。）

当然，入门阶段的健身爱好者、有一定经验的健身者以及专业的健美运动员之间，需要的训练强度，或者说能够达到的强度是很不相同的。当你刚入门的时候，只要完成正常的训练，对身体来说就足够有冲击力了，所以不需要额外的训练强度。中等水平的健身者，往往不得不想方设法，才能刺激自己的身体进一步生长。对于要参加竞赛的健美运动员来说，因为他们正努力实现身体的终极增长，所以需要惊人的训练强度。

你越是资深，进步就越难，需要的训练强度就越大。这就是著名的"收益递减法则"。在1971年，我当时针对肩部肌肉做的训练有30组，在我想让肩部肌肉更发达的时候，我的训练伙伴——一位专业的摔跤选手，告诉我说我不必增加动作的反复次数，只要跟着他做就行了。我们一开始做100磅（45.36千克）的哑铃推举，然后又减至90磅（40.82千克）、80磅（36.29千克）、40磅（18.14千克）；之后马上又开始做哑铃侧平举。休息一分钟之后，我们又重新开始，将刚才的程序重复一遍。在一个小时内，我做的反复次数和组数要比正常情况下的多得多，肩膀好像受过虐待一般！不过至少，那样很有效。

肌肉疼痛和肌肉酸痛

每个人都听过这句话——"没有疼痛，就没有收获"。但是在健身中，要注意区分剧烈的运动之后让人欣喜的"疼痛"和身体受伤带来的"疼痛"。

在高强度的训练之后出现肌肉酸痛是很平常的事情。这种酸痛感是由对肌肉、韧带和肌腱造成的微小损伤的结果，这不会导致身体的受伤，但还是会痛。一定量的酸痛感是必不可少的，这是训练强度的标志。

造成酸痛还有一个常见的原因，就是在肌肉内堆积了乳酸。当肌肉活动产生乳酸的速度比循环系统将其带走的速度快时，乳酸就会堆积起来。当你进行大量的高强度训练之时，乳酸的量就会超过一定的范围，这会给你一种灼伤感，也会在训练后给你一定的酸痛感。

酸痛不是一件坏事，而且实际上还是一种好现象，这意味着你的训练强度足够产生效果。不过，不能让这种酸痛影响你的训练，或者干扰你的生活，适当放松一阵是应该的。有点酸痛感的确意味着你的训练是正确的，但如果过于酸痛就仅仅意味你"滥用"了你的身体,这样你应该适当减少你的训练强度。

不过,我并不总是听从我的这些建议。在我 16 岁时,我对锻炼简直达到了痴迷的程度,所以任何程度的酸痛都不能阻止我继续下去。实际上,我第一次去健身房的时候,就用高强度的训练对身体进行"狂轰滥炸",以至于我在回家的路上从自行车摔下来,因为身体已经虚脱,完全失去了感觉。第二天,我浑身酸痛,连端起一杯咖啡、梳个头的力气都没有。不过我还是很欣喜有这种感觉,因为这说明我的训练确实起到了效果。不知道有多少次,我故意"轰炸"身体的某一部分——做一整天的引体向上或者无数组的深蹲运动——接下来是一个星期的酸痛!不过,如果这意味着促进了我的肌肉生长,我倒是不在乎这点"不便"。

奇怪的是,酸痛似乎更多来源于"反向"动作——比如说,放下重量——而非"正向"动作,比如说举起重量。其中的原因在于,肌肉的离心收缩(放下重量)会导致支撑肌腱和韧带承受的压力不成比例,这似乎就是导致伤害的原因。

一般而言,你可以不顾酸痛坚持训练。实际上,继续训练会缓和那种酸痛感,因为训练可以将更多的血液输送到酸痛的区域。蒸桑拿、按摩或者其他治疗方式也可以缓和酸痛感,不过归根结底你还是要等上几天,让受压过度的组织慢慢复原,你才能完全恢复。

但是,疼痛感也可能是受伤的信号,这和简单的酸痛感不同。疼痛感可能意味着你的身体在某些方面受到了严重的伤害。拉伤、扭伤或者其他压迫造成的伤害是提醒你要马上悬崖勒马!带着这种疼痛感进行训练毫无效果可言。任何让你感觉疼痛的训练只是徒增伤痛,加剧对身体的伤害。你唯一的办法就是,让那块有问题的身体区域休息;如果伤害严重或者一直不见好转的话,还需要寻求医生的帮助。(想要了解更多关于受伤的知识,学习如何去识别和应对受伤,请参阅第四部分。)

最后,你要学会区分"好的"疼痛和受伤的疼痛,这对于你成功健身非常必要。如果顶着真正的损伤继续训练,只能让你在很长一段时间内不能再训练,甚至可能将"急性"损伤变成"慢性"损伤,如果那样的话,你可能需要好几年时间才能缓和过来。

但是有些疼痛不仅是必可不少的,而且实际上它们正是健身的精髓所在。当你的肌肉在"燃烧",告诉你要停下时,再做最后几次反复——正是这最后的几次反复决定你的训练是否到位。杠铃弯举中,你的肱二头肌已经在痛苦地尖叫了,然而还要做第 10 次或者第 11 次反复——也许这是打造终极手臂的必经之路。这种训练到肌肉开始痛苦燃烧的现象并非健身独有。当有人问传奇的拳王阿里(Muhammad Ali)

在一次冠军赛之前他会做多少次仰卧起坐时，他回答说，不清楚。他解释说："只有开始疼的时候，我才开始数。"

障碍与挫败

健身的进步通常不是一帆风顺的。但是如果真是那样，结果当然非常喜人。我记得有段时间，我可以看到我的胳膊每两个月增大 1 英寸（2.54 厘米），就像钟表一样规律。那段时间，不管怎样，我每年都能增长 20 磅（9.07 千克）以上的肌肉。

但是，在训练过程中的很多事都会造成前进的障碍，比如生病了。对于一般人来说，感冒只不过是造成一些不便而已，但是对于一名还有八周就要去参加比赛的健美运动员来说，那可能是一场灾难。他不能躺在床上休息，这会将数月的努力付诸东流，可是他的训练状态又欠佳。还有更糟的障碍。我知道有些曾经患过严重的儿童糖尿病的健美运动员，他们需要付出加倍的努力，才能在业余健美比赛中赢得名次。美国健美冠军丹尼斯·纽曼（Dennis Newman）成功战胜了白血病，终于在国际健美健身联合会的专业组中再续其辉煌的职业生涯。

克服障碍通常就是做些变通。我记得有一年隆冬，我在纽约，因为天气恶劣，我无法外出跑步，进行心肺训练。我怎么办呢？我在柏宁酒店的消防楼梯上来回跑。从第二天我感觉到的酸痛感上看，那绝对是一种绝佳的练习。现如今，大多数星级宾馆都会有健身设施，而且现在全球的健身房数目也比以前多很多，所以在旅途中进行训练也并非难事。虽然我极力推荐在设施齐备的健身房训练，但是如果你确实赶时间，或者你所在的地方没有健身房，那么不妨随身携带一些简单的健身器材——那些用橡胶带或者强簧的东西，总之，聊胜于无。还是那句话，不管你的借口多么冠冕堂皇，没有付出就没有收获。

有时候，你还会面临一些环境因素的制约。我记得在一次新书推介会上，我来到丹佛，电视台里的人簇拥着我来到健身房。当时，所有的灯光和摄影机都对着我，我气定神闲，做了许多个仰卧推举和其他练习；但是在 20 分钟后，我累得接不上气，几乎站不起来。电视台制片人告诉我："好了，够了。"而我想的只是，我也够了！我意识到，问题出在那 1600 米高的海拔，导致身体供氧不足。如果我曾经在那样高的海拔训练过，适应了稀薄的空气，我就能完全控制自己的节奏。

潮湿是另外一个造成困难的环境因素。如果你在盛夏之时，不开空调，去佛罗里达或者夏威夷训练，你会发现自己的训练很难达到平时的强度。我曾经去过南非和雷格·帕克一起训练，当时正好是奥地利的隆冬季节，而南半球正值盛夏时分，炎热而潮湿，我发现在多数练习中，我使用的训练重量减少了30磅（13.61千克），在个别练习中少了50磅（22.68千克）之多。不过训练了一两个礼拜之后，我渐渐适应了那种极为不同的气候了。

寒冷也一样。在拍摄影片《野蛮人柯南》的间歇期，我同弗朗哥·哥伦布在圣诞节期间从西班牙飞到奥地利。我们在没有暖气的车库里面，冒着冰点以下的严寒进行训练——那是我经历过的最低的训练温度。我明白了在寒冷中训练需要某些特别的适应性——你需要更加充分地热身，而且要穿着暖和的衣服，即使开始出汗后也不要脱下。你还需要小心，在寒冷中双手可能会粘在金属哑铃或者杠铃上。好在我适应得很快，因为我曾经在寒冷的天气下训练过。不过在没有加利福尼亚的阳光明媚的天气帮助下，还是要好好努力才能达到好的锻炼效果。

另外一个会产生严重挫折的障碍是受伤。很多健身者从未有过受重伤的经历，不过你必须考虑那种可能。我在训练的时候没受过太严重的伤，不过有次我在南非参加比赛，从台上不慎滑落。我的膝盖严重受伤，有段时间人们都以为我的健美比赛生涯就此结束了。第一个给我治疗的医生建议我不能继续训练。不过，我马上觉察到，他不了解运动员，也不擅长治疗运动伤害。于是，我转而求助于另外一个医生。

那是一段阴霾的日子。我曾经足足花了5年时间，才将我的大腿从23英寸（58.42厘米）锻炼到28英寸（71.12厘米）。可是，在这次事故之后两个月，我的大腿又变回了23英寸（58.42厘米）。我顿觉5年的汗水和牺牲都被扔到大街上去了。

幸运的是，我找到了一个专家，文森特·卡特（Vincent Carter）博士。他这样告诉我："你难道不知道，身体在受伤之后会变得比原来更加强壮吗？折了的骨头愈合之后，也比原来要更加强韧。我不刻就将你治愈！"听到这种乐观的话让我重新看到了希望。我做了一个手术，不过在卸下石膏之后，我的大腿还是23英寸（58.42厘米）。

这时，我不但要让受伤的膝盖康复，还要克服心理上的挫折感。我找了一个理疗师，戴夫·伯格（Dave Berg）。他给我安排了严格的训练计划，并且不允许我娇惯自己。在短短的三周之内，我的大腿长了1.5英寸（3.81厘米），马上我又可以做深蹲了。这时我又去找卡特博士，他问我深蹲的时候能负重多少，我回答说135磅（61.23千克）。他说："你这是怎么了？不是痊愈了吗？你以前告诉我说你深蹲的负重为400磅（181.44千克）。现在该回归到那个状态了。"

我受伤和做手术的时间是1971年11月份。到1973年3月份的时候，我已经痊愈了，又可以重新进行严格的训练了。这时候离"奥林匹亚先生"赛还有7个月的时间，所以我决定忘记受伤，专心致志备战大赛，并再次获得了"奥林匹亚先生"的称号。如果我不是保持着一种乐观的态度，积极寻医访药以求痊愈，我又怎能从那次挫败中走出来呢？我的比赛生涯也许早已经在那个时期画上句号了。

训练伙伴

在我的整个健身历程中，有好的训练伙伴对我的成功至关重要。弗朗哥·哥伦布就是我的最佳训练伙伴之一。在我们一起训练的时候，我取得了极大的进步——如果我单独训练就不会有那样的进步。

那么，一个优秀的训练伙伴应该具备哪些品质呢？其一，他应该乐于奉献。他应该如关注自己的进步那般，关注对方的进步。他不能在你训练的时候，做完自己的训练组数，然后拍拍屁股走人——他会留在你身边。"好吧！昨天你做了8次反复，那么今天做9次吧！"一个好的伙伴总是在你训练的时候，也跟着一起训练——你在5点钟训练，他不会在6点钟。一个好的训练伙伴会打电话给你，问："你今天感觉如何？"他不仅准时出现，帮助你训练，而且还会向你提建议："嘿！让我们一起做一些背部训练吧。"理想情况下，他应该同你的目标一致。如果你是努力想练成400磅（181.44千克）的仰卧推举，如果你正进行严格的饮食控制，想减去大量的脂肪，那么如果你的训练伙伴同你的目标一致的话，要达到目标就容易得多。

我的朋友弗朗哥·哥伦布正在辅助我进行训练。他一直是我的最好的训练伙伴。

第一部分 健身入门

你和你的训练伙伴可以互相补给能量，以达到足够的训练强度，让你超越极限。

一位训练伙伴会为你的训练带来无尽的动力。没有人每次都能怀着百分之百的精气神走进健身房。如若哪天你状态不佳，你的训练伙伴会对你进行鞭策，让你渐渐进入状态。而当你状态不错的时候，你也会如此去激励你的伙伴。不管天气如何，不管你前一天晚上睡得如何，不管你的情绪如何，知道会有个人在健身房等着你出现，都是一个巨大的激励。

弗朗哥和我常常彼此较量，每个人都想在举起的重量上超过对方，或者比对方做更多的组数和反复次数。不过，我们这样彼此竞争，倒不是为了打败对方。我们只是想通过这种较量营造一种氛围，来让我们实现不可思议的训练强度。

我曾经为不同的效果找过不同的训练伙伴，因为每个人的特点不同，对你的影响自然也有所差异。我早上和弗朗哥一起训练，因为他每天只训练一次，而且我们做的大多是强力训练。我和戴夫·

我的训练总是处于一流水准，因为我有如弗朗哥·哥伦布和肯·沃勒一般优秀的训练伙伴来激励我。

戴夫·德雷珀是真正的健身天才，被欧洲人视为加利福尼亚式健身者的典型。

德雷珀一起训练是为了锻炼背阔肌，因为我想在这些肌肉上进行更多组数的训练，而戴夫就喜欢在健身房里训练好几个小时，做不计其数的练习组。总之，每个训练伙伴都有各自的特色，所以你可以有多个训练伙伴，这样可以采各家之长。

选择训练伙伴很像结婚。你想找的结婚对象，应该是能让你生活更好的人，而不是一个让你整日抱怨的人。这并非只是健美运动员才有的问题。一个刚入门的健身者可能想和一位资深的健美运动员一起训练，而这位资深的健美运动员可能已经不需要练就强壮的肌肉结构，而是要让自己的体形在细节上愈加完美。这样，那位初学者如果跟着这位运动员一起训练的话，就不会有多少效果。一位想保持体形的商人如果同一名职业健美运动员一起训练的话，他肯定是会吃不消。其实道理很简单：能够有助于你更快地取得更大进步的训练伙伴则是好的训练伙伴；阻碍你进步的训练伙伴就是不好的。

我一生中最刺激的事情莫过于能同我心中的健身英雄雷格·帕克一起训练。

安排训练日程

如果你有足够的动力，那么无论什么情况下，你都会想方设法地安排训练。

我最常听见的抱怨是"挤不出时间来训练"。有些年轻的健身者可能在读书，或者是有工作，所以要严格安排好训练比较困难。他们说："我真羡慕那些职业的健美运动员，他们没有那么多烦心事，一天三件事，训练、吃、睡觉。"当我听到这些，就想起一个叫塞吉奥·奥利瓦的屠夫，他晚上在屠宰场工作，工作完接着去健身房卖力训练。还有，我和弗朗哥也曾经如此，当时我们初到美国，虽然白天要砌砖工作，但仍然坚持训练计划。

当我在奥地利军队服役的时候，我取得了最好的初步进展。但是，那时我有很多差事需要干，属于自己的时间并不多。当去野外进行为期六周的演习的时候，我开着坦克，沿着捷克斯洛伐克边界，每天行驶15个小时，用手动泵给坦克加油，赤手空拳搬动笨重的燃油桶，换车轮，维修坦克。我们睡在坦克下面的壕沟中，直到早上6点钟被叫醒。不过我心生一计：我和我伙伴5点钟起来，打开坦克的工具箱，拿出我们藏在那儿的哑铃，然后在其他人醒来之前练上一个小时。当天的演习结束之后，我们会再训练一个小时。我想不到还有比这更艰难以至不能进行训练的情况。所以，我想说，要找到训练的时间和精力不过是动力和想象力的问题。每个人都能根据自己的个人情况，腾出训练的时间。

即使是今天，我也要处理时间安排的问题。比方说，在拍摄电影《蝙蝠侠与罗宾》的时候，我早上5点钟起床化妆，一直到8点钟，于是就不能进行晨练了。不过，白天要变更布景，我得知大概需要一个半小时，于是就脱掉"急冻人"的盔甲走出去，着手训练。我仅做一些轻量的训练，就足以体验到泵感，又不至于让我的妆花掉。在拍摄其他电影的时候，我们有一个小时的午餐时间。因为我吃饭用不了一个小时，所以我会先用半个小时来进行训练，然后只花15分钟时间吃饭，最后15分钟用来补妆。同我共事的所有演员都知道，我会在一大早或者一天中的某个时间训练，我还总是试图拉着他们和我一起。在一些脱口秀节目中，主持人问他们拍电影有何难处。他们总是这么说："拍电影不难，难的是每天被阿诺德拉着去锻炼！"

所以，我异常明白，对于那些无志于参加健美比赛的人来说，安排训练的确会成为一个问题。他们想，每天疲于工作、事业、家庭、育儿，哪还能从一天中腾出

比尔·珀尔从未劝我吃素，不过他确实证明了，素食者也可以成为健美冠军。

一个小时来锻炼呢！但是底线是：如果你不去找时间，你不去付出，你就没有所得。你是真的挤不出时间吗？比方一些报道说，一天当中最容易被浪费的时间是晚上 10 点到 12 点。难道你那发烧的深夜档电视节目真的比塑造出一个好身体更重要？为何不早点入睡，明天早起来一个小时呢？我经常在早上 5 点钟训练，虽然要一点时间来适应，不过我在早晨的这段时间却取得了最佳的锻炼效果。

在 20 世纪 80 年代，有次我和我妻子去拜谒教皇。教皇告诉我，他也是每天早上 5 点钟进行晨练。罗纳德·里根（Ronald Reagan）和乔治·布什（George Bush）即使是在任期间，也尽量每天锻炼一个小时。大多数商界和电影界的成功人士都告诉我，他们不管怎么样每天都要锻炼。要知道，他们可是这个世界上最忙碌的一群人。他们是怎么做到的？因为他们善于安排时间，因为他们充分认识到健身之于生活的重要性。

有时要有计划地进行训练的确很难，因为你身边的人，有时出于好意，有时不安好心，似乎总是想方设法地劝阻你不要那么尽心尽力地训练。你的家人、朋友或者配偶对你的健身热情到底会给予多少支持？有时候真的难以处理那些来自身边的负面影响。当你身边的人不认可你的目标时，你需要更强的决心和毅力才能坚持自己的训练计划。他们可能会问："为什么不出来吃吃披萨，喝喝啤酒呢？"如果说你现在正在控制饮食，而且需要早起训练，他们可能不会买账。最后，他们会说你自高自大、过于自我。这些人从来不曾意识到，自私的是他们；他们根本不理解健身对你有多么重要，你为之又付出了多少辛劳和汗水。我相信，我不是唯一一个因为要早上 5 点起床赶往健身房而曾被女友抱怨的人。

你的食谱也会引起麻烦。和朋友外出吃吃喝喝本来是非常高兴的社交活动，但是这对你来说一定会浪费大把大把的时间。当那些本应该知道你正在训练、需要注意饮食的人不断劝你"多吃点、多吃点"的时候，你知道他们压根不懂——或者更糟糕的是——完全无视你的最高利益。

很多有工作的健身者都会带饭去上班，或者在工作的地方弄一个轻便电炉，这样他们可以自己做饭吃。如果你的老板理解你的努力，对你鼎力支持，这必将对你的训练有益。如果不是，你只有做些调整，另行安排你的训练活动了。

女性健身

女性健身和男性健身的差异有多大？在我看来，不是很大。这就是我在这部书中不另辟篇章进行论述的原因。

有人难以理解这种理念。毕竟女性的个头更小；和男性相比，荷尔蒙类型也不同；而且，身体也没有男性的那么强壮。这都没错，但是肌肉还是肌肉，仰卧推举还是仰卧推举。女性的上半身肌肉较男性上半身的少，所以同腿部训练相比，女性的上半身训练需要花费更长的时间。她们能使用的训练重量也比男性的小——虽然能使用 300 磅（136.08 千克）的重量进行训练的女子大有人在！让女性健身变得不同的是她们的目标：她们可能更看中塑造身材，让肌肤紧致，而不是练就大块的肌肉。所以，即使她们同男性做相同的练习（更多针对臀部、腿部和肱三头肌等目标区域的练习动作），女性的训练计划构成还是会和男性的迥然不同。最可能的差别是女性的训练中，针对每个肌肉群的练习组数较少，而每组的反复次数较多——这样可以锻炼肌肉的耐力，但是不会让肌肉达到最大的尺寸——不过，那些练习动作的具体要领还是完全一样的。我们每个人都应该根据自己的个人需求、长处和短处等制订适合自己的训练计划。不管是男性还是女性，两者的目标都是一样的——让体形呈现出最大的美感。

女性也应该去寻找训练伙伴，应该注意处理酸痛和挫折，避免训练过度，可以体验到强烈的泵感，同时必须面对受伤的困扰：这些都和男性无异。实际上，我经常和女性一起训练，她们让我更有动力和挑战精神。所以，我只想简单地告诉那些想进行健身的女性：你的肌肉细胞并不知道你是女性。所以，不管是男性还是女性，进行渐进式重量训练的效果都是一样的。如果你想塑造如瑞秋·麦克里施、柯莉·艾弗森、安雅·兰格（Anja Langer）以及伦达·默里那样的完美身材，你应该进行不懈的艰苦训练——她们也曾经同男性一样，在健身房挥汗如雨。健身是既适合男性又适合女性的运动，正如不管是男性还是女性都可以玩网球、篮球和排球。至于训练过程，只有一次反复接一次反复、一组练习接一组练习、一次训练接一次训练地不断努力才能有所得。总之，正确的方法是取得最好效果的保证。

第四章

健身场所

如果你有志于严格的健身训练，那么健身房就是你的办公室，就是你苦心经营的战场。你只要认真投入，在健身房训练的三四个小时真如弹指一挥间。因为在健身房有必备的设施，还有身边一起训练的人，为你鼓气加油，还有那种特殊的运动氛围可以给你动力，去达到你的个人目标。

健身房"大爆炸"

当我开始严格的健身训练的时候，很难找到训练设施完备的场所。好的健身房凤毛麟角，而且相隔甚远。我在奥地利开始训练的时候，还是一个年轻小伙，那时候连一张标准的斜凳都没有，就是那种可以躺在上面训练的设备。不过，倒是有一张立着的"斜凳"，这是一件非常不同的设备。为了做杠铃上斜推举，我们必须从地面上而不是从支架上将杠铃提起，一直提到肩部高度，然后身体再靠回到斜凳上，这样才能完成一组动作。我可以告诉你的是，那样真的很艰难。

后来，我搬到慕尼黑居住。在那里，我正好能充分利用我好友阿尔伯特·布塞克（Albert Busek）的健身房。他的健身房在当时来说还算先进，该有的运动器材都有，这才为我成为"宇宙先生"和"奥林匹亚先生"奠定了基础。在加利福尼亚的时候，我在乔·戈尔德的健身房训练。他的健身房设施和其他地方的不同，因为大多是由乔自己设计和制造的。

现在，要找到一个设施齐备的健身房要相对容易得多。比如世界健身中心已经在全美乃至全世界都开了分店；金吉姆健身房和宝力豪健身俱乐部也都开设了众多分店；百利国际健身俱乐部、家庭健身中心以及众多一流的健身房都已经在各个城市和小城镇上开了分店。当然,大多数健身俱乐部和会所都不是针对专业健身运动的,不过它们至少有一些自由重量,还有一些常见的组合器械、拉力器和其他训练设施。此外,在学校、大学、军事基地、宾馆、公司办公大楼还有高档公寓中也有训练器材。

健身房的会员期可以是一天、一周、一月或者一年。当你加入了某家健身连锁店之后,通常情况下,你可以拥有共享的训练特权,也就是说你可以免费或者只花一点费用去该连锁店的其他门店进行训练。

在健身房里要看什么

挑选健身房的第一要务就是确定它有哪些设施和器材:

1. 健身房不宜太大也不宜太小。如果太小,你总是要排队等着使用设施,这样就必然扰乱你的训练节奏。如果过于庞大,在那么广阔的空间中,你可能又会觉得形单影只,这让你很难集中注意力。

2. 如果你想取得最好的进步,那么你训练所在的健身房应该有全套的自由重量和椅凳;哑铃的重量规格应齐全,以满足大多数强度的推举练习;另外还应有练习器械和拉力器,以便于你对所有重要的身体部位进行锻炼。

3. 还应该有心肺训练的设施,如跑步机、运动单车、踏步机、有氧操课堂等——总之,所有你需要用来进行个人有氧训练的东西。

4. 有些健身房和健康俱乐部还有其他的一些设施,如桑拿浴室、蒸汽浴室、按摩室、游泳池甚至室内跑道。如果这些对你的训练十分重要,那么在你正式注册会员之前务必核查一下有哪些这类设施。

环境与氛围

在考虑健身房"硬件"的同时,还应该考虑健身房是否具有一种环境,让你精力充沛,更加有锻炼的干劲,健身房的氛围是让你舒服还是不舒服。

多数健身者对在那些过于"奢华"的健身房进行训练不感兴趣。毕竟,训练是要出力出汗的,绝不是如下午茶那般高雅的事情。1968年当我第二次成为"宇宙先生"之后,我在伦敦的健康会所训练了一段时间。尽管这间会所非常考究和奢华,可是无论我多么努力训练,总是不能获得泵感。因为训练的场地就像起居室一般,地上

第四章 健身场所

铺着精美的地毯，装配的都是铬合金器械，就像医生的办公室那么纤尘不染。当我正专心致志训练的时候，耳边充斥着各种闲谈，有人谈论股票市场起落的，也有人盘算着买何种汽车，我不得不试着排除这些外部干扰。所以我认为，像那种氛围的健身会所对那些只是想塑造一下形体、减去腰间多余赘肉的人来说也许是理想的训练场所，但是对那些认真的健身者来说并不合适。

当然，即使对正儿八经的健身者来说，在臭气熏天的地窖训练也绝非乐事。所以，虽然我在一些条件简陋的场地取得了显著的进步，但是我还是要说那种训练场地真烂。重申一遍，健身房美不美没有关系，重要的是它给你的感觉。另外，健身房播放的音乐也很重要。我喜欢听着摇滚音乐训练，有些人则喜欢其他类型的音乐或者完全没有音乐。看一下你想去训练的健身房播放的是哪种音乐。

就我个人来说，我对设在地下室的健身房绝无好感——我喜欢设在大街或者高层上的健身房。一句话，氛围非常重要。在那种适合你的氛围中，你能心无旁骛地训练上三四个小时，你不会去东张西望、左顾右盼，也不会去想"我在这地方干什么呢？"我一直喜欢那些严肃、认真的表情，它们让我感觉"我来这儿是锻炼的"。

其实，在生活的很多方面，待在合适的环境中都是非常重要的。为什么人们总是偏爱某家餐馆或者酒吧呢？其实各家餐馆的食物和酒水都大同小异，相差无几，正是餐馆的环境和氛围让你有不一样的感觉和不一样的心情。我们对自己的房子进行装饰、打扮，就是为了营造一种那个有特定感觉的氛围。像洛杉矶盖蒂中心这样的大博物馆具有一种独特的氛围，使人能非常享受地在其中欣赏艺术品。无论是在餐厅、服装店、你的家还是健身房，你常常会感受到一种难以言明的气氛，让你在那儿有非常不同的感觉。

我经常进行比较，环境对孩子成长的影响与环境对健身者的影响，这两者之间有何差异，又有何相同之处。如果你生活在成功的、乐观向上的人中间，你自己就有可能变得成功，变得乐观；如果生长在赤贫的环境中，你身边的人对生活不抱多大希望，精神萎靡，那么你一生都要克服这种环境对你产生的负面影响。

那些在你身边训练的人也会对你产生影响。如果你身边是一群认真的人，而且训练强度都很大，那么你也会很容易去认真、艰苦地训练。不过，如果你身边的人只是装模作样地做几个动作，那么你也就很难去真正地轰炸你的肌肉。这就是为什么职业的健美运动员总是集结在特定的健身房内——其他职业的健美运动员经常在你眼前，你自然而然也会更加卖力训练。即使只是在墙壁上贴着那些人物的照片或者海报，也非常能起到激励作用。

1980年，我在世界健身中心准备我的最后一场"奥林匹亚先生"赛。一天早上，我7点钟去健身房训练，走到阳台上待了一会儿。突然，太阳从云端出现，那景象简直太美了！我完全没有训练的动力了。我想，也许我应该去沙滩上。于是，我想出了书上说过的许多理由，其中最有说服力的一个是，头一天我和实力超群的德国健美运动员尤苏普·维尔科什（Jusup Wilkosz）一起训练过，所以我今天可以休整一下了。不过，此时我听到了健身房里面运动器材铿铿作响；我看见大家都在挥汗如雨地训练。我知道，如果我想和这些冠军们一较高下的话，我必须继续训练。眼前这些活生生的例子激励了我，那一刻我十分渴望训练，期待着举起重量之后的喜悦。在那次训练结束时，我获得了我能想象的最好的泵感——一个差点荒废的早晨，变成了我人生中最佳的一次训练经历。如果我不是去世界健身中心，不是和其他健美运动员在一起，不是他们启发和鼓舞我，那么那天不可能有那么大的收获。

甚至在今天，我由于其他的原因而进行训练，比如为了某个电影角色，或者只是为了保持体形，我还是会从身边的训练者中汲取能量。所以，我现在仍然喜欢去健身房，尤其是那些充斥着健美运动员的健身房。即使到今天，过去了这么多时日，这仍激励着我。

普通健身者如何选择健身房

现在的健身运动和我开始训练那会儿有一个巨大的差异，那就是现在有很多人进行专业训练，即遵循严格的肌肉打造计划，但是却无意于参加健美比赛。这类群体无所不包，从医生、律师到会计、教师、商人、军人以及和我在电影中合作过的演员。现在的问题是，这类无心于健美先生或者健美小姐比赛的人是否和健美运动员需要同样专门的训练设施呢？

当然，我的答案不是绝对的，但是听听也应该有益处。毕竟，如果你的挥杆动作很到位，那么无论使用何种球杆，玩好高尔夫也不在话下。但是，不管你可能处于何种水平，如果你的装备更加现代和尖端，你的表现一定会更好。

健身运动就是要均衡地发展身体的各个部位，这需要使用大量不同类型的设施，无论你是谁，你的个人目标是什么。当然，你可以没有不同规格的哑铃，从轻量级的到150磅（68.04千克）甚至更重。但是，你应该有足够的自由重量和椅凳可以使用，来做一些基本的练习。一个健身房可能无法备齐所有类型的组合器械，但是最起码的那些还是应该有的，否则你的训练就很难完成。如果你现在训练的健身房不满足这些要求，一定要换一个符合条件的健身房。

永远记住，肌肉就是肌肉！对同样的训练技巧，你的肌肉会有同样的反应，于是你也需要同样的训练设施，来进行和别人一样的完整训练。所以，如果你想取得预想的效果，那么就找一个设施齐备的健身房吧，那儿的气氛以及周围训练的人，要能鼓舞你，激励你做到最好。

在家训练

在家里，我有一些基本的训练器材。在家训练当然和在设备齐全的健身房没法比，但是有些在家进行的训练也可能是富有成效的。比方说，你可以在某个地方躺下来进行额外的腹部训练。只要有一把简单的凳子和一套基本的重量，你就可以随时做你想做的练习。有时候当你不能去健身房，或者健身房的时间用完了，不能进行完整的训练，这还是非常管用的。而且，毫无疑问，在家中的跑步机、踏步机或者固定单车上进行的有氧训练也同样有效果。

对于那些家底殷实的人来说，家中备的装备可能不少。大多数运动品商店都有各种椅凳和重量，便宜的只要几百美元；有些百货商场也卖运动器材；而且，现在大多数城市的专卖店基本上从哑铃、杠铃到多功能训练器械都有销售，后者可能要花上几千美元。走入一家这样的商场，你可以看到许多品牌的健身器材。有时候这些专业的器材也可以在很多杂志上邮购到。

但是，在家训练与在健身房训练，有点像在你家的后花园修理汽车与在设备齐全的汽车维修厂维修汽车一样。毫无疑问，你在树荫底下完全可以把一些简单的维修问题搞定，但是对于复杂的故障、更棘手的毛病，虽然并非完全不可能，起码自己动手是非常难解决的。同样的道理，家中的健身房较之设施齐全的健身房，能够给予你的训练体验也是不一样的。当然，你要是将你家的健身房弄得和世界健身中心一样好，自然无话可说——不过，那确实是一件更难做到的事情。

对于大多数人来说，在家训练不是为了要取得健身房里的训练效果，只是作为去健身房训练的补充。如果你想在家训练，需要考虑的问题是，你想锻炼身体的哪些部位。是主要肌肉群，抑或仅仅想提升下腹肌？是想要一套自由重量，还是更喜欢器械？要进行不同类型的训练，是需要几个单一功能的器械，还是一个多功能的组合器械？你的场地有多大？如果想进行有氧训练，你打算用什么——跑步机、运动单车还是踏步机？记住一点，你在健身房用惯了的器械每件都价值数千美元。你可能不需要那么强大的家伙，但是那些便宜的器械又怎能与那些一流的器械相比呢？两者带给你的感受将是完全不同的。记住，在你买健身器械之前，一定要先试一试，看看是否上手。

还有，最便宜的器械，比如说跑步机，比你能想象的更容易出故障。如果你买一台顶级的跑步机，比如特洛特（Trotter）牌，或者一辆固定单车，如力健（LifeCycle）牌，产品的品质是可以保证的。但是，如果你用比较便宜的价格买一台较次品牌的产品，一定要打听好，如果坏了到哪里去维修。当然，有一些便宜的东西还是很好用的。我在家就使用一台简单的腹部训练设备，我坐飞机时都带着它，在吃晚饭前，用它做上 200 次反复。

很少有人自诩在家中能进步神速。如果一些比你更有天赋、更有精力和干劲的健身者，都没有在家里训练得么好，你是不是应该放弃这种念头呢？当然，也存在着一些例外的情况。比如说，弗兰克·赞恩就通过家中训练取得了很大的成效。弗朗哥·哥伦布和我曾经就在他家中的健身房锻炼特定的身体部位。但是，我还是偏爱健身房里的那股精神，同其他健身者之间的互动，以及那种热火朝天的劲头。在任何情况下，即使你在家训练的效果很好，我还是建议你去完全熟悉一个健身房，然后充分利用其中的运动设施。据我所知，还没有一个健美冠军不是在设施精良的健身房成就完美的身材的。如果你也渴望那般专业的训练效果，那么还是去一家设施齐备的健身房训练吧。

第五章

开始训练

一名专注的健身者，总是会在一天中的黄金时段待在健身房训练。他总是在思考以后的训练，计划着下一步该怎么进行。一旦他完成了一次训练，他就急不可待地想着下一次训练。所以，如果要我相信你真是要去健身的话，那你就只管走进健身房，开始训练。正如那句如雷贯耳的广告口号说的那样："只管去做！"

如果你才刚刚开始训练，记住那句老话："千里之行始于足下。"你的知识越多越好。但是，这不是说你要去掌握这部全书中的所有信息，然后再开始训练。在起步阶段，最重要的是精力和热情。人们不会期望一个医学院的学生，实习第一天就能做心脏手术；也不会期望一个飞行新手，像王牌飞行员那样驾驶着 F-14 雄猫歼击机完成战斗任务；你登上珠穆朗玛峰必然是由底部一步步攀登而上的，绝不是从山顶起步。生命是一个需要不断学习的过程，健身也绝不例外。

很多年轻的健身者，去训练的动机总是很强烈——他们和我当初一样，非常渴望训练，常常在天蒙蒙亮之前，就站在健身房门口等待开门。但是有热情并不表示你可以随心所欲，毫无计划地开始训练。在一开始，第一件应该做的事情就是为自己设定一个明确的目标。你为什么要进行重量训练？在我刚开始健身的那个年代，大家去健身房训练的目的很简单，就是为了参加健美比赛或者练习举重。现在，这些仍然是进行重量训练的重要原因，但是，现今人们还有其他多种多样的训练目标：

- 为了提高在各种运动中的表现；
- 为了适应对身体素质要求非常高的工作岗位；
- 为了增进整体健康；
- 为了增重或者减肥；

- 为了强健体格，让身体变得更有魅力；
- 为了促进身体康复。

明确了目标，你就知道自己该在哪里训练，同时也可以决定训练的频率和强度，训练伙伴的选择，甚至以哪个著名的健美运动员为楷模。记住一点，你之后可以随时更改你的训练目标。很多健美冠军起初进行重量训练的时候，并没有想着成为健美明星，只是为了增加自己的身体块头和力量，以便在运动中表现更出色；或者，他们从学校毕业了，不再参加体育项目了，所以用这种方法来保持体形。

我建议，在你开始之前，用相机从四面对你的身体拍照，并记下一些重要的测量数据——脖围、胸围、二头肌尺寸、前臂尺寸、手腕的尺寸、腰围、大腿的尺寸、小腿的尺寸，还有你的体重。用这种方法，你就可以在一段时间后看到你到底取得了多大的进步。顺便说一下，如果你不好意思给自己的身体拍照，因为你不想见到自己的身材，那么这也就意味着你多么需要进行健身了。我们都希望能在沙滩上秀一秀自己完美的身材，或者一丝不挂地站在镜子面前，满意地看着镜子中的自己；当然，我们也希望别人对我们的身材投来艳羡的目光。为什么不让自己在脱掉衣服时像穿衣服时一样棒呢？你肯定不想脱掉衣服，露出你的"羞处"。

正如我们上文已经讨论过的，你应该找一个和你的目标吻合的地方来进行训练。此外，你必须掌握一些本书中的基本健身动作。记住，你首要的任务是锻炼出结实、优质的肌肉块。高水平的健身者关注的是改善肌肉的形状，提高肌肉分离度和各肌肉群之间的联结度——这些初学者都不用考虑。

刚开始的时候，为自己的训练找一个偶像也很重要。对于为了健康而锻炼的商人来说，以肖恩·雷的身体为奋斗的目标显然是浪费时间；同样，对于一名身高一米八以上的健身者来说，不应该以矮个子健美运动员比如说李·普里斯特作为偶像。或者说，如果你想练就一身现今的年轻演员或者男性时装模特那般苗条、健壮的体格，那么在你家的冰箱门上面贴着一个"没有脖子"的超级举重选手的照片，就非常不合适了。

我的偶像是雷格·帕克，他的肌肉非常发达和健壮，我曾经在墙壁上贴满了雷格的照片，然后无休止地进行研究，设想那些肌肉长在我身上会是什么样。所以，健身是需要精神的充分参与的，对于你想要的结果，以及你想要成为的样子，必须有清楚的认识。

有太多的健身者往往操之过急，连走都不会就学着人家跑。他们拷贝我的训练计划，或者模仿别的健美冠军的训练方法，最后做的练习完全和自己的水平不相匹配。不过，在训练了 6 个月之后，如果你渐渐地萌生了想尝试参加比赛的想法，那么就这样做：研究自己的身体，懂得它的长处和短处，弄明白是什么让它变得强壮；在你的脑海中想象你最终想要成为的样子。

我说要坚持基本的原则，并不是说不可以有自己的训练计划——无论你是否要参加比赛。记住，本书中的训练计划是适用所有人的。我的意思是说，你应该只用这些练习动作和方法，以在最短的时间内形成最大的肌肉块；然后，在你的身体达到了基本的强壮程度之后，你可以更进一步，精心地雕琢自己的肌肉到完美。再说一遍，即使你无意于成为一名健美运动员，即使你健身只是为了身体健康，你也必须用最快、最有效的方法进行训练，因为浪费时间实在毫无必要。

当你练就了基本的肌肉结构，学会了如何正确训练，掌握了饮食和营养的知识，然后就让身体自己成长吧。在一年之内，也许多一点，也许少一点，你将看到你身体上发生的翻天覆地的变化。那时你也将有足够的经验，根据自己对身体的直觉了解，制订适合自己的训练计划。

此外，在你记录下自己的身体测量数据，用照片记录下自己身体发生的变化之外，我还建议你写训练日志。写一份契合你目标的训练计划，注明每个动作的组数、使用的重量等，这样在将来的任何时间你都可以查阅到自己进行了哪些训练，并和你实际取得的进步做对比。

你还要学着去记录自己的饮食习惯，在每周你喝了多少蛋白质饮料，以及你的食谱和饮食控制的时间。这样，也许五年之后——那时你已经记不得这些细枝末节的事情了——你还能清楚地查阅到，在你的健身过程中，你做了哪些事情，又没做哪些。

进步快的人和进步慢的人

有些人以为，让肌肉变得发达是一个缓慢的过程；所以，你训练的时间越长，你的肌肉就会变得越大。因此，健身者总是互相询问："你训练了多长时间？"或者"我要多长时间才能变得那么'大'？"在他们看来，一个人的肌肉比另外一个发达，只是因为他或者她训练的时间更长。但事实是，并非每个人获得肌肉的速度都是一样快的；也并非每个人都有同样的基因让肌肉同等地生长。

你的基因很大程度上决定了你的身体对训练会怎样反应。比如，我在 15 岁开始训练，从下方这张照片可以看到，一年之后，我的体形开始发生了变化，这为我先后六次赢得"奥林匹亚先生"的称号奠定了坚实的基础。每过一两个月，我的手臂围度就增加 0.5 英寸（1.27 厘米），所以人们立即告诉我，"你应该去参加健美比赛。"凯西·维埃特很小的时候就放弃举重运动，改练健身，在 19 岁的时候，就摘得了"美国先生"杯的桂冠。这是有史以来第一位也是唯一一位少年冠军。看看"奥林匹亚先生"李·哈尼的 19、20 岁时的照片，那时他已经有了成熟的体形了。德克萨斯州警察、健美运动员罗尼·科尔曼（Ronnie Coleman），仅进行了两年专业训练，就获得了世界业余健美冠军。

但是，并非所有成功的健美运动员都这么早崭露头角；弗兰克·赞恩在 60 年代赢得属于他的胜利时，体形已经很棒了；但是直到 70 年代，他的体形才达到完美的极致，让他得以在三届"奥林匹亚先生"比赛中称雄。女健美运动员尤兰达·休斯（Yolanda Hughes）在 12 年的参赛历程后，终于取得了突破，赢得了"国际小姐"的称号。对于进步较慢的人来说，他们的训练不会立竿见影，身体总是很晚才给出积极的反应，虽然那些反应对于保持强烈的动机非常重要。健身运动就像龟兔赛跑的故事一样：坚持不懈，持之以恒，最终你会后来居上，在终点线前成功冲刺。

你还要特别提防这点，不要因为看到那些所谓一夜成名的人，自惭形秽，从而丧失斗志，裹足不前。如果现在你看到一个年轻的健身者——比方说 24 或者 25 岁——身材很棒，很有可能他从 12、13 岁就开始训练了。或者，一个参加比赛的少年运动员，实际上已经在竞技场上打拼了八九年时间，俨然是一位赛场老将了。在高尔夫球界，当老虎·伍兹崭露头角，在 20 多岁的时候就赢得大师杯锦标赛冠军的时候，人们都津津乐道他成为冠军之神速，却没有注意到，伍兹在上学之前就开始练习高尔夫，少年时期就已经练习了不计其数的杆数。

但是，我仍然记得伍兹曾经败在一位高尔

16 岁的我

夫老将手上。这位老将大器晚成，30 岁之前从来没有赢过一场冠军锦标赛。要赢得一场高尔夫球赛，不是看谁是场上最年轻的选手，或者谁之前取得的胜利次数最多，而是看谁使用的杆数少。

记住！你进步的速度并不是最重要的，最重要的是你能走多远。尤其在健美比赛中，评委不会指着台上的选手说："这名选手训练了 8 年，另外一名只训练了 3 年，所以后者胜出！"这是绝对不可能的。你的进步速度是被你的基因限定的，但最终的结果则要看你的投入和毅力——那才是最重要的。

自由重量还是组合器械——关于重力

对于刚入门的健身者来说，绝大多数的训练都应该使用自由重量进行。我们生活在科技发达的年代，如今设计和制造的练习器械比以往任何时代的都要优良。但是，根据进化论，人类的肌肉结构是设计来克服重力的，不是克服器械阻力的。所以，要想增大肌肉的尺寸和力量就应该进行重量训练，比如说杠铃和哑铃，而不应该依靠器械进行训练。

而且据我所知，大多数健美冠军都曾经是举重运动员。强迫肌肉去克服重力，协调和平衡铁块的重量，可以让它获得轻重量、高次数的训练给不了的块头和质量。在进行大肌肉群、自由重量的练习——比如深蹲、硬拉，你要同时使用和协调大量的主要肌肉群——时，身体中的睾酮会增加。孤立的自由重量练习或者器械练习就不能同等地增加睾酮。睾酮有助于合成代谢，你体内的睾酮越多，你就越容易变得强壮，肌肉也越容易增大。

健身不止在于让肌肉变得更有力、更大，而且也注重肌肉整体的结构塑造。自由重量可以让经验丰富的健身者随心所欲地孤立特定的肌肉，并通过各种有创意的方式锻炼身体。自由重量还能让不同身高、不同体重、不同身体比例——长臂、短臂、长腿、短腿等——的人都达到完全的锻炼效果。而很多组合器械的设计仅仅是为了满足那些商业意义上的"平均"顾客的需求的。

重申一下，我并不反对使用器械。如今，当我去不同的健身房，使用数量众多的不同器械时，我发现它们都是科技的结晶。健身器械曾经经历过风阻式和水阻式的年代，现在又回归到了最基础的设计，但是比以前的好用百倍。那些顶尖的生产商，真的是付出了极大的努力造出了那些非常棒、用起来非常顺手的器械。想起以前，有人把几块铁焊接在一起就做成器械，你在上面根本无法平稳操作，动作往往还没做到位就不能动了，还经常出故障——那个时代已经一去不复返了。

我在训练中使用过许多不同的器械，如果没有腿屈伸训练器或者腿弯举训练器，要让大腿完全发展基本上不可能；或者在没有夹胸器和拉力器的情况下，要想完全孤立胸肌内侧也是办不到的。如果你偶尔使用一种或一系列器械，替换那些你的身体已经习惯的自由重量来刺激某个身体部位，那么你的肌肉增长的速度可能加快。但是我认为，一个优良的健身计划所包含的器械训练不能超过 30%～40%（最多如此！）。当然，使用哑铃或者杠铃进行弯举练习效果更好，因为这样可以更好地孤立和刺激肱二头肌；但是，如果不使用背阔肌下拉器锻炼背阔肌，或者不使用拉力器做肱三头肌下压，就很难达到效果。

而且，器械中的阻力只沿着一个平面发生作用，这也就意味着，肌肉必须按照器械的方式来用力，否则毫无效果。由于这种阻力不需要你去协调和控制，所以受到刺激的肌肉会相对较少。但是，健身和力量训练的精髓在于尽可能使用更多的肌肉，所以那样就毫无优势可言！虽然，肌肉不知道它在克服何种阻力——在这个意义上，阻力就是阻力——但是，同沿着确定的路线施加的阻力相比，不断从不同的角度和方向对肌肉施加的阻力，确实会让肌肉作出不同的反应。弗朗哥告诉我，在他的脊柱按摩疗法中，他所见到的大多数的肌肉拉伤和关节损伤都是使用器械的后果。因为器械会给身体增加非自然的压力，会让你的身体保持某个过于僵化的动作。

肌肉是通过克服重力而得以增长的。如果我们居住在月球上，我们需要的肌肉量是在地球上的六分之一——因为地球的引力更大。如果居住在木星上，我们要壮得像大象一般才能行走。当我们举东西的时候，会体验到"重"的感觉。但是，沿着某个轨道推某个重物，或者用力推一面静止不动的墙壁，情况则不然——你遇到的是阻力，不是"重力"。而这就意味着，你的肌肉并未尽它们所能地去响应。

如果在你训练的地方，没有你所需要的自由重量，你也不能改变什么，那么就用你能用的任何东西完成你的训练吧！根本原则是完成训练，具体的方式无足轻重。任何可用的东西都能起效，作为一名健身者，这才是你应该关心的东西。

鞋子

鞋子的作用就是为了使双足稳定，增加你的平衡。在这点上，鞋子和鞋子之间有很大的差别。很多跑鞋非常柔软和轻便，如果你是要进行 10 英里（16.09 千米）长跑，用这种鞋子非常合适，但是它们对于健身运动来说，则没多大益处。专业的举重运动员在做硬拉的时候，一般会穿很薄的拖鞋，因为哪怕是降低一丁点的高度都可能是成败的关键。

也有些运动鞋厚底、实心、有好的拱座；我也看见有健身者穿着登山鞋、军靴以及其他形形色色的鞋子。记住当你在做诸如深蹲动作的时候，脚上和脚弓所承受的压力。所以不管你进行何种训练，一定要寻找合适的鞋子。

手套

很多健身者在训练的时候会戴上手套，为的是保护他们的双手；有些人使用从轮胎内胎中剪下来的橡胶片，以提高他们的握力。这都可以。不过我一直都是赤手空拳地进行训练，如果手打滑，我就抹上一些防滑粉。举重运动员要负荷巨大的重量进行训练，所以不会使用这些辅助物品。如果你的皮肤特别敏感，如果你是一名脊柱按摩师、钢琴师或者其他需要用心呵护双手的人，那么就戴着手套训练吧。但是，我建议大多数健身者赤手握着重量，让双手变得越来越结实，长出茧来。总之，不要为这些所谓的纱布、手套和其他辅助工具而烦恼了！

腕带

腕带是系在手腕上的，然后再缠绕在杠铃杆上，这样你就能握得更牢。不过，就我个人的体验来说，使用这种辅助工具会阻碍手部力量的自然发展。使用腕带是因为在高强度的训练中，紧握着重量对背部提出了很高的要求。冠军举重运动员不使用腕带，但是他们还是能举起很大的重量。如果你不戴腕带进行举重，你会渐渐握得更牢。如果你一直使用这种腕带，你就不能锻炼出这种力量。不过，到底用不用腕带，还是要看个人的偏好。

腰带

系腰带的目的，在于举起非常重的杠铃片时支撑下背部肌肉。腰带原本是举重运动员重举时使用的。然而，人们总是认为，在大重量的深蹲或者站姿提踵中，腰带也是不可或缺的。

过去几年的研究表明，腰带对脊柱的保护效果没有预想的那么大，但是可能有

第一部分　健身入门

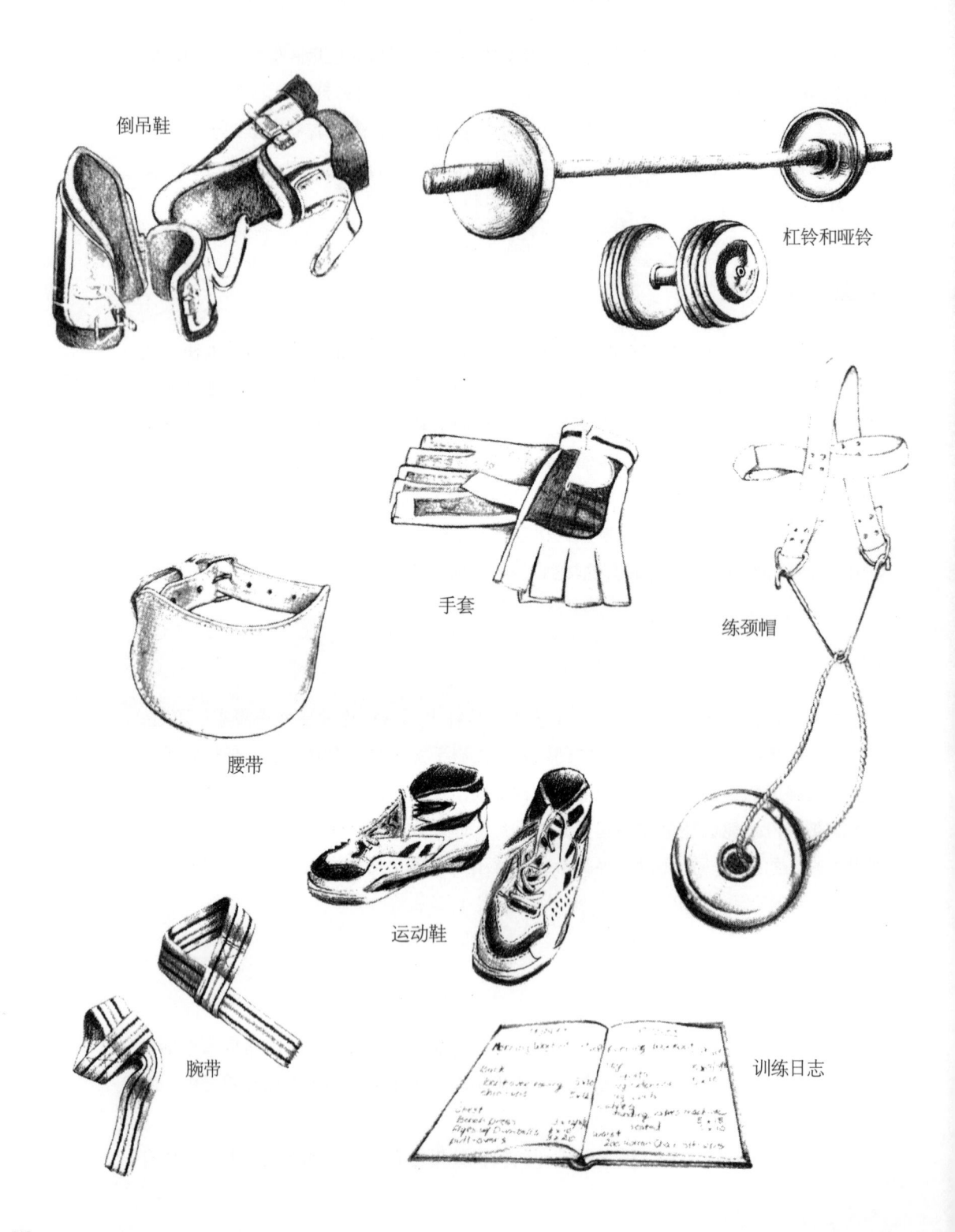

助于增加腹腔的压力，从而起到稳定上半身的作用。不过，在我看来，现在很多人佩戴腰带的时间过长，这不利于他们下背部肌肉的生长，也会抑制他们本应增加的力量。可以说，为了这种虚幻的安全感，代价是惨重的。所以，我建议，只有当你感觉确实需要腰带的时候——比如说进行重举时——你才去使用它，而不要把它当成一种健身的时尚装饰品。

护肘和护膝

护肘和护膝一般用于保护脆弱或者受伤的关节和肌肉。有时候可以看到健身者因为身体问题在一两个肘上带着护肘。更常见的是，有人在做深蹲时，将护膝围裹在膝盖上；或者，做大重量的推举时，将护肘围裹在肘部。但是，并非每日都要用到护肘或护膝。除非你受了伤或者有关节毛病（一定要及时就诊），否则在你使用非常重的重量之前，你都不需要裹住你的膝盖。弹性绷带是使用最多的，它可以牢固地裹住相关身体区域，但是不会太紧。记住一点，当你紧紧地裹住某个区域时，可以给该区域额外的支撑，但是同时也限制了它活动的灵活性。

练颈帽

这在数年前，是健身者常用的一种器械。练颈帽是一种带子，缠在头部，然后连接上哑铃或者其他重物，这样你就可以对颈部进行渐进式的训练。著名的"野蛮双胞胎"——大卫·保罗（David Paul）和彼得·保罗（Peter Paul）——曾经在金吉姆健身房，将巨大的重量缠在脖子上，对颈部进行训练，让在场的人瞠目结舌。有时候，他们甚至将头带连着车子，然后拖着车子往前走。

这种训练方式似乎已经过时了。不过，也许这是不应该的。如果你觉得你的脖子太细，一定要找一个方法来进行训练，也不妨一试。实际上，现在已经有公司开始研发针对于此的产品了。然而，其实完整的训练程序往往就会兼顾到颈部肌肉的锻炼，所以犯不着浪费时间在这种事情上，除非你确实有需要。换句话说，如果还没有坏，何必修修补补呢。

倒吊鞋

这又是一件过去常见的装备，不过现在也已不多见了。这种东西可以让你头朝下吊着，拉伸脊柱。那些提倡使用该装备的人认为，我们的身体将不断受到重力的压缩——脊柱被压缩，内部器官受到地面方向的拉力。因此，随着我们渐渐变老，我们60岁的身高会比25岁左右时候矮1～2英寸(2.54～5.08厘米)。很多人认为，头朝下吊着，拉伸脊柱，去除内部器官的压力，可以抵消这种"压缩"过程。而且，我可以告诉你，那种感觉非常放松。

然而，倒吊着对于塑造体形来说没有直接的效果，而且这种方式确实会给下背部增加不少压力。所以，这种方式只是健身训练的附属而非基础部分。如果你使用倒吊鞋，开始倒挂的时间不宜太长，不要超过一分钟，直到你完全适应了这种"倒吊"的状态。然后，在你觉得有必要时，再逐渐并适量地增加"倒吊"的时间。最好的方法，还是用一个椅凳类设备，头朝下躺着，让你的膝盖弯曲，减轻一些下背部的压力。

训练日志

正如探险家使用地图，航海家使用航海图，宇航员通过星星导航，健身者应该通过记日志，记录训练的进度，安排未来的训练。

当我刚开始训练的时候，我什么都事无巨细地记下——训练安排、动作组数、次数和饮食，几乎所有的东西。而且，我一直保持着这种习惯，直到我在1980年最后一次成为"奥林匹亚先生"。在健身房里，每要做一组动作，我就会用粉笔在墙壁上画一根线。每个动作我会完成五组，所以，在训练胸肌的时候，////////// 这样的符号就代表我要做五组仰卧推举和五组哑铃飞鸟。这样，当我完成了推举，符号就变成了 XXXXX/////。所以，我不会问自己，今天到底是做四组还是三组练习？我知道肯定是五组，于是我闷着头训练直到完成五组练习。当我看着墙上这些标记的时候，我有说不出的满足感和成就感。这就像一支进攻的军队歼灭了所有抵抗的力量。这种可见的反馈信息让我非常清楚自己的目标，然后强化我把自己推到极限的决心。

完全凭着直觉，我误打误撞地得出这样一个被教育家和心理学家广泛接受的规律：人类在得到正确的反馈的时候，工作效果和学习效果最佳。知道你已经完成了某件事情，是一回事；目睹你所完成的事情，却是另外一回事。这种反馈信息让你的成就活生生近在眼前，让你兴奋不已，并让你下次更加卖力。

反馈信息还会让你知道，你的训练是否在正规上。记忆可能会欺骗你，但是在训练日志里的信息是客观的。如果你突然取得了好成绩，你可以回过头去看，是哪种训练和饮食计划让你取得了进步。如果出现了问题，比方说你的进步缓慢或者力量似乎在减弱，你可以通过翻阅日志，查明到底是何处出了错。

坚持不懈地记训练日志极大地帮助了我的训练。在月初，我会静静地坐下来，妥帖地安排未来 30 天的训练计划——哪些天进行训练，锻炼身体的哪部分，做哪些练习。如果我身体某部分的进步有点滞后，或者我觉得某些肌肉需要更多的训练，我会对 30 天计划进行调整，增加必要的练习。

我会尝试各种各样的补充训练，看看会给我怎样不同的感觉，我会记录下所有这些信息。我是否感觉精力充沛，抑或疲惫、劳累？我也会记录下这些东西。之后，再去翻阅我的日志，看看是什么导致两天之间的感受发生差异。我记录下那些取消了训练的日子，或者训练效果非常好的日子。

我还非常仔细地记录我的体重，而且每个月都会对身体进行测量——颈部、肩宽、肱二头肌（放松状态和紧缩状态）、前臂、腰围（站立放松时与吸腹时），如此等等。这样，我就可以比较前后两段时间我所取得的进步。

所以，一定要养成记日志的习惯。写下你全部的训练计划、组数、次数、使用的重量；记录你的身体尺寸，周期性地给身体拍照，记录体形的发展变化。这样你就永远明白，应该进行何种训练。而且，可以不断地回头翻阅，看看你在过去是如何训练的，哪种训练计划给你带来了怎样的进步。

健身与孩子

我不喜欢看见孩子进行举重训练。孩子的身体还没有定型，他们的骨骼还非常柔软，承受不起重量训练的压力。我目睹过 5～9 岁的男孩被父母强迫进行重量训练。还有一个大约 60 磅（27.22 千克）的小姑娘，在哈克深蹲机上"举起"（简直是挪动）近 400 磅（181.44 千克）的重量。但愿这些孩子没有因这些运动受伤。我真的不喜欢这种训练方式，这对于孩子们不成熟和脆弱的身体来说是非常不适宜的。

在我看来，十岁之前的训练应该多倚靠体育运动，以充分挖掘出身体的潜能。可以多做健身操训练或者体育训练，而不是重量训练；也就是说可以多做些利用体重做阻力的练习，比如说俯卧撑，不要做仰卧推举；多做屈膝运动，不要做深蹲练习，如此等等。

一旦身体开始成熟，就可以开始重量训练。我是从 15 岁开始训练的。但是，这不是说每个 15 岁或者 16 岁的少年必须决定是否从此刻开始就要进行严格的健身。可以花上几个月的时间——一年也无妨——只简单地学会些练习动作，开始理解训练的体验。当然，在这个过程中，使用较轻的重量和相对高的次数，是非常重要的。

起步较晚

经常有人问我："我现在开始健身，是否为时过晚？"我经常回答说："正是你这样的年龄，才需要健身呢！"因为随着我们年龄的增大，肌肉结构以越来越快的速度萎缩。对于此，最好的药方就是健身。

如前所述，衰老的一个主要特征就是肌肉块的渐渐萎缩。但是，最近的研究表明，随着年龄的增加，肌肉的萎缩并不是必然的，萎缩的程度更不是一定的——这和我们以前的认识有所差异。实际上，即使对于老年人而言，只要进行正确的训练，肌肉块也可以增长到惊人的程度。总而言之，这些研究暗示出：健身可能是永葆青春的诀窍。

当然，在开始健身运动之时，岁数越大，就越应小心翼翼。"向医生咨询"这句忠告对于六七十岁的健身者来说，绝不是一句空话。咨询一名医生，找到一位优秀的训练指导，认真做好准备活动，掌握正确的技巧，循序渐进地进行训练。老人如果受伤，需要更长的时间才能恢复。所以，要尽量杜绝伤害的发生。

但是，训练的结果可能是惊人的：返老还童，体力恢复到青年时期的水平；变得朝气蓬勃、精力充沛，生活质量也随之提高。你会变得信心满满，不需依赖他人。记住，很多我们认为是不可避免的衰老信号，其实只不过是我们对自己的身体懈怠或者疏忽的信号。岁数变大的过程中，并不必然伴随着肌肉或者骨质的减少——你完全可以保持现有的身材，甚至可以让其更加强壮。

关于健美比赛

从以健康为目的的训练过渡到以参赛为目标的训练，很大程度上是意识的变化过程：你开始认识到自己身体内的某些潜能，这些潜能是你以前没有注意到的，渐渐地，你对于训练的态度开始发生变化，此时你必须作出一个决定——下一步该怎么办？是仍然将健身训练当做生命中的一小部分，还是渐渐地让其成为你的生活中心。

我当时是立马下定决心——我要成为"宇宙先生"。弗朗哥在下定决心之前，还参加了一段时间的举重比赛；迈克·卡茨（Mike Katz）之前是一名职业的足球运动员。你的决定或迟或早，都无大碍。但是如果你发现自己迷上了训练，像着了魔一般想着去健身房，津津乐道你身体上每个平面、每个角度发生的喜人变化，那么你必须作出这个决定了。为了试试水，你可以去参加当地的业余比赛。然后，你再决定，那种艰苦的训练是否是你想要的生活。

现在的职业健美大赛的奖金比我当时入行之时丰厚多了，这样使很多有志于运动竞技的运动员选择以健美为业。但是，现在业余级别的健美大赛也越来越多了，而且很多健身者一边坚持训练，参加比赛，同时又从事着其他职业，比如说医生、律师、按摩师或者商人。

大多数参赛者都是冲着获奖而去的，但是也有人主要是为了调剂一下生活，对他们来说，拿不拿奖是次要的。健身不仅是一项运动，更是一种生活方式，是一种如何生活的哲学态度，能为我们当下关切的诸多问题提供确切的答案，比如说什么是有价值的事情，如何看待"卓越"和"成就"，等等。健身是一种追求自我价值和自我肯定的生活方式——你为自己设定目标并努力达成目标，这会让你对自己的能力产生自信。

当然，并非所有达到专业水准的健身者都有着相同的感悟；但是，在健身运动中，如果不去领会体形的深层含义，想走得很远是不可能的。

在我的一生中，除了参加健美比赛之外，我还想做很多其他的事情。但是，在我的生命中，还没有一个侧面没有受到，或者说没有受益于那种让人兴奋异常的比赛体验的积极影响。我认为，健身是适合每个人的，但是只有少数人是适合参加健美比赛的。但凡你有了想去参加比赛的丁点念头，我都劝你不妨考虑一下。只要你能感受到一点点健美比赛给予我的那些体验，我就能断定，你不会为此决定而后悔。

记住一点：如果你是认真的话，健美比赛会伴随你的一生。它会决定你的居所、生活方式、饮食、朋友，还有你的婚姻之路。当然，你可以选择仅参加当地的一些比赛，不让自己完全陷入比赛的生活方式之中，也就是说仍然保持着正常的生活节奏。但是，你在这项运动中走得越远，它对你的生活的影响就会越大。

这并非夸大其词。想想那些参加奥林匹克运动会的运动员付出的汗水，那些要成为网球或高尔夫球冠军的人所投入的决心，以及马拉松运动员在训练时的艰辛。无论在哪项运动中，要想取得成功，都需要执著和专注，这是一般人难以想象的。要想达到顶峰就要有所牺牲，健身也不例外。

第一部分　健身入门

约翰·格里迈克

史蒂夫·李维斯

雷格·帕克

比尔·珀尔

拉里·斯科特

第五章　开始训练

戴夫·德雷珀 　　　　　　　塞吉奥·奥利瓦 　　　　　　　阿诺德·施瓦辛格

弗朗哥·哥伦布 　　　　　　弗兰克·赞恩 　　　　　　　　罗比·罗宾逊

第一部分 健身入门

阿尔伯特·贝克斯

卢·费里诺

汤姆·普拉茨

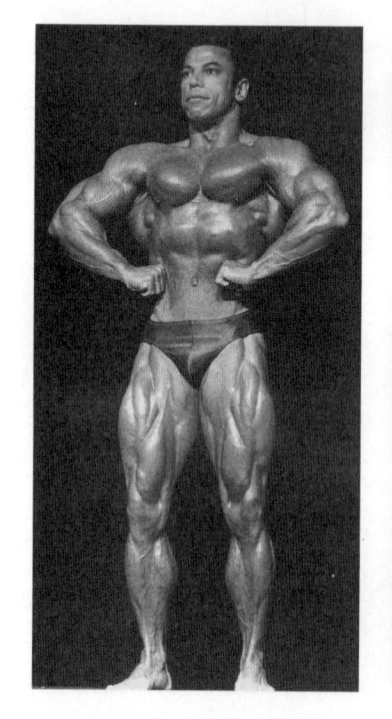

克里斯·迪克森

萨米尔·贝若特

李·哈尼

第五章 开始训练

肖恩·雷 　　　　　　文斯·泰勒（Vince Taylor） 　　　　　　多里安·耶茨

凯文·莱夫隆 　　　　　　弗莱克斯·惠勒 　　　　　　纳赛尔·桑贝蒂

第二部分

训练计划

第一章

基础训练原则

为了有健美的身材,你就需要像样的训练。运动员诸如足球运动员、摔跤运动员还有举重运动员都有很多的肌肉;但是,只有健美运动员才拥有优美、匀称、肌肉完全发达的身体。如果你也想拥有健美的身材,或者说你想让自己的身材更接近健美,那么你就需要学习和掌握一些训练技巧,这些训练技巧是在过去约半个世纪的时间内,由无数健身者不断摸索而总结出来的。正如打网球和挥动高尔夫球杆有各自特定的技巧一样,健身训练也有其特定的技巧,掌握这些技巧,有助于进行最快、最有效的肌肉锻炼。

没错,要练就很棒的体形需要艰苦的训练;但是,只有艰苦还不够,你还需要"聪明"地进行训练,也就是说要掌握一些基础的健身原则。从开始健身之时,就应该学习、实践这些原则。学习正确的方法,比摒弃错误的方法并从头再来要来得简单。随着不断进步,你会接触到越来越多复杂的训练方法。但是在入门时,倒不用为此而操心。本书会带着你一步步地、系统地了解更高级的训练理念,这样你就有机会一次性地掌握某些复杂的训练方法。

个体的需求

当然,不同的人会因为不同的原因参与到健身训练之中。一些人仅仅是单纯地希望能够使自己的身心更加健康舒适,另一些人则希望能够通过健身训练,在各种运动项目中获得更好的表现,还有一些人则更偏好于锻炼出令人惊叹的、发达的肌肉和匀称的体形,甚至参加健美比赛的角逐。

当谈到应该如何正确地进行健身时,实际上有一些基本的技巧和原则是适用于每个人的，而其他的技巧和原则，则必须根据每个个体不同的需求而有所不同，并且这往往需要健身者进行一段时间的摸索。每一个人，无论他健身的目的是什么，都应该掌握一定的基础知识，并且了解一个训练项目应该包括哪些东西。最重要的是，每个人都应该学习一些基本的练习动作，因为无论你达到了什么样的水准，这些练习都是很重要的。

但我也承认，每个人的个体情况都不一样。体型、肌肉的生长速度、新陈代谢率、弱点以及恢复速度，所有这些都还只不过是衡量个体差异的一小部分指标。在这本书中，我会尝试尽量囊括所有重要的差异，以便于每个人都能找到自己需要的信息，并塑造出自己梦寐以求的体形。

在高尔夫球赛中，许多冠军都不像老虎·伍兹一样挥杆，但所有一流的挥杆动作都必须使杆面在接触球的一瞬间和球正好对齐；并不是每一个滑雪的人都必须使用和奥运冠军赫尔曼·迈尔（Hermann Maier）一样的姿势，但是如果不遵循一些基本的原则，你就连终点都到不了。当你走进一家健身房时，你会发现许多人都在进行着截然不同的训练。我不断地听到别人重复说"每个人都是独特的"，是的，这没错，但每个人还是大致相同的。因此，请将你的注意力集中在掌握一些基本准则之上，并在锻炼一段时间之后，再让你的身体告诉你，你有什么样的特点，以及你需要什么样的特殊技巧来发挥你的潜力。

循序渐进

你的肌肉只会在被强迫超负荷运作之后才会生长。它们不会对任何不足的负荷作出反应，哪怕只差了一点点。除非你强迫它们，否则肌肉永远不会增大或增强。如果使你的肌肉一直承受一个它们还不习惯的阻力，那么你就能使它们逐渐适应那个阻力，并变得更强壮。但是，一旦它们完全适应了，这个生长的过程就会停止。当这种情况发生时，能使你的肌肉继续生长的唯一办法就是进一步增加它们所承受的超负荷的量，而最基本的途径就是在你的练习中增加重量。

当然，这种阻力的增加必须要循序渐进。重量增加得太多或者太快都会使你不可能在做动作时运用正确的技巧，并且往往会加大你受伤的风险。

反复

　　一次反复是指一个练习动作的一个完整循环——一次肌肉的收缩，继而一次肌肉的伸展——也就是说，举起一个重物并且将它放下的过程。而一个练习组是指许多次这样的反复。一个练习组中有多少次反复，很大程度上取决于你在做什么样的练习组。比如说，研究和经验都显示，如果一个健身者在每个练习中使用的重量是他能承受的最大重量——也就是说，是他全力以赴完成一次反复时所能达到的最大重量——的70%~75%时，那么效果是最好的。如果你使用这样的重量，那么一般情况下，你会发现，你能够完成这样的练习组：

- 上半身肌肉，8~12次反复；
- 腿部肌肉，12~16次反复。

　　这些数据只是近似值，但它们可以作为普遍的参照标准。
　　为什么你的腿部肌肉能够承受比你上半身肌肉更多次的反复？这只是因为上半身肌肉没有和腿部肌肉一样的耐力，在完成一个练习组的过程中，腿部力量的衰减速度要慢于上半身力量的衰减速度。但是在两种情况下，所使用的重量都是在一次反复中能承受的最大值70%~75%。
　　但由于某些原因,不使用这个标准的重量也是可能的。有时可能是更轻的重量(因此就要完成更多次的反复)，有时一些很有效的练习组使用的是更重的重量（因此完成较少次数的反复），比如一些低次数的强力组。无论如何，这些标准还是代表了大多数健身者的训练方式——并且对于入门者来说是尤其正确和实用的。

练到力竭

　　在健身中，"练到力竭"并不是指训练到完全耗尽气力。它仅指你不断进行一组练习，直到最后如果不休息的话，再也不能多做一次反复。是什么导致这种"力竭"的状态呢？基本上，这是由于正在使用的肌纤维渐渐疲劳，而肌肉无法再征用更多的肌纤维以替换已经疲劳的肌纤维而造成的。肌肉收缩是一个氧化的过程——实际上，是以一种"燃烧"的形式，这就是为什么我们说训练的时候会燃烧卡路里（能量的释放产生热量）——氧化过程需要同时具备能量（肌肉中的ATP）和氧气，而一旦能量或者氧气供给不足，肌纤维就不能收缩。这时就需要休息和复原才能让它们恢复收缩的能力。

还有一个限制因素，就是在肌肉收缩过程中，能量的释放会产生"废品"。当你不断进行动作的反复，你会感觉肌肉内有一种燃烧感，这就是该区域中乳酸不断堆积的结果。当你停下来休息，身体就会从该区域中排走乳酸，这样你又可以做更多的反复。

有氧运动（有氧气参与）是指以充分低的强度做大量的反复，这样身体才能输送足够的血液和氧气到相关区域，肌肉才能不断得到供给——比如说马拉松，或者有氧操。重量训练是无氧运动（无氧气参与），相关的肌肉收缩强度过高，导致氧气的供给跟不上。所以，你的肌肉开始缺氧，你开始疲劳，不得不停下来休息，让身体输送更多的血液和氧气至疲劳区域。

"练到力竭"为什么非常重要呢？当你使用比单次极限重量稍轻的重量进行动作反复时，所有的肌纤维不是立马开始工作。你只使用到一部分肌纤维，等它们变得疲惫之后，身体会用另外一些肌纤维来替换疲惫的肌纤维。将一组动作"练到力竭"是一种使用到所有的肌纤维的方法。"力竭"在何时发生，这取决于训练使用的重量。如果你进行的是上身训练，你想让"力竭"发生在 8～12 次反复的时候，那么你应该使用能产生这种效果的重量。如果你发现可以在运动中做 15 次反复，那么下一组中，你就增加重量，以让"力竭"发生在你想要的时机上；如果你只能做 5 次反复，那么在下一组中，你稍微减轻重量，这样在肌肉"罢工"之前，你可以做稍微多些的反复。但是无论怎样，你都不能因为已经做够你想要的某个次数，就停下来不做了。

衡量健身进步的一种方法，就是注意训练时"力竭"发生时机的变化。当你的肌纤维变得越来越强壮，你能征用更多的肌纤维，你的身体在练习中向肌肉供给氧气的能力也随之增加（这些是训练的整体效果）时，你会发现在相同的重量下，自己要做更多的反复才能达到"力竭"——这也就意味着你需要使用更大的重量了。

当然，你不是机器。所以，你实际做的练习并不会有那么机械。有些练习组要求更高，同其他的相比，强度也更大。比如说，有了一定经验的健身者，针对其上半身就会这样训练：

第一组：使用较轻重量的热身组，15 次反复或者稍微多一点；
第二组：增加重量，使得肌肉只能做大致 10～12 次的反复；
第三组：继续增加重量，使得"力竭"出现在 8～10 次反复后；

第四组：增加足够的重量，使肌肉只能做 6 次反复（强力组）。

第五组（可选）：使用相同的重量，尽量再做 6 次反复。如果需要的话，向训练伙伴寻求帮助，以完成该组练习（强迫次数组）。

通过这种训练，可以让你达到最佳的训练效果：从相对较轻的重量开始，这可以让你的肌肉做好充分的热身准备；然后，再使用较重的重量，稍微减少反复次数，这样可以迫使更多的血液流入肌肉中，让你体验到奇妙的泵感；最后，再增加重量，这样训练强度增大，有利于力量和体能的增加。

练习组

一般而言，在基础的训练计划中，我推荐每种练习动作都包括 4 个组，有特别规定的除外。基于以下几个原因，我认为这是最佳的训练系统：

1. 你需要至少做 4 组动作，才能使得训练量足以刺激所有可用的肌纤维。如果每种动作的组数过多，那么你的总训练量太大，有训练过度的风险。

2. 每种动作进行 4 组，这样在基础的训练程序中，身体每个部位总共进行 12 组动作（针对大肌肉群），而在高级的训练程序中则是 20 组动作，这样使得你的动作种类丰富，从而达到锻炼身体某部位所有区域的目的。比如说，上背和下背、背阔肌的外侧弧线和背部内侧。

3. 健身者们 50 年的训练经验证明，你能承受的、可以让你完成 4 组训练的最大重量可以刺激肌肉，让它们生长。

和小肌肉相比，大肌肉或者大肌肉群所需要的训练量是很不同的。比如说，我要锻炼我的背部，这可不是一块肌肉的问题——在背部有很多块肌肉——比如说背阔肌、菱形肌、斜方肌、下背竖脊肌。而且，这些区域都需要特别的训练。对于大腿来说道理也是一样的。大腿由四块强大的股四头肌和大腿内侧的内收肌组成。为了达到充分锻炼该区域的效果，你既需要强力训练，又需要孤立训练，你需要从不同的角度刺激不同的肌肉，只有少数几组动作是达不到效果的。

另外一方面，在锻炼诸如肱二头肌和肱三头肌这样的小肌肉时，可以不使用那么多组数，因为这些肌肉并不是那么复杂。比方说，只要做 9~12 组动作，就可以让肱二头肌得到完全的锻炼；然而，通常来说，需要做 16 ~ 20 组动作，才能达到完全锻炼大腿的效果。三角肌后部是更小块的肌肉，一般来说，4 ~ 5 组动作就足够了。然而，这儿还牵涉到肌肉生理学的东西。肱二头肌是恢复速度最快的肌肉，所以如果你喜欢使用高组数进行训练(我经常如此)，它们仍然能够恢复。小腿肌肉相对较小，但它们天然就很适合做大量的反复动作，比如在你走路或者跑步的时候，所以如果针对它们使用较多的练习组数，效果会比较明显。

不过不必担心，你不需要立马记住哪些肌肉应该使用多少练习组数。我将在下面几章的训练计划中继续提到这些。

动作的幅度

在大多数情况下，健身练习应该以最大的动作幅度来训练肌肉。(有一些特例，我以后会讲到。)你应该注意伸展到最大限度，然后原路返回，达到完全收缩的状态。这是刺激整块肌肉，以及所有肌纤维的唯一方法。所以，当我建议你做 8 次反复或者 10 次反复乃至更多的时候，在每种情况下，我都默认你的每次反复都是最大幅度的动作。

肌肉收缩的质量

健身是锻炼肌肉的运动，不是单纯的举重。你使用某个重量和恰当的技巧，从而达到训练某块肌肉或者肌肉群的目的。举起那个重量只是达到目的的手段。为了有效地进行训练，你必须孤立训练不同的肌肉。还记得在生活中有多少人不厌其烦地告诉你，要使用腿部力量举起重物，不要使用背部力量？这种技巧可以让最多数量的肌肉一起工作，从而让你免受伤害。如果你是一名钢琴搬运工或者一名建筑工人，这点很有用。但是，健身的任务是不同的。你不想轻而易举地举起重量，你想更加吃力地举起！你想让目标肌肉完成整个工作，只借助一点或者压根就不需要其他肌肉的辅助。

好的技巧可以帮助你做到这点，另外，还要注意选择正确的重量。一旦你使用的重量对你来说过重的话，你的身体会自动"召集"其他肌肉工作——这就是我们神经系统的工作机制。所以，你能举起某个重量，并不代表你做的动作是正确的。你选取的"重量"，应该确保单单靠目标肌肉自己就可以应付。

如何才能做到这点？一种方法是，开始的时候使用非常轻的重量，将注意力集中在整个运动过程中肌肉的感受上，渐渐地增加重量。当你使用的重量增加到某个点，让你感觉和使用较轻重量时肌肉的工作方式有所差异时，那么很可能你使用的重量过重，你应该减轻些重量，重新找回以前的那种"感觉"。

热身

很多人谈起热身的时候，其实并不真正明白所谓热身的含义。记住，肌肉中的氧化实际上是一种燃烧。因此，当你使用肌肉的时候，该身体部位的温度上升，肌肉有力收缩的能力也变得更强。热身还可以将充氧的鲜血输送到身体的相应区域中，增加血压和心率。这样可以最大化地给身体供给氧气，并有助于消除肌肉工作时产生的废品。最后，热身可以保护身体免于过度受压，让它为高强度训练做好准备，减少受伤的几率，比如扭伤和拉伤。

热身的方式多种多样。有些人在训练之前，进行一会儿心肺训练（跑步机、运动单车、跑步等），这样可以让心脏活跃起来，同时又不会耗尽体力。健身操和其他一些简单的运动同样可以起到热身的效果，同时不会给身体造成太大负担。但是最常用的热身方式还是使用重量本身。首先，花几分钟做拉伸练习，然后使用杠铃或者哑铃做一些适度的轻量运动，轮流锻炼身体各部位，直到身体为更激烈的运动做好充分的准备。

然后，针对每种不同的动作，开始的时候以一组轻量练习进行热身，让特定的肌肉为特定的动作做好充分的准备。当你做了一两组高次数、但是重量较轻的练习之后，你的肌肉就会准备好了去适应更大的运动强度——使用更重的重量和 6 次反复的动作组。

热身在高强度的训练之前尤其重要，因为你将要让自己的身体承受更大的压力。最好的方法是，在做真正高强度的动作之前，先做一些强度低些的练习组。

一天中何时进行训练也是一个决定你需要多少热身运动的因素。如果你在早上 8 点进行训练，那么你的身体可能比较"紧"，因而同晚上 8 点相比，你需要更多的拉伸和热身练习。所以，也应该相应地调整你的准备工作。

永远注意，热身要全面彻底。如果你准备用大重量做肩上推举，那么你应该记住，该动作不但会牵涉到三角肌和肱三头肌，还会让颈部肌肉和斜方肌也猛烈收缩，所以也应该给它们以时间去做准备。

在健身房训练受伤的原因主要有两个：用了不合适的技巧（使用的重量过重或者不能完全控制重量），或没有进行恰当的拉伸和热身练习。

我还要指出一点，年龄对于体形和运动能力也有影响。众所周知，随着年龄的增加，热身和拉伸练习对于保护你的身体就更重要。年轻人有时候可以免去一些"麻烦"，年长的则不能。然而，不管老少，掌握恰当的技巧并进行拉伸和热身练习都是有益的。养成这种习惯越早，你就越会从中受益——这是一生的利益。

强力训练

评估力量的方式多种多样。如果我能举起 300 磅（136.08 千克），你只能举起 250 磅（113.40 千克），那么我的力量比你大。不过，你可以举起 250 磅（113.40 千克）10 次，我只能举起 8 次，这也是一种力量的差别：你的肌肉耐力比我强——在一系列运动之后仍然能保持强而有力。

为了塑造身材，让肌肉发达，需要做很多耐力训练——也就是说恰当数量的组数和反复次数。但是，我同时相信，除非你也进行低次数的强力训练，否则你永远无法达到一流身材所需要的硬度和强度。

在约翰·格里迈克和雷格·帕克的时代，几乎所有的健身者都是冲着增加力量而进行训练的。他们都认为，变得强壮同拥有好看的体形一样重要。但是要知道，力量和力量也是不同的。论单次的力量，传奇的杰克·拉兰纳（Jack LaLanne）绝不是雷格·帕克的对手；但是，杰克可以不停地做引体向上和屈臂撑，反反复复，中间绝不停歇——如果换成"肌肉沙滩"上那些大块头的家伙们，早就不行了。

我的胳膊长，所以用400磅（181.44千克）以上的重量做8次仰卧推举时需要屏气凝神，铆足气力。

克里斯·科米尔（Chris Cormier）的手臂是如此强壮，他能将臂屈伸作为强力练习来做。

第二部分 训练计划

虽然20世纪40年代和50年代的健身者较之当今顶级的健美运动员来说，在体形上普遍缺少细致度，但是他们确实极强壮、结实，身体素质非常优秀。在我看来，在20世纪80年代，似乎"钟摆"又摆到了另一个极端，当时的健身者们都忽视了强力训练的优点，在他们的训练计划中缺少大重量的练习。而现在，好像传统的强力训练又一次被重新发现了：在专业表演中出现了很多体重超过230磅（104.33千克）的运动员。当然，如果训练重量不足以挑战你的意志力，你就绝不能获得像多里安·耶茨那样结实、魁梧的体形。

我的朋友弗朗哥·哥伦布说："如果你不进行大重量的训练，你一走上表演台就能被看出来。你的脸上写满'柔弱'。"对于此，有大量的科学和生理学证据。力量训练可以让相对较少的肌纤维一次性承受巨大的压力，促使它们变得越来越粗，越来越厚实，同时也会让肌肉变得更加紧致——这对于塑造那种强壮而结实的身体大有裨益。

在你的训练程序中加入几个强力组，这也可以帮助你变得更加强壮，为剩下的训练做好准备。这样你很快就能使用更重的重量进行训练，所以你的肌肉也能增长得更快；同时，这还可以让你的肌腱也变得坚韧而有力。于是当你使用较轻的重量进行高次数训练时，即使你在某点上注意力不集中，或者做某个动作时技巧不到位，你的肌腱也不会轻易拉伤。

大重量的训练可以加强肌腱和骨骼之间的连接。肌腱同骨骼的分离即为"撕脱性骨折"（参见第四部分"受伤及处理"），而正确的强力训练可以将这种伤害的可能性降到最低。

通过大重量训练而造就的肌肉尺寸和密度，即使很少进行维持性的训练，也可以保持相当长一段时间。仅仅通过高次数训练取得的肌肉增长效果，很大程度上是一些暂时性因素的结果，比如体液滞留和糖原贮积。

弗朗哥·哥伦布、尤苏普·维尔科什和我都是从举重开始，这使我们的肌肉紧致，而那些没有做强力训练的健身者就缺少这种紧致。

但是经过强力训练的肌肉可以坚如磐石，因为这确实增大了肌纤维的尺寸。弗朗哥还告诉我，肌肉细胞膜本身就能变得更加厚实而坚韧，这样就可以有效防止萎缩。

除此之外，当你进行强力训练的时候，你可以发现你的身体到底能做到哪一步，到底能举起多重的重量。这样同没有进行过强力训练的人相比，你就拥有更多的心理优势。

健身需要掌握复杂的技巧，但是无论如何，你不能忘记这点：健身的根本目标是通过重量训练，让肌肉变得更大。这并不是说，我认为你应该像如举重运动员那般训练。我推荐一种整体发展计划，其中包含一定数量的强力练习动作，可以让你兼顾两种训练方式的长处。

T杠划船是对背部进行强力训练的最好方式。

弗朗哥·哥伦布在硬拉730磅（331.12千克）。

"重磅日"

我在初出茅庐时，进行了大量的力量举重训练。随着我不断进步，赢得了越来越高级别的比赛，我开始越来越关注塑造完美、均衡、优质的体形。记住！任何运动项目中，最高级别的比赛中都是高手云集，每个人都有一定的天赋——这也就是他们能走到这最高舞台的缘由。所以，高手过招时，单单依靠天资是行不通的。比方说，当你有机会参加"宇宙先生"或"奥林匹亚先生"这样级别的比赛，评委们不会关注你有什么，而是挑剔你还有哪些不足，紧紧盯着你的薄弱之处。所以，练就无可挑剔的体形变得尤其重要。

就我来说，我在训练中包含了更大比例的高次数孤立训练，确保每块肌肉得到锻炼，达到最佳的肌肉清晰度和分离度。但是，在早期力量举重训练中得到的肌肉的基本厚度、密度和硬度，是我从来不想失去的。这就是为什么我在训练计划中设置了"重磅日"。大约每周一次，我会选择一个身体部位，采用最大力量的动作，以达到锻炼该部位的目的。比如说，当我进行腿部训练的时候，我会尝试深蹲的极限，对于胸肌，使用最大重量的仰卧推举，诸如此类。进行这些训练的时候，我不会让身体过分透支，确保在下次训练的时候肌肉还能复原。通过定期进行最大重量训练，我对于自身增加了多少力量了如指掌。而且，频繁地挑战自身的力量极限，也可以平衡在我的训练中占绝大部分的轻重量、高次数练习给身体带来的影响。

我建议你也可以试试。每周或者每隔一周，选择某个身体部位，检验一下你的极限力量。让你的训练伙伴站在你旁边保护你，这样当举起沉重的重量之时，就不会有所顾虑。训练开始时，拉伸一下身体，并进行热身运动。在你的训练日志中记录你举起的重量。当你看见自己举起的重量噌噌地往上涨的时候，会有一种说不出的成就感。这也极大地有助于你的信心增强，并更加投入地进行训练。

训练过度与恢复

你的训练强度越大，身体需要的修复和复原的时间就越长。休息和恢复非常重要，因为虽然说训练可以刺激肌肉增长，但是肌肉的真正增长和适应是在训练之后的休养期间发生的。因此，很多人都是通过休息，而非更频繁、更艰苦的训练，来克服训练中的"粘位点"。

如果你过度频繁地训练某块肌肉，使其无法完全恢复，就会导致训练过度。你肯定听人说过，因为肌肉受损了，所以要给它们时间去自我修复。但是，这种说法从生理学上讲是不太准确的。在力量训练过程中，可能会有少量的组织受损，这种损伤与后来的肌肉酸痛有关。但是，肌肉酸痛只是一种副作用，我们的肌肉在力量训练之后需要时间修复，主要并不是因为它。

剧烈的肌肉收缩伴随着许多复杂的生物化学反应。为肌肉收缩补给能量的过程会导致有毒废品的产生，比如说乳酸就是其中一种；而且，在锻炼的过程中，以糖原形式储存在肌肉中的能量也会消耗殆尽。所以身体需要一定的时间才能重建肌肉细胞内的化学平衡，清理残存的废物，重新储备耗损的糖原。还有另外一个因素更加重要：细胞本身需要一定的时间，以适应运动的刺激，从而增长。毕竟，健身运动的首要目的就是让肌肉发达起来，如果你让某块肌肉训练过度，在刚完成了一次训练之后，马上强加更剧烈的压力于其上，那么该块肌肉就没有时间来增长，你的进步速度也就必然放缓。

不同的肌肉恢复的速度是不同的。我前面已经提到过，肱二头肌是恢复最快的肌肉。下背部肌肉恢复得最慢，需要花100个小时才能从大重量训练中完全恢复过来。然后，在多数情况下，让肌肉休息48小时就足够了。也就是说，在训练了某块肌肉之后，隔上一天再训练它。

基础训练只是中等水平的强度，所以身体需要的复原时间也就更短。一旦你进入更高级的训练，需要的训练强度就更高，这样才能克服身体拒绝变化和增长的巨大阻力。此外，还有一个重要的因素：训练过的肌肉比没训练过的肌肉要恢复得更快。所以，你的水平越高，你恢复的速度就越快，同时你的训练强度就可以越大。

组间休息

控制训练节奏非常重要。如果你训练得操之过急，可能在你的肌肉还没有得到充分锻炼之前，心血管系统就罢工了。还有，你还更有可能马马虎虎地、随意摆弄重量，而不是正确地执行每个动作。

然而，训练太慢也是不好的。如果在每组之间休息5分钟，你的心率已经下降了，你的泵感渐渐消失，肌肉冷却下来了，训练强度下降至零。

将你的组间休息时间设定在1分钟或者更少一点。在重量训练之后的第一分钟内，你的力量已经恢复了72%；到3分钟的时候，你已经完全恢复了，不需要多余的休息。但是记住，训练的意义是刺激尽可能多的肌纤维，让尽可能多的肌纤维疲劳，而这只有在身体被迫征用更多的肌纤维，来替换已疲劳的肌纤维的时候才是可能的。所以，你在两组之间，不能让肌肉完全恢复——休息的长度只要足够让训练继续下去，同时不断强迫身体征用更多的肌肉组织就可以了。

还有另外一个因素需要考虑：生理学家早已注意到，最大肌肉力量和肌肉耐力之间有一定关联。你越是强壮，你能举起某个重量的次数也就越多。这同时意味着，你越是发展自己的肌肉耐力，你也就越强壮。所以，在训练中张弛有度，保持稳定的节奏，注意适当休息，确实有助于增加你的整体力量。

呼吸

我非常奇怪，很多人都问过我，在练习的过程中应该如何呼吸。呼吸于我而言是非常自然的，所以我常常想说："放松，顺其自然，不要想着它。"

不过，现在我才知道，对于有些人来说这是不太行得通的。于是，我给他们设置了一个简单的法则：用力时呼气。比如，如果你在做深蹲练习，当重量放置在肩上时，吸气，并蹲下，然后当你用力站起的时候呼气。记住，这时不要屏住呼吸。

这样做是有充分理由的。肌肉在强力收缩时常常伴随着隔膜的收缩，特别是当进行腿举或者深蹲时，这会增加胸腔的压力。如果你屏住呼吸，可能会导致受伤。比如说，你可能会伤害你的会厌，阻碍咽喉气流的通道。所以，当你极尽用力的时候，呼气有助于避免这种伤害。甚至，有些人还认为，这样能让你实际上更加强壮些。

拉伸

拉伸练习是训练中最容易被忽略的部分。当一只狮子醒来的时候，它站起来，第一件事情就是充分拉伸一下整个身躯，让每块肌肉、肌腱、韧带都做好准备，可以展开迅疾、残忍的行动。狮子凭本能知道拉伸有助于准备它的力量。

肌肉、肌腱、韧带以及关节结构都有很强的可塑性。它们可能变得僵硬，限制动作幅度；也可以拉伸，增大你活动的范围，以及让你能收缩额外的肌纤维。这就是为什么在训练之前，拉伸可以让你实现更高的强度。

拉伸练习还可以提高你在训练中的安全度。当你在某个重量的拉力下伸展肌肉时，如果你的柔韧性有限，那么肌肉可能会过度拉伸。肌腱和韧带的过度拉伸可能会导致拉伤或扭伤，这样会严重扰乱你的训练计划。但是，如果你事先对相关区域进行拉伸，那么在那个区域被施以很重的阻力的时候，身体就会适当调整。

如果正确地进行了各种练习的话，身体的柔韧性也会增加。肌肉可以收缩自己，但是不能拉伸自己。只有通过相对的肌肉的拉力，它才会被拉伸。如果你进行全幅度的动作训练，收缩的肌肉会自动拉伸与它相对的肌肉，当你做哑铃弯举的时候，你的肱二头肌收缩，肱三头肌会被拉伸。当你做臂屈伸时，肱三头肌收缩，肱二头肌被拉伸。通过使用全动作幅度的技巧，你可以增加你的柔韧性。

但是，这样是不够的。为了对抗阻力，收缩的肌肉会倾向于尽力变短。所以，我推荐在训练之前进行拉伸练习，这样你的训练强度可以更大，也更安全；同时，在训练之后也进行拉伸练习，以拉伸紧张、疲劳的肌肉。

你可以在训练之前，多多少少做一些标准的拉伸动作；也可以考虑进行瑜伽训练，或者参加拉伸练习课程。很多健身者认为，花多余的精力来提高柔韧性完全没有必要；但是另外一些人，比如汤姆·普拉茨在训练中非常看重拉伸练习的效果。汤姆做准备活动时，他巨大的双腿如麻花般扭结在一起，那种场面简直让人难以置信。在进行小腿训练的时候，他首先使用非常重的重量，尽可能地拉伸小腿。因为他认识到，肌肉被拉伸得越多，在其收缩过程中参与的肌纤维也就越多。

诚然，在训练前和训练后进行拉伸练习非常重要，但是我认为在训练过程中做各种拉伸动作也非常重要。比如说，在各种引体向上和下拉动作中，穿插一些拉伸动作，对于背阔肌的训练非常有帮助。你会发现，我在各种练习动作中加入了很多拉伸练习，我从这些练习中获益良多。

毕竟，正是这些细节，让健身者之间有了差异。这种差异不只体现在你的外表上——肌肉的分离度和清晰度，也体现在你举手投足间透露出的优雅和自信。在拥有健壮体格的同时，如果你的肌肉、肌腱和韧带是紧绷而收缩的，就不能拥有那种特有的美感。

我不主张，在出现了严重的柔韧性问题或者身体受伤之后，再去花很多的时间和精力进行拉伸练习。在大多数情况下，我认为在训练前和训练后，花上 10 分钟的时间对大肌肉进行 10 种拉伸练习就已经足够了。

拉伸需要的是缓慢、轻柔的动作，而不是快速、剧烈的动作。如果你突然给肌肉或者肌腱增加很大压力，它会自动收缩，以自我保护，这样就和你的初衷背道而驰了。相反，如果你缓慢地拉伸开来，保持该姿势 30 秒或者更长时间，肌腱会渐渐放松，你也因此增加了身体的柔韧性。

我建议，在以下这些练习中，每个动作花上大约 1 分钟时间。然而，这只能看做是最低限度，你在拉伸练习上花的时间越多，你的柔韧性就会越好。

拉伸练习

站姿侧弯

练习目的：拉伸腹外斜肌和躯体侧面的其他肌肉。

动作要领：站直，双腿分开，幅度比肩宽稍大，双臂下垂。将你的右手举过头，然后缓缓地向左边弯曲，左手沿着大腿下垂。身体尽量弯曲，保持该姿势30秒。然后回到起始姿势，换另一边弯曲。

弗兰克·赛普（Frank Sepe）

站姿前弯

练习目的：拉伸腘绳肌和下背部。

动作要领：站直，双腿并拢，身体前屈。用你的双手握住腿的背面，越靠下越好——从膝盖、小腿、直到脚踝。用手臂轻轻地拉，让你的头尽量靠近大腿，以最大限度拉伸腘绳肌和下背。保持该姿势30～60秒，然后放松。

腘绳肌拉伸练习

练习目的：拉伸腘绳肌和下背。

动作要领：将你的一只脚或者脚踝放在支撑物上，另一条腿站直，身体向抬起的腿弯曲，手尽量向腿部前端握——从膝盖、小腿到脚踝或者足部。轻轻用力地拉，让腘绳肌达到最大拉伸状态。保持该姿势约 30 秒，放松。然后换另一只腿重复上述动作。

弓步压腿

练习目的：拉伸大腿内侧、腘绳肌以及臀大肌。

动作要领：(1) 站直，一只脚上前，弯曲膝盖，往下蹲，使你后一条腿的膝盖接触地面。将你的双手放在前脚的两边，往前倾，最大限度拉伸大腿内侧肌肉。(2) 在上面姿势的基础上，伸直前面的腿，锁住你的膝盖，拉伸腿后面的腘绳肌。弯曲前腿膝盖，再次下蹲至地面上。重复这个动作：首先伸直腿，然后再下蹲至地面。最后站直，另一只脚向前一步，重复相同的拉伸程序。

分腿坐姿前屈

练习目的：拉伸腘绳肌和下背。

动作要领：(1) 坐在地板上。双腿伸直，大角度张开。身体前屈，用你的双手去碰身体前方尽量远处。(2) 保持该姿势几秒钟时间，然后将你的双手放在一条腿上，往前"走"，越远越好——从膝盖到小腿再到脚踝和足部。手臂在腿上轻轻拉，让腘绳肌和下背得到最大程度的拉伸。保持该姿势 30 秒，然后换另一条腿。

托马斯·霍本（T.J.Hoban）

大腿内侧拉伸练习

练习目的：拉伸大腿内侧肌肉。

动作要领：坐在地板上。将双脚向你拉近，让鞋底互相接触。握住你的脚，将其尽量朝腹股沟方向拉。放松双腿，让膝盖朝地面方向下垂，拉伸大腿内侧。用双肘紧压膝盖，以达到完全拉伸。保持该动作30～60秒，然后放松。

股四头肌拉伸练习

练习目的：拉伸大腿正面。

动作要领：跪坐在地上。分开双脚，这样你可以坐在两脚中间。将双手后撑，尽量往后倾斜身体，感觉到股四头肌的拉伸（对于那些柔韧性欠佳的人来说，往后倾斜的幅度可能不会太大。而对于身体柔韧性很好的人来说，可以完全后躺在地面上。）保持该动作30～60秒，然后放松。

跨栏式伸展

练习目的：拉伸腘绳肌和大腿内侧。

动作要领：坐在地上。将一条腿向前伸展，另一条腿弯曲在旁侧。身体沿着前伸的腿前屈，你的手臂尽量向前握住腿部——从膝盖到小腿、脚踝或者足部。手臂轻轻用力，达到最大的拉伸，保持该姿势30秒时间。换另一条腿，重复上述动作。注意，不要让弯曲的膝盖受压过重。

脊柱扭转练习

练习目的：增加躯干的旋转范围，拉伸大腿外侧肌肉。

动作要领：坐在地上。双腿前伸，提起右膝盖，扭转身体，这样你的左肘部可以放在提起的膝盖外侧。将右手放在你身后的地面上，然后尽可能往右边扭转，一直达到你的极限幅度。保持该动作30秒时间。放下你的右膝，提起你的左膝，换另一边重复该动作。

悬垂拉伸练习

练习目的：拉伸脊柱和上半身。

动作要领：双手握住单杠，身体悬于其下。保持动作至少30秒，这样你的脊柱和上半身都能得到放松，从而拉伸开来。如果你有倒吊鞋或者一些其他合适的设备，可以试着倒吊着，以增加脊柱的拉伸度。

第二章

了解你的身体类型

任何一个人，只要他曾经去过海滩、游泳池或者健身房，都能证明这样一个事实：人们生来所具有的身体特征是多种多样的。一些人更高或更矮，更白或更黑，肩部更宽或更窄，腿部更长或更短，天然的耐力水平更高或更低，身体中的肌肉细胞或脂肪细胞更多或更少。

一种流行的分类方法将这些各种各样的身体类型概括成 3 种基本的范畴，我们称之为体型分类（somatotype）：

外胚型（ectomorph）：特征为上半身短，四肢修长，手掌和脚掌又长又窄，同时脂肪存储非常少；狭小的胸部和肩部上通常附着又细又长的肌肉组织。

中胚型（mesomorph）：宽阔的胸部，较长的躯干，结实的肌肉结构，以及极好的力量。

内胚型（endomorph）：柔软的肌肉组织，圆脸，短短的脖子，宽大的髋部，以及厚重的脂肪存储。

当然，没有哪个人完全属于某一类型，每个人都更像是所有三个身体类型的综合体。利用这个分类系统可以识别出总共 88 个子类型，这些子类型是通过测量每个基本类型的显著程度，从低到高，记作 1 ~ 7。比如，某人的测量值被记作外胚型（2）、中胚型（6）、内胚型（5），那么他属于中胚偏内胚型。这基本上是一个肌肉发达的运动员体型，但是他的身体里会有许多脂肪存储。

虽然健身的基础训练原则可以适用于所有体型分类，但不同的身体类型对于训练常常会有非常不同的反应。对某人有效果的训练可能不见得对另外一个人有效果。

第二部分 训练计划

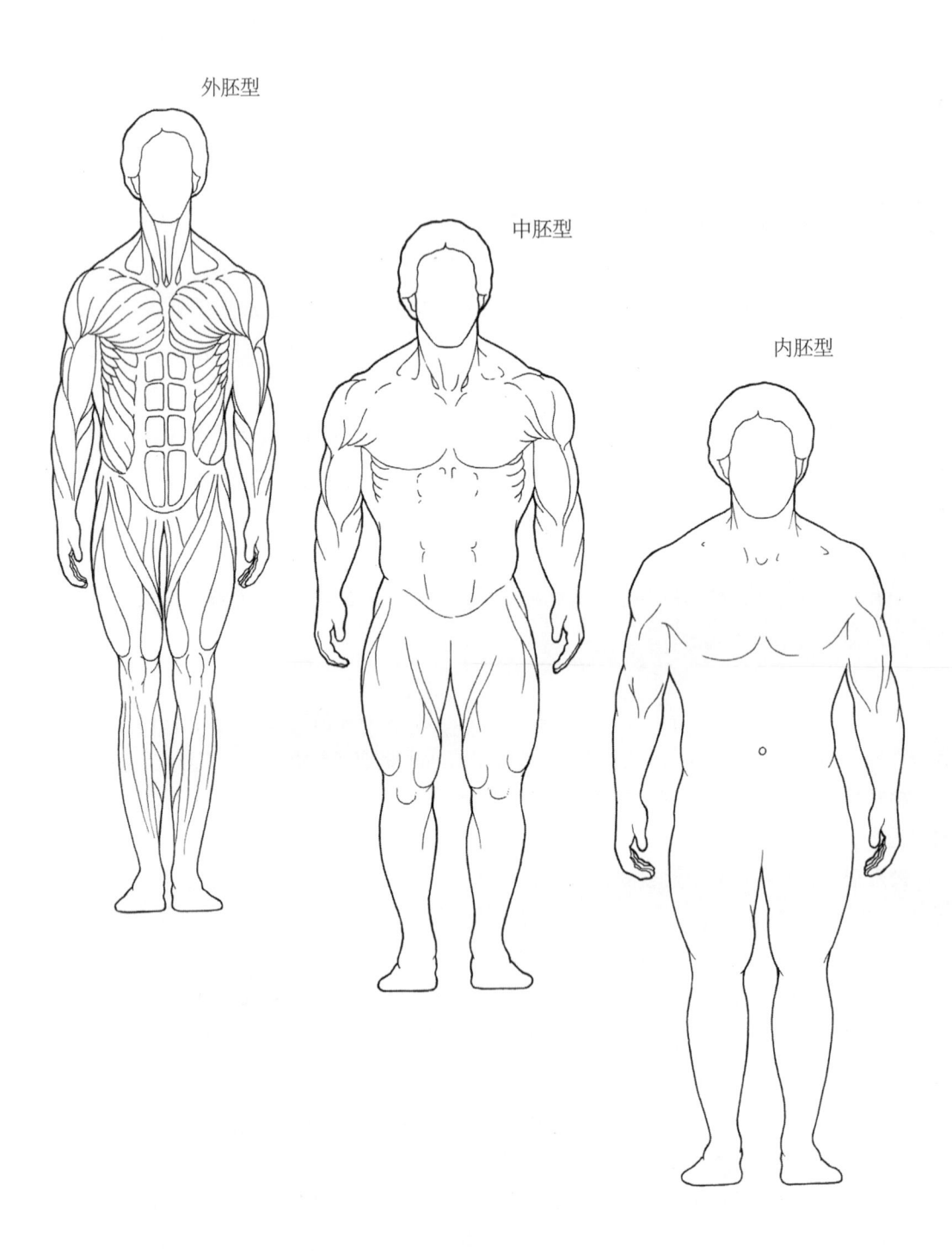

外胚型

中胚型

内胚型

第二章　了解你的身体类型

任何的身体类型只要经过适当的训练和营养调控都能够得到发展。但是不同身体类型的健身者会发现，在训练初期非常有必要按照不同的目标安排训练，尽管他们长期的奋斗目标可能是相同的。

认识你的体型

每一种体型的健美运动员都获得过冠军。20 世纪 70 年代知名的健美竞技者史蒂夫·戴维斯（Steve Davis），体重曾经接近 270 磅（122.47 千克），也就是说，他非常接近于内胚型。史蒂夫必须减掉多余的脂肪，同时保持肌肉块头，才有望赢得健美比赛。"奥林匹亚先生"多里安·耶茨是史上体重最重的冠军。在比赛中他的体重接近 270 磅（122.47 千克）；然而在非赛时，多里安的体重会超过 300 磅（136.08 千克），

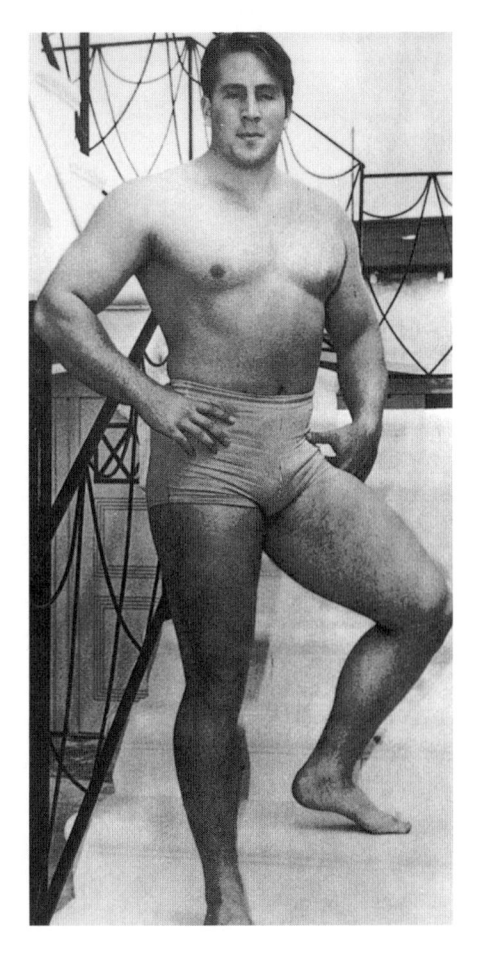

这是一个很好的例子，说明健身可以怎样地改变一个人的体型，史蒂夫·戴维斯之前非常地"内胚型"……

……之后看上去非常地"中胚型"。

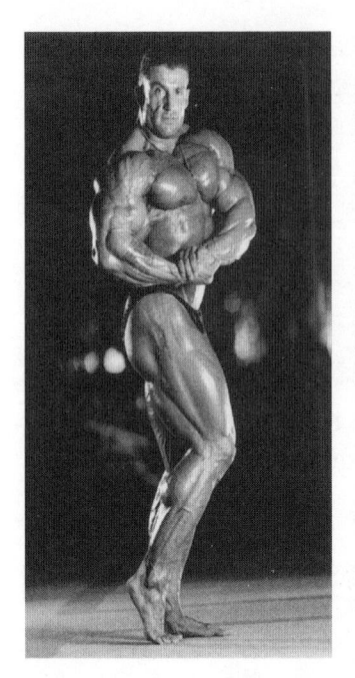

多里安·耶茨，中胚型　　　　戴夫·德雷珀，典型的中胚偏内胚型　　　弗兰克·赞恩，中胚偏外胚型

这说明他的体型趋向于内胚偏中胚型。传奇的戴夫·德雷珀也是内胚偏中胚型的（尽管如此，他的肌肉较少，相对于多里安来说，他更偏向于内胚型），易于增重，但是为了比赛，他通过努力训练和严格控制饮食保持瘦身状态。

另一方面，弗兰克·赞恩很偏向外胚型。他花了很长时间才达到了增大肌肉块头的目标，但这并未阻止他三次荣获"奥林匹亚先生"的称号。像弗兰克·赞恩和肖恩·雷这样的人，并非天生力量强大、肌肉发达的类型，但他们在后来能依靠200磅（90.72千克）的体重，击败了块头大得多的对手，这来源于大量的努力且专注的训练。"肌肉不会自己长出来"，拉里·斯科特说，他是第一个获得"奥林匹亚先生"称号的偏外胚型的运动员，"我原本是一个只有98磅（44.45公斤）的病夫，凭借健身训练竟变得如此强壮。"

以我个人为例，我足够中胚型，增加肌肉块头相对容易，而且，在某一个时刻，我的体重达到了到结结实实的240磅（108.86千克），但是我天生的体格还是偏瘦，这使我更偏向于中胚偏外胚型而不是纯粹的中胚型或者中胚偏内胚型。

弗莱克斯·惠勒以完美的身材和比例而闻名，同样也是中胚偏外胚型。观察弗莱克斯，你会发现尽管他的块头比较大，但是骨骼和关节相对较小，尤其在与多里安

106

那样强大的人做比较时。在健美界，弗莱克斯、弗兰克·赞恩和我被形容为拥有"阿波罗般的体形"（肌肉发达，但是偏外胚型，看上去具有美感而不是野蛮力量），而较"大"的健美运动员，例如多里安、纳赛尔·桑贝蒂、汤姆·普拉茨、凯西·维埃特和迈克·门泽尔则被形容为力大无比的"赫拉克勒斯"（非常中胚型或者中胚偏内胚型）。阿波罗和赫拉克勒斯的体形都有显著的美感，但是外表很不相同。现在，因为其特有的线条和比例，阿波罗般的体形通常被认为更具美感或者更好看。但是如果你回头去看经典的艺术，你会频频发现，赫拉克勒斯的体形为更多人所赞美。

当然，现今顶级的健美运动员都魁梧高大、肌肉发达，以至于有时很难对他们进行归类。但是，对于健身爱好者或者普通人，还是很容易看出不同的体型的。

当然，顶级的健美运动员不会太偏向于外胚型或者内胚型。因为那样的话，他的身体就可能缺乏恰当的比例，缺乏对称，肌肉块头和清晰度也欠佳。记住，不要仅仅去打造肌肉的块头，也要让肌肉呈现最大的美感。救生员体形（偏瘦且线条清晰）看起来很好，但缺少必需的肌肉块头；巨大、厚重、超级内胚型的身体对举重运动员、铅球运动员或足球前锋来说非常不错，但是却不容易为人所欣赏。

了解你的体型可以帮你节约许多时间，减少失望。外胚型的人如果按照内胚型的训练强度训练的话，容易训练过度而且效果不佳。内胚型的人如果认为他更像中

弗莱克斯·惠勒，中胚偏外胚型　　　纳赛尔·桑贝蒂，中胚偏内胚型　　　汤姆·普拉茨，典型的中胚型

胚型，也能发展自己的身体，但是很难控制身体的脂肪比例。最基本的训练原则对于每一个人都是有效的，但是，应该如何安排训练，如何将其同饮食和营养计划进行整合，这就因上天赐予每个人体型的不同而不同了。

新陈代谢和肌肉生长

人之所以有不同的身体类型，其中的一个原因就是新陈代谢。有些人的身体天生就会燃烧很多的卡路里，有些人的身体天生倾向于将食物的能量转化为肌肉或者脂肪，而另外一些人的身体倾向于将摄入的食物转化为运动的能源。然而，随着你的身体发生改变，你的新陈代谢也会随之改变。肌肉消耗能量，所以一位内胚型的人只要通过训练获得越来越多的肌肉块头，就能很容易瘦下来。还有，身体的适应性很强。体内本身具有的数千种代谢过程一直在发生作用，如果你向它们提出了不同的要求——如将摄入的蛋白质转化为肌肉，或者增加脂肪消耗以获取能量——它们也会随之作出相应的调整。

如果你非常瘦或者非常胖，那么需要警惕，最好让医生检查一下你的甲状腺功能。甲状腺在调节人体新陈代谢的过程中扮演着重要的角色。当甲状腺活力不足（甲减）时，这时就很难消耗过剩的脂肪；当甲状腺活力过高（甲亢）时，增加身体重量几成泡影。尽管如此，当你的甲状腺水平处于正常范围之内时，我强烈反对利用甲状腺剂来增强新陈代谢过程，或者提高肌肉线条的清晰度。这种方法会产生多方面的危害，其中之一就是，可能会长久损害你的自然的甲状腺功能。

外胚型训练

如果你很外胚型，那么你的首要目标是增加体重，尤其是优质的肌肉块。如果没有一定的力量和耐力来满足马拉松式的训练，你会发现肌肉增加得很缓慢。通常还需要强迫自己吃足够的食物，才能保持增长。因此，对外胚型的人，我的建议如下：

1. 为了发展肌肉块，应在训练计划中安排大量的强力练习动作，即你的训练应倾向于使用较重的重量和较低的次数（热身以后每组 6～8 次反复）。

2. 学着进行高强度训练，让每一组都实在、有效。这样能缩短训练时间，而且能取得实质性的成果。（也许针对身体每个重要部位只要进行 14～16 组练习，而不是 16 ~ 20 组）。确保在动作组之间有足够的休息，并在两次训练之间给予自己充分的恢复时间。

3. 注意营养，摄入比你平常更多的卡路里，而且如果有必要，使用能增重的、蛋白质含量高的饮料来辅助你的饮食。

4. 记住，你正试图将食物能量转化为肌肉，所以不要燃烧太多的能量，要避免过量的其他形式的运动，比如有氧运动——跑步、游泳等。某些心肺训练是令人愉悦的，同时对身体的健康来说也是必需的。但是，如果每天在健身房之外花上数小时消耗大量的体能，那么在健身房训练的时候，就很难达到增长肌肉的效果。

中胚型训练

对中胚型的人来说，增加肌肉块头相对比较容易，但必须在训练计划中包含足够多样的练习动作，这样才能让肌肉协调地增长，有款有型，而非仅仅是块头比较大。因此，对于中胚型的人，我的建议是：

1. 在基本的打造块头的强力练习之外，注重强调肌肉的质量和细节的孤立训练。你的肌肉很容易得到增长，所以你从一开始，就可以关注肌肉的形状和分离度。

2. 中胚型的人训练很容易取得成果，因此不必太过担心能量的保存或者训练过度。标准的训练强度是，针对每个身体部分进行 16 ~ 20 组练习；至于两组之间的休息时间，根据你个人的情况，可长可短。

3. 含有大量蛋白质的均衡饮食，保持一定的卡路里水平，不要让身体太轻或太重。不宜猛增 30 磅（13.61 千克），然后再去减掉多余无用的体重。

内胚型训练

一般而言，内胚型的人在塑造肌肉时并非特别困难，但是必须注意减掉脂肪重量，同时还要关注饮食控制以防止体重反弹。因此，对于内胚型的人，我建议：

1. 多采用高组数和高次数（每组反复次数不低于 10 ~ 12 次）的训练和很短的休息时间，以燃烧尽可能多的脂肪。如果你想变得苗条，进行一些额外的练习，增加一些额外的动作组，是一个不错的主意。

2. 增加有氧训练，比如说骑车、跑步或者其他一些有助于消耗卡路里的活动。在健身房训练虽然也可以消耗热量，但是不如连续进行 30～45 分钟或者更久的心肺训练消耗得多。

3. 低热量的饮食，保证营养均衡（参看第四部分）。摄入足够的蛋白质、碳水化合物和脂肪，但是一定要控制在最低限度；补充维生素和矿物质，确保身体获得最基本的营养。

身体成分测试

无论上天赐予了何种体型，当你增加肌肉、减少脂肪时，你就是在改变了你的身体成分。在训练中，你创造了大量的肌肉块头，于是你的身体成分会发生急剧变化，但这种变化往往很难跟踪。镜子、体重秤和卷尺通常很有用，但有时这些还不够。

除了只是在镜子前研究自己之外，了解身体变化的最好方法是通过某种身体成分测试。这种测试可以让你知道你身体的肌肉与脂肪的比例，于是可以帮助你跟踪自己肌肉增加、脂肪减少的过程。最常用的身体成分测试有：

- 皮褶测试：用皮脂钳在你身体的各个部位夹起皮层，这会显示出皮下脂肪的含量，然后再计算身体成分。
- 水下称重测试：分别在水外和水中测量体重。同时考虑到肺活量，将这些值代入公式，从而计算出身体中的脂肪部分相对于非脂肪部分——包括肌肉、骨骼和内脏——的比例。
- 阻抗测试：低电压的电流通过身体。因为脂肪、肌肉和水产生不同的电阻，所以所遇电阻的大小可以用来计算身体的成分。

测量身体成分有利于确定某种饮食方案的效果，以及训练给你的身体带来的变化；但是记住，不要执著于某一次测试中的结果，而要通过一个又一个的测试，掌握你身体的变化方向。原因是，测试结果都是经过公式计算出来的，而那些公式未必能够很好地适用于每个人，尤其是专业的运动员。所以，如果你在一个阶段测出脂肪含量为 12%，两个星期以后降为 9%，你就可以十分肯定，你正朝正确的方向发展——假设你是用同样的方法做了同样类型的测试，以保证重测的准确性。

我曾经听过一些关于体脂测试的荒谬说法，例如某些运动员认为他们仅有 3% 的身体脂肪。任何医生都会告诉你，3%可能会是死尸的脂肪水平，但不会是一个强壮、健康的运动员的。国际健美健身联合会和国际体能委员会的测试表明，在肌肉真正清晰的情况下，健身者越重，体脂比率就越高。所以一个大块头的职业健美运动员在12%的体脂下，就可以线条清晰，而一个体重较轻的健身爱好者，需要7%或8%的体脂率才会让自己看起来很棒。

　　为什么会这样呢？因为我们通常所认为的脂肪并不是身体内唯一的脂肪，肌肉内也有脂肪。所以如果一个大块头的健美运动员在达到某点之后继续节制饮食，他的肌肉就很可能萎缩，而不是更加清晰。所以，在身体成分测试的同时，别忘了用镜子或者照片来看看你的样子。毕竟，别人看不见你的体脂率，他们看到的就只是身体的外观而已。

第三章

基础训练计划

入门者面临的首要任务就是为身体奠定坚实的基础——实实在在的肌肉，而不是大块肥肉。稍后，你再将这些肌肉塑造成均衡、优质的形状。

你要使用很重的重量进行基础的、刻苦的、周复一周的训练，直到你的身体开始有明显的反应。我所说的基础训练并非只包括很少的几个练习动作，例如仰卧推举、俯身划船和深蹲，而是包括30或40种动作，有针对性地刺激和发展身体的主要肌肉群。

在这个阶段的最后，你想要的是肌肉的尺寸，也就是完美体形的原材料。以我为例，在20岁时，我已经在"尺寸"上取得了卓越的成就：那时我身材魁梧，重240磅（108.86千克）。尽管赢得了数次比赛的冠军，我的身体仍然需要雕琢。但是我有足够的肌肉块头，从那时开始，我下决心打磨出优美出众的外表，做最完美的自己。

这个起始阶段可能持续2年、3年，更有甚者长达5年。时间的长度依赖于众多的因素，如遗传、身体类型以及你训练时的投入程度。健身进步的快慢，与最终效果无关；最重要的是你能走多远，而不是多快。无论你从什么时候开始，你多大岁数，或者你是什么样的身体类型，这个过程都是一样的——在很长一段时间里，需要刻苦、持续、专注的训练。

分化训练

分化训练就是将你的训练分割开，也就是说在每个训练期中只对一部分肌肉进行训练，而不是一次性训练整个身体。

在早期，健身者通常试图一周进行3次全身训练。因为他们对每个身体部位通常只完成3～4组练习，所以他们可以在一个训练期中对全身肌肉进行锻炼。但是越来越多的人开始明白，为了完全地塑造和发展身体，需要更有针对性的训练。只有运用不同类型的练习才能让肌肉从多个角度得到刺激，而且每个练习动作有必要进行更多组，以刺激最大数量的肌纤维。但这意味着在单次训练中，无法锻炼整个身体。这需要更多的努力，所以分化训练系统就这样发展起来了。

最为简单的分化训练把身体分为两个部分：上身肌肉和下身肌肉。为了让每一块肌肉得到更好的锻炼，你可以进一步划分，也许这样就需要3次训练才能锻炼到全身。比如，在一次训练中锻炼"推力"肌肉（胸部、肩部和肱三头肌），下一次训练中锻炼"拉力"肌肉（背部和肱二头肌），然后是腿部。多年来，多种多样的分化训练系统得以发展，以适合不同人的不同需求。

经过4年训练后，19岁的我

基本的肌肉群

人体有600多块独立的肌肉，但是在学习健身的基础知识时，我们只需要关心其中一部分。

通常，健身者将身体划分为以下基本的范畴或者肌肉群：

- 后背
- 前臂
- 肩膀
- 大腿和臀部
- 胸部
- 腰部
- 上臂
- 小腿

但是要真正塑造和发展身体的每个重要区域，你还需要对肌肉群再进行细分：

- **后背**——背阔肌的宽度和长度，背部厚度，中背部肌肉的发达度，下背部竖脊肌的发展；
- **肩膀**——大小和丰满度，三角肌的三个头（前部、中部、后部）的发展，斜方肌；
- **胸部**——胸肌上部和胸肌下部，中胸的厚度，丰满的胸腔，躯干两侧的肌肉细节，前锯肌和肋间肌；
- **肱二头肌**——肱二头肌的上部、下部，总长度，厚度；
- **肱三头肌**——肱三头肌三个头的发展，细节和分离度，块头和厚度；
- **前臂**——伸肌和屈肌的发展，肱肌与肘部的联结度；
- **股四头肌和臀肌**——股四头肌全部四个头的发展，股四头肌的分离度，大腿外侧的弧线，大腿内侧的内收肌；
- **腘绳肌**——股二头肌的饱满度和弧线，腘绳肌与股四头肌的分离度；
- **腹肌**——腹肌上部和下部，腰部两侧的腹外斜肌；
- **小腿**——浅层的腓肠肌和深层的比目鱼肌。

对单块肌肉来说，存在着许多练习方式。当你从基础训练过渡到高级训练时，会发现我推荐的训练计划中，开始包括越来越多有针对性的动作，来锻炼每一个重要的肌肉部分。

组织你的训练

对于基础训练计划，我建议如下划分：

第一阶段：以3天为一个周期，锻炼整个身体，对每个身体部位每周进行2次训练。

第二阶段：以2天为一个周期，锻炼整个身体，对每个身体部位每周进行3次训练。

腹部：在两个阶段中，都是每天锻炼。

我通常每周训练6天，星期天作为休息日。这便于我跟踪我的训练日程：星期一，某些身体部位；星期二，另一些身体部位，

19岁时的戴夫·德雷珀

114

前视图

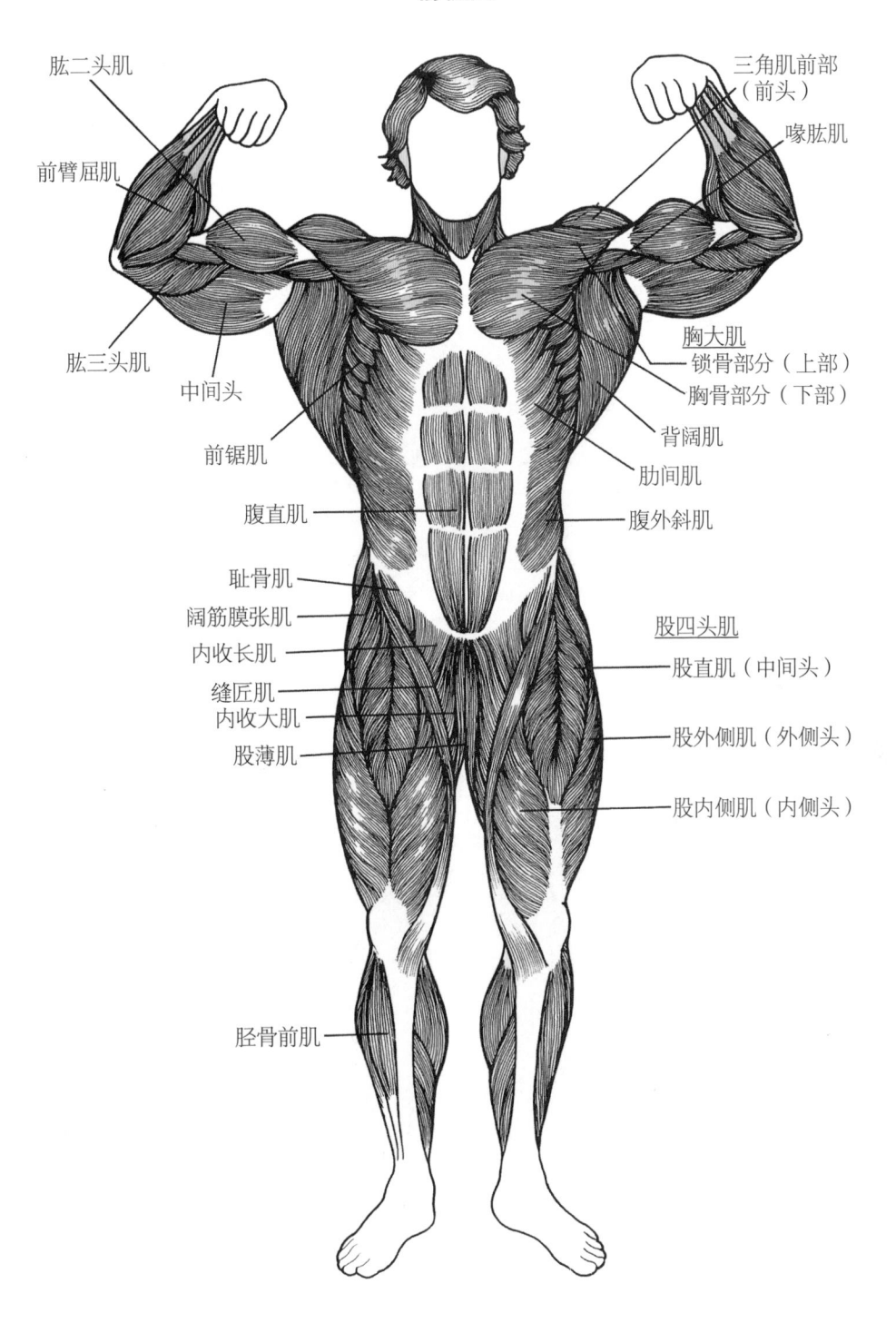

- 肱二头肌
- 前臂屈肌
- 肱三头肌
- 中间头
- 前锯肌
- 腹直肌
- 耻骨肌
- 阔筋膜张肌
- 内收长肌
- 缝匠肌
- 内收大肌
- 股薄肌
- 胫骨前肌

- 三角肌前部（前头）
- 喙肱肌
- 胸大肌
  - 锁骨部分（上部）
  - 胸骨部分（下部）
- 背阔肌
- 肋间肌
- 腹外斜肌
- 股四头肌
  - 股直肌（中间头）
  - 股外侧肌（外侧头）
  - 股内侧肌（内侧头）

后视图

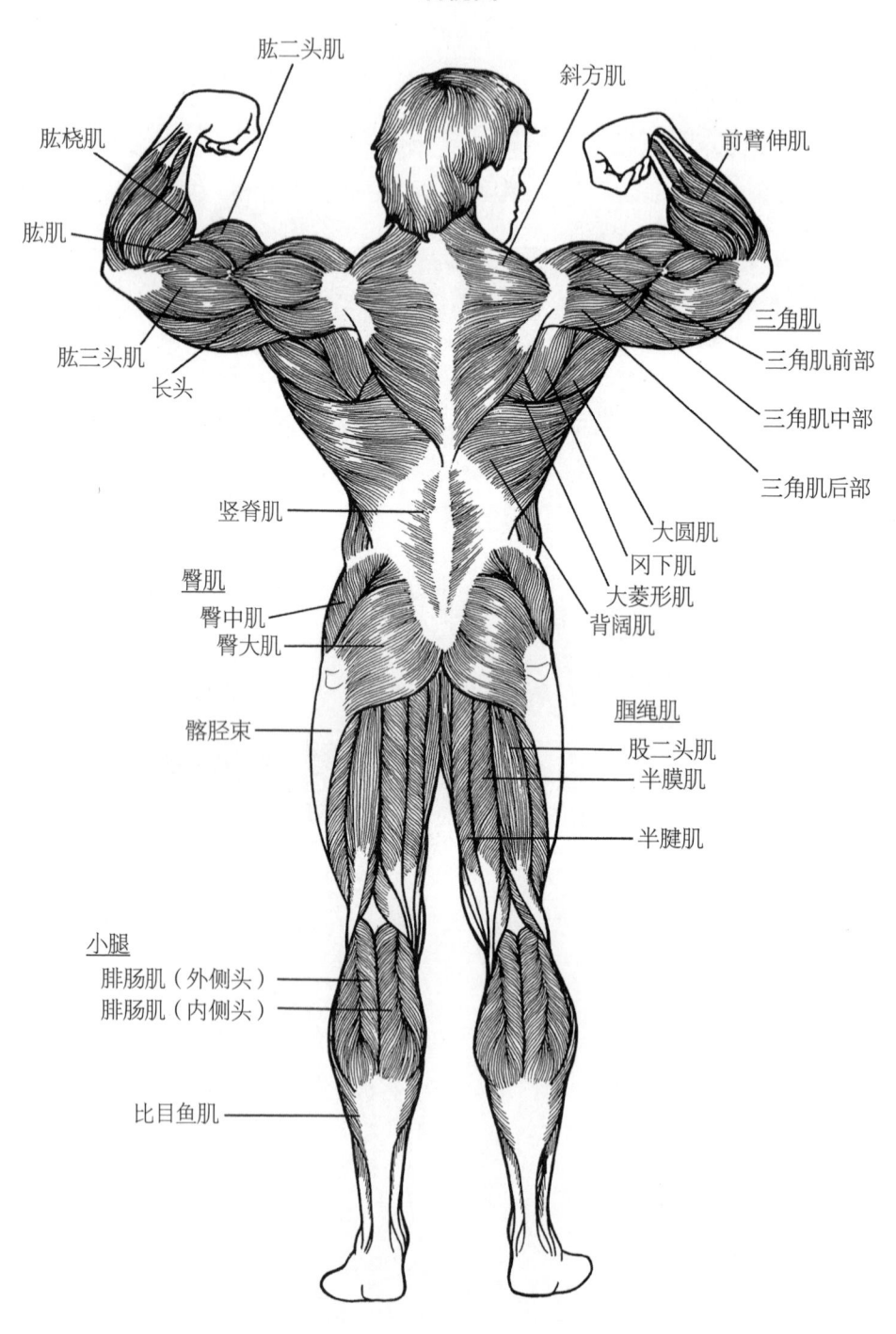

- 肱二头肌
- 肱桡肌
- 肱肌
- 肱三头肌
  - 长头
- 竖脊肌
- 臀肌
  - 臀中肌
  - 臀大肌
- 髂胫束
- 小腿
  - 腓肠肌（外侧头）
  - 腓肠肌（内侧头）
  - 比目鱼肌
- 斜方肌
- 前臂伸肌
- 三角肌
  - 三角肌前部
  - 三角肌中部
  - 三角肌后部
- 大圆肌
- 冈下肌
- 大菱形肌
- 背阔肌
- 腘绳肌
  - 股二头肌
  - 半膜肌
  - 半腱肌

等等。如果你没有固定的时间，那么用"训练期1"代替星期一，用"训练期2"代替星期二，以此类推贯穿你的整个训练计划。

休息和恢复

你的训练计划中必须包含休息日。记住，在较高强度的训练之后，你必须得到足够的休息，让身体恢复，以便增长力量和块头。这意味着要有充足的睡眠（8小时最佳），同时意味着你必须注意生活中的轻重主次问题。如果你的目标是锻炼出最大块的肌肉，那么你就需要注意，不要进行太多其他的运动或者身体活动，以免耗尽自己的体能。这正好像如果你想要存钱买房子或一辆车，你将必须有心地进行定期储蓄。

在休息日，你需要休养。这并不是说你在那天不可以进行任何身体活动——你不必整日待在床上。但如果你在周日跑马拉松，或参加在夏威夷的独木舟比赛，那么当你周一回到健身房重新训练的时候，很可能就没什么精力了。

何时训练

对我来说，早晨是最佳的训练时间，那时我得到了充足的休息，神清气爽。一些健身者喜欢晚些时候训练，但我身边的大多数人都喜欢在早上训练。到现在为止，比尔·珀尔仍坚持早晨5点开始训练，然后余下的时间，做其他感兴趣的事情。如果你的工作时间很有规律，这就意味着你要很早起床，完成你的训练。当弗朗哥和我早晨7点到达健身房时，通常见到律师、会计师、教师和其他全职工作者，已经完成了训练，淋浴完准备去上班了。站在他们的立场上看，这确实显示出了他们的专注，而这种专注往往能够产生最好的效果。

如果你只能在晚上训练，或者这是你的个人喜好，毫无疑问，你同样能取得锻炼效果。只是要问问自己，你是否认为那样是最好的安排？你晚些时间训练是因为那样对于你来说效果最好，还是因为你没有动力早早爬起来进行有规律的晨练？

训练计划·阶段1

基础训练第一阶段

训练期1 星期一	训练期2 星期二	训练期3 星期三	训练期1 星期四	训练期2 星期五	训练期3 星期六
胸部 背部	肩部 上臂 前臂	大腿 小腿 下背	胸部 背部	肩部 上臂 前臂	大腿 小腿 下背
每天：腹部					

训练期1（星期一和星期四）

胸部

仰卧推举
上斜推举
仰卧上拉

背部

引体向上（每次训练尽可能多做，直到你能做总共50次反复）
俯身划船
硬拉，3组，分别为10、6、4次反复，练到力竭（强力练习）

腹部

卷腹，5组，每组25次反复

训练期2（星期二和星期五）

肩部

提铃上举
哑铃侧平举
大重量的直立划船，3组，分别为10、6、4次反复，练到力竭（强力练习）
借力推举，3组，分别为10、6、4次反复，练到力竭（强力练习）

上臂
站姿杠铃弯举
坐姿哑铃弯举
窄握推举
站姿杠铃臂屈伸

前臂
腕弯举
反握腕弯举

腹部
反向卷腹，5组，每组25次反复

训练期3（星期三和星期六）

大腿
深蹲
弓步
腿弯举

小腿
站姿提踵，5组，每组15次反复

下背
直腿硬拉，3组，分别为10、6、4次反复，练到力竭（强力练习）
负重体前屈，3组，分别为10、6、4次反复，练到力竭（强力练习）
（注意：虽然这些强力练习动作直接作用在下背，但同样也会锻炼到斜方肌和股二头肌，并可以帮助增强你的整体力量。）

腹部
卷腹，5组，每组25次反复

训练计划·阶段2

基础训练第二阶段

训练期1 星期一	训练期2 星期二	训练期1 星期三	训练期2 星期四	训练期1 星期五	训练期2 星期六
胸部 背部 大腿 小腿	肩部 下背 上臂 前臂	胸部 背部 大腿 小腿	肩部 下背 上臂 前臂	胸部 背部 大腿 小腿	肩部 下背 上臂 前臂
每天：腹部					

训练期1（星期一/星期三/星期五）

胸部

仰卧推举
上斜推举
仰卧上拉

背部

引体向上（每次训练尽可能多做，直到你能做总共50次反复）
俯身划船
硬拉，3组，分别为10、6、4次反复，练到力竭（强力练习）

大腿

深蹲
弓步
腿弯举

小腿

站姿提踵，5组，每组15次反复

腹部

卷腹，5组，每组25次反复

训练期2（星期二/星期四/星期六）

肩部

提铃上举
哑铃侧平举
大重量的直立划船，3组，分别为10、6、4次反复，练到力竭（强力练习）
借力推举，3组，分别为10、6、4次反复，练到力竭（强力练习）

下背

直腿硬拉，3组，分别为10、6、4次反复，练到力竭（强力练习）
负重体前屈，3组，分别为10、6、4次反复，练到力竭（强力练习）
（注意：虽然这些强力练习动作直接作用在下背，但同样也会锻炼到斜方肌和股二头肌，并可以帮助增强你的整体力量。）

上臂

站姿杠铃弯举
坐姿哑铃弯举
窄握推举
站姿杠铃臂屈伸

前臂

腕弯举
反握腕弯举

腹部

反向卷腹，5组，每组25次反复

第四章

高级训练原则

在渐进式训练中,强度是关键因素。那么何为强度呢?这分为两种。一种指的是你感觉自己锻炼得有多么用力——努力的强度;另外一种指的是你对肌肉的刺激度,以让肌肉有所反应,获得增长——效果的强度。认识到这两种强度之间的差异是非常重要的。否则,你可能只会继续不停地用力锻炼(常常有受伤的风险),而不是掌握该章介绍的强度技巧,以获得最大的训练效果。

增加训练强度

在起步时,增加训练强度并非难事。你只要进行更多的、并且是正确的锻炼,就会变得更加强壮,状况也更佳;这样你就可以进一步加大训练强度,延长训练时间,给肌肉施加更大的压力。然而,一旦你的身体适应了这种方式,要想以相同的速度持续增加强度就变得越来越困难了。

很显然,如果你的休息时间过长,训练非常缓慢,这样你大概需要半天时间才能完成整个训练期,你实际的训练强度可能是最小的。所以说,时间是增加训练强度的一个重要因素。通过控制时间,你可以通过两条基本的路径增加强度:(1)在更少的时间内完成相同的训练量;(2)在相同的时间内进行更多的训练。

但是,增加训练负荷的最直接的方式是使用更大的重量进行训练。还有一种很好的方法,就是缩减两组之间的休息时间,连续无间隔地进行两种或者三种不同的练习——这就对你的耐力提出了更高的要求。耐力同力量一样,可以通过渐进的方式得到发展,即每次只增长一点。你也应该用自己最快的节奏,严格按照动作要领进行训练。这样可以让你在最短的时间内完成最大量的训练。

除了控制时间和增加重量以外，还有很多特殊的训练技巧可以确保你在高级训练和参赛训练中取得进步。这些技巧都是在给肌肉增加额外的、不常见的、意外的压力，强迫肌肉适应你向它们提出的更高要求。

强度技巧

冲击原则

"冲击原则"字面上指的是对身体进行冲击，通过变换不同的训练方式，对身体进行"突袭"。身体的适应能力让人惊异，它能够调整自己以承受足以压垮一匹马的负荷。然而，如果你对身体一直施加同一种压力，身体会渐渐适应这种压力，从而对强度再大的训练也不做太多反应。为了冲击身体，你可以使用比平常重的重量进行训练；做更多的反复次数或组数；加快你的训练节奏，减少两组之间的休息时间；尝试新的动作；打破以往的动作顺序；或者使用此处列举的任意或者全部强度技巧。

即使新的动作并不比你熟悉的动作要求高，仅仅这一变化本身也能起到冲击身体的作用。然而，你终会到达某个瓶颈阶段，你发现如果不对肌肉进行冲击，就难以获得进步，肌肉就难以变得更大、更强壮、更丰满、更结实并且更清晰。我通过每周安排一天进行超负荷训练，使用极大的重量完成每种练习中的几组来真正地促进力量的发展，然后休整一天，让酸痛得到恢复。你可以参看颈后推举（191页）、哑铃推举（195页）和上斜哑铃推举（229页）的那些强力训练照片。

强迫次数

一种强迫进行额外次数的反复的训练方法，就是在训练之时，让你的训练伙伴稍微帮助你继续进行下去。不过，我从不喜欢这种方法，因为你的训练伙伴无从知道，应该用多大的力气协助你，你自己到底能做到哪一步，你实际上需要多大的帮助。我偏爱的一种强迫次数训练，有时候也称为停息训练。你使用一个非常重的重量，进行一组练习，直到力竭状态；这时你停下来，握住重量数秒钟，然后再强迫进行一次反复；休息几秒钟，再进行一次强迫性的反复。这种方法取决于肌肉在训练时的快速初步恢复，你可以利用这种恢复，完成数次额外的反复。然而，如果你休息的时间太长，那么过多的疲惫肌纤维恢复过来，你会重新使用它们，而不是刺激到新的肌纤维。为了实现最终的停息式强迫次数，你可以将重量放下一会儿，然后再重新拿起来，这样又可以进行额外的反复。对于有些练习，比如说引体向上，你可以进行几次反复，松开单杠，短暂地休息一会儿，然后再尝试进行更多的反复。

局部次数

当你因为过度疲惫，而不能进行全动作幅度的反复时，可以继续做局部动作的反复，这是我一直使用的针对几乎所有肌肉的一种冲击方法，也是多里安·耶茨最偏爱的一种方法。多里安在训练中，通过使用诸如强迫次数和局部次数的技巧，强迫他的肌肉越过暂时力竭的状态点，以达到完全力竭。局部次数在一组练习的最后，在你接近完全力竭时是最有效的。比如，在进行斜托弯举练习的时候，你可以让你的训练伙伴帮你举起重量，然后你将重量放低一些，再尽力将其举起，即使只能举起几厘米；然后将重量放得更低一些，从那个位置开始做一些局部次数的反复；然后再放低一些……这样重复下去，直到你的肌肉燃烧、精疲力竭为止。

孤立训练

孤立训练指的是针对某块肌肉或者某个肌肉群或者某块肌肉的某部分，将其同其他的肌肉孤立开来进行训练。以下是孤立训练的一些具体例子：当你进行复合动作练习比如仰卧推举时，牵涉到的肌肉包括胸肌、肱三头肌、三角肌前部；另一方面，当你在做某些动作如仰卧飞鸟时，可以只让胸大肌进行工作，这样可以用最大的强度对其进行刺激；更进一步，你可以做上斜飞鸟，以孤立训练胸肌上部；甚至还可以再进一步，你可以进行上斜拉力器夹胸练习，尽力双手交叉，达到最大的顶峰收缩状态，这样可以孤立并发展胸肌上部的内侧。

孤立训练可以让你充分发展身体的各个部位，增强你的弱区，让你拥有冠军般的肌肉分离度和清晰度。

负功训练

当你举起重量时，使用的是肌肉的收缩力，我们将其定义为"向心收缩"；当你放下重量的时候，工作肌肉得到伸展，我们将之称为"离心收缩"，也即反向运动。反向运动实际上给肌腱和支撑结构的压力，要比给肌肉本身的压力大得多。这点是有好处的，因为可以同时增加肌腱和肌肉的力量。要想在日常训练中，充分发挥负功训练的效果，应该总是缓慢地、有控制地将重量放下，而不是随便让它们落下去。为了进行更有效的负功训练，首先凭借助力将难以举起的重量举上去，然后将原本不能举起的重量缓缓地、有控制地放下（参照下方的"助力法"）——你的肌肉能够把它们不能实际举起的重量有控制地放下。在一组练习的最后，你的肌肉变得非常疲劳了，你可以请你的训练伙伴帮助你举起重量，然后凭自己的力量进行严格的负功训练。

强迫负功训练

想进一步提高负功训练的强度，可以在你放下重量的时候，请你的训练伙伴压住重量，强迫你克服更大的阻力。这种训练应该仔细而平稳地进行，确保你的肌肉和肌腱不会受到任何猛然的力。使用组合器械或者拉力器比使用自由重量更容易进行强迫负功训练。

助力法

健身运动中的一般规则是要严格按照技巧进行练习，不过助力法是一个例外。使用助力并不是说草率地使用训练技巧，而是说有意地使用其他肌肉或者肌肉群，以协助目标肌肉工作。这种方法你并不需要总是使用，但是对于达到特定目标来说它还是非常有效的。

比如说你在进行大重量的杠铃弯举，你弯举了 5～6 次，此时你发现已经太过疲惫了，难以继续更多的严格的反复；此时，你可以稍微借助肩膀和后背的力量来帮助举起杠铃，多做 4 或 5 次反复。但是你使用的借力应该仅仅够让练习继续下去就可以了，从而让你的肱二头肌尽可能艰苦地继续工作。通过助力，你已经强迫了肱二头肌做了更多的反复动作，如果不是借助其他肌肉的帮助，这是绝对做不到的。所以你已经给它们施加了更多的而非更少的压力。

助力让训练强度更大，而不是更小。在没有训练伙伴的情况下，这也是一种进行强迫次数训练的方法。但是，为了让助力动作起效，你必须确保其他肌肉施加的额外力量正好合适，而不应太大，从而仍然强迫目标肌肉收缩到最大限度。

重负荷法

重负荷法这个名称可以运用于不同的训练方法上。对其中一些来说，重负荷法指的是很多的扩展练习组——也就是说，在你的常规反复之后，使用强迫次数、负功训练、强迫负功训练和局部次数，达到完全力竭。

我使用这个词，经常是指在热身之后，立即使用自己能应付的极限重量，而不是逐级增加重量——即慢慢地增加重量、减少反复次数。所以，如果我能用 65 磅（29.48 千克）的重量做严格的哑铃弯举，我不会慢慢地增加到这个重量，我会进行两个组的轻重量热身练习，然后立即抓起 65 磅（29.48 千克）的哑铃，做常规数量的次数和组数，这样使我的肱二头肌从始至终工作在极限状态。

进行该种训练的关键是不要使用过重的重量，以保证进行常规量的动作组数和反复次数，比如说 5 组，每组 8～12 次反复。如果你仅能做 6 或 7 次反复，就说明重量过重了。

强力训练原则

强力组适合竞技举重选手，可以练就最大的体能和力量。你进行一些热身练习，然后再选择某个你可以进行约 8 次反复的重量；不断增加重量，这样你的动作反复次数变成 6、4、3 次；然后再做一些单次反复的练习组。这种训练方法可以让你的肌肉学会如何应对最大重量，而不是多次的轻重量。强力训练对于同时使用大量肌肉的练习动作效果最好，比如说仰卧推举、深蹲、硬拉（参考 89 页更多关于强力训练的信息）。

交叉组

交叉组指的是在整个训练期中，在其他的练习动作之间，针对你想强化训练的身体部位加入几个较高强度的动作组。比如，当我决定加强小腿训练时，我会来到健身房，做几组小腿练习，然后做仰卧推举，然后再做几组小腿练习，然后做上斜哑铃推举，然后又返回去做数组小腿练习，到最后我总共完成了 25 组甚至更多的小腿练习——它们确实得到了锻炼。接下去的几天时间，我会进行常规的小腿训练，然后再利用交叉组对小腿进行狂轰滥炸。

优先原则

优先原则指的是，在你的训练安排中，给予你的身体中的弱区或者相对落后的区域以优先性。这样做之所以重要，是因为每个人身上都存在弱点。即使是一名健美冠军，不管他获得了多少殊荣，他的体格中也或多或少存在着不足之处。无论你是谁，或者你的基因有多好，你的身体必然有些部位比其他部位增长得更好，也更快。以下是一些应对该现象的方法：

- 你可以在休息了一天，体力得到补充，身体恢复之后，给特定的身体部位立即安排训练；
- 你可以在训练期的开始，而不是在后期变得非常疲惫之时，给特定的身体部位安排训练；
- 你可以选择那些有针对性的动作，以获得你想要的那种发展（尺寸、形状、清晰度、分离度等等）；
- 你可以专注于提高基本的训练技巧，以增加你锻炼的效率和效果；
- 你可以改变你的训练计划，这样你可以针对较落后的身体部位，进行额外强度的训练，比如说使用多种强度技巧。

你可以使用优先原则来提升股四头肌的大小和弧线，让你的手臂更粗壮，肱二头肌更高，三角肌更加明显，分离度更高，或者增强你体格中的任何弱区。

在我年轻的时候，我知道要想成为冠军就需要练就更发达的小腿，所以在训练的时候，我总是从小腿开始，使用各种强度技巧来强迫它们生长，同时在整个训练期中经常使用交叉组训练。因为我的肱三头肌一直没有肱二头肌强壮，而我马上就要同塞吉奥·奥利瓦这样的高手同台竞技了——他拥有非凡的手臂肌肉。所以，在赛前训练时，我会对肱三头肌进行优先训练，以此增强手臂肌肉，让我打败"神话"塞吉奥。最近，我正准备拍摄《野蛮人柯南》第二部，虽然我的体形保持得非常好，但是我的腰看起来仍不够紧致。所以，我在每天的训练中，优先进行腹部训练，一组又一组，直到在电影拍摄前，将腰围缩小 2 英寸（5.08 厘米）。

肖恩·雷是另外一个优先原则的好例子。他坚持数年对背部进行优先训练，这让他一直能和那些大块头的家伙一较高下，在每次获得"奥林匹亚先生"称号时，他的背部就是更宽一些，也更厚一些。纳赛尔·桑贝蒂也努力增强背部肌肉，以打败多里安·耶茨，不过为了练就更完美的倒三角身材，他同时也缩小了腰围。

像这样的例子数不胜数，但要记住，完美无缺的身材是不存在的。如果某身体部位没有反应，那么不要只是接受这个事实，而要做些什么——其中一个主要的措施就是使用优先原则。

超级组

所谓超级组，指的是连续、无间隔地做两种练习动作。为了提高训练强度，你甚至可以连续、无间隔做三组练习（三合组）。想要达到做大量超级组所需的耐力需要花上一段时间，不过也就是时间和毅力的问题。

实际上，有两种超级组：(1)你可以针对同一个身体部位连续进行两种练习（比如坐姿划船和拉力器下拉）；(2)你可以对两个不同的身体部位进行训练（比如在引体向上之后进行仰卧推举）。针对同一个肌肉群的超级组可以让你专注于那个区域，给它终极的打击。如果你让肌肉做某种稍微不同的动作，你会发现这块肌肉在看似完全疲劳之后，仍然留存着巨大的力量。然而，你要从一种最难的动作开始，然后再进行某种难度稍低的练习，比如在俯身划船之后进行坐姿划船。

将两个不同的身体部位放在一起进行训练，比如说胸部和背部（我的最爱）或者肱二头肌和肱三头肌，可以在一个肌肉群工作的时候，让另外一个肌肉群得到休息，于是可以让你不断进行训练，这对于心肺功能是大有裨益的。就我个人而言，我一直喜欢用超级组训练相对立的肌肉群，因为这样可以达到强烈的泵感，让你觉得拥有金刚一般的身体。

递减法

递减法指的是，当你即将无法进行某组练习的时候，减轻重量，这样你就能继续下去，进行更多的反复。初学健身的时候，我非常清楚，在快完成某个练习组时，几乎难以再进行一次反复，但这并不代表肌肉已经完全疲劳——这仅仅意味着肌肉再难以举起那个重量——如果减去一些重量，你又可以进行更多的反复；如果再减去一些重量，你又可以继续训练更长时间。每次如此做的时候，你都在强迫你的肌肉使用更多的肌纤维。绝对不能在一种练习的开始，在仍然精力旺盛、强壮有力的时候就使用递减法，而只应该将其用在最后一组上。

更换重量应该很快完成，这样肌肉就没有时间复原。如果你的训练伙伴可以帮你将杠铃片从杠铃上取下来，或者移动器械配重片中的铁钉，都会很有帮助。比方说，你可以使用最大的重量做 6 次仰卧推举——假设重量为 300 磅（136.08 千克）——在你不能再继续的时候，让你的训练伙伴马上卸去一些杠铃片，这样你又可以使用 250 磅（113.40 千克）的重量，进行更多的反复了。然而，除非你想尽量发展肌肉的清晰度，否则我不推荐将重量减到过轻，因为太轻的重量不会让你的肌肉得到增长。

静力原则

在两组练习之间的 1 分钟休息时间内，不要光坐着，看你的训练伙伴是如何训练的，而是继续紧缩你正在锻炼的肌肉。这样不但能保持泵感，让肌肉为更多的动作作准备，而且就其本身而言也是一种非常有益的练习。紧缩是一种静力练习，而静力——虽然健身中通常不使用静力，因为它们并不通过整个动作幅度锻炼肌肉——会让肌肉保持强烈的收缩状态。实际上我认为，光有大块头的肌肉还不够，你还要学会控制它们，而静力训练就是你的学习过程。

直觉原则

当你刚开始健身训练时，为了练就基本发达的肌肉结构，应该尽量掌握基本的练习动作，这时跟着一套计划训练会让你有很大的收获。但是经过一段时间的训练后，如果你感知自己的身体，理解它对训练的独特回应，并依据它们对你的训练作出相应的调整，你将发现会有更大的进步。

我在早期，倾向于以一种固定、僵化、日复一日不变的方式进行训练。我开始与戴夫·德雷珀一起训练时，他告诉我一种其他的方法：他去健身房的时候，知道自己当天要训练的身体部位和要做的练习动作，但是他会根据那天的感觉来调整练习动作的顺序。比如说，他平常是以宽握引体向上开始训练，那么那天他可能会以俯身划船开始，以引体向上结束当天的训练。他相信他的直觉，并以此为训练的依据。有时他还会放弃当天的正常训练，去做一些完全不同的事情：比如 15 组仰卧推举、更少的大重量组或者更多的快速组。我从戴夫身上学到，身体有它自己的节奏，每天都不一样。你的训练越深入，你就越需要对身体自身的变化和周期有所了解。

但是让我提醒你，培养这种意识非一日之功。在你能够依据直觉偶尔调整训练计划并之中获益之前，至少需要经过一年或更长时间的常规训练。

预疲劳原则

你只有给尽可能多的肌纤维以物理上和神经上的刺激，健身的整体效果才会显现。但是一些肌肉要比其他的肌肉发达，所以当与较不发达的肌肉合作时，就会出现这样的情况：当较不发达肌肉的能量耗尽时，较发达肌肉却还有未使用过的肌纤维。但是你可以安排你的训练，以孤立发达肌肉，让它们在与不发达肌肉一起工作之前就已经疲劳。比如说，你需要结合胸肌、三角肌前部、肱三头肌来做仰卧推举——胸肌比其他的肌肉要强壮得多——在通常情况下，胸肌还没有达到极限时，三角肌前部、肱三头肌却已经力竭。为了补偿，你可以先做哑铃飞鸟，孤立胸肌并使其先疲劳，然后再做仰卧推举，此时的胸肌已经疲劳，就能够与其他的肌肉在差不多的时候同时达到极限。其他的预疲劳程序有：深蹲之前做腿屈伸（预疲劳股四头股），

129

肩上推举之前做哑铃侧平举（预疲劳三角肌），或是在坐姿划船 T 杠划船或其他的有肱二头肌参与的划船练习之前，使用特定的背部训练器械孤立背阔肌，使之疲劳。

"你来，我也来"

这个方法是为了增加你的训练强度以及冲击你的肌肉。你和你的伙伴完成一组练习，之后马上将重量交给对方，决不能将重量放在地上，这样轮流下去。我记得进行杠铃弯举练习时，我将重量交给弗朗哥，他完成后又交给我，如此反复，并不去计算反复的次数，直至力竭。一段时间过后，我大叫希望弗朗哥能慢慢地完成他的练习，因为我的肱二头肌痛得很厉害。你还在疼痛难忍，你的伙伴又把重量交回给你，你能完成的次数会越来越少。但是这个技巧的重点是，轮到你的时候你就必须上——无论你准备好了没有，也不论你有多累。使用这种方法能达到的训练强度是惊人的。冲击身体吧！唯一的问题是在第二天的肌肉酸痛。

"你来，我也来"的方法对于训练相对较小的肌肉更有用，比如肱二头肌或小腿肌肉而不是大腿肌肉或背部肌肉。诸如深蹲和俯身划船这样的练习需要非常多的能量，即使不用这种强度的训练，你也会很快用尽气力。

局部充血法

局部充血法需要使用一个相对较轻的重量，在动作路径的不同点上保持稳定，迫使肌肉在更长的周期内维持持续的收缩。比如说，在完成尽可能多的哑铃侧平举之后，我会抬起手，将它们固定在身体两侧，离大腿约 5 英尺（12.7 厘米）的位置，并感觉三角肌的紧张。我会保持这个姿势 10 秒钟左右，随着乳酸的积累，肌肉的燃烧感会越来越强烈。练习最后的这种紧张有助于极大地增强肌肉分离度，并适用于许多肌肉：对于背阔肌可以在做完引体向上后悬在杠上，拉起身体仅几厘米；进行拉力器夹胸时，可以通过双手交叉，让胸部保持完全收缩，使胸肌充血；在弯举动作中，以某几个角度保持固定；或者在做腿屈伸时把你的腿尽可能长时间地锁定住。

复合组

为了冲击身体，让一个身体部位每次都做不同的练习，而不是做 5～6 组同样的特定练习。复合组与超级组不一样：你每次做一种练习，中间休息，但是每种练习只需要完成一组，接下来做下一种练习。比如说，你完成了一组杠铃弯举，休息 1 分钟，再做一组哑铃弯举、拉力器弯举、上斜弯举或是其他什么，直到你完全释放了肱二头肌的能量。这个方法的原理是使每个练习组产生的压力有所不同，从各个可能的角度冲击某个身体部位，确保整块肌肉都获得锻炼。这种方法造成的冲击，会得到身体最大的回应。

"一个半"法

另一个改变肌肉所承受的压力的方法是，在任意动作组中，完成一个完整的反复之后，再增加半个反复，然后轮流进行完整的反复和半个反复直到整组结束。当你这样做时，要保证后面的半个反复做得非常慢、非常标准，在动作的终点暂时固定重量，再慢慢地、有控制地把重量放下。

轮排制（21响礼炮）

这个系统比"一个半"法更加精微。你用动作的下半阶段，进行一系列的半个反复，然后用动作的上半阶段，进行一系列的半个反复，然后再进行一系列的完整反复。做多少次反复由你自己决定，但要保证半个反复和整个反复的数目相等，我通常使用 10-10-10 系统。许多健身者选择 7-7-7 系统，因此这个方法还被称作 "21响礼炮"：$3 \times 7=21$。这种训练会产生额外的压力，因为在动作半途中你必须停下来，这样会迫使肌肉以其不适应的方式来出力。

渐增负荷法

没有人能够在每次训练中都用尽全力。如果你使用这个系统，对一个身体部位一个星期训练三次，那么第一次是强度训练，使用相对较多的组数和次数，但是不要使用最重的重量；在第二次训练中增加重量，但是仍需要保存实力；到第三次训练时，你就要使用非常重的重量，控制每组的次数最多在 4～6 次。通过在一个星期内循序渐进地增加负荷，你的身体已经做好准备应对非常重的重量所带来的冲击了。

弹震式训练

弹震式训练牵涉到一种抬起重量的技巧——猛地抬起重量（但要以平稳、有控制的方式）而不是以匀速将其举起。因为使用的重量相对来说比较大，所以重量移动的速度不会一直都那么快，但是尝试用更快的速度举起重量有以下的益处：

1. 它导致了变化阻力。为什么？因为杠杆原理的作用，你在动作的一个阶段要比另一个阶段更有力。当你更有力时，重量就会稍微加速。而被加速了的重量比没有加速的或者加速很少的要重。因此，当你更有力时，重量也更重；当你的力量较弱时，重量也较轻了——这就是变化阻力。

2. 它可以征用最大数量的白色快肌纤维。白色快肌纤维比红色慢肌纤维更大（约22%）更强。

3. 它可以导致持续的力竭。当肌肉被施加超过其能力的任务时，就会生长。当你试着加速重量时，你所能实现的加速量会有一个上限，达到这个上限时肌肉不能再以更快的速度移动重量。因此与其说在练习的最后达到力竭，不如说你在每次反复中都能体验到一定程度的力竭。

一般来说，弹震式训练应使用在牵涉许多大肌肉的练习中，比如仰卧推举、肩上推举和深蹲。你应该使用在通常情况下可以完成 10 次反复的重量。因为加速了的重量会更重，你会发现当使用弹震式训练时你只能用同样的重量完成 7 次反复。同样，弹震式训练比起常规、匀速的动作，要求稍为不同的技术：

1. 使用匀速正常地放下重量，在底部暂停一下，然后将重量举起，在整个动作行程中，稳定地加快动作速度。

2. 将一组练习持续到能力的极限，而不是绝对力竭。这是指当你不能再加速举起重量，而只能慢慢地举起重量时，这组练习就结束了。在弹震式训练中没有必要越过这个界限。

3. 在两组练习之间多留休息时间，可以有 1～2 分钟。因为白色快肌纤维比红色慢肌纤维需要更多的恢复时间，而快肌纤维是弹震式训练的重点。

学习使用高级训练原则

罗马不是一天建成的，同样，要练出一流的身材也非一日之功。要想练出一身健硕的肌肉意味着从基本开始：掌握必需的技巧，循序渐进地增强力量、调适身体状态，然后逐渐提高训练的强度——其中一部分就需要使用高级训练原则。

为了达到更加理想的效果，你在训练时必须有一个目标，并且你的目标可以随训练过程的推移而变化。在最开始，你的目标是进入状态，学习最基本的技巧，然后把你的身体调适到最佳状态，即最有效的训练所需要的体力和身体状态。对于那些仅对整体健康感兴趣的人，或者那些不能或不愿坚持每个星期花几个小时去健身房的人来说，这是他们所要达成的最高目标。但对于那些有更高要求、想练出健硕肌肉的人，或者那些打算参加健美比赛的人来说，下一步就是增加强度——增加重量的同时使用一些适宜的强度技巧。

最好的建议是每一次使用一种上面列出的强度技巧。尝试一种特殊技巧，并熟悉它，观察你对它的感觉如何，注意它是如何影响你的身体的。如果你在使用那一强度技巧时已经感觉很舒适自如，就继续下去，用其他的强度技巧重复这一过程。并不是每一个健身者都会使用或者想使用所有的技巧。但是，熟悉它们、了解它们的原理和你对它们的感觉，有助于让你知道哪些是最适合你的，以整合进你未来的健身计划之中。

第五章

练就一流的身材：高级训练计划

　　这个高级训练计划是为这些人设计的，他们不满足于仅仅是健康而已，想进一步挑战自己，想练就健硕有力、让人过目不忘的体形。对于这样的人来说，仅仅达成增加几磅肌肉的目标是远远不够的。相反，他们不仅仅要力量和肌肉块头有实实在在的增加，同时还想要塑造他们的身材——打造肌肉的形状和分离度，协调不同肌肉群之间的比例，打造令人印象深刻的肌肉清晰度。

　　但空想是没有任何意义的，你得学着如何去达到目标。如果一个人想要成为一名医生，他就必须掌握关于身体的知识——人体的构造、各部分的名称和工作方式。如果要练就一流的身材，也必须学习所有关于人体的知识——人体各部分以及肌肉的名称、身体各部分如何联结在一起、身体对各种练习的反应。如果不了解这些知识，那么不论动机有多强，你也不能把身体中的最大潜能发掘出来。

　　健美的体形是众多因素均衡的组合，包括形状、比例和对称性。健身也被比喻为雕塑，因为一位健身者塑造身体体形的方法就如同一位艺术家雕刻一尊大理石或者花岗岩雕像一样，而我们唯一的原料就是我们的肌肉。

　　如果你想要全面地控制你的身体并塑造一个雕像般的体形，那么在基础训练计划里学到的练习和训练原则是远远不够的。你需要了解更多，进行更多不同种类的练习；你需要更多的知识，帮助你设计训练计划，以达到特定的结果；你还需要有一定的能力，以保证训练达到一定的强度，这样你的身体才会持续地生长和改变。你不能漏掉任何肌肉群。你必须考虑到所有——前臂、两块主要的小腿肌肉、下背、三角肌后部、前锯肌和肋间肌。可是仅有大块的肌肉还不够。拿胸部来说，你需要胸大肌的上部、下部、中部、内侧和外侧都变得饱满、发达；三角肌的三个头需要锻炼出来并分离开来；你需要对斜方肌、中背部、背阔肌和下背部完成塑形；另外，你必须在股四头肌和腘绳肌之间塑造出一条清楚的线以区分它们；肱二头肌不仅要看大小，还要注重长度、厚度和肌峰。

当然，给自己设定这些更高的目标会花费你更多的时间、精力，需要更加投入，还要有坚持不懈的韧性。所以这就对你的精神提出了更高的要求，需要一种坚定又清醒的决心——不仅仅是"想要做什么"，还要包含一种真切的、充满愉悦感的动机。你必须对达成目标如饥似渴；必要的努力应该被看做是机遇而不是负担。不是"该死，今天又要锻炼了。"而是"哇哦，我迫不及待地要去健身房训练！"如果你有足够强的动机，那么额外的负担对你就无足挂齿。

达到这种精神状态的一种方法是有一个愿景——在你的脑海里有一个明确的想法：要去到哪儿？要变成什么样？我将会在第七章谈及关于这个方法的一些细节问题。在我还很年轻的时候，看到雷格·帕克希腊勇士般的体形——他的腹肌、下背部特别是小腿的发达度——便有了一个愿景，让我明白需要做些什么才能成为"宇宙先生"。我一闭起眼睛就可以在我的脑海里清楚地看到冠军的体形应该是什么样子，那个愿景出现在我的训练、饮食以及其他一切我做的与健身有关的事中，它指导着我。

总之，你在高级训练中应该朝着下面这些具体的目标前进，包括：

- 锻炼额外的肌肉块和逐渐形成肌肉形状；
- 不仅要注重块头，同样也要注重每个肌肉群的细节；
- 塑造体形在平衡、比例和匀称方面的美感；
- 打造肌肉间和主要的肌肉群之间的分离度；
- 学习全面掌控你的身体的发展过程，这样你就能修正不平衡处、薄弱点、问题区域。

何时开始高级训练

如果你增加了15磅（6.80千克）或者更多的肌肉，你的手臂增加了3英寸（7.62厘米），你的胸部和肩膀增加了5英寸（12.7厘米），你的大腿增加了4英寸（10.16厘米），你的小腿增加了3英寸（7.62厘米），那么此时你就可以开始将大量其他类型的练习纳入到你的常规训练里了，以在发展尺寸的同时发展形状，强调块头的同时强调平衡。

但是这个过程不会一蹴而就。你需要时间来学习新的练习动作，熟悉它们是如何以不同的方式影响你的身体的；使用新的练习动作和更多的新的训练原则，来加速身体对训练的反应。

因为你是逐步地增加你的训练负荷的，所以从基础训练到高级训练的转变不会突然发生。关键是如果你想要练就一流身材，就必须使用一流的训练强度、技巧和知识来完成训练。这是项困难的任务，但是它可能是你的生活中最有收获的挑战之一。

"高组数"训练

一些训练系统宣称，你可以通过对每个身体部位进行仅仅几组的练习，就可以取得巨大的进步。实际上，这个理念并不新鲜，这是早期健身者的训练方法。

当雷格·帕克开始系统训练时，许多健美运动员仍在使用过时的低组数训练方法。雷格说："在过去，像举重运动员一样严格地进行力量训练给我们带来了很多好处，比方说真正结实的肌肉。但是直到对身体各个部位进行 15 或 20 组的练习，我才感觉我的体形有了足够的形状和清晰度。我可以肯定如果早期的运动员能明白为何我们现在对高组数训练如此钟爱，他们的身材一定会有很大的改善。"

这是没错的。但是还有一个同样真切的事实，当你取得越多的进步，身体往前发展的阻力也就越大。那意味着你必须在训练时更加努力，以构成必要的训练强度，而且你必须确定在你的训练中使用最有效的方式。为了确保你的身体能持续地发展，在执行高级训练计划时要完成数量相对多的练习。这不是随意的或是依据个人口味而订的，而是有着专业生理学的原理作为指导：(1) 征用和激活每一块肌肉里参与活动的所有纤维，在每个特定练习中，让肌肉达到精疲力竭的状态；(2) 针对每个身体部位做足量的不同练习，可以保证每个肌肉都从所有的角度得到锻炼，从而造就尽可能完美的形状，同时确保身体的主要肌肉都受到了这种全面的刺激。

据我所知，理想状态下的训练需要每种练习做 4 组。你可以通过短暂休息持续做 4 组的事实证明，在完成最初的几组练习后，仍然有精力充沛和未被征用的肌纤维存在。所以没有哪种练习动作能够完全发展某处肌肉，即使是最简单的肌肉。就拿相对较小的肱二头肌来说，你可以通过训练发展其上部（起始点）、下部（插入点）、肌肉的厚度、内侧和外侧，或者高耸的肌峰。于是，对于训练肌肉来说，仅仅一种练习是绝对不够的；而一旦涉及更大和更复杂的肌肉群时，你可以用来训练和塑形的方法就会变得非常之多。

你不需要成为一个数学家就能意识到，这种任务是不可能通过对每个身体部位做仅仅总共 3 组或 5 组的练习就能完成的。那些现代健身者追随一种看似新潮而科学，实质上却陈旧的训练理论，他们的体形必然会有所欠缺。需要最少4种或5种练习来训练每个主要的身体部位，对于小的肌肉至少要3种，这样每个训练期就可以加到总共20组练习。（一些训练系统主张每次训练要做75组那么多，但那不是我所指的高组数训练。）

使用正确的动作组合，你不仅可以完全发展每块单一的肌肉，还能塑造肌肉的清晰度和条纹，以及肌肉群之间完全的分离度。

双分化训练

使用双分化训练是达到高级训练的要求的一种方法，简单地说，它是将每天的训练分成两个不同的训练期。

双分化训练是我为了达到必要的效果而独立发现的。一年的健身训练之后，我决定冲击我的身体极限。我希望尽可能艰苦地训练身体的每个部位，然后在下次回到健身房时训练得更加艰苦。一天我来到健身房，在胸部和背部的训练中达到了畅快淋漓的效果。我感觉好极了，然后进行腿部训练，但是，我感觉到我没有使出我之前对上身进行训练时的强度和热情。看着镜子里那个正在发展的少年身体，我不得不承认，我的腿没有像我的上身发展得一样迅速。第二天，训练完肩部、肱二头肌、肱三头肌、前臂和小腿之后，我再一次感到惊讶地意识到剩下的后三个肌肉群在某种程度上同样有些弱——它们显然是落后了。

我思索了这个问题的原因，对我来说并不缺少发展这些薄弱部位的真正潜力，所以问题应该出在我的训练方法上。我检查我的营养，更加小心翼翼地控制饮食，保持较高的血糖水平，尽管这样做有少许帮助，但却远远不够。

我进一步对我的训练进行分析，非常明显的一点是，这几个身体部位通常是我最后训练的地方，那时我已因为进行了大量的训练而十分疲劳了。在一天内训练我的胸部、背部和腿部是非常苛刻的。我意识到，如果我在早晨训练胸部和背部，然后在休整了一段时间之后，重新恢复了体力，晚些时候再来训练，就可以以更高的强度训练身体的其他部分——这样就能让我的腿得到真正高强度的训练。我不知道其他人使用过这种方法，甚至从来没有听说过这个名字，我发现自己正在使用的双分化训练方法，是能使我的训练维持在高强度水平上的唯一方法。我知道如果我想成为"宇宙先生"，必须要有这种训练强度。

高级训练通常包括75组练习——分别对四个主要身体部位进行15～20组练习，

或者是三个主要身体部位加上小腿和腹部的训练。一次性地完成这 75 组练习是有百害而无一利的，特别是某些肌肉参与了不同的身体部位训练，如果这些肌肉太疲劳又得不到机会休息，你的训练就会徒劳无功。

75 组的训练需要大约 3 个小时才能完成，没有人能一直带着充足的精力把这种训练进行下去。许多健身者按照自己的节奏完成这个工作量，在开始的前一两个小时里并不尽全力去训练，因为他们知道，如果不这么做就不能完成任务。但是这种做法缺少强度，它意味着训练没有强迫身体进行回应和发展。如果你想要最好的效果，你必须在训练中使出所有的劲头。

使用双分化训练，你可以在早晨的训练中全力以赴，在白天恢复体力，然后精力充沛地回到健身房再次向极限发起冲击。我总是爱在两个训练期中间留 8~10 个小时以保证完全恢复——确保你得到了真正充足的休息。如果你白天的运动量过大的话，那么 10 个小时的休息可能还不够。

当然，在下午的晚些时候或晚上安排第二个训练期，对你的时间表提出了新的要求，需要你进一步地调整你的日程。这个系统的另一个优点是在你的两次训练中可以燃烧许多额外的卡路里，这意味着你不需要按一天一次的训练量来控制饮食。

高级训练计划

两阶段高级计划

就像在基础训练计划中一样,我为高级训练也设定了两个阶段,这样可以在循序渐进的基础上增加训练负荷,产生更大的强度。

在这个计划中无论阶段 1 还是阶段 2,都要求你针对身体的每个部位进行一周三次的训练。然而,阶段 2 是一个要求更高的训练计划,其中包括许多超级组和额外的练习。

从阶段 1 开始你的训练,花点时间来彻底地掌握每个新的练习动作。当你坚持训练 6 星期或更多时间以后,而且你已感觉到你的身体状态与恢复的能力允许你进行更加艰苦的训练,那么就可以往前推进——你可以逐渐增加一些新的动作到你的常规训练中,直到完全过渡到阶段 2。最后一点:如果你的肌肉因前一天的训练感觉酸痛,那么额外增加一天的休息时间,但是无论如何都要完成建议的训练量。

高级分化训练

训练期1 星期一	训练期2 星期二	训练期1 星期三	训练期2 星期四	训练期1 星期五	训练期2 星期六
早晨					
胸部 背部	肩部 上臂 前臂 小腿	胸部 背部	肩部 上臂 前臂 小腿	胸部 背部	肩部 上臂 前臂 小腿
晚上					
大腿 小腿		大腿 小腿		大腿 小腿	
每天:腹部					

训练计划·阶段1

训练期1（星期一/星期三/星期五）

胸部

仰卧推举	1组热身，15次反复；
	4组，各10、8、6、4次反复，最后两组用递减法
上斜推举	同仰卧推举一样的组合
	（每到第三个"训练期1"时，换成仰卧哑铃推举和上斜哑铃推举）
哑铃飞鸟	3组，各10、8、6次反复
双杠屈臂撑	3组，各15、10、8次反复
仰卧上拉	3组，每组15次反复

背部

引体向上	4组：每组最少10次反复
	使用哑铃固定在你的腰部周围增加阻力。
	一次训练用颈前的，下一次训练用颈后的。
窄握引体向上	4组，每组10次反复
T杠划船	4组，各15、12、8、6次反复
俯身杠铃划船	4组，每组8~12次反复

大腿

深蹲	5组热身，每组20次反复；
	4组，各10、8、6、4次反复
肩前深蹲	4组，各10、8、8、6次反复
哈克深蹲	3组，每组10次反复
腿弯举	4组，各20、10、8、6次反复
站姿腿弯举	4组，每组10次反复
直腿硬拉	3组，每组10次反复

小腿

骑驴提踵	4组，每组10次反复
站姿提踵	4组，各15、10、8、8次反复

腹部

卷腹	3组，每组25次反复
俯身转体	每边100次反复
器械卷腹	3组，每组25次反复
卷腹	50次反复

训练期2（星期二/星期四/星期六）

肩部

颈后杠铃推举	5组热身，每组15次反复； 4组，各10、8、8、6次反复
哑铃侧平举	4组，每组8次反复
俯身哑铃侧平举	4组，每组8次反复
哑铃耸肩	3组，每组10次反复

上臂

站姿杠铃弯举	5组，各15、10、8、6、4次反复
上斜哑铃弯举	4组，每组8次反复
集中弯举	3组，每组8次反复
仰卧臂屈伸	4组，各15、10、8、6次反复
拉力器下压	3组，每组8次反复
单臂臂屈伸	3组，每组10次反复

前臂

杠铃腕弯举	4组，每组10次反复
反握腕弯举	3组，每组10次反复

小腿

坐姿提踵	4组，每组10次反复

腹部

反向卷腹	4组，每组25次反复
坐姿转体	每边100次反复
垂直凳卷腹	4组，每组25次反复

训练计划·阶段2

训练期1（星期一/星期三/星期五）

腹部   在罗马椅上做5分钟热身。

胸部和背部

动作	组数/次数
超级组：仰卧推举	1组热身，15次反复； 5组，各10、8、8、6、4次反复
宽握引体向上	5组，每组10次反复
超级组：上斜哑铃推举	4组，各10、8、8、6次反复
窄握引体向上	4组，每组10次反复
哑铃飞鸟	4组，各10、8、8、6次反复
屈臂撑	4组，各15、10、8、8次反复
T杠划船	4组，各15、10、8、8次反复
俯身划船	4组，每组10次反复
超级组：坐姿拉力器划船	4组，每组10次反复
仰卧直臂上拉	4组，每组15次反复

大腿

动作	组数/次数
深蹲	6组，各15、10、8、8、6、4次反复
肩前深蹲	4组，各10、8、8、6次反复
超级组：哈克深蹲	1组热身，15次反复； 4组，各10、8、8、8次反复
俯卧腿弯举	1组热身，15次反复； 4组，各10、8、8、8次反复
超级组：站姿腿弯举	4组，每组10次反复
直腿硬拉	4组，每组10次反复

小腿

动作	组数/次数
骑驴提踵	4组，每组10次反复
站姿提踵	4组，每组10次反复
坐姿提踵	4组，每组10次反复

腹部

动作	组数/次数
悬垂卷腹	4组，每组25次反复
坐姿屈膝上举	4组，每组25次反复
俯身转体	每边100次反复

训练期2（星期二/星期四/星期六）

腹部　　　　　　　　　　　　　　　　在罗马椅上做5分钟热身。

肩部
超级组：颈后杠铃推举　　　　　　　　　1组热身，15次反复；
　　　　　　　　　　　　　　　　　　　4组，各10、8、8、6次反复
　　　　哑铃侧平举　　　　　　　　　　4组，每组8次反复
超级组：器械推举　　　　　　　　　　　4组，每组8次反复
　　　　俯身侧平举　　　　　　　　　　4组，每组8次反复
超级组：直立划船　　　　　　　　　　　4组，每组10次反复
　　　　拉力器单臂侧平拉　　　　　　　每边4组，每组10次反复

上臂
超级组：站姿杠铃弯举　　　　　　　　　4组，各15、10、6、4次反复
　　　　仰卧臂屈伸　　　　　　　　　　4组，各15、10、6、4次反复
超级组：交替哑铃弯举　　　　　　　　　4组，每组8次反复
　　　　拉力器下压　　　　　　　　　　4组，每组8次反复
超级组：集中弯举　　　　　　　　　　　4组，每组8次反复
　　　　单臂臂屈伸　　　　　　　　　　4组，每组12次反复
背后屈臂撑　　　　　　　　　　　　　　4组，每组15次反复

前臂
三合组：腕弯举　　　　　　　　　　　　4组，每组10次反复
　　　　反握腕弯举　　　　　　　　　　4组，每组10次反复
　　　　单臂腕弯举　　　　　　　　　　4组，每组10次反复

小腿
站姿提踵　　　　　　　　　　　　　　　4组，各15、10、8、8次反复
屈腿训练器提踵　　　　　　　　　　　　4组，每组10次反复

腹部
垂直凳卷腹　　　　　　　　　　　　　　4组，每组25次反复
坐姿转体　　　　　　　　　　　　　　　每边100次反复
拉力器卷腹　　　　　　　　　　　　　　4组，每组25次反复
俯卧挺身（下背）　　　　　　　　　　　3组，每组10次反复

达到极限

在基础训练中，我们已谈过在训练中不时地为自己设置"重磅日"的必要性——试着挑战自己力量的最大值。当你进入高级训练后，"重磅日"显得更加重要。

我建议你偶尔忘记你的日常计划，进行仅由强力练习或大重量的弹震式训练构成的整套训练。记住！除非具有坚硬结实的肌肉结构，否则即使肌肉再精致、再平衡或者再比例协调，都不会好看——而坚硬的肌肉结构来自于不时使用大重量挑战你的身体极限。

变更训练计划

高级训练要求每3～6个月改变你的训练计划，取消某些练习动作，替换上其他的练习动作。这项工作是非常必要的，它可以：(1) 为身体每个部位提供各种各样的动作，以发展每块肌肉和每个肌肉群的每个区域；(2) 强迫身体尝试一些新的、意想不到的动作，来冲击肌肉进一步地生长；(3) 让你不会厌倦。

看起来很类似的动作可以有非常不同的感觉。比如，如果你习惯把杠铃举过你的头顶，那么可以使用哑铃做同样的练习，虽然都是对三角肌前部进行训练，但会给你带来完全不同的体验。平衡并协调两个重量而不是一个重量，对你的肌肉提出完全不同的要求。所以，在几个月颈后杠铃推举之类的练习后，再花一段时间做哑铃推举，将是非常有意义的。

某些基础练习是非常根本的，必须出现在任何一个完整的训练计划中。然而，如上所述，大范围地探索不同的动作，能使你对各种项目有更好的了解，哪些练习对你最有效果，哪些并不真的适合你。这样做能逐渐让你对自己的身体有更好的了解，更加清楚怎样能取得更好的效果。

一份变更的训练计划：

腹部   在罗马椅上做5分钟热身。

胸部和背部

超级组：仰卧推举（器械）	5组，各12、10、8、8、8次反复
宽握下拉	5组，各12、10、8、8、8次反复
超级组：上斜推举（器械）	4组，各12、10、8、8次反复
窄握下拉	4组，各12、10、8、8次反复
哑铃飞鸟	4组，每组8次反复
下斜哑铃推举	4组，各12、10、8、8次反复
俯身划船	4组，每组8次反复
单臂哑铃划船	每只手臂4组，每组10次反复
超级组：坐姿拉力器划船	4组，每组10次反复
器械上拉	4组，每组10次反复

大腿

深蹲	6组，每组15、10、8、8、6、4次反复
器械肩前深蹲	4组，每组8次反复
超级组：腿举（垂直方向）	4组，每组8次反复
俯卧腿弯举	4组，每组10次反复
超级组：站姿腿弯举	4组，每组10次反复
负重体前屈	4组，每组10次反复

小腿

骑驴提踵、站姿提踵、坐姿提踵作为常规训练

腹部

卷腹	30次反复
坐姿屈膝上举	30次反复
悬垂卷腹	30次反复
坐姿转体	每边50次反复
完全吸腹	5分钟

肩膀

超级组：哑铃推举	5组，各10、8、8、8、6次反复
拉力器单臂交叉侧平拉	每只手臂5组，每组10次反复
超级组：哑铃前平举	4组，每组8次反复
俯身拉力器侧平拉	4组，每组8次反复
超级组：宽握直立划船	每边4组，每组8次反复
侧卧侧平举	每边4组，每组10次反复

上臂

超级组：站姿哑铃弯举	5组，每组8次反复
仰卧哑铃臂屈伸	5组，每组10次反复
超级组：上斜弯举	4组，每组8次反复
站姿杠铃臂屈伸	4组，每组10次反复
三合组：斜托弯举	4组，每组8次反复
双杠屈臂撑	4组，每组10次反复
单臂反握下压	每只手臂5组，每组10次反复
俯身臂屈伸	5组，每组12次反复

前臂

斜托反握弯举	4组，每组8次反复
背后腕弯举	4组，每组10次反复
单臂腕弯举	4组，每组10次反复

弱点训练

　　一旦练就了必要的肌肉块头，你就必须开始专注于肌肉的品质。为了做到这点，你需要站在镜子前或者通过照片来了解自己的身体，然后试着发现你的不足之处。对我来说，我最初的弱点在大腿和小腿上，所以我在训练中会更注重腿部的训练，提升它们的质量，改善下身和上身之间的比例。

　　一年之后，我准备好了参加"欧洲先生"和"宇宙先生"的比赛时，我的大腿和小腿已经得到了提升——还不完美，但是确实好多了。现在我收到的批评是，我的肌肉分离度和清晰度不够好。所以我在我的常规训练中增加了更多的动作。比如，我开始做大量的前平举练习，以加强胸大肌和三角肌的分离度，和大量的仰卧上拉练习，以分离前锯肌的背阔肌。

　　但是即使这样也还是不够。人们告诉我："你的背部中间的线条不够明显。"所以，我增加更多的俯身划船和拉力器划船。还有"你的股二头肌不如你的股四头肌好""你的三角肌后部还可以更发达"，诸如此类。每当我意识到有某个部位需要改进的时候，我就会改变计划，努力克服我的不足之处。

　　许多健身者并非在一开始就追求一种"完美感"，更有一些人在提高他们的强项的同时，是以牺牲自己的弱项为代价的。但是在获得越来越多的进步之后，他们将发现自己体形上的弱点变得越来越致命。许多人常常发现无力去改变这些弱点，因为那意味着要从头开始。但是最终，他不得不承认自己身上有弱点，而且需要花一到两年的时间才能彻底改善。一旦你在健身上有了收获，再下定决心克服自己身上的弱点，是需要很大勇气的。

当我刚来到美国时，我因小腿肌肉不够发达而受到了很多批评，所以我把我宽松的长裤剪短，露出整个小腿。那样做不仅仅是为了提醒自己更加刻苦地训练它们，而且还是要让每个人看到它们——这样一来激发了我双倍的动机，让我更加刻苦地训练它们。

再举一个例子，曾经我的左臂要稍稍小于我的右臂。我注意到无论何时我被要求展示我的肱二头肌时，我都自然而然地弯曲我的右臂。所以我有意识地控制，尽力使我左臂的弯曲次数等于或略多于右臂。如此在薄弱点上进行更多训练，而不是简单地弃之不顾，最终使我左臂的肱二头肌和右臂的一样大了。

实际上，在这个阶段的训练以及对完美的追求是永无止境，没有终点的。因为世界上并没有所谓完美的身体，你的身材总是存在需要改进的地方。每当你有了进步，你就可以对自己的身体有更多的了解，可以体会怎样的饮食和训练计划是最适合自己的。但是基础的训练是不能停止的，你要做的是在其上添加新的东西。

训练弱区

健身不止是一门科学，同样也是一门艺术，所以你不能被僵硬的、一成不变的训练计划所束缚。从你走进健身房第一天开始，你就会发现身体的这个或那个部位相对全身其他部位显得更弱。使用优先原则是一个最基本的方法，可用以调整这种不平衡状态——在你精力充沛，有能力完成最高强度的训练时，首先训练你的薄弱部位。或者是设计你自己的双分化训练计划，这样你可以在其中的一个训练期里只训练身体的弱区。

另外一个补救方法是增加弱区的训练组数，从 5 组增加到 7 组。只要有必要就持续这么做，直到见到成效，然后再返回到更加均衡的常规训练中去。这是一个使用交叉组的好时机：在常规训练中间，每到第三或第四组，加入一组针对弱区的额外练习，以补充你对那个身体部位所做的常规训练。

也有些时候，当你对某部位过度地进行了训练，强度非常剧烈，频率非常之高时，反而会让该部位更加落后于其他身体部位，因为这个部位的肌肉没有机会休息、恢复从而得到生长。解决这个问题的答案非常简单，给被训练的肌肉休息和恢复的机会，调整你的训练时间表，避免训练过度再次发生。记住！过犹不及，在健身训练中同样如此。

但是你怎样才知道自己的肌肉生长缓慢，是由训练不足还是由训练过度导致的呢？在某种程度上，随着你的训练经验越来越丰富，凭着身体的直觉就能知道这个。但是这里有一些实用的经验法则：

1. 解决刺激不足问题最常见的方法是，试着更艰苦地训练，提高训练的强度，采用额外的强度技巧，而不是大量增加训练的组数。

2. 引起训练过度的原因几乎总是训练组数过多，训练频率过高，同一身体部位在两次训练中的休息时间过少。（在训练中缺乏泵感可能是训练过度的信号之一。）如今有那么多很不错的健身者，原因之一是他们都懂得在短时间内进行高强度训练，然后给他们的肌肉充足的时间休息并恢复。始终牢记，训练能刺激肌肉生长，然而真正的生长发生在你休息的时候。

当然，有时候你的弱点仅仅存在于某个身体部位的某个区域上——你的肱二头肌也许有很好的肌峰，但却不够宽；你的背阔肌可能很宽阔，弧线良好，但是中背部的密度和厚度可能不够。解决的方法是选择有针对性的练习，针对特定的区域安排你的训练计划，并且优先完成这些练习。

在第三部分，你可以找到一系列对身体各部位的完整分析，可以帮助你找到你的弱点，还有许多具体的建议，比如选择何种练习或者具体的训练技巧，以帮助你校正你的弱点。

第五章 练就一流的身材：高级训练计划

直到现代健美运动员出现之后，人们才得以在解剖图谱之外见到这般程度的肌肉细节：强力的前臂、饱满又条纹分明的肱三头肌、惊人的肱二头肌肌峰、三角肌的三个头、脖子下面的斜方肌、背部两侧又宽又壮的背阔肌和竖脊肌。（罗尼·科尔曼）

不可思议的"六块"——发达的腹肌像一个青铜雕塑，还有清晰度非常高的肋间肌。（肖恩·雷）

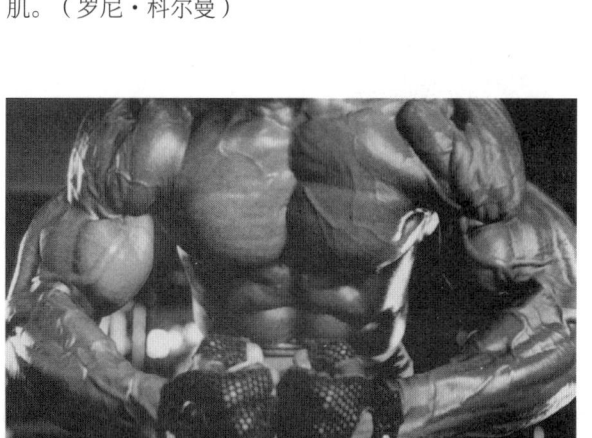

对健美比赛来说，顶级的体形需要肌肉和肌肉群之间高度细节化的"联结"——也就是说，肌肉并不是简单地一块接着一块，而是相互联结在一起。注意胸大肌的上部和下部之间很清晰的分离。（罗尼·科尔曼）

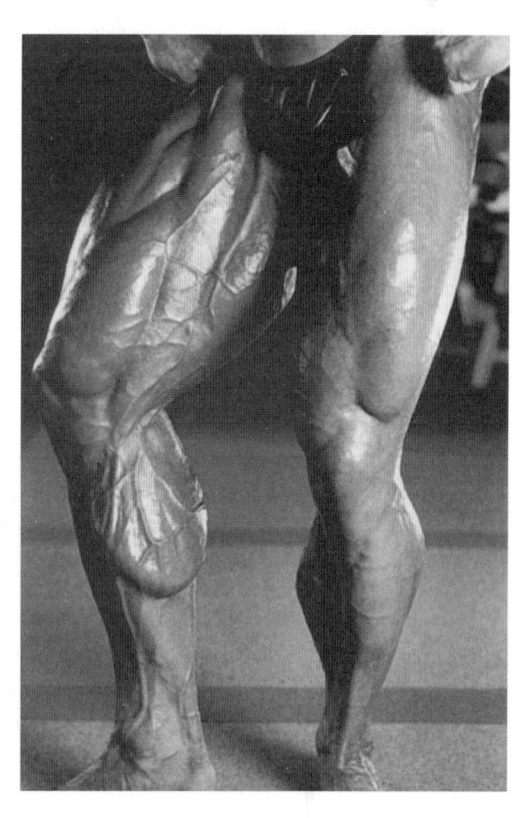

对体形来说，整体的形状和比例极其重要，但是整体毕竟是部分的总和，打造一副完美的体形意味着发展每一个身体部位的每一块肌肉的每一个细节。

在健美比赛的早期，参赛者们都关心打造肌肉的尺寸和形状。今天，除了拥有块头之外，参赛者们还需要细节，来让他们的肌肉看起来像地图一样。（多里安·耶茨）

149

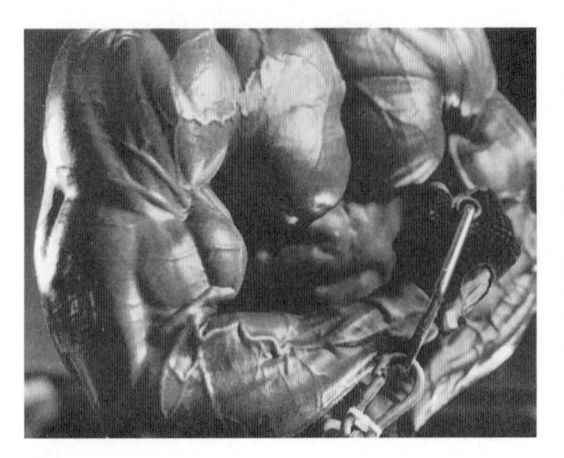

体形的质量在于细节,对健美运动员来说尤其如此:三角肌、肱三头肌、肱二头肌的两个头、胸大肌的上部和下部、腹肌,还有体侧的所有小肌肉都充分发达。(罗尼·科尔曼)

一个恐怖的肌峰。注意,上身其他部分的肌肉是如何让发达的手臂变得更加惊人的。(厄尼·泰勒)

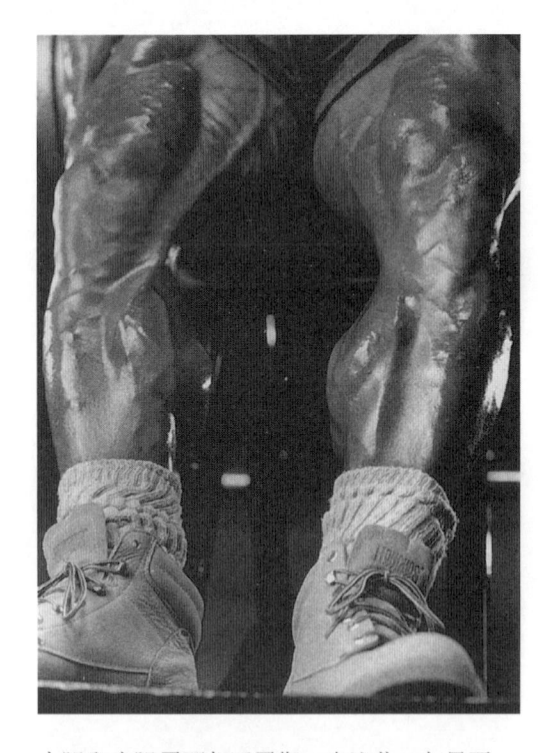

大腿和小腿需要相互平衡。在这儿,如果下面的小腿肌肉不是如此强壮并细节化的话,那么股四头肌和内收肌的发达度和弧线效果也就要大打折扣了。(纳赛尔·桑贝蒂)

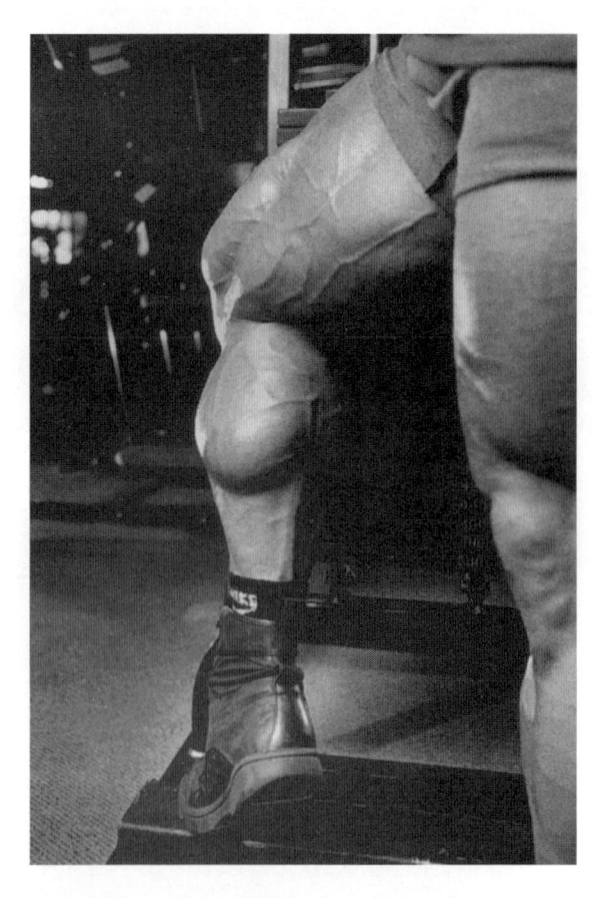

理想情况下,你的小腿的尺寸应该和你的上臂的尺寸差不多相等。(多里安·耶茨)

第六章

参赛训练计划

如今,有相当多的健身者每天训练两三个小时,专注于塑造更大更好的体形。但在这些动机强烈的健身者中,只有很少一部分能够更进一步,参加健美比赛。

为健美比赛而训练,需要克服的障碍更多的是心理上的而非生理上的:你必须下定决心,你真正想要的是加入顶级健美运动员的行列,与那些很可能是你过去钦佩的健美运动员——即使他们的形象曾经启发和激励过你继续训练——同台竞技。

塑造参赛体形

参加比赛完全是另一种游戏。你突然开始关注诸如肤色、外貌、造型,以及最主要的,学着应对一种压力——这种压力以前在健身房训练时还不存在,以至于你此时完全没有招架之力。

从生理上讲,你不仅仅要发展强壮、均衡并且清晰的体格,现在还必须实现整体的完美,每个肌肉和肌肉群都要被雕琢到极致;身体的脂肪含量非常低,以至于每一个条纹都非常清楚。在高级训练中,我们谈论过发展每个身体部位的每个区域。当你进入参赛训练阶段后,这点就会更加复杂,你需要考虑这些细节:

胸部——胸大肌的上部、下部和中部,上部与下部间的分离,沿着胸骨的胸大肌内侧,插到三角肌下面的胸大肌外侧,胸大肌的条纹,胸大肌和三角肌前部的分离度,前锯肌的清晰度。

背部——背阔肌的宽度和厚度,背阔肌在插入腰际上方处的长度,菱形肌和中背部的细节和发达度,下背部的竖脊肌,肋间肌的清晰度。

肩部——三角肌三个头的发达度和分离度，斜方肌的块头和厚度，斜方肌和背部、三角肌后部的分离度。

肱二头肌——上部和下部，宽度、长度和肌峰。

肱三头肌——全部三个头的发达度，厚度和长度。

前臂——屈肌和伸肌的发达度，肱肌在肘部的发达度。

腰部——腹直肌上部和下部的发达度和清晰度，腹外斜肌的发达度，及其与腹直肌之间的分离度。

股四头肌——全部四个头的块头和分离度，外侧的弧线，股四头肌下部插入膝盖的位置，大腿内侧内收肌的发达度。

腘绳肌——股二头肌的两个头的发达度，腘绳肌和股四头肌之间的分离度，臀肌的发达度和条纹，及其与腘绳肌之间的分离度。

小腿——深层的比目鱼肌和上面的腓肠肌的发达度，小腿的尺寸、长度和肌峰。

想一想你还需要什么，以在这些方面获得全面发展，并把其他的竞争者甩在身后。你要学习针对每一个身体区域的练习动作，并将它们整合到你的训练计划中；你要确定从哪些角度锻炼每一块肌肉，需要什么样的强度技巧才能获得你所追求的发展。当然，随着你的进步，你会使用更多的练习动作，更多的总组数，而这些需要有更佳的身体状态和耐力。

你可能已经有了很棒的体形，但对需要用什么来塑造一副完美的体形却没有完整的概念。我在欧洲曾获得"宇宙先生"称号，但那时并没有意识到我需要额外发达的小腿——我不知道我的小腿应该同我的上臂一样粗。当我来到美国，乔·韦德他们告诉我："你的腰部应当更细，你需要有更多的前锯肌，你的小腿应当更大些，你需要让肌肉更发达，清晰度更高。"从那时起，我就开始认真考虑细节和弱点训练，但是如果早点明白这些，我就不会浪费那么多的时间了，我也不会在与弗兰克·赞恩、切特·约顿的比赛中失利，说不定我不会败给塞吉奥·奥利瓦。

这时的训练包括更多的动作组、更多的反复次数以及训练量的全面增加——不管是健身房内的重量训练，还是为了补充你的总体计划而在健身房外进行的额外的有氧训练。为了尽可能地减少身体脂肪，再将你的饮食摄取减到最低限度——这就齐了。这种训练计划中，你几乎不可能在块头和力量上有太多收获，因为这个计划是为雕琢体形而设计的，而不是为了打造肌肉的尺寸和力量。

如果你不小心，这种参赛训练加上严格的饮食控制，常常可能让你损失来之不易的块头——这是很可能的。许多一流的健美运动员在近几年来的进步确实慢下来了，原因非常简单：健美比赛的发展为他们提供了很多机会，他们参加了许多比赛、演出和健身班，以至于把最多的时间花在练就或保持参赛体形上；但是在理想状态下，参赛训练计划应该是一个浓缩的计划，你短时间内使用它来为某场比赛做准备，而不能长时间或是过于频繁地使用。从前，健美运动员在一年里参加的比赛很少，且大多集中在某个时间段里，在非赛季节有大量的时间训练，从而让肌肉增长并增加力量。所以，一个健美运动员应该把一年中的大部分时间花在强力训练上，需要吃多少就吃多少，然后再把训练转换成参赛模式，以获得比赛场上所需的肌肉质量和精细度。

但是现今一流的业余健美运动员和职业健美运动员不得不迅速地转换他们的训练方法，小心地选择他们要参加的比赛，在两场赛事之间努力地保持体形。当然，我相信宁缺毋滥的真理——有选择性地参加一些比赛，而不是参加所有能参加的比赛。但是许多职业健美运动员费力地出现在各类大赛中，这样的策略是要付出代价的，因为保持参赛体形太长时间会导致你不能最终达到终极体形，还会对你的肌肉块头和力量产生衰弱影响。我建议仅仅参加对你个人职业生涯真的很重要的比赛——一年仅参加一次比赛并且获胜，比到处参加比赛却一无所获要好得多。诚然，现在有许多的比赛，决定去哪儿和何时参加比赛要比过去难多了。

但是如果你刚刚开始参加健美比赛，很可能还不会面对这类问题。现在，重要的只是要认识到参赛训练会做什么，不会做什么：它不会增加肌肉块头，不会让你变得更大更壮，事实上，有时候还会产生相反的效果；但它会提升你已经打造出来的肌肉的质量，去除不重要的部分，以显示出你肌肉组织中钻石般闪耀的每一面。

对于变小的恐惧

许多健身者开始为参赛而训练时，会遇到一个心理障碍，这与他们对身体大小的感觉有关。无论健身者进行训练的初始动机会有多么千差万别，其中一部分总会是想要变得更大、更壮。因此，任何让他们感觉变小的事情都是一个威胁。这就是为什么参赛训练会让许多健身者变得焦虑的原因。

参赛体形应该有尽可能多的瘦肉，没有任何多余的身体脂肪。你的脂肪是不能收缩的，但是脂肪确实会让你感觉你比实际上更魁梧，这种感觉让许多健身者获得心理上的满足。

一个体重240磅（108.86千克）的人，身体内有16%的脂肪，相对正常人来说是偏瘦的，但是相对健美运动员来说就不是了。他为了比赛而训练和控制饮食，改变他的身体成分，最后将脂肪含量减到9%。这种改变在实际情况中意味着什么呢？

在体重240磅（108.86千克）的时候，他大约有38磅（17.24千克）的脂肪，他的非脂肪组织大约有202磅（91.63千克）。达到9%的脂肪含量后，假设他没有损失任何肌肉块，他的体重只有222磅（100.70千克）。所以，从肌肉来看他没有变小，但是他会感觉自己小了许多。这种变小的感觉将会影响到一些健身者，甚至于会在心理上阻碍他们的训练计划。

我自己也有这样的体会。1968年我来到美国参加国际健美健身联合会主办的"宇宙先生"比赛，我当时的体重是245磅（111.13千克），我还以为我已经做得很好了。乔·韦德看了我一眼后，宣布我是那儿最魁梧的健美运动员。现在我要在美国向所有人展示我有多么棒——但是我输了！弗兰克·赞恩赢得了称号，他的块头更小，但是线条清晰，体形完美。这给我上了非常宝贵的一课。

一年之后，我的体重降到230磅（104.33千克），我就完全超越了我的竞争对手，统治了全国业余健美协会和国际健美健身联合会的比赛。我已经认识到，单纯的块头并不能让我成为顶级冠军。我减去多余的脂肪，用的不是两个月，而是整整一年的时间。因为花这么长的时间，我才能适应新的脂肪比例，意识到较轻的体重并没有让我变得更小——我的手臂和大腿仍旧粗壮。但是我所有的衣服在腰部位置都变得宽松了，这说明我真的减去了不需要的体重。结果呢？通过改变我的身体成分，我赢得了我参加的每场比赛。

块头对健身者的体形是至关重要的，但是赢得比赛需要靠块头的形状和质量。看着卷尺上的大数字，或者努力去感觉衣服在你的身体周围紧绷，却没有集中足够的注意力去减少脂肪，完成终极的肌肉清晰度和质量，这将带给你必然的结果——输。我凭经验能够告诉你这个。

参赛训练的基本元素

当你开始为比赛而训练时，你需要设定许多特别的目标：

1. 你需要将更多的注意力集中在孤立每块单独的肌肉的每个区域上。
2. 你需要使用额外的强度原则和更多种类的练习。
3. 你需要在你的训练期中增加动作组的总数量，并增加训练重量。

4. 你需要改变你的训练节奏，进行一定数量的超级组和三合组训练，大幅减少你的组间休息时间。

5. 你必须在饮食上作重大改变。

6. 你需要在组间休息时不断地紧缩肌肉和摆造型。

7. 你需要考虑找一个训练伙伴，他可以帮助你集中精力完成超强度的训练。

当你为比赛而训练时，分析和强化你的弱区就变得更加重要。无论你先前已经给了弱区怎样的优先度，现在你必须痴狂地改善那些不平衡的地方。当然，你必须意识到在几个星期或几个月的训练里能做的只有那么多——要改善所有薄弱部位需要一年或两年的时间——但是有些改变是可以在如此短的时间内做到的（比如发展三角肌后部，或者进一步发展股二头肌的分离度），它们可以增强你在比赛中的表现。

依靠你的训练伙伴

没有什么时候比你准备参加比赛时，更需要有一个可靠的训练伙伴。随着比赛临近，每次训练都很重要，没有时间让你在训练强度上有任何放松。你的训练伙伴为你提供额外的动力，让你控制饮食和努力训练。当然，这种关系是双向的：当你的伙伴需要帮助时，你也有同样的责任。

如果你刚开始参赛，在一个更有经验的老手帮助下，你将会训练得更好。已经参加过许多比赛、经验丰富的训练伙伴可以告诉你许多诀窍，使你的赛前准备更简单、更有效。

当我在世界健身中心为1980的"奥林匹亚先生"赛而训练时，我与两名年轻的健身者一起训练了一段时间——他们正在为他们的首次比赛做准备。他们都很年轻而且极为强壮，并且能激动我在训练中更加卖力。另一方面，因为我有丰富的参赛经验，可以给他们展示他们未曾见过的训练技巧，并在饮食和造型方面为他们提供意见。真正公平的交易：他们的精力与我的知识。正因为如此，我们双方都取得了更好的进步。

训练量

为比赛而训练，你需要做更多的组，使用更多不同的动作。但是，正如我们已经讨论过的，训练过度可能带来比训练不足更大的害处。所以，下面是我推荐的训练量：

胸部、背部、大腿、肩部	最低训练量——16～20组
	最高训练量——20～26组
肱二头肌、肱三头肌、腘绳肌	最低训练量——12～16组
	最高训练量——16～20组
小腿	最低训练量——10组
	最高训练量——15组
腹部	最低训练量——3种练习动作
	最高训练量——4～6种练习动作

选择练习动作

如同我在之前的训练计划中做的那样，在参赛训练计划中，我也推荐一些特定的练习动作。你将会看到，参赛的训练计划中列出的练习数量远远超出你在任何一种训练中能做的或者应该做的。当你准备参加比赛，你应该已经有了足够的经验来为自己做一些决定。但是这儿有一些标准，是你在设计个人的训练计划中应该使用的：

  1. 确保你的训练计划中既有打造块头的练习，比如强力练习或者弹震式练习，也有孤立练习，以打造身体每个部位的质量。
  2. 主要使用自由重量来发展块头和力量，拉力器和器械更多的是做孤立练习的。
  3. 包含能锻炼到每块肌肉的每个部分的练习。

分化训练

两种常见的方法来划分你的参赛训练：

两天的分化：在两天内完成一次全身训练，每个身体部位一个星期训练三次；
三天的分化：在三天内完成一次全身训练，每个身体部位一个星期训练两次。

第六章　参赛训练计划

再说一次,我常常是一个星期训练六天,星期一到星期六,这和我的同时代人所做的是一样的。如果你的生活或你的工作要求你按照不同的时间表训练,你同样可以安排你的每次训练,作为"训练期 1"、"训练期 2"等等,而不是按照星期一、星期二的模式来。

两天的双分化训练示例:

训练期1 星期一	训练期2 星期二	训练期1 星期三	训练期2 星期四	训练期1 星期五	训练期2 星期六
早晨					
胸部 背部	肩部 上臂 前臂	胸部 背部	肩部 上臂 前臂	胸部 背部	肩部 上臂 前臂
晚上					
腿		腿		腿	
每个晚上,小腿和腹部					

三天的双分化训练示例:

训练期1 星期一	训练期2 星期二	训练期3 星期三	训练期1 星期四	训练期2 星期五	训练期3 星期六
早晨					
胸部 背部	肩部 斜方肌	大腿	胸部 背部	肩部 斜方肌	大腿
晚上					
前臂	上臂	腘绳肌	前臂	上臂	腘绳肌
每个晚上,小腿和腹部					

参赛训练计划

为每个身体部位选择恰当数量的、合适的练习动作。

腹部　　　　　　　　　　　　　　　　　　　　以10分钟罗马椅热身开始训练。

胸部和背部

硬拉	3组，各10、8、6次反复
超级组：负重引体向上——颈后	4组，每组10次反复
上斜杠铃推举	4组，各15、12、8、6次反复
超级组：仰卧推举	4组，各15、12、8、6次反复
引体向上——颈前	4组，每组15次反复
超级组：哑铃飞鸟	4组，每组10次反复
俯身宽握杠铃划船	4组，每组12次反复，使用递减法
三合组：器械上拉	4组，每组15次反复，使用递减法
屈臂撑	4组，每组练到力竭
拉力器飞鸟	4组，每组12~15次反复
三合组：坐姿拉力器划船	4组，每组10次反复，使用递减法
单臂拉力器划船	4组，每组12~15次反复
仰卧哑铃上拉	4组，每组15次反复

肩部

三合组：肩前器械推举	4组，每组10次反复
哑铃侧平举	4组，每组10次反复
俯身侧平举	4组，每组10次反复
三合组：杠铃推举，颈前和颈后交替	4组，每组12次反复
拉力器侧平举	4组，每组10次反复
上斜俯卧侧平举	4组，每组10次反复
三合组：杠铃前平举	4组，每组10次反复
坐姿拉力器后平举	4组，每组10次反复
耸肩	4组，每组10次反复

大腿

超级组：腿屈伸	5组，每组12次反复
深蹲	5组，每组15~20次反复
超级组：肩前深蹲	5组，每组12~15次反复
腿弯举	5组，每组12次反复
超级组：哈克深蹲	5组，每组15次反复
腿弯举	递减法
直腿硬拉	3组，每组6次反复，站在木板或凳子上

上臂

超级组：	杠铃弯举	4组，递减法
	站姿窄握臂屈伸（使用杠铃）	4组，每组10次反复
三合组：	杠铃斜托弯举	4组，每组10次反复
	仰卧杠铃臂屈伸	4组，每组10次反复
	斜托反握弯举	4组，每组10次反复
三合组：	仰卧哑铃臂屈伸	4组，每组10次反复
	上斜弯举（每组增加斜度）	4组，每组10次反复
	仰卧反握杠铃臂屈伸	4组，每组10次反复
超级组：	集中弯举	4组，每组15次反复，"一个半"法
	站姿单臂臂屈伸	4组，每组12次反复
超级组：	跪姿拉力器臂屈伸	4组，每组12次反复
	跪姿拉力器臂屈伸（用绳索）	4组，每组12次反复

前臂

三合组：	杠铃反握腕弯举	4组，每组10次反复
	杠铃腕弯举	4组，每组10次反复
	单臂哑铃腕弯举	4组，每组10次反复

小腿

（变换脚的位置：脚尖向内，脚尖向前，脚尖向外）

骑驴提踵	5组，每组15次反复
站姿提踵	5组，每组10次反复，尽可能重的重量
坐姿提踵	5组，每组15次反复
反向提踵	5组，每组15次反复
屈腿训练器提踵	4组，每组12次反复
站姿单腿提踵	4组，每组12次反复

腹部

（4~6个练习一个循环，练习间不休息）

卷腹	30次反复
反向卷腹	30次反复
转体	每边50次反复
坐姿屈膝上举	30次反复
垂直凳卷腹	30次反复
俯卧挺身（下背部）	15次反复
转体卷腹	30次反复
悬垂卷腹	15次反复
俯身转体	每边50次反复
器械卷腹	15次反复

个性化训练计划

一旦进入参赛训练，你就需要安排适合你自己的个性化训练计划。因为每个人有不同的长处和短处，所以我不能给出一个对所有人都完美的计划。我可以概述一下一般的方法，让你看到应如何改变你的计划，才可以燃烧更多的卡路里，打造更高的发达度和清晰度。但是要判断哪儿是你的弱点——是胸肌上部、下部还是中部，是肱二头肌、肱三头肌还是背阔肌的宽度——你就必须看着镜子里的自己。

假设你的背阔肌下部的发展不如你所愿，那么额外增加4组针对背阔肌下部的练习会很有意义。但是对你正在进行的所有训练来说，额外增加4组练习很可能就太多了。那么你可以从每种练习中减去一组动作，比如窄握和宽握引体向上、坐姿划船和T杠划船。你还会做这些练习，只是做的组数少些，所以你的整个训练量还是保持不变。

上面的计划列出了一些特定的练习，但是如果你很有经验，并且清楚地知道自己的问题所在，就应该在本书的第三部分找到最有助于矫正那些问题的动作，并在你的训练日程中作任何你觉得必要的改变。

所有的一流健美运动员都经历过这样的过程。当弗朗哥和我一起训练时，我会对某些部位做额外的练习组，而弗朗哥会对其他的部位增加训练量。比如说，弗朗哥的大腿肌肉的线条很难呈撕裂状时，他就会进行额外的练习，比如在史密斯机上的肩前深蹲，以增加股四头肌的清晰度。我没有这种问题，所以我会更努力地锻炼肩部、肱三头肌、腹肌或其他我认为最需要锻炼的地方。你可以肯定的是，那些在比赛中和我们不相上下的健美运动员，比如说李·哈尼、多里安·耶茨、肖恩·雷和弗莱克斯·惠勒，也经历过同样的过程。

当你对训练作出一些调整时，一定要确保，你没有在矫正弱点时制造出新的弱点。你必须继续给其他身体部位足够的注意力，即使你在全力处理问题区域。

肌肉分离度

在前面，我已经谈过肌肉质量的重要性，对质量来说最重要的一个方面是肌肉的分离度。肌肉分离度是肌肉发达的一种水平，它远远超出简单的肌肉清晰度。训练和饮食可以给你不错的清晰度，但是要变成"行走的解剖图"以赢得比赛，就需要做更多的事情。

优质的体形必须显示出每个肌肉群之间的清晰的分离度。比如，当你在从后面展示肱二头肌时，在肱二头肌、肱三头肌、肩膀、斜方肌、上背部和下背部之间的分界线，必须跳到评委们的眼睛里。每个独立的肌肉群本身应该有清晰的内在区分：肱二头肌的两个头，肱三头肌的三个头，并且每个头还应该得到进一步的塑形——每一束肌纤维形成可见的条纹。

完整的肌肉分离度是全面彻底地训练每一块肌肉的结果，一旦你的身体脂肪减少到一定水平，每一个平面、轮廓和侧面都会完全显露出来。要达到这种效果，需要对每块肌肉做许多不同的练习和大量的组数、次数，但是还需要特定的技巧：

1. 很有必要完全孤立每块肌肉以及每块肌肉的每个特定部位，这样才能锻炼到每个肌纤维，从而练就每块肌肉和主要的身体部位之间清晰的分离度。要做到这点，需要准确地知道每个练习是怎样影响肌肉的，并在训练计划中安排能够实现你想要的塑形效果的练习动作。

2. 没有动作的严格性，是不能实现极致的肌肉分离度的。这就要在动作的整个行程中高度集中注意力，从而让每条参与练习的肌纤维都能承受最大量的压力。任何执行上的疏忽大意都会让你达不到目标。

除非你以非常严格的方式来做孤立练习，否则那些专门为特定的区域而设计的动作不会产生效果。比如，做哑铃前平举来增加胸部和三角肌的分离度时，如果你将重量甩起来而不是让肌肉做所有的工作，你就不能练就饱满的肌肉形状，也就达不到你追求的肌肉分离度。如果想锻炼某个区域，你就必须足够严格地做动作，以感觉到你要锻炼的地方在卖力工作。

3. 显然，如果你的肌肉被脂肪覆盖，什么样的分离度都显示不出来。所以要实现很棒的肌肉分离度，通过适当的饮食控制达到较低的脂肪含量，同样是非常重要的。

发达度和清晰度：分析你的进步

最终，你站在舞台上，是依靠你的外形来比赛的——也就是你的体形看起来怎样和你怎么展现自己的身体。正如我们已经讨论过的一样，有一些其他的方法可以让你跟踪你的进步过程，但是那些方法可能会有问题。比如，在1980年业余体育运动联合会举办的"美国先生"的比赛中，雷·门泽尔（Ray Mentzer）来争夺一个参赛名额——代表美国队出征世界业余健美锦标赛。在比赛前几个月，他每隔3星期就做一次身体成分检测。他对取得比赛的胜利非常有信心,因为最后一次的检测显示，他的身体脂肪含量在 4% 以下。

尽管有脂肪检测的结果，他仍没有赢得美国队的一个位置——在我看来，他在台上显得肌肉平平，缺乏发达度和分离度。他没有认识到，他的体重多少、身体各部分的尺寸多少以及身体成分测试所显示的数据多少，都与健美比赛所真正关心的东西没有任何直接联系。

真正能衡量你的体形是否很棒的方法只有一个，就是你看起来怎样。毕竟，评委们不会使用水下称重法，使用卷尺或者任何其他的仪器来做决定。他们只会用眼睛来看，而你也必须这样做。

当然，有个参照会更好。在两个东西之间寻找差别比单独分析一件东西要简单。一个好的方法是定期地用相机拍照，比较你此时和彼时的样子。另一个方法是站在健身房里其他的健身者旁边，摆出一些造型，你就可以精确地看到你的优劣势。

但是最终的测试是在竞技台上的输赢。这就是为什么，有时非常有必要参加几场比赛，才能真正地评估你的进步。从一场比赛到另一场比赛的表现，可以非常清楚地告诉你，你的训练方法是否奏效。

然而在短期内，镜子是对你最诚实的评论家——如果你允许它来评论的话。身体成分测试不能告诉你任何关于分离度的信息，卷尺不能分析你的发达度和清晰度，体重秤不能判断体形的比例和平衡。但是看镜子时只看你想看到的东西，也不是成就冠军的方法——你需要完全客观地观看自己，没有任何偏袒。

同样记住，坚持写你的训练日志，这样你可以对进步有一个精确的记录。当我为了 1980 年的"奥林匹亚先生"比赛而训练时，我让弗朗哥每个星期给我拍一些照片，我非常认真地研究那些照片，看我的肌肉正在变得多么结实、清晰和发达。凭借那些照片、我在镜子中观察自己的能力以及弗朗哥的深刻评论，我一直都非常清楚我的进步速度，并且最终以良好的状态到达澳大利亚，赢得我的第七个"奥林匹亚先生"称号。

户外训练

我总是非常享受阳光明媚的日子里在户外进行训练。在阳光下训练能让你看上去更健康，拥有更紧致的肌肤，甚至绽放出古铜般的色彩。从早期的"肌肉沙滩日"开始，健美运动员就已经开始利用阳光明媚的日子进行户外训练了。

当然，你可以从基础训练的第一天就开始户外训练，但是在比赛之前进行户外的训练最有价值，因为日照后的外表有助于提升体形的美感。当弗朗哥和我在威尼斯沙滩训练时，我们会训练一会儿，然后躺在沙滩上休息一会儿，然后返回去再训练一会儿。这样我的肤色会变得更深。并且在许多人的观看下训练还有一个好处，就是会帮助我提前适应站在舞台上的紧张感。

进行户外训练时，我主张放缓训练的节奏，但要使用很重的重量。这样可以让从你日常的训练中得到休息，同时也是刺激和冲击你的身体的一个好办法。

并不是每个人都可以在街的尽头找到加利福尼亚沙滩，但是当我生活在奥地利然后搬去慕尼黑时，我的朋友和我也常常会去当地的一个湖畔，然后花整天的时间做户外训练。你还可以去公园、某个休闲区域甚至某人的后院，享受你自己的户外训练。

弗朗哥和我在威尼斯沙滩上

第七章

精神高于一切
精神，最强大的工具

只有你知道了如何同时训练你的精神，你的身体才会对训练产生完全的反应。你的精神是一台发电机，是重要能量的来源。这种能量可能是消极的，从而不利于你的训练，或者你可以驾驭它，让自己进行难以置信的训练，练就你梦寐以求的体格。无论何时，当你听说某人有惊人的竞技表现的时候——高尔夫球手老虎·伍兹、篮球运动员迈克尔·乔丹（Michael Jordan）、短跑选手迈克尔·约翰逊（Michael Johnson）或者滑雪名将赫尔曼·迈尔，你要明白，他们的成功来自于他们精神的力量，而不只是技术上或是器械上的技巧。可以肯定的是，即使你拥有相同的身体技能，如果你不能在"内驱力"上匹敌他们，也就不能战胜他们。

当人们有强烈的动机时，他们可以在滚烫的煤上行走，他们能忍受美国海豹突击队严酷的体能训练，走过广袤的沙漠，驾雪橇穿越北极荒原，爬上珠穆朗玛峰，横渡英吉利海峡，骑自行车环游世界，举起惊人的重量——尽管异常痛苦，尽管不顺利，尽管胜算不高，尽管障碍不少，他们都毅然前行。

有很多具体的方法可以帮助你驾驭精神的力量以达成你的目标：

1. **愿景**。就像我曾经说过的那样，首先对于自己想干什么、想达成什么目标，要有一个清晰的愿景。我一直十分信奉"身随心动"这句话。当你的愿景变得足够强大之后，一切其他的事情也都会紧随其后：你的生活方式、训练方式、交友观、饮食、娱乐方式。愿景就是目标，一旦你目标清晰，你的生活抉择也就随之明确了。

愿景创造了信念，信念又创造了意志。有了信念，就没有了忧虑，也没有了怀疑——只有绝对的信心。

2. **想象**。仅仅有"变强大"的愿望还不够——健身不止于此，它关注肌肉的块头、形状、对称感以及清晰度，它是一种雕塑、一门艺术。为了达成你的目标，在你的心中必须有一幅你意欲达成的体形的画面。当你看着镜子时，你必须如实地看待自己现在的样子，同时想象着自己未来理想的体形。你要通过"心眼"看到日后你将要训练出的肌肉块和强有力的体格的样子。使用这样的想象可以给你的精神和身体一个清晰的任务，一个明确的奋斗目标。

3. **偶像**。我已在第五章提到过我是如何利用雷格·帕克的照片的，因为他具有希腊勇士般的体形，而那就是我期待有朝一日能成为的样子。我记得70年代当我与弗朗哥·哥伦布一起旅行时，身材矮小的健身者涌向他，感谢他对他们的鼓舞，让他们有信心进行训练甚至参加比赛。身材中等、富有美感体形的人可以选择弗兰克·赞恩或者是肖恩·雷作为偶像。拥有厚实肌肉的人可以从多里安·耶茨或者纳赛尔·桑贝蒂的照片中寻找灵感。当你发现一些能代表你的理想体形的运动员后，尽可能多找一些他们的照片，从杂志上将他们的照片撕下来全部贴在墙上、冰箱上——总之，只要是能帮助你集中精神进行训练的东西都可以。

4. **动机**。动机是一种驱动力，它有助于你确立一心一意的目标，从而让你坚定地每天在健身房花上2～4个小时，完成最艰苦的训练。某种动作完成4～5组，和让你的身体真正达到极限之间，效果是完全不同的。动机给你对目标的渴望，从而使你严于律己：你在脑海中清晰地构想自己的目标，然后坚持不懈地刻苦训练：一次又一次的反复、一组又一组的练习、一次又一次的训练。

5. **训练策略**。除了去想象最终的训练成果之外，你还应该知道，每个大肌肉群需要朝哪个方向发展；为了达成目标，你又应该采用哪些具体的练习，使用哪些技巧。既然你已经规划好了你的方向和目标，那么你现在需要做的就是设计路线。这是你要使你的训练真正个性化的关键点，弄清你的身体对特定的动作和强度技巧的反应，然后确定使用何种策略来打造你正为之努力奋斗的理想身材。除此之外，你还必须考虑我们讨论过的因素，比如说去哪家健身房训练、什么样的训练伙伴能帮助你成功，还有哪些因素可以帮助你更好地进行训练，又有哪些因素会让你的训练受阻。

6. **肌肉中的精神**。训练成功的关键是让精神进入你的肌肉，而不是仅仅想着重量。当你将心思放在重量上，而忽视了你的肌肉时，你就不能真正感觉到肌肉在做什么——你失去了对肌肉的控制，你只是在使用蛮力，而不是在全神贯注地收缩和拉伸肌肉。所以你最终不能达到动作幅度的极限，不能使用平稳、专注而有控制的方式收缩和伸展肌肉。比如，当我在进行杠铃弯举时，我想像我的肱二头肌是座高山，不仅大，而且巨大无比。因为我想着肌肉，所以我能感觉肌肉中所有的变化。我知道在一个动作的底部位置，肌肉是否完全拉伸，以及在顶点时肌肉是否完全收缩。

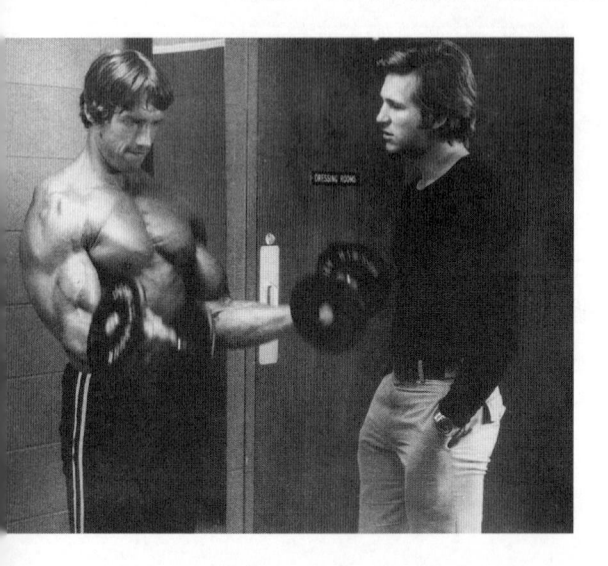

大目标和小目标

除了你为自己设定的远大目标之外——如你希望有朝一日练就的完美体形，你要想赢得的比赛——你要学会设定小目标——日复一日的挑战任务，短期的成果。在你能够将手臂练到 19 英寸（48.26 厘米）粗之前，你首先必须将它们练到 16 英寸（40.64 厘米）、17 英寸（43.18 厘米）和 18 英寸（45.72 厘米）。在你能够做 400 磅（181.44 千克）的仰卧推举之前，你必须能推动 250 磅（113.40 千克）、300 磅（136.08 千克）和 350 磅（158.76 千克）。

有时候，只关注长期目标多少会让我们有点沮丧。但是正如前人说的，"千里之行始于足下"，在不同的时期我会订不同的计划。我的年度计划是再次问鼎"奥林匹亚先生"，但是我也同样对每一个月的训练进行规划，并且在每个月结束时，回顾我的计划以评估我的进步，然后，再为下个月的计划作一些必要的改进：也许是想让我的肱三头肌再粗壮一点，也许是缩减我的腰围……总之，不一而足。

现在当我要拍电影时，我也会做相同的事情。"哦，还有两个月就要开拍了。健身房我必须去得勤一点，增加有氧训练。"所以我推荐，与其总是望着远在地平线上你的雄心壮志，还不如将远大的目标分解成众多更小和更容易达到的小目标。

杰夫·布里吉斯（Jeff Bridges）和我在《饥饿生存》中

《野蛮人柯南》

从失败中学习

当你执行一项艰难的任务时，你随时都要面对短期失败的可能性，面对阻挡你前进的道路从而必须被克服的障碍。不要因失败而垂头丧气，因为失败可以成为很好的训练工具。失败能告诉你，你的极限在哪里，它告诉你哪条路是行得通的，哪条路是行不通的；它告诉你，你已经走到楼梯的第几级台阶上了，并且激励你努力爬得更高。挫伤你的意志的不会是失败，而只会是对失败的恐惧。这种恐惧感阻止你真正艰苦地进行训练，阻止你释放你的所有能量，阻止你燃起昂扬的斗志。殊不知，积极地寻求失败有时候会让你获益匪浅！尽力训练，寻找你的力量和耐力的真正极限，把自己推到南墙上，不能再前进为止。"只有当你知道怎样太过的时候，你才知道怎样合适。"这是我常常听到的谚语。一旦你体验到了失败——没有举起杠铃、没有完成训练——你将更加了解自己，并且在下一个阶段会更加理智地安排你的训练。从失败中学习，从失败中受益，不要被失败吓倒而不敢去尝试。虽然你明知不能举起某个重量，但是为何不尝试一下呢！当你跨越了原本认为的极限，你一定会感觉到无穷的满足感，必将自信百倍。对于那些害怕挑战极限的人来说，绝享受不到其中的乐趣。

肌肉抑制

当你收缩一块肌肉时，大脑不仅会发出刺激肌纤维收缩的信号，而且会同时发生抑制的信号来限制它。这样可以防止出现过度收缩而造成伤害，但是也会限制受到刺激的肌肉的数量。你只要经历过肌肉抽搐或痉挛，就能体会到如果没有这些抑制的信号会是怎样的滋味。

训练效果的产生，部分因为肌纤维更大更壮了，部分因为你渐渐地教会了神经系统减少相关的抑制信号的发出，允许肌肉进行更大强度的收缩。你需要能量来克服抑制作用，克服这种保护机制。你使用的意象越强烈，你越能专心致志，把精神注入肌肉，你就越能突破由你的大脑制造出的抑制作用，你的进步也就越快。

《红场特警》

卡尔·韦瑟斯（Carl Weathers）和我在《铁血战士》中与外星人战斗。

动机最大化

每个人都有训练感觉很好、又容易产生反应的身体部位，还有另外一些必须强迫训练，反应迟钝的身体部位。以我为例，训练肱二头肌对我总是小菜一碟，然而我在训练肱三头肌时却倍感艰辛——但对于一个志在夺冠的健美运动员来说，这种情况绝不能置之不理——他必须全神贯注地把精神注入每块肌肉上，对每个身体部位的每块肌肉实现精准的控制。

但是单靠自身，我们只能召唤起这么多的精神力量。好的健身者必须非常聪明，但训练不是智力游戏，健身运动是感官的，能够让你兴奋不已并坚持训练的强大动机是感性的。你不能假装沐浴在爱河之中，你更无法仅仅坐在那儿就可以激发出强大的动机——两种情况中，我们都需要一些外在的东西来激励我们。

我记得在1975"奥林匹亚先生"大赛以前，我曾经和艾德·科尼（Ed Corney）共同训练。在某一天，我无法专注于我的背部练习。艾德看到这种情况后对我

与艾德·科尼一起训练，让我在1975年的"奥林匹亚先生"赛中获得了最佳体形。

168

说："记住，你将要在南非和卢·费里诺同台竞技。他拥有墙壁一般的背阔肌，如果你站在他后面，观众甚至都看不到你！"

不用说，一想到与卢的比赛和他那肌肉发达的背部时，我就迫不及待地做引体向上、俯身划船和剩余的背部练习。是科尼的忠告鼓舞了我，赋予我能量，这些能量是我不能自己激发出来的。

冲破障碍

当进展不顺利的时候，最先崩溃的总是精神而非身体。我能想到的最能说明这点的例子发生在某一天，弗朗哥和我正在在金吉姆健身房里进行深蹲练习。弗朗哥用 500 磅（226.80 千克）的重量，蹲下，便没能站起来。我们抓住杠，帮他将杠铃放回架子上。使用 500 磅（226.80 千克）的负重，即使是一次反复，对于那天的他来说也显然是太多了。

就在那时，几个意大利裔小孩走了进来。他们说："哇，那是弗朗哥！你好啊，弗朗哥！"原来他们是弗朗哥的铁杆粉丝，非常期待能一睹他训练时的英姿。可是，弗朗哥刚刚试举失败了一次，并很有可能在下次试举中再度失败。

我把弗朗哥拉过一边对他说："这些孩子把你看成他们的国王。你不能再输在这 500 磅（226.80 千克）上了。"顷刻间，他的脸色完全变了。他睁大眼睛看着我，意识到他正被人关注。然后他去大街上溜了一圈，花了一点时间给自己打气，做深呼吸并把精神全集中到举重上。

他大步走进健身房，抓好杠铃，然后，他做了 8 次反复，而不是我们预期的 6 次！然后他很酷地走开，好像那根本不算什么。

显然，在短短的休息时间里弗朗哥的肌肉没有变得更壮，肌腱也没有变得更强；改变的是他的精神、内驱力、动力以及他求胜的欲望。精神在驱动身体上的强大能量是不能忽视的。

《终结者2》

健身如何影响精神

我们已经讨论了精神对身体的影响，但健身对精神的影响也同样巨大。刻苦的训练可以让身体释放出内啡肽（自然产生的类似吗啡的物质），它让人心情愉悦。高度含氧的血液输送至你的周身，这也会带来很多好处。除此之外，健身还对健身者的个性、生活方式以及应对环境的能力等，产生深远的影响。

自律对健身来说至关重要，还有专注的能力、给自己设定目标的能力以及清除前进路上障碍的能力，也同样重要。健身的要求很多，但是健身能给你更多。

我曾经与数以千计的年轻人一起训练过；我曾经给参加特殊奥林匹克运动会的孩子和监狱里的人教授过重量训练，也曾经与理疗医师、药物学家、美国国家航空航天局的专家们一起讨论过重量训练的作用。我所见过的所有健身者，无不在健身运动中提高了自尊、自信，享受到人生的乐趣。

1995年，我在洛杉矶组建贫民区体育运动基金会的时候，心中想着同样的事情。贫民区运动会的宗旨就是给城市里的青年人提供参与体育、教育、文化和社区活动的机会，帮助他们建立信心和自尊，鼓励青年人对枪支、毒品和暴力说"不"，对希望、学习和生活说"是"。

即使在担任国家健身顾问委员会主席之前，我有时也会指导军队里的训练。这是我正在指导海军船员训练的情景。

我总是为能参加特殊奥林匹克运动会而深感自豪。因为它体现了运动的真谛——真正的对手不是别人，而是自己。你究竟能有多么优秀？集中精力去实现吧！

第七章　精神高于一切

里根总统信奉举重，他说："这是真正的力量！"

州长皮特·威尔逊和我在"大加利福尼亚"健身集会上一起俯卧撑。

诸如特殊奥林匹克运动会和贫民区运动会之类的活动之所以效果很好，是因为人的自我价值需要尽可能地建立在真实之上。你不只应该"相信"自己，还要能让自己朝向真实的成就前进。对于那些年轻人来说——当然对所有人都一样——训练精神、提升能力、练就真实强壮的体魄是最能实际地提升自尊心的。当你拥有一副非常棒的身体并为之骄傲时，那并不算"自负"；所谓的"自负"是指你想要人们称赞你并不真正拥有的优点。

健身会改变你。它使你自我感觉良好，它改变人们对你的态度。健身是对任何人敞开的大路——不论你是男人、女人还是孩子，都可以通过适当的训练增强体质，同时提高自信。比如鲍勃·维兰德（Bob Wieland），这个越南老兵在战斗中失去了双腿，但他没有自暴自弃，而是开始在健身房系统地健身，并参加了无数的举重比赛，还在他所在的重量级打破了仰卧推举的世界纪录。鲍勃并没有把自己想成"残疾人"，多亏了健身训练，他可以光明正大地戴上冠军的桂冠。

对我来说健身是接触现实的最好方法。当你在训练时，手中冰冷的铁家伙就是现实——你能举起它，抑或不能举起。如果训练得当，你取得进步，收到一些实效；训练不得当，你的进步微乎其微，甚至几乎没有。这是昭然的事实，你无法掩盖，必须直面。

人类的身体不是设计来长久地坐着的,它是用来捕杀剑齿虎或者一天步行40英里(64.37千米)的。如果我们不能在身体上找到一个宣泄的出口,紧张和不安会在我们体内郁积。我们的身体会对微小的挫折(比如在驾驶中被人超车)作出像在生死危局中一样的反应——"战或逃"的机制出了问题——肾上腺素在我们的体内泛滥,我们的血压飞升。一般性的运动尤其是健身给了我们一个宣泄的出口,让我们释放压力,满足身体对激烈活动的需求。

如果这对于我们大多数人是正确的,它对于那些极端处境下的人——比如在监狱中服刑的犯人、特殊奥林匹克运动会的运动员们以及贫民窟中不得不走在满是枪支和毒品的大街上的孩子们——就尤为正确。

在给全国各地的犯人讲授健身运动的过程中,我不无惊讶地发现,如果将重量训练加入犯人改造过程中效果会何其明显。许多犯人都因为自我评价太差而忍受内心的折磨,他们感到自己是这个世界上多余的人,没有人重视,亦无人怜爱,他们感到自己在生活中被忽视。甚至早在锒铛入狱之前,他们就缚于经济的枷锁,受到社会的排斥。许多这样的人一生都在抱怨别人,认为自己的错误是他人之过,为不断给自己带来麻烦的行为找各种借口,就是没能挺起胸膛来为自己的行为负责。当他们开始认真健身时,这些都会发生改变。完成整次训练,增加肌肉的力量,学会自律以继续进步,这都会对个人的精神和灵魂产生影响。在以前,这些人常常通过反社会的行为来引起人们的注意力,现在他们由于自己真正的成就赢得了别人赞赏的关注。有了这种关注,自尊和自信就会油然而生,这也是重量训练在全国各地的监狱里甚为流行的原因之一。

在特殊奥林匹克运动员们身上,健身的好处更为明显。我记得在华盛顿特区与一群孩子的活动中,一个年轻人正躺在训练凳上准备仰卧推举,其他人在一旁排队等待。我给了他一根没有杠铃片的杠铃,但他却吓坏了,因为他根本不适应这种练习,或者说心理上压根就没有准备好。我没有强迫他,而是让他从训练台上下来,我又继续帮助其他的孩子训练。几分钟之后我看到他靠过来,仔细打量其他的孩子,最后他表示他想试一试。于是在我的帮助下他推举了杠铃3次或4次,但是他仍然很害怕并且很快离开了。但是不久他又回来了,这次他更有信心了,我只给予了少许的帮助,他竟完成了10次反复。

从此之后,他训练上瘾了。他不但排队等着试举,还想办法把其他的等待者挤出去,这样可以更快轮到他。总的来说,在一个对他来说充满了挫败和失望的世界里,这个男孩找到了一件考验自己力量的事情,并克服了身体上的障碍,这让他重拾自信。

我们都有点像这个少年，不同的是因为我们拥有足够的能力，所以我们对健身的需求不总是那么明显。但是，需求就在那儿。我们每个人都有局限，不得不面对形形色色的挫折和沮丧；我们大多数人都明白，只有极少数人能真正不辜负我们被赋予的身体潜能。但是，灵与肉是彼此联结的，这是一个硬币的两面，随着身体健康不断提升，我们的精神也会变得更加健康，更加有力——而健身运动则是达到这种必要平衡的理想手段。

乔治·布什总统和我在"伟大的美国人健身活动"中。这是在白宫举行、旨在帮助所有美国人促进健康的一次活动。

第三部分

身体部位练习

不谦虚地说，或许我在健美的各项赛事中的确都取得了一些成绩。而正是这些成绩使我明白，并能够勇于首先承认，没有人能够拥有完美的体格。当然，在谈及身体某些部位，像胸部和肱二头肌时，我还是可以说，我敢于和任何一个人一决高下。但是，没有一个健身者会自信满满地说，他能够挑战弗朗哥·哥伦布的背阔肌或者是汤姆·普拉茨的大腿。这正如他将需要一副异常强壮的肱三头肌，以确保能战胜尤苏普·维尔科什那极其壮硕的臂部，或者需要一组达到令人惊叹水准的腹部肌肉群，去和丹尼斯·泰那里奥那搓板式的腹部相比较一样。

基于这样的原因，并且，为了确保本书能够向读者们展现健身运动中各种最优秀的肌肉效果，我精心挑选了许多顶尖的、因他们某个身体部位杰出的锻炼效果而闻名的冠军来做示例，以帮助我形象地讲解这一部分中各种不同的练习动作。大家要注意照片中的每一处细节，包括头部、躯干、双手以及双脚摆放的位置，以便于你在训练中尽可能地确保安全并达到最佳的锻炼效果。当你已经初步掌握了每个动作之后，请认真回溯并仔细观察照片，确保你的练习动作没有哪怕一丝一毫的不规范。因为严格地遵循正确的练习技巧来锻炼，可以使肌肉的生长速度大大加快。

另外，在本书中我用到了自己的一些照片，这些是从我的档案和乔·韦德的图库中挑选出来的，其中包括我参加一些健美比赛时的照片——从早期参加的一直到现在参加的。这一系列照片展示了我的体形在逐渐走向成熟定型的各个不同阶段的不同状况。而由这些照片所组成的相册，不仅能展示我个人的健美历史，同时也能为一些正确的健身技巧作出清晰的注解。

肩部

肩部的肌肉

三角肌是一块很大的、由三个部分组成的、厚实的、三角形的肌肉。它开始于锁骨和肩胛骨之间，向下延伸并一直插入上臂。

基本功能：使你的臂部完成转动以及上抬的动作。三角肌的前部使胳膊能够抬向身体的正前方；三角肌的中部则使胳膊能够在身体的侧面抬起；至于三角肌的后部则使胳膊能够举向后面。

而**斜方肌**则是一块平的、三角形的肌肉，它从颈部开始向外、向下延伸，到达两块肩胛骨之间。

基本功能：提起整个上肢带骨，将肩胛骨拉上、拉下，或者朝任何一边拉。另外，斜方肌还能够协助头部完成转动的动作。

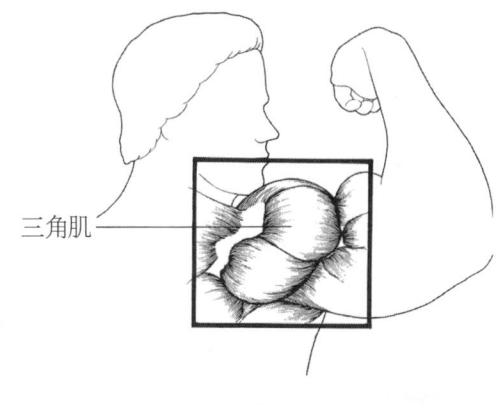

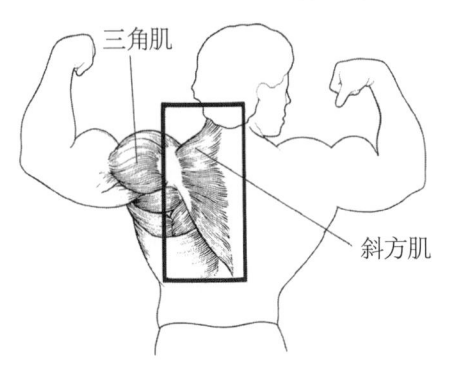

斜方肌

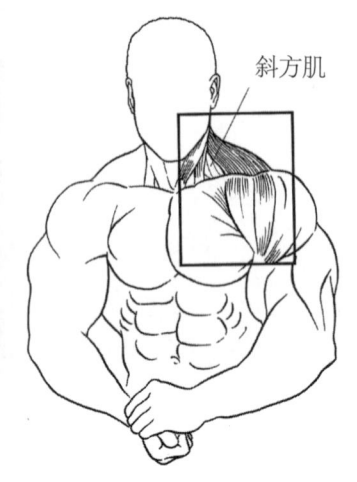

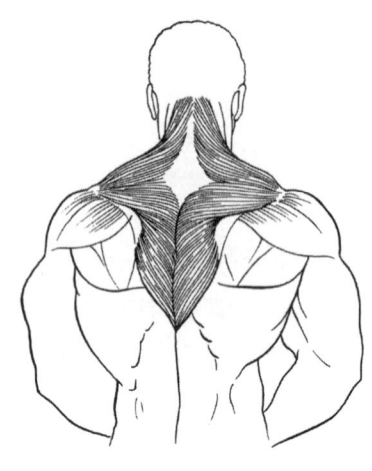

弗莱克斯·惠勒

观察肩部

在20世纪40年代，男人们都喜欢穿着带有厚实垫肩且在腰部收得很紧的外套，因为那样的着装能够使他们看起来具有一种非常夸张的、倒三角形的体形（这种体形最近似乎又重新成为潮流）。巧合的是，这样的体形也正是许多健美爱好者竭尽全力所要追求的目标，而其中最引人注目的一部分，必然就是那宽阔的、并且得到了充分锻炼的双肩。

史蒂夫·李维斯是最先锻炼出经典倒三角体形的人之一。他能够成功塑造出这样的体形，首先要归功于他天生就拥有的一副宽阔的肩膀和一个紧致的腰部——这种身体比例会大大有助于他在健身运动中将最具美感的体形塑造出来。

肩膀的宽度在很大程度上是由骨骼的结构决定的。这是与生俱来，并且很难更改的。一个像李维斯这样的健身者，由于他的肩膀天生就很宽，因此他就很容易在这方面获得非常大的优势，特别是当他以一个全身放松的姿态站立时。与我同时开始健身的很多人，比如戴夫·德雷珀和弗兰克·赞恩，都具有这种宽阔的肩膀。另外，凯文·莱夫隆和纳赛尔·桑贝蒂的肩膀也很宽。

还有些人，肩膀并不窄，可看起来却"松松垮垮"的。雷格·

史蒂夫·李维斯

肩　部

帕克的肩膀就不算窄，但他的斜方肌和肩膀却是向下倾斜的。我自己的肩膀也具有这样的特点，因此当我放松地站立的时候，我的双肩看起来比我刻意摆出一个展示动作时要窄得多。因为我的肩膀只有在刻意摆出展示动作时，才能呈现出它们真正的宽度。观看保罗·迪利特时，你会发现他的双肩也是这样的。

另一个影响双肩宽阔的视觉效果的因素则是三角肌侧部的锻炼程度。如果这一部分肌肉充分发达的话，你就会发现，当你紧缩这些肌肉时，你就已经能让自己的双肩呈现出令人惊叹的宽阔效果了。

此外，那些因为将三角肌锻炼得极好而为人所知的健身者们，通常也会因他们双肩极强的肌肉力量而闻名。他们在做颈后推举动作时所使用的重量能够达到225磅(102.06千克)以上，而在做前平举动作时，他们所使用的重量也能够达到315磅（142.88千克），就像弗朗哥曾经做到过的那样。而肯·沃勒那强健有力的三角肌前部，则能够让他在哑铃推举时举起140磅（63.50千克）的哑铃。

但是，宽度仅仅是一个方面而已。你的双肩同样也需要呈现出一种厚实饱满的效果——前后看上去都很发达，与胸大肌、肱二头肌、

戴夫·德雷珀

四四方方的肩膀形状同样是一种展示效果。当我参加比赛时，如果采用放松的姿态站立，那么我的肩膀看起来就有些"松垮"……

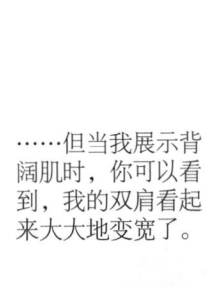

……但当我展示背阔肌时，你可以看到，我的双肩看起来大大地变宽了。

斜方肌以及背部的其他肌肉连接到位。

实际上，三角肌的功能是非常复杂的。为了使臂部能够顺利地向身体的正前方、正后方及两侧运动，完成上举和环绕的动作，三角肌有三束相互独立的肌纤维，这些肌纤维叫做"头"：三角肌"前头"（三角肌前部）、三角肌"中头"（三角肌侧部）、三角肌"后头"（三角肌后部）。

三角肌在你的体格中扮演着举足轻重的角色。比如说，它们能让你肩膀的宽度和尺寸大大增加，还能让你看上去壮硕无比。在从侧面看时，三角肌三个"头"的厚度和发达度尤其起着重要的作用。而从背面看的样子，在很大程度上也取决于你在对三角肌后部进行锻炼的过程中，将其塑造成了什么样的形状，并使其具有了怎样的分离度和清晰度。

得到彻底锻炼的三角肌对于放松站立时的你也同样的重要。无论从正面还是从背面来看，三角肌侧部的良好的锻炼效果都会使你看起来更健壮。不过，如果单从正面来看的话，你就还应该让三角肌和胸大肌之间具有十分清晰的分离度。对于一些人来说，这样的分离度其实是天生的；但对于其他人来说，想具有这样的分离度还需

这是李·哈尼在展示背阔肌的宽度。他四四方方的双肩，以及极为发达的三角肌使这个简单的造型呈现出了令人惊叹的效果。

弗朗哥·哥伦布最显壮实的造型　　　　　　　　罗尼·科尔曼从背后展示肱二头肌的造型，棒极了！

要依赖于大量有针对性的训练。而从背面看的时候，无论是三角肌的后部还是斜方肌都是极为重要的。

当然了，肩膀的宽度和三角肌的发达程度实际上还是两回事。举例来说，史蒂夫·李维斯的三角肌就不是特别厚实而发达，虽然他的肩膀的确非常宽。但相反，拉里·斯科特就有非常厚实且发达的三角肌，这样的肌肉块头甚至能抵消掉他天生很窄的肩部比例所带来的缺陷。肖恩·雷的肩膀骨架并不是很宽，但你很可能不会注意到这一点，也仅仅是因为他的三角肌非常厚实并且极其发达。

另外有一点值得特别指出的是，这些人使用的训练方法很不相同。弗朗哥做了大量的推举练习，这使得他的三角肌前部非常健硕，因此他就不得不在他的训练计划中加入大量的针对三角肌后部的练习动作来使整个三角肌达到一个比较正常的平衡状态。而拉里·斯科特通过使用递减法，获得了他在肩部上能获得的最佳效果。他以一个极重的重量开始他的整个训练计划，之后每组动作逐渐减轻重量，直到最后让三角肌真正燃烧——从 90 磅（40.82 千克）的哑铃开始，逐渐减轻到 30 磅（13.61 千克）的哑铃。至于多里安·耶茨，他花了好几年时间进行一种高强度的训练，动作组数相对较少，

拉里·斯科特

但在每组动作中，他都使用强度技巧，例如负功训练法、强迫次数训练法、强迫负功训练法以及局部次数训练法。

这里我想说明的是，在世界上没有人会拥有完全一样的体形，所以也没有人可以用完全相同的方法来完成对某个身体部位的训练。世界上也从来没有任何一个健身者，从未调整过他的训练方法以求克服弱点，就能塑造出一个比例协调并且平衡的体格。

训练三角肌

这里我将会向你介绍两种针对肩部的基本动作——平举和推举。

在平举动作中，你需要抬起伸直的胳膊，划出一个较宽的弧线。这会更好地分离三角肌的三个头。你需要向正前方平举，向侧面平举，向后面平举。这个动作并不直接锻炼肱三头肌，但它能完全将三角肌的三个头分离开。然而，由于你将三角肌的三个头孤立起来，并且臂部一直是伸直的，你将很难举起在推举时能举起的重量。

而在推举动作中，你的臂部开始是弯曲的，你需要首先将重量举到肩膀的高度，然后再将杠铃或者哑铃举过头顶。因为你在上举的过程中，同时也在伸直你的臂部，所以这个动作不仅包括了三角肌的运动，同样也包括了肱三头肌的运动。为了让你三角肌的每个头都能得到充分的锻炼，你可以选择使用各种不同的推举方法——向前或者向后，使用杠铃、哑铃或者其他各种器械——对肩部所需要承受的重量作出各种调整。

基础训练计划

我始终相信，无论你取得了多少进步，大量的强力训练对于肩部的锻炼来说都是必要的。但是可能在你刚开始时，强力训练的价值是最高的。三角肌可以很好地应对很重的重量，这有助于你对身体肌肉进行全面的锻炼，因为实际上有太多其他的强力练习——包括仰卧推举、硬拉和俯身划船——都对肩部的力量有着一定的要求。

因此，我建议你在刚刚开始健身的时候选择一些像提铃上举、直立划船以及借力推举之类的动作，另外再加上哑铃侧平举。这样的训练能够帮助你塑造出肩部的块头，增强肩部的力量，从而过渡到高级训练阶段。我之所以推荐初学者们从提铃上举开始进行健身训练，而不是从简单的肩上推举来开始，更多的是因为在提铃上举中附加的一些其他动作——包括将杠铃从地面上提起，然后将其举到肩部的高度，以及将上臂置放于哑铃下面进行支撑的动作——能带动除三角肌外许多其他的肌肉——尤其是斜方肌和肱三头肌——进行运动。

高级训练计划

当你已经达到一定程度，以至于能够开始高级训练时，你所需要注意的就不仅仅是肌肉的块头和力量了。在这个阶段，你将不得不对肩部的肌肉进行全面锻炼，包括三角肌的三个头以及斜方肌。因此，除了哑铃侧平举之外——这是专门针对三角肌侧部所设计的训练，我还增加了颈后推举以锻炼三角肌前部和侧部，以及俯身侧平举以锻炼三角肌后部，另外，还有训练斜方肌的耸肩动作。你还需要记住，在任何侧平举或者推举的动作中，当你将上臂举过你头部的高度时，斜方肌就开始起主要的作用了，它使你能够将肩膀拉起，从而完成整个动作。

在这个阶段的训练计划中，你还会发现一系列超级组，以进一步对肩部施加压力并进行冲击。包括的练习有直立划船（针对三角肌前部和斜方肌）、器械推举（针对三角肌前部，并且使你能够比在使用杠铃时把重量放得更低）、拉力器单臂侧平拉（分离三角肌侧部）以及俯身拉力器侧平拉（针对三角肌后部）。

参赛训练计划

三角肌的功能十分复杂，它们使你的手臂能够做360度的移动——这意味着，你可以从许多角度训练它们，以具有饱满、发达的肩部肌肉。

因此，为了具有冠军级的肩膀，还需要许多额外的练习，例如上斜平举和坐姿拉力器后平拉动作。而且，你还要极大地增加时间密度，让每一个练习都成为超级组或者三合组的一部分。这种强度的训练既有助于三角肌的塑造和定型，又有助于

在这个姿势中你可以看到，三角肌的前部是如何和胸肌清晰地分离的，这种效果你可以通过特定的训练来达到，比如哑铃前平举和直立杠铃划船。

增强肌肉间的联结度以及创造令人难以置信的条纹。

你需要对肌肉的细节付以足够的注意。不仅每一个头都要成比例地发展，并且每一个头还要与其他头截然分开，所有三个头都必须清晰地定型并可见。此外，三角肌在结构上不但必须完全和上臂肌肉分离，还要完全和斜方肌与上背部肌肉分离。三角肌的前部还必须清晰并且明显地和胸肌的弧线区分开来。

最后，你还需要条纹和交叉条纹来让你的肩部呈现最佳的视觉效果。当然了，所有这些都来之不易。如果只进行一些随便的肩部训练，你是不可能锻炼出冠军级的三角肌的。你需要使用超级组、三合组、递减法以及尽可能多的冲击原则来持续增加训练强度。如果你发现虽然付出了努力，但你的三角肌发展仍然有弱点，那么高强度的训练就是唯一的解决方案了；你需要仔细地研究你的弱点，并决定该如何重组你的训练计划来解决问题。

1971年，当我和弗朗哥一起训练时，我们从100磅（45.36千克）的重量开始，用递减法进行哑铃推举练习，然后立即用侧平举来惩罚三角肌，直到我们抬不起胳膊。有时，我们会做三合组：先是三角肌前部练习，然后是三角肌侧部练习，最后是三角肌后部练习。相信我，几次这样的训练后，我们的肩膀感觉像着了火一样，每一个肌纤维都尖叫着要求宽恕。

训练斜方肌

斜方肌是上背部的视觉中心，它们连接了颈部、三角肌和背阔肌。斜方肌对身体正面和背面的视觉效果都起着重要作用。在摆出正面展示两个肱二头肌的造型时，斜方肌会营造出一种奇幻效果，好像双肘之间的肌肉都在背部的顶端变成波浪。而在摆出背面展示背阔肌的造型中，背阔肌会凸显并舒展开来，因此斜方肌就会在你背部形成一块清晰的三角形区域。发达的斜方肌同样会帮助你将三角肌后部从上背部分离出来。

但需要注意的是，斜方肌的发达程度必须照顾到身体其他部位的比例。如果它们耸立得过高，或者突然下斜，那么你的三角肌就会显得过于弱小了。

斜方肌的功能与背阔肌的下拉功能正好相反——它们拉起整个上肢带骨。在基础训练中，我加入了直立划船作为强力训练的一部分，这样你就可以在一开始的训练中就兼顾斜方肌。另外，我在基础训练中安排的提铃上举以及硬拉动作也有助于斜方肌的塑造。

看看斜方肌是如何将背部肌肉连接在一起的。　　　　　　　　　　　　　弗莱克斯·惠勒

另外需要说明的是，如果你在做哑铃侧平举时，从大腿的前面而不是身体两侧将哑铃向上提起的话，你的斜方肌也可以得到锻炼。

在高级训练中，我把哑铃耸肩也作为一个部分放进了斜方肌训练计划。这些动作能直接作用于斜方肌，并且你可以逐渐增加使用的重量，直到达到一个非常高的程度。实际上，你在高级训练计划中同样可以发现许多练习动作都会作用于斜方肌，虽然它们本身并不是专门为斜方肌而设计的：几乎所有的划船（例如俯身杠铃划船）以及肩上推举（使用哑铃或者杠铃）都涉及斜方肌的上举动作。另外，一副强壮的斜方肌能帮助你在所有其他的练习动作中使用更重的重量。

弱点训练

如果在你的整个体形中，肩部一直是你的薄弱区域，那么你就需要调整训练计划，增加一些其他的练习动作，或者增加动作组数来锻炼肩部肌肉，并且尽可能经常地利用强度原则来对这个区域进行高强度的训练。

我个人喜欢采用递减法来对肩部肌肉进行锻炼。以哑铃为例，你需要从一个很重的重量开始，然后逐渐减轻重量。在器械推举或拉力器侧平拉中，你需要在每组动作中都移动铁钉到下一个配重片上以减轻重量。

另一种加快三角肌发展的方式是将推举和平举以超级组的模式来完成。比如说，在一组杠铃推举动作后面再加上一组哑铃前平举（或者直立划船），以彻底地刺激三角肌前部。在一次真正高强度的三角肌训练中，试着做一个"三举组"：推举、前平举和直立划船。但是要准备好承受痛苦。

另外，为了使平举训练达到最佳效果，你需要记住两点：

1. 保证你的手掌在整个动作过程中一直冲下，或者更好的是，将手伸得再远一点，以让小拇指比大拇指稍微高一点点（就像手持罐子倒水一样）。这样有助于孤立三角肌，并让它们在动作过程中充分收缩。

2. 尽可能严格地完成动作，不使用任何借力来举起重量，并完全有控制地放下它们。动作越是严格，获得的效果就越强烈。

还有一种增大三角肌训练强度的方法，那就是在每一组哑铃平举之后，拿起一对更重的哑铃，将它们向身体两侧尽可能远地举起，并尽可能久地保持住这个动作。这样的"静力平举"动作会帮助耗尽三角肌的力量，并带来最迷人的肌肉条纹。

而为了额外发展三角肌后部，我习惯于将一个并不太重的哑铃——通常是20磅（9.07千克）——放在我的床下，早晨起床的第一件事就是连续不停地用每只手各完成5组侧卧侧平举。但是，我从来不将这个习惯视为我常规的肩部训练计划的一部分。我还会完成一个"双举组"，开始是俯身侧平举，在我实在没有力气继续这组动作时，就转而做一组哑铃划船来彻底耗尽三角肌后部的力量。

下面是一些可以参考使用的动作和技巧，来针对你认为是弱点的一些区域进行专门的锻炼。

三角肌前部

器械推举，进行这一练习时你可以比使用哑铃或杠铃时更低地放低重量，所以能够最大限度地拉伸三角肌，并可以有更大的动作幅度。

另外，在任何推举动作中都不要在最高处锁定关节。

尽可能使用哑铃，来更好地对三角肌的三个头施加压力。

你可以从这个半放松的姿势中看出，三角肌的前部除了能有块头和分离度，还能很清晰且条纹分明。

肩　部

即使从后面看，三角肌前部也很重要。（弗朗哥·哥伦布）

在所有的推举动作中，前臂都应该保持与杠铃垂直，而不是向杠铃中间倾斜，否则就会过多地牵涉进肱三头肌的力量。

阿诺德推举——我最喜欢的锻炼三角肌前部的动作——特别是与一些强度技巧比如递减法搭配使用时。

哑铃前平举，使三角肌前部以及胸部肌肉间的分离度最大化。

杠铃颈前推举

直立划船

上斜杠铃或哑铃推举

上斜哑铃飞鸟（详见胸部练习）

三角肌侧部

哑铃侧平举。在开始时将哑铃放在大腿的两侧而不是前方。同时，还要保持站姿笔直。如果你是采用坐姿，那么让你的背部始终保持挺直的状态。

拉力器侧平拉。注意将你的臂部从身体两侧抬起，而不要从身体正面抬起。

做非常严格的侧平举动作（不要将重量举过你的头顶，以保证是三角肌而不是斜方肌在工作）。

在完成侧平举动作后使用局部充血法（选择使用非常重的哑铃，保持臂部笔直，将哑铃抬至离大腿约10英寸，即25.40厘米远，坚持至少30秒钟。）

发达的三角肌侧部能够让你的肩部看起来非常宽。（塞尔日·纽伯莱）

充分发达的三角肌侧部不仅会让肩部变宽，还会让背阔肌从前方看起来更明显。

从侧面看时，发达的三角肌侧部将会使斜方肌的上部、肱三头肌和肱二头肌彼此都分得清清楚楚。

三角肌后部

使用优先训练原则，从三角肌后部开始你的三角肌训练。

额外增加几组针对三角肌后部的练习：俯身侧平举、俯身拉力器侧平拉、俯身杠铃划船、凳子上斜侧平举（面部朝下），或者侧卧侧平举——试试持续不断地用每只手各做10组（我曾经每天都做这

弗朗哥·哥伦布在这个背部展示姿势中，很好地证明了拥有漂亮的、并且充分发达的三角肌后部的必要性。

如果没有非常发达的三角肌后部，这个姿势就不会有什么效果。

个，无论那天我是否安排了肩部计划）。

请特别注意，在对三角肌后部进行训练时，一定要非常严格地遵守动作技巧，因为任何借力都可能让其他肌肉做太多工作。

在俯身侧平举中，转动手腕，就像手持罐子倒水一样，以增加三角肌后部的锻炼强度。

斜方肌

耸肩

直立划船

硬拉

提铃上举

反握侧平举（这个动作能够从一个很独特的角度锻炼斜方肌，同时还能使三角肌的前部也得到锻炼）

所有的划船动作，比如T杠划船和拉力器划船

拉力器平拉或哑铃平举

完全发达的肩部——斜方肌，三角肌的前部、侧部和后部，以及所有这些肌肉的分离度和清晰度——在展示健壮的体格时是极其重要的。

肩部练习

杠铃推举

练习目的：锻炼三角肌前部和三角肌侧部。这已经是祖父级别的锻炼肩部的方法了。采用坐姿完成这个动作会比采用站姿要规范得多。

动作要领：(1) 首先选择采用站姿或者是坐姿。然后，双手以手掌朝上的方式握住杠铃并且将其举到肩膀的高度（与锁骨基本水平的位置），此时双手距离宽于肩部，而肘部则向内收，夹在手与肩膀之间。(2) 手掌在杠铃下作为支撑，将杠铃径直举过头顶，直到你的双臂伸直并锁定。请注意，在此过程中要保持杠铃的平衡，并使它始终在你的控制之下。最后，将杠铃逐渐放低，直至回到初始位置。

肩　部

纳赛尔·桑贝蒂

弗莱克斯·惠勒

颈后推举

练习目的：锻炼三角肌前部和侧部。任何的推举动作都会锻炼到肱三头肌。

动作要领：你可以采用站姿，但我更偏好采用坐姿来做推举，因为这样会使动作更加规范。（1）根据使用的设施不同，你或者将杠铃举过头顶，然后放在你颈后的肩膀上，或者将杠铃直接从身后的支架上取下来。（我个人更喜欢在握住杠铃时不要将大拇指扣上。）（2）直接将杠铃举起然后再将其放下，保证杠铃始终在你的控制之下，并且在整个动作过程中让你的肘部尽量靠后。

191

提铃上举

练习目的：锻炼三角肌前部和三角肌侧部，并且使整个身体更加紧致且有力。

提铃是一种将杠铃直接从地面上提到杠铃推举的初始位置的方法。提铃上举是一种非常重要的练习动作，这种动作开始时需要用到大量的腿部运动来使杠铃动起来，接下来还会锻炼到斜方肌、臀部、背部以及肩部，这会使你拥有真正的希腊勇士般的体形。

动作要领：(1) 双腿蹲下，身体前倾，双手以手掌朝下的方式抓住杠铃。此时双手分开，与肩同宽。(2) 腿部用力，将杠铃竖直向上举到大概肩膀的高度，将肘部内收，作为支撑，并将杠铃保持在杠铃推举动作的初始位置。(3) 然后，靠你的双肩和双臂的力量，将杠铃举过头顶，然后再将其慢慢放回到肩膀的高度。接着，弯曲你的膝盖，将杠铃放回到地面上。

李·哈尼

借力推举

练习目的：通过运用比正常练习时更重的重量，或者通过在肌肉已经力竭的时候继续进行肩上推举动作，来进一步发展三角肌的力量。

这是一种运用借力原则的练习动作。你可以在强力训练中采用这种动作来举起杠铃。你会发现此时能使用的重量会比你在规范地完成肩上推举时所能使用的重量要更重一些。你同样可以在每组动作的最后采用借力推举来进行强迫次数训练（这时你已经很疲劳，不能再完全规范地完成肩上推举动作）。

动作要领：(1) 手掌向上，双手握住杠铃，此时双手的距离要比肩略宽，然后将杠铃挺举到肩膀的高度。(2) 稍微弯曲你的膝盖，然后利用腿部力量使杠铃开始移动，通过这样额外的助力将杠铃举过头顶。臂部伸直并保持动作，然后再慢慢将杠铃放回到肩膀的位置。

大卫·德思（David Dearth）

器械推举

练习目的：锻炼三角肌前部和三角肌侧部。

利用器械来完成推举动作能让你的动作更加规范，并且能使你省去提铃的动作，特别是如果你的身体有一些问题的话。另外，你还可以在放杠铃时放得更低，这样能更多地拉伸你的三角肌前部。有许多种器械都可以用来做推举，但是动作要领都是一样的。

动作要领：(1) 抓住横杆或者把手，上举到肩膀的高度；(2) 然后上举杠铃，直到你的臂部伸直，然后慢慢放下，使之回到初始位置。完成动作时，请尽可能地使动作达到最大幅度。

你同样可以利用器械来完成颈前推举或者颈后推举——这两个动作都能作用于三角肌前部和三角肌侧部。

哑铃推举

练习目的：锻炼三角肌前部和三角肌侧部。这个动作看起来或许和各种各样的杠铃推举动作类似，但其实还是有着一些重要的区别的，其中最关键的一点莫过于你在使用哑铃时能使动作达到更大的幅度。

动作要领：(1) 每只手握住一个哑铃，举到肩膀的高度，肘部向外，手掌相对。(2) 将哑铃竖直上举，直到达到最高点，然后将它们尽量低地慢慢放下。你会发现你在举起和放下时，用哑铃会比用杠铃的动作幅度更大，虽然要分别控制两个哑铃意味着你举起的重量会比使用杠铃时的稍微轻一些。

弗莱克斯·惠勒

阿诺德推举

练习目的：锻炼三角肌的前头和侧头。这是我所知道的最好的针对三角肌的练习动作，并且我常常将这个动作包括进我的常规肩部训练中。把哑铃慢慢从正面放下，会使动作的幅度最大化。

动作要领：（1）站姿，每只手各抓一个哑铃，并且将哑铃举到你的肩膀高度，肘部在身体两侧，手掌朝向自己。（2）平缓地，将哑铃举过你的头顶——不要完全举到锁定点，与此同时转动你的手，大拇指向里转，使得手掌在动作的顶点朝向前方。（3）在这个最终位置坚持一段时间，然后进行反向动作，将哑铃慢慢放低，同时转动你的手，使其恢复至动作的初始状态。不要太过专注于将哑铃举过头顶，否则你的臂部就会开始摇晃并倾向于使用借力；这个动作需要你非常严格地完成，保证哑铃完全在你的控制之下。将哑铃举过头顶的时候注意不要锁定臂部，这样就会在整个过程中给予三角肌压力。这个练习动作是由半个平举动作和半个推举动作组成的，三角肌的前头和中头都能借此得到彻底的锻炼。

肩　部

艾迪·罗宾逊（Eddie Robinson）

站姿侧平举

练习目的：首先，这个动作能锻炼三角肌的外部，其次还有益于三角肌前部和三角肌后部的发展。

动作要领：(1) 每只手握住一个哑铃，身体向前微微倾斜。然后让两个哑铃在你的正面彼此靠近，但要让它们保持一点儿距离。每一次反复都从完全静止的状态开始，这样可以防止你甩动重量。(2) 将哑铃向上及向两侧举起，略微转动你的手腕（就像手持两个罐子倒水一样）。此时哑铃的后部应该略微高于前部。(3) 将哑铃举到比你的双肩略高的位置，然后慢慢将它们放下。整个放下的过程中都要用力。(这个动作最常见的错误就是使哑铃前后晃动，然后将哑铃向上甩，而不是规范地借助三角肌的力量将它们举起。如果犯这种错误，那这个动作的锻炼效果就会大打折扣。)

变式：在完成站姿侧平举这个动作时可能会倾向于借一些力，而如果采用坐姿完成此动作，就完全可以避免这种倾向。

坐姿侧平举

197

拉力器单臂交叉侧平拉

多里安·耶茨

练习目的：锻炼三角肌的外侧头，并且还在一定程度上有助于三角肌前头和后头的锻炼。借助拉索和滑轮来进行单臂侧平拉练习能够带给你两个好处：它使你孤立身体的一面，然后再孤立另一面；并且，拉索能够给你提供持续的紧张，而无论你的动作处在什么角度，这种紧张都不会变化。

动作要领：(1) 站姿，一只胳膊从身前握住身体另一侧的拉力器把手，另一只手放在你的髋部。(2) 平稳地将拉力器向外、向上拉起。在整个动作过程中保持你肘部的弯曲程度不变，直到你拉起拉力器的手略高于你的肩部。在抬起胳膊的时候转动手腕，就像手持罐子倒水一样。如此完成一组动作，然后换另一只手完成同样次数的动作。不要通过提升身体来拉动拉索，而要用三角肌来拉。

变式：尝试从你的背后而不是从正面拉起拉索来完成动作。

波特·科特雷尔（Porter Cottrell）

肩 部

如果三角肌后部是你的弱点，那么在完成拉力器侧平拉这种动作时，就请将你的躯干略微向前倾斜，这样会额外锻炼到三角肌后部。

拉力器单臂侧平拉

练习目的：将练习动作的压力集中在三角肌的侧头上。这个动作曾是塞吉奥·奥利瓦最爱的动作之一，它不仅能塑造肩部的清晰度，同时还能作用于三角肌的前头和后头。

动作要领：(1) 笔直站立，你的一只手臂垂于身体一侧，并握住连在地板滑轮上的把手，另一只手放在髋部。(2) 保持你的臂部笔直，平稳地拉把手，手在空中划出一个弧形，直到手高于你的头部。然后，将臂部慢慢放回到大腿的位置。如此完成一组动作，然后换用另一只手。

坐姿拉力器单臂交叉侧平拉

练习目的：为了发展三角肌后部，你可以在拉力器侧平拉动作的顶点位置，孤立和紧缩三角肌后部。

动作要领：（1）坐在一个较矮的凳子上，一只手抓住连在地板滑轮上的把手，并让这只手臂在你的身体前方充分地伸展。（2）尽可能地保持身体平稳静止，向上、向身体一侧拉起把手，直到你的手臂在大约肩膀的高度得到充分的伸展。（3）在这个动作的最高位置紧缩你的三角肌后部，使它得到真正充分的收缩。接着，把手放低，直至回到初始位置。如此完成一组动作，然后换用另一只手。

在拉力器侧平拉动作的顶点位置，孤立和紧缩三角肌后部。

肩　部

反握哑铃过顶侧平举

练习目的：锻炼三角肌侧部和后部。这是在英国最受欢迎的动作，它还能帮助锻炼斜方肌。

动作要领：（1）每只手握住一个哑铃，然后将你的手臂笔直地向两侧伸展，手掌朝上。（2）慢慢地将你的手臂向上举起，直到两个哑铃在头顶上方相遇。手臂并不一定要在最高位置锁定。在整个动作过程中，请保持你身体的稳定。最后，从顶点位置慢慢将两个哑铃放下，直到回到初始位置。

器械侧平举

已经有各式各样的器械被开发出来，以模仿三角肌的侧平举动作，同时避免对腕、肘或者上臂造成过多压力。当你在使用这些器械时，无论是单手还是双手，都请你集中注意力去感觉：三角肌侧部将手臂从身体的一侧完全抬起，再有控制地将其放下，在整个过程中始终对抗来自地球的引力。

阿龙·麦德隆（Aaron Maddron）

哑铃前平举

练习目的：锻炼三角肌的前头。

这个练习动作的整个过程都能锻炼三角肌的前头，在动作的较高阶段还能影响到斜方肌。

动作要领：站姿，每只手握住一个哑铃。(1) 将一个哑铃向前并向上举起，在身前划出尽量宽的弧线，直到哑铃高于你的头顶。(2) 将这个哑铃在你的控制下放低，同时举起另一个哑铃。这样，两只手臂就能同时处于运动状态，两个哑铃会在你面前的某一个位置擦肩而过。为了使三角肌的前头能够得到直接的锻炼，请保证哑铃是在你的面前而不是在身体两侧划过。在使用杠铃完成同样的动作时，请以手掌向下的方式握住横杠，双臂垂下，与身体保持一定距离，臂部锁定，将杠铃举起到略高于头的位置，然后再有控制地将它放下，尽量做得标准、规范。

变式：采用坐姿，动作会更加规范，因为这样你就不能用身体来借力了。

坐姿哑铃前平举

坐姿俯身哑铃侧平举

练习目的：孤立并锻炼三角肌的后头。

以身体前俯的方式完成侧平举动作，可以更直接地迫使三角肌的后头工作。而采用坐姿会使动作更加标准、规范。

动作要领：（1）坐在凳子的一头，双膝并拢，每一只手握住一个哑铃。躯干向前俯，让两个哑铃在你的小腿后面相遇，转动手腕让两个手掌相对。（2）保持你身体的稳定，然后向身体两侧举起哑铃，同时转动手腕，让你的大拇指比你的小拇指稍低。手臂略微弯曲，将哑铃举到略高于头的位置。然后继续并拢双膝，将两个哑铃慢慢放下，使其在小腿后面相遇，整个过程中都要用力。注意不要在举起哑铃的同时抬起你的身体。在这个动作中，请尽量尝试完全规范，不要借力，并且确保径直地将哑铃举向两侧；这个练习的目的是将哑铃的压力移到你的肩膀后面。

站姿俯身哑铃侧平举

练习目的：锻炼三角肌后部。

动作要领：(1) 保持站姿，每只手握住一个哑铃。上半身前俯，身体以45度或更大的角度倾斜，哑铃位于你的躯干下方，保持一定距离，手掌相对。(2) 身体不要抬起，将哑铃向两侧举起。转动手腕，在动作的最高处让你的大拇指略低于小拇指（不要让你的臂部移到肩膀后面）。将哑铃有控制地放下，整个过程中都要用力。

这是一个正确的锻炼三角肌后部的角度——两个哑铃和肩膀都在一条线上。注意，两个哑铃是始终保持水平的，两个手掌始终朝向地面。

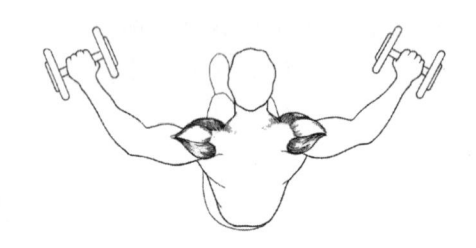

若是举起哑铃时手臂过于靠前，那么哑铃的重量就会作用于三角肌前部，而不是三角肌后部。

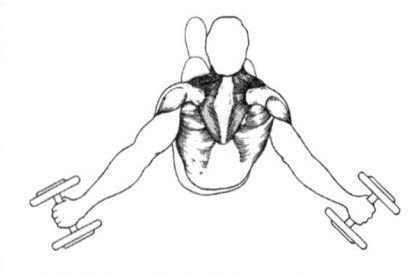

如果举起哑铃时手臂过于靠后，那么就会影响到斜方肌和背阔肌。这样就会减弱三角肌后部的锻炼效果。

李·普里斯特

里奇·盖斯帕里（Rich Gaspari）

俯身拉力器侧平拉

练习目的：锻炼三角肌后头。

在使用拉力器的过程中，你的动作能达到的幅度会更大，你在整个过程中承受的阻力也会保持不变。这是弗朗哥·哥伦布（他的三角肌后部令人惊叹）最喜欢的三角肌后部的练习动作之一。

动作要领：(1) 使用两副滑轮接在地面上的拉索，每只手握住一个把手，此时你的双臂应该在你的身前交叉（即左手握住右侧的把手，而右手握住左侧的把手）。挺直背部，俯身，直到躯干基本与地面平行。(2) 双臂基本平直，平稳地拉起把手，让拉索在你的身前交叉，然后继续向身体两侧伸展你的臂部。此时应该略微转动你的手腕，使大拇指低于小拇指，就像倒水一样。尽可能地拉伸，然后放下，让臂部慢慢地从你的身体前面回去，回得越远越好。

侧卧侧平举

练习目的：锻炼三角肌侧部和后部。

这个练习动作常常会被来自法国的塞尔日·纽伯莱推荐，并且会在锻炼三角肌后部和侧部的过程中产生奇迹般的效果。你应该选择一个中等的重量，并且非常严格规范地做动作。

动作要领：更理想的情况是，你在完成动作时能够使用一个斜板来构成一个角度。你也可以不使用斜板，但这样就会使得动作幅度有所缩减。(1) 身体侧卧，头部抬起。单手握住一个哑铃，将其放低，使之尽量靠近地面。(2) 然后将哑铃向上举，保持臂部平直。记住，在上举的过程中要略微转动你的手腕，将大拇指向下转，来使三角肌后部进一步收缩。当你用一只手完成一组动作后，身体转向另一侧，换另一只手完成同样次数的动作。

斜方肌练习

直立划船

练习目的：锻炼斜方肌以及三角肌前部，分离三角肌和胸大肌。

动作要领：(1) 保持站姿，以手掌朝下的方式握住杠铃，两手的间隔大概是 8 ~ 10 英寸 (20.32 ~ 25.40 厘米)，使杠铃悬垂在身体的前方。(2) 将杠铃垂直地向上拉起，保持它贴近你的身体，直到杠铃基本碰到你的下颌。挺直背部，并在动作中感受斜方肌的收缩。在举起重量的过程中，你的整个上肢带骨也应该抬起。从最高点开始，有控制地放低杠铃，直到它回到起始位置。

这是一个必须规范完成的动作。不要使用借力或者甩动杠铃。同时，保持你的身体稳定静止，确保你能感觉到斜方肌、肱二头肌和三角肌前部一起在工作。(你可以选择使用一根短杠铃和拉力器来代替杠铃，或者做拉力器直立划船。拉力器持续不变的阻力会帮助你尽可能严格地完成整个动作。)

肖恩·雷

大重量的直立划船

练习目的：这是一个大重量的借力动作，可以增强整个上肢带骨和上背的力量。

动作要领：(1) 挑选一个较重的杠铃，手掌朝下将其握住，两手的距离大概为12英寸（30.48厘米）以上。杠铃悬垂在你身体前面，与身体保持一定距离。(2) 将杠铃垂直举起，举到你下颌下方。在此过程中允许晃动背部，用腿部甚至小腿来借力。另外，你要保持你的肘部向外，并且始终高于杠铃。接着，放低杠铃，回到起始位置。记住，在这个力量练习中，借力是十分重要的，这使大重量的直立划船不同于标准的直立划船，后者需要严格地完成。

里奇·盖斯帕里

哑铃耸肩

练习目的：锻炼斜方肌。

这个练习可以用极重的重量，以使斜方肌变得更厚。

动作要领：笔直站立，双臂在身体两侧下垂，每只手握住一个重哑铃。尽可能高地向上提起肩膀，就像尽量要让它们触到你的耳朵一样。在动作的最高点坚持一段时间，然后放下，回到初始位置。除了肩部之外的任何部位都尽量不要动。

杠铃耸肩

练习目的：锻炼斜方肌。

动作要领：笔直站立，手掌朝下抓住杠铃，杠铃位于身体前面，与身体保持一定距离。尽可能高地向上耸动你的肩膀，就像尽量要让它们触到你的耳朵一样。在动作的最高点坚持一段时间，然后放下杠铃，有控制地将它放回起始位置。

有的健身房里会有专门的耸肩机，另外你还可以使用各种凳子来完成耸肩动作。你可以尝试将杠铃放在一个比较低的深蹲架上，以此为支撑，这样你能够使用非常重的重量，而不用浪费多余的力气将杠铃从地面上提起来。

胸部

胸部的肌肉

胸大肌由两个部分组成，锁骨部分（上部）和胸骨部分（下部）。胸大肌上部是与锁骨相连接的。并且，沿着身体的中线，胸大肌与胸骨以及一些肋骨上的软骨相连接。胸大肌最大的一块起于上臂骨骼（即肱骨），固定在下面的一个点上，并且正好在三角肌与肱骨的连接处之上。胸大肌在胸部像扇子一样延伸，并且像盔甲一样覆盖住胸腔——正中间与肋骨相连接，一直延展到肩部，这些肌肉使你能够完成许多的动作，如将一个球投出、宽握仰卧推举、将瓶盖从瓶子上拧下、自由泳以及双杠屈臂撑。此外，胸大肌同时与肱骨相连，因此它在引体向上等动作中也扮演着极其重要的角色。实际上，胸部的肌肉群和背部的肌肉群之间有一种非常重要的、相互依赖的关系。如果上背的背阔肌不是充分发达，那么胸大肌是不可能长到它们所能达到的最大尺寸的。

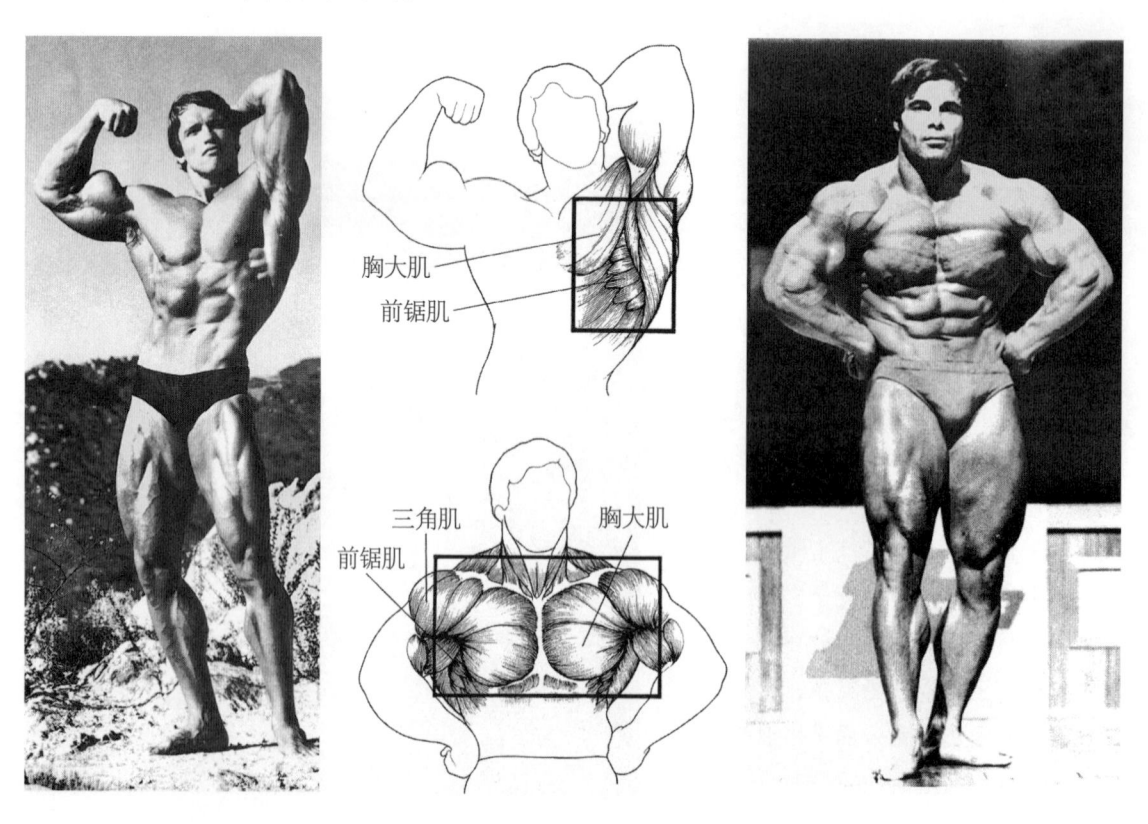

胸大肌
前锯肌

三角肌　胸大肌
前锯肌

基本功能：从身体的正面交叉拉动臂部和肩膀。

锁骨下肌是一块位于锁骨和第一组肋骨之间的圆柱形肌肉。

基本功能：向前拉动肩膀。

前锯肌是一组位于肩胛骨和肋骨之间的片状肌肉。

基本功能：让肩胛骨转动，向上耸肩，并且将肩胛骨向前、下两个方向拉动。

完全发达的胸部

一个有深度的、塑形良好的胸部对一个人的体格具有至关重要的作用。为了获得这样的胸部，你需要进行各种各样不同的练习：要发展胸大肌上部、胸大肌下部、胸大肌内侧和胸大肌外侧，以及胸大肌与三角肌的联结度。另外，还需要扩展整个胸腔，来使胸大肌达到最佳的视觉效果。

但是实际上，想练出完美的胸部，要比许多健身者想象的困难得多。你完全可以通过锻炼获得一个巨大的胸腔，以及两块巨大而厚实的胸大肌，但这仍然不能保证你就能获得一个完美的胸部。完美的胸部包括：

1. 较大的胸腔；
2. 厚实的胸大肌；
3. 胸大肌的内侧、外侧、上部和下部都足够发达；

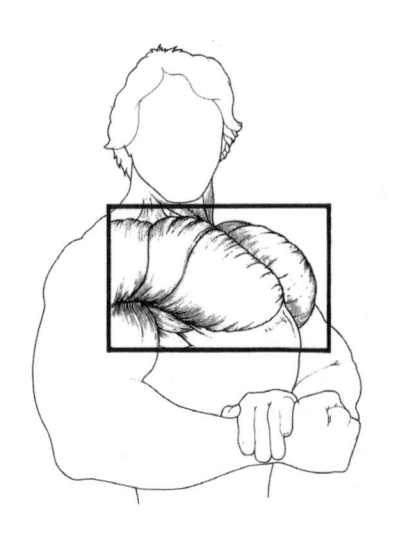

这就是你所需要的：被两块壮硕发达的胸大肌包裹的巨大胸腔。

第三部分 身体部位练习

弗朗哥·哥伦布在展示胸肌，你可以看到，胸部每个区域的轮廓都很清晰——胸肌的上部和下部，胸肌上部与三角肌的分离处，胸肌内侧，以及胸肌与前锯肌的联结处。

一副真正厚实的胸大肌可以让你在摆任何姿势时都显得强壮。而说到最让人难忘的胸部效果，就不能不提及多里安·耶茨和凯西·维埃特。

4. 紧缩胸大肌时，有明显可见的条纹——从胸腔的中间开始，横过并从上到下穿过胸部；

5. 胸大肌的上部和下部间清晰的分离度；

6. 一个方方正正而非松松垮垮的体形，需要足够发达的胸大肌上部；

7. 胸大肌足够发达，在你将手臂举过头顶的时候，它们不会消失不见。

本章中的胸部训练计划可以帮助你获得上述那样彻底发达的胸大肌。当然，有些人非常幸运，他们天生就具有胸部

塞尔日·纽伯莱的胸部肌肉完全发达，包括上部和下部，内侧和外侧，所有这些让他看起来如此地壮实。

胸 部

弗朗哥·哥伦布的胸肌的上部和下部间的分离度也许是最好的了。

只要你的胸肌足够发达，它们就不会在你举起手臂时消失。（史蒂夫·李维斯）

锻炼方面的潜能。塞吉奥·奥利瓦就曾经仅仅用一种练习动作来锻炼胸部——仰卧推举——但是他的胸部肌肉却迅速膨胀得像一块面包一样。雷格·帕克天生就拥有一个巨大的胸腔，而正是这点让他发达的胸大肌能更令人惊叹。

但是，无论你是否具有基因上的优势，如果你想要一个完美的胸部，就需要采用最适当的锻炼方式。这就意味着你必须依靠一些技巧和努力来弥补你天生体质上的不足，拿回大自然忘了给你的东西。

无论你怎么摆造型，胸肌总是核心区域。注意胸大肌的条纹是如何将周围所有的肌肉联系起来的：斜方肌、三角肌前部、手臂以及腹肌。

训练胸部

有两种针对胸部的基本练习动作：飞鸟动作——在这个动作中，伸展开的双臂通过一个拥抱动作被拉到胸部前方汇合；推举动作——在这个动作中，重量被向上举起，离开胸部，在这一过程中，除了胸大肌的贡献外，还需要三角肌前部和肱三头肌的共同努力。最基本的仰卧推举动作是躺在水平的凳子上推举一个杠铃，这个动作永远是多数健身者最喜欢的练习动作。如果你的动作正确——合适地握住杠铃，并且尽可能完成整个动作幅度，那么你就将能够全面地发展胸部肌肉的块头。

然而，改变你躺的角度——例如将身体倾斜，你就能将更多的压力从胸大肌中部转移到上部和三角肌前部。我坚信，如果你一开始就在训练计划中放进上斜推举的练习，那么你就不会发现你的胸大肌的上部相对于中部和下部会显得不够发达了。同样，更多的上斜推举能够帮助你塑造胸大肌上部和下部间的分离度。

就像其他肌肉的训练一样，在锻炼胸部肌肉的过程中，动作的幅度越大，肌肉的收缩度就会越高——而这会使肌肉的生长达到最大化。因此，尽可能地将胸大肌拉伸开来就极为重要，特别是在做飞鸟动作时。因为这能帮助最大限度地增加柔韧性，而更好的柔韧性会带来更发达的肌肉。这也正是为什么许多最顶级的健美运动员，虽然拥有你能想象的最大块头，却仍然有足够的柔韧性来把他们自己扭成麻花。

但是，单纯地拥有两块硕大的胸大肌是远远不够的，特别是当它们只是挂在一个很小的、普普通通的胸腔上时。我坚信通过仰卧上拉可以有效地扩展胸腔，虽然这还是个有争议的话题。不过要注意，借助器械的上拉练习就不是那么有效了。当你的身体固定在器械上时，承受大部分压力的是背阔肌，所以不能将胸腔扩展到最大程度。

当取得了一定的进步后，你就需要将更多的注意力放到细节上面。为了让你胸部肌肉的每一个区域都能充分发达，我建议你在自己的训练计划中加入大量的哑铃飞鸟、拉力器夹胸、屈臂撑和其他一些胸大肌练习动作。

同样的，在进入更高级的训练阶段后，你就需要将胸部练习和背部练习结合成超级组。我相信，胸大肌就像背阔肌一样，不仅需要阻力训练，还需要得到充分的拉伸。因此，当你在做完类似仰卧推举的练习后，就需要立即做引体向上之类的练习，这样才能使你的胸大肌得到最充分的拉伸。这同样也是一种非常高效的训练方式——你在训练期间，能够在第一组动作之后的休息期锻炼其他肌肉群，这会使你的训练进度大大加快，并且帮你燃烧掉额外的卡路里。

在高级的训练计划中，你还需要关注前锯肌，它们就位于胸部侧下方。前锯肌会通过特殊的方式和肋间肌一起得到锻炼。这些肌肉的发达会让别人知道，你不是一个只知道练块头的莽夫，而是一个关注细节的雕刻师。

基础训练计划和高级训练计划

在个人的早期训练中，我正是按照我现在极力宣传的方式来进行锻炼的：从最基本的练习动作开始——仰卧推举、上斜推举、哑铃飞鸟、屈臂撑和仰卧上拉。甚至在3年之后，我仍然仅仅使用这五种基本动作。

当我在进行了4年的健身训练后，胸大肌已经非常发达了，并且理所当然地有了一些弱区——例如胸大肌的上部。在慕尼黑，我开始和我的朋友莱茵哈特·斯莫拉纳（Reinhard Smolana）一起训练，他向我展示了一种完全不同的胸部锻炼方式。我们从上斜推举开始——我们不得不先站着将杠铃提起来，然后身体斜靠到凳子上，做完一组动作，再站起来将杠铃放回原位。只有在我们完成了几组上斜推举之后，才会继续做仰卧推举和飞鸟练习。

这个例子的重点在于说明上斜推举是非常有效的——过了一段时间之后，我的胸大肌上部开始变大。这对我来说是极其重要的一课，它让我看到了，训练计划的一个改变是怎样克服一个弱点的。

另外，这种独特的、完成上斜推举的锻炼方式，即必须先完成提铃动作，然后在倒向凳子的同时握紧杠铃的锻炼方式，还给我带来了另外一种好处——它使我的力量大大增强。正是这样的力量使我能够用很大的重量进行强力训练，从而获得了额外的肌肉的厚度和强度。

在发展胸大肌上部的过程中，我学会了两个极重要的原则：(1)针对弱区进行专门训练是绝对有回报的，特别是在你还很有力气和精力时首先对它们进行训练（优先训练原则）；(2)你可以通过改变训练计划来让

多里安·耶茨的胸肌上部非常发达。

你的身体在一种不习惯的状态下锻炼，这会加速肌肉的发展（冲击原则）。

同样是在早期的训练过程中，我发现了在对胸部进行训练时尽量拉伸胸大肌的各种好处。在做完哑铃飞鸟后或者在完成拉力器的练习后，我常常会将胸大肌拉伸到它们所能承受的极限程度，并且还常常在训练中加入一些背部练习动作来进一步拉伸胸大肌。

每一个人的体质都具有其特殊性，所以练习的实际效果也会不同。比如纳赛尔·桑贝蒂拥有一个巨大的、圆桶似的胸腔，以及一双短小的胳膊。在他做标准的仰卧推举时，就只能得到很小的回报，除非他使用格外重的重量。当纳赛尔将举起的杠铃收回到他极其发达的胸部，然后再次将杠铃举起的时候，由于他的臂部相对短小，他的动作幅度就比较有限。这种体形的人通常都需要在他们的训练中加入更多的上斜推举动作，或者在做仰卧推举时用两个哑铃来代替杠铃，因为只有这样他们才能将重量放低到胸部以下。但是这并不意味着他们完全不应该用杠铃做仰卧推举，而是说他们必须加入幅度更大的练习动作。（我过去还见过一种特殊的杠铃，在横杠的中间有一个弯曲的形状。这种特殊设计是为了使你能够在做仰卧推举时能将双手放得更低，从而加大动作幅度。）

肯·沃勒拥有健硕的三角肌前部。在做仰卧推举时，他的三角肌就能给出绝大部分的力量，而他的胸大肌就好像没怎么工作，所以肯就只能选择做大量的下斜哑铃推举。

无论如何，你都需要在综合考虑你的基因以及先天的有利条件和不利条件之后，相应地调整你的训练计划。

参赛训练计划

当我第一次来到美国时，我的块头已经足够大了，因此我开始关注对细节的训练。我发展了一套更复杂的训练计划，加入了额外的练习动作，包括许多孤立锻炼胸大肌每一块重要区域的动作。像文斯·吉龙达（Vince Gironda）之类的专家给了我很多建议，因此，我就从为单纯拥有两块硕大的胸肌而训练，过渡到了为拥有冠军级的胸部而训练的阶段。

每一次参加健美比赛后我都能学到更多的新东西。逐渐地，我掌握了这本书中所描述的所有训练原则，从递减法到强迫次数训练法等等。我还从竞争对手——如塞尔日·纽伯莱、弗兰克·赞恩以及弗朗哥·哥伦布——的身上了解到，要想使胸部呈现完全成熟、健壮、清晰的形状，还需要大量的饮食控制和很长时间的紧缩训练。

我在锻炼胸部时，常常能从三合组训练中获得很好的效果——比如，先做一组哑铃飞鸟，然后是屈臂撑，接着是拉力器夹胸。这样会让大量的血液集中到胸部，并且强迫你在结束时精疲力竭，而不是慢慢地、轻轻松松地完成训练。这会让你的肌肉结实、分明并接近完美状态。

当然，你还需要关注甚至很多细节——那些你在其他时候很难注意到的东西，会忽然出现，变成你的主要弱点。比如，我曾经见过一些健身者的胸部内侧出现了条纹，但很遗憾，这些条纹并没有延伸到整个胸部。这类细节在近距离观看时会产生较大的影响。因此，我会建议这些人做超级组——上斜推举动作（使用杠铃或哑铃）与拉力器夹胸相结合——来纠正这个弱点。塞吉奥·奥利瓦习惯于用 3/4 的动作——比如做仰卧推举时，不举到最上面，这样就不会牵涉肱三头肌，他的胸部就会一点儿都不得休息——来强迫他的肌肉以更大的强度和陌生的方式来工作。在使用这种训练方法仅仅几个月后，我就发现我的胸部看起来更加结实和清晰——这说明，即使在你的训练技巧中做出的一个很细微的改动，也能让你的体形发生很大的变化。

针对胸部的参赛训练都是"推拉"形式的，也就是把胸部练习和背部练习结合起来的超级组和三合组。将这些练习结合起来能给你极强的泵感，并能真正地轰炸你的胸肌，让它们具有你想要的尺寸、形状、清晰度和联结度。

像负重引体向上加上上斜推举的超级组、仰卧推举加上宽握引体向上的超级组以及哑铃飞鸟加上杠铃俯身划船的超级组，能让胸部和背部同时出现泵感，并使你能依次训练胸大肌和背阔肌——它们的作用正好相反，所以当一处肌肉得到锻炼时，另一处有机会休息。另外，由于你在锻炼相对的肌肉群，每组背部练习都能帮助拉伸胸肌——这时它们正在休整为下一组胸部练习做准备。

塞尔日·纽伯莱的胸部是世界上最平衡的，其中每一个区域都与其他区域完美地协调。

弱点训练

就像其他任何部位一样，一旦你训练了一段时间之后，就极有可能注意到，你的胸部的某些区域要比其他区域发展得更快，状况也更好。为了修正这种不平衡的状态，你就需要调整训练计划，加入许多针对落后区域的练习动作。下面就是一个可以平衡地发展胸部各个区域的动作列表，当然了，没有任何一个练习动作是完全孤立的。

胸大肌上部

　　上斜推举，使用杠铃、哑铃或者史密斯机（安全杠铃联系器）
　　上斜飞鸟

胸大肌下部

　　下斜推举，使用杠铃、哑铃或者器械
　　屈臂撑
　　下斜飞鸟
　　拉力器飞鸟

胸部内侧

　　拉力器夹胸
　　推举或者飞鸟，在动作的顶点位置保持收缩几秒钟
　　窄握仰卧推举

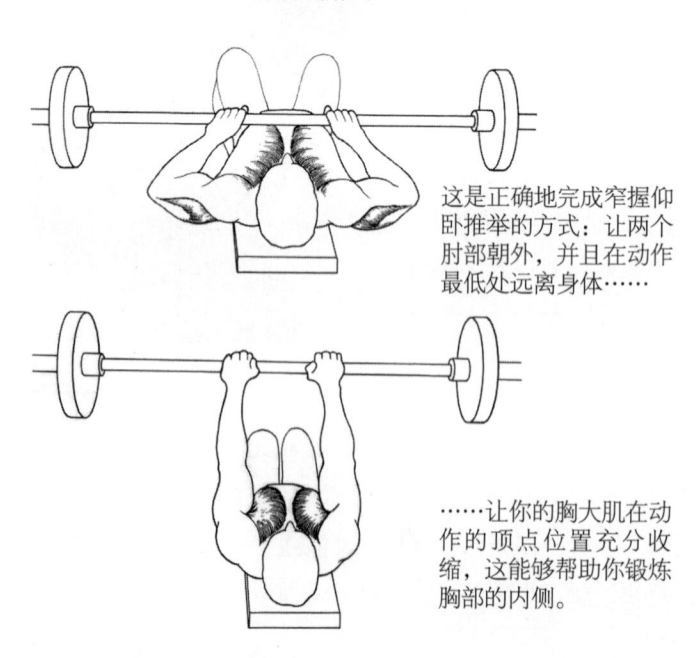

这是正确地完成窄握仰卧推举的方式：让两个肘部朝外，并且在动作最低处远离身体……

……让你的胸大肌在动作的顶点位置充分收缩，这能够帮助你锻炼胸部的内侧。

哈姆杜拉·艾库特卢（Hamdullah Aykutlu）既清晰又发达的胸部内侧。

胸 部

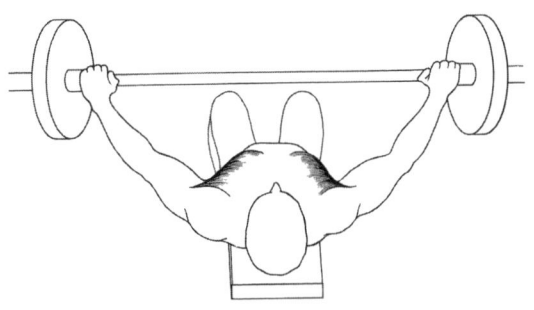

双手尽量宽地分开，握住杠铃……

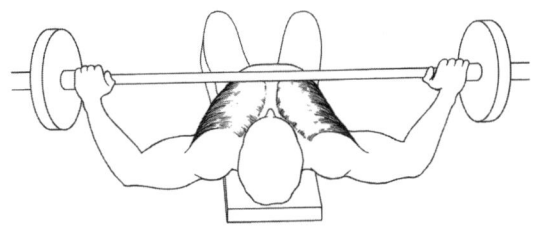

……这样就能使你在放低重量的时候让胸大肌得到充分的拉伸，这可以非常有效地锻炼胸部的外侧。

发达的胸部外侧会使你的胸大肌从正面看时显得非常饱满。在这张照片中，我全身放松地站立，但我的胸部外侧和肱二头肌几乎要碰上了。

胸部外侧

哑铃飞鸟，在动作的靠下阶段集中精神充分拉伸肌肉

屈臂撑

上斜推举、仰卧推举，宽握并且只做动作的下 3/4 阶段

哑铃推举，做动作的下 3/4 阶段，不要让哑铃碰上，在动作最低处拉伸肌肉

胸腔

仰卧上拉（哑铃或杠铃）

多里安·耶茨的这张照片，说明了从侧面看时，一个好的胸腔有多么重要。

如果在锻炼胸部肌肉时发现弱点，那么就按照优先原则训练你的胸大肌，即在你的力量还很充足、精力充沛的时候，首先训练弱区。在健身的最初阶段，胸大肌上部的相对不发达经常困扰我。因此，我就会从上斜杠铃推举和上斜哑铃推举开始我的全部训练，来狠狠地冲击这个区域。然后我才会继续进行常规的仰卧推举和其余的胸部练习动作。

但是有时针对弱点的训练并不适用这种优先训练原则。例如，如果你的弱点是胸部内侧，那么我就不会推荐你以拉力器夹胸作为你日常训练的开始动作。相反，你可以在其他的胸部训练中使这个区域得到锻炼——比如在所有的推举动作中，都将臂部锁定，这样就能真正使胸大肌内侧紧张并收缩。然后，你可以在训练快要结束时，额外加上几组拉力器夹胸或者其他针对胸部内侧的练习动作。

胸部外侧也是同样的情况。你可以在常规的胸部训练中，加强对这个区域的练习，比如在做哑铃飞鸟的时候将重量放得再低几英寸，在做其他胸部练习时尽可能地拉伸。如果胸部外侧是你的弱点，你不需要像锻炼胸大肌上部、中部和下部那样，采用优先训练原则。我最推荐的针对胸部弱点所做的训练调整，仅仅是在做仰卧推举动作时，采用宽握或者窄握的方式，来刺激胸部外侧或内侧。

推举动作中胸大肌的哪个区域最能得到锻炼，取决于你在做动作时所用的角度。比如说胸大肌上部，我过去经常会以三组倾斜度只有15度的上斜哑铃推举开始我的训练，接着我会再做三组上斜哑铃推举，倾斜度分别为25度、35度和50度。在这样的训练之后，我能感觉到真的对整个胸大肌上部进行了狂轰滥炸，并且没有任何一个区域被忽视。

使用杠铃的动作通常能让你使用更重的重量，因此你就可以将肌肉的块头和力量都提升到最大的限度。而使用哑铃的动作则能让你的动作幅度更大，因此你可以让肌肉更强地紧张和收缩。使用拉力器的动作让你能自由选择各种不同的锻炼角度，于是你就能更好地塑造肌肉的外形。而器械练习对胸部的不利影响是你只能从一些非常固定的角度来进行锻炼，但如果你正好想从这样的角度来锻炼你的弱区的话，也可以化不利为有利。

哑铃飞鸟对于锻炼胸大肌外侧非常有用，但你还需要注意一些技巧，以最大地发挥这个动作的功效。当你躺在凳子上的时候，应该将哑铃放得尽可能地低。向上抬的时候，在全程的3/4处停下。这个技巧将所有的压力都集中作用于胸部外侧，并使它们在练习过程中不能得到任何的休息。

你还能通过哑铃飞鸟来锻炼胸部内侧。将哑铃一直举到上面，然后在动作的顶点将肌肉挤到一起；此时你甚至可以将哑铃稍微交叉一下，以充分收缩胸部内侧。

总的来说，胸部内侧的发达来自于胸大肌动作的靠上阶段——例如窄握仰卧推举动作中，就要将杠铃一直上举到最高处；或者拉力器夹胸动作中，要让你的双臂在身前互相交叉，这样能真正收缩胸部内侧。

身体向下倾斜的动作能更好地锻炼胸大肌下部。这样的动作包括下斜推举、下斜飞鸟、下斜拉力器夹胸以及屈臂撑。我喜欢屈臂撑这个动作，通过让身体向前倾斜或者挺直（甚至在一组动作的过程中就可以变换姿势），就可以改变对肌肉的刺激方式。

如果你把双臂举过头顶的时候，胸大肌消失得无影无踪，那么我建议你进行一系列不同角度的上斜哑铃推举训练。从几乎平卧的角度开始，慢慢倾斜，直到几乎是肩上推举的角度为止。这样可以完全发展胸大肌，即使你举起双臂，你的胸部肌肉仍然会令人惊叹。

记住，就算是在进行弱点训练时，也不要完全忽视掉肌肉群的其他较为强壮的区域。不过，你可以减少一些针对强壮区域的练习数量，同时增加一些额外的动作来训练薄弱区域。

有一些专家认为，一旦达到一定的年龄——大约20岁，就不能通过锻炼来扩大胸腔的尺寸了。当然了，连接每条肋骨的软骨在年轻的时候更容易得到拉伸，这点是正确的。但我也见过很多老龄健身者通过锻炼扩大了他们胸腔的尺寸，因此我不认为这是不可能做到的。这只是时间、努力和耐心的问题——就像在健身运动中的许多其他问题一样。

最后，请记住，强迫弱区发展的最好方法就是按照各种各样的冲击原则来增大训练强度。查克·赛普斯常常喜欢按照递减法来做仰卧推举。他会从400磅（181.44千克）的杠铃开始，然后完成尽量多次数的反复，在此过程中他的训练同伴会帮他卸下一些杠铃片，这样他就能一直继续训练，将胸大肌的力量完全消耗掉。你同样可以使用一些训练技巧，像强迫次数、停息训练、3/4动作、交叉组以及任何其他可能的技巧，来强迫肌肉发展到一定程度。

我特别喜欢给胸部安排一些"重磅日"。我每周都会有一次是使用非常重的重量来训练胸部的：100磅（45.36千克）的飞鸟，最多5~6次反复，用365磅（165.56千克）的重量做上斜推举，进行6~8次反复，以及超重的仰卧推举（450磅，即204.12千克），这些能够让胸大肌的块头和厚度发展到最大程度。

强力训练

为了能使胸部肌肉的力量、块头和强度都能达到最大的程度，我推荐以下训练计划：

1. 从仰卧推举开始，第一组 20 次反复，第二组 10 次反复，然后增加重量，这样你接下来就只能进行 5 次、3 次和 1 次反复。
2. 继续完成尽量多的组（至少 5 组），此时你使用的重量应该只允许你每组进行 1～2 次反复。
3. 最后一组动作，使用较轻的重量，这样你可以重新做很多次反复。
4. 继续训练，用同样的方式做上斜推举和哑铃飞鸟。

前锯肌

前锯肌与肋骨平行，从背阔肌的下部开始向前延伸，与胸大肌和肋间肌连接，向下则与腹外斜肌连接。充分发达的前锯肌看起来就像并拢的手指一样，具有足够的清晰度和分离度。前锯肌与其他肌肉不同，你很难通过卷尺来测量它们的尺寸，对于它们的锻炼情况只能通过视觉效果来判断。

充分发达的前锯肌是非常重要的，具体原因有很多：其一，它可以明确地显示出，你在健身的细节和质量上已经取得了相当的成就；其二，前锯肌能够帮助分离背阔肌、腹外斜肌以及胸大肌，并且使这些肌肉从正面看起来更发达。它还能让你的体形显得更加对称，让你看起来更强壮。

有一些人的前锯肌天生就很健壮。这里有一张史蒂夫·李维斯正在进行一个前展背阔肌展示动作的照片。这时的他只有 15 岁并且仅仅进行了 1 年的健身训练，但是毫无疑问的，你可以看到他的前锯肌的一些指状突起已经具有一定的深度了。之后，他继续进行健身训练，到他赢得"宇宙先生"的称号时，他发达的前锯肌已经相当可观了。

15岁时的史蒂夫·李维斯

但如果你天生没有这样健壮的前锯肌,那么也可以通过有意地对这个部位进行训练,使其凸显出来。弗兰克·赞恩就在前锯肌的训练上下了很大的工夫,这也帮助他塑造出了一副"宇宙先生"式的标准身材。

训练前锯肌

由于前锯肌最基本的功能是将肩膀向前后两个方向拉动,因此你可以在一些练习动作,像引体向上、窄握下拉以及各种仰卧上拉中对它们进行训练。(当我在做仰卧上拉时,我的身体结构使我的胸腔得到了有效扩展。但对于其他体形的人来说——像弗兰克·赞恩和比尔·珀尔,这个动作则倾向于对他们的前锯肌进行更多的刺激。)有两个练习动作能够更集中地对前锯肌进行训练,特别是当这个区域是你的弱区的话:绳索下拉和单臂拉力器下拉。你一定要尽可能规范地做这些动作,这样才能获得最佳的效果。

用引体向上和上拉来锻炼胸部和背部时,你的前锯肌已经得到一定的锻炼了。这次你要有意地孤立前锯肌,让它们燃烧。只是在锻炼腹部、小腿、或者肋间肌时顺便加入几组对前锯肌的训练动作是不够的,如果你希望拥有完美的身材,那么就需要对每一块肌肉都进行最大强度的训练。

24岁时作为"宇宙先生"的史蒂夫·李维斯

杰出的前锯肌,加上令人惊叹的、没有一丝赘肉的腹部,使这个双手过顶的姿势成了弗兰克·赞恩的招牌动作之一。

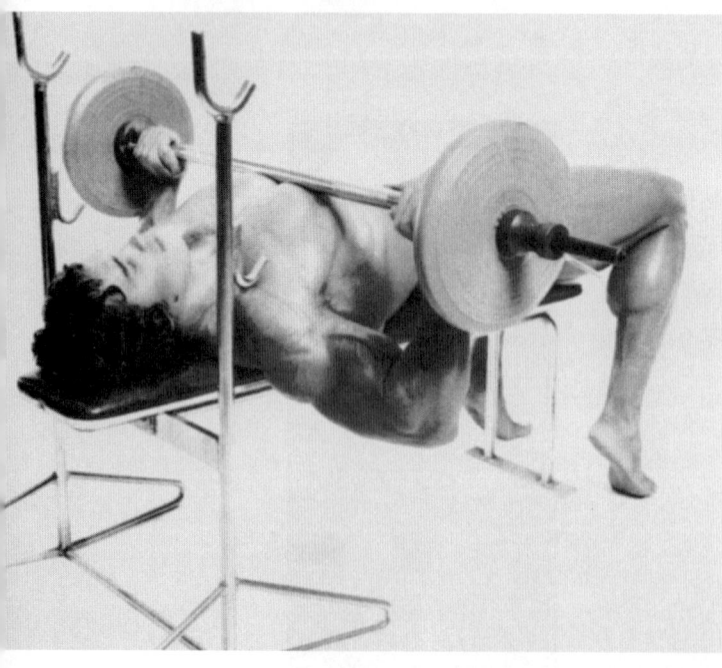

胸部练习

仰卧杠铃推举

练习目的：塑造胸大肌、三角肌前部以及肱三头肌的块头，并且增加这些肌肉的力量。

仰卧推举是一种非常基础的对身体上部进行综合训练的练习动作。它能促进肌肉的生长、增强肌肉的力量以及肌肉的强度。这一动作不仅能使胸部肌肉群得到训练，还能使三角肌前部及肱三头肌得到训练。

动作要领：(1)躺在一张水平的凳子上，双脚接触地面以保持平衡。握住杠铃杆，双手距离适中（就是说当你将杠铃放低至胸口位置时，双手间的距离应该宽到足以让前臂与地面相垂直），然后将杠铃从支架上举起，保持在身体上方，并与你的身体保持一定距离。(2)慢慢地、有控制地将杠铃放下，直到它碰触到你胸大肌的下端。此时应该保持肘部向外，以使胸大肌得到完全的锻炼。杠铃在这个位置上应该停一下，之后再一次举起杠铃，直到你的双臂伸直锁定。除非我特别说明，否则任何练习都是做完整个的动作幅度。

胸 部

这是一个经典仰卧推举动作的起始位置：双手之间的距离比肩宽略宽。这样的握法能使杠铃的重量分散，从而使胸大肌在这个练习动作中起主要作用，而三角肌前部和肱三头肌则只是起协助作用。

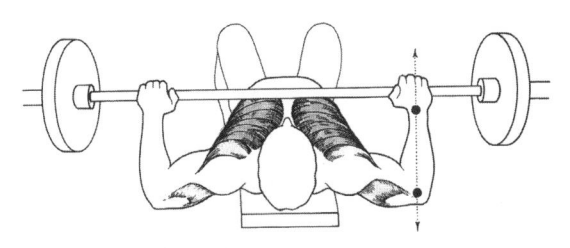

请注意，当你将杠铃放低到胸口位置的时候，双手的位置应该如图所示，使前臂能够和地面保持垂直。这样握杠铃的方式能够使你获得最好的整体效果，因为它能使所有的胸大肌都参与其中——包括胸大肌内侧、外侧以及整个中部。

我经常在周日的威尼斯沙滩上进行胸部训练。我有额外的动力使用450磅（204.12千克）的重量，因为有这么多人站在旁边看着我。

上斜杠铃推举

练习目的：锻炼胸大肌（中部和上部）及三角肌前部的块头和力量。

改变动作的角度，倾斜向上推举，这样就能给胸大肌上部施加更多的压力，并且能使三角肌得到更多的锻炼。但你会发现做这个动作时不能举起仰卧推举时能举起的重量。

动作要领：（1）靠在倾斜的凳子上，以适中的握距握住杠铃，然后将杠铃从支架上取下，举到头顶上方，双臂锁定。（2）将重量放低到胸大肌上部，停一下，然后再将杠铃推回动作的起始位置。在上斜时，找到那条正确的"轨道"是极为重要的，否则杠铃就很容易滑得太靠前了。在你还不习惯这个动作时，有一个训练伙伴看着你是有帮助的。

器械推举

练习目的:锻炼胸大肌。在器械上做仰卧推举有一个好处,那就是器械始终保持在某个轨道上,这就不用你花费精力去保持平衡和动作协调。这对那些肩部有伤、正在恢复中的人来说尤其有利。同样,你的训练伙伴还能压住器械,让你进行高强度的强迫负功训练。但是,由于重量固定在一个轨道上,在某种程度上也限制了对肌肉的刺激。

仰卧器械推举。许多器械都是为做仰卧器械推举而设计的。

上斜器械推举。通过使用倾斜的凳子和史密斯机,你可以模仿某个特定角度的、非常严格的自由重量练习。

下斜器械推举。向下倾斜的凳子和史密斯机可以让你的身体以向下倾斜的角度完成推举动作。

仰卧哑铃推举

练习目的：锻炼胸大肌的中部和外侧的块头和力量。使用哑铃时的动作幅度比使用杠铃时的大。另外，由于要平衡和控制两个独立的重量，就迫使稳定肌也协助工作。

动作要领：（1）仰卧在水平的凳子上，膝盖弯曲，脚平踏在凳子上或地上。转动手腕，手掌向前。（2）将哑铃放低到胸部外侧的位置，集中注意力保持它们始终平衡并处于你的控制之下。将哑铃放得尽可能低，感觉胸大肌得到充分的拉伸。然后将哑铃上举，在头的上方保持双臂笔直并锁定。

下斜哑铃推举

练习目的：锻炼胸大肌的中部和下部。

动作要领：（1）每一只手握住一个哑铃，并且躺在一张向下倾斜的凳子上。将两个哑铃保持在肩部的高度，手掌向前。（2）接着将哑铃径直举到头的上方，然后将它们慢慢放回到起始位置。

上斜哑铃推举

练习目的：锻炼胸大肌的中部和上部。你可以改变凳子的倾斜角度，从基本水平一直到几乎竖直；越接近竖直，对三角肌的锻炼程度就越高。

动作要领：(1)躺在倾斜的凳子上，每一只手握住一个哑铃。提起哑铃至肩膀高度，手掌向前，并与身体平行。(2)将哑铃举到头的上方，同时保持哑铃竖直，然后将它们放回到起始位置。

作为一种变式，你以手掌相对的姿势作为动作的开始，在举起哑铃的同时转动手腕，使手掌在动作的最高处朝向前方。在放下哑铃的同时再次转动手腕，回到初始的状态。你可以在每一次训练或者每一组动作中都使用不同的倾斜角度。比如在一开始选择比较陡的倾斜度，然后渐渐减小角度，直至基本水平；或者反过来。

李·普里斯特

哑铃飞鸟

练习目的：锻炼胸大肌的块头。

胸大肌的基本功能是向身体的内侧拉动双臂和双肩，而这正是你在做哑铃飞鸟的过程中所要完成的动作。

动作要领：(1)仰卧在水平的凳子上，双手握住哑铃，并将其保持在身体上方距身体一臂远的位置上，手掌相对。(2)向外、向下、向身体的两侧放下哑铃，划出一个尽量宽的弧线，感觉胸大肌拉伸到最大限度。整个过程中，保持手掌相对。稍微弯曲双臂，以减少对肘部的压力。当臂部与凳子处于同一水平的时候，保持一个充分的静止状态，这会使胸大肌得到尽可能大的拉伸。然后，将重量沿着一个同样的弧线举回空中，就像你正在给某人一个大大的熊抱一样，而不是单纯地放下及将哑铃向上举起。回到起始位置，再增加一点额外的紧缩动作来让肌肉使出更多的力量，从而进一步收缩胸大肌。

肖恩·雷

上斜哑铃飞鸟

练习目的：塑造胸大肌上部的块头。

动作要领：这样的飞鸟动作和正常的飞鸟动作是相同的，只是你需要躺在一张倾斜的凳子上，让你的头部高于髋部。(1) 躺在凳子上，双手握住哑铃并保持它们停在空中，手掌相对。(2) 向外、向下、向身体的两侧放低哑铃，划出一个宽的弧线，保持手掌相对，肘部略微弯曲。继续放低两个哑铃，直到胸大肌得到充分的拉伸。之后，向上划出同样的弧线将哑铃举起，就像你正在给某人一个大大的熊抱一样。一定要避免以直上直下的方式推举哑铃。在动作的顶部位置，紧缩你的胸大肌确保它们完全收缩。

器械飞鸟

练习目的：塑造胸部中间的尺寸和清晰度，凸显胸大肌的条纹。

飞鸟训练器对打造块头来说并不是最好的，但是对塑造清晰度来说十分有效。

动作要领：许多健身房都配备了各种可以模拟飞鸟动作的器械。使用这些器械时，尽量使动作幅度最大化，尽可能地拉伸胸大肌，并且在双臂尽力合拢时，给肌肉额外的静力收缩。

桑尼·施密特

站姿拉力器夹胸

练习目的： 发展胸大肌内侧。

借助拉力器提供的阻力来做飞鸟动作，这是一种专门锻炼胸大肌的中间部分的练习。它能凸显令人惊叹的条纹，并且同时使胸大肌的中部和下部得到锻炼。

动作要领：（1）以站姿开始这个动作，握住连接在高处滑轮上的拉索把手，站立于两个滑轮中间，略微向前迈步，向两边伸展双臂，直至双臂几乎笔直。（2）躯干前倾，然后双手环绕向前，肘部略微弯曲，就像在给某人一个大拥抱一样，注意感觉胸大肌的收缩。当双手在身体前方合拢时，不要停下——让双手交叉，尽可能收缩胸大肌。在每一次反复时，都注意变换两只手的交叉顺序。

保罗·迪利特

前倾拉力器夹胸

练习目的：锻炼胸大肌的中部内侧和下部内侧。

动作要领：（1）用两个固定在地面上的滑轮，每只手拉住一个把手，身体向前倾斜，手臂向身体两侧伸展。（2）双手互相靠近，直至交叉，继续拉动直到感觉到胸大肌收缩到极限。保持一段时间，并且紧缩胸部来获得额外的收缩。接下来，放开，让双臂回到起始位置。

波特·科特雷尔

仰卧拉力器夹胸

李·拉布拉达

练习目的：发展并塑造胸大肌的中部和内侧。

动作要领：（1）仰卧在水平的凳子上，凳子两边各有一个固定在地面上的滑轮。每一只手握住一个把手，拉动拉索，在身体上方一臂远的地方汇合，手掌相对。（2）肘部略微弯曲，向身体的两侧放低双手，划出一个大圆弧，直到胸大肌得到彻底的拉伸。之后再拉动拉索，划出一个大圆弧——就像给某人一个大拥抱一样，使双臂回到动作的起始位置。你可以在动作的顶部位置停下，也可以略微交叉你的双臂，让胸大肌尽可能收缩。

双杠屈臂撑

练习目的： 主要锻炼胸大肌，其次锻炼肱三头肌。

作为训练胸部和肱三头肌的练习，屈臂撑对身体的锻炼效果和下斜推举类似。不同的是，在做屈臂撑时，你是以你自己的体重开始锻炼，然后你可以通过在双腿间放一个哑铃，或者用皮带系一个重量，逐渐增加阻力。做这种练习，你可以有一个非常大的动作幅度。

动作要领：（1）将身体支撑在双杠上，保持一定高度。（2）慢慢地放低身体，越低越好。然后，用力向下推双杠，直至身体回到初始位置，让胸大肌在动作的顶部位置保持紧张状态。在这个动作中，身体越向前倾斜，胸部肌肉得到的锻炼就越多。所以你可以尝试在臀部后面交叉双脚，这样会使你的重心前移，从而让胸大肌获得更大的压力。

波特·科特雷尔

胸 部

仰卧直臂上拉

练习目的：锻炼胸大肌，扩展胸腔。

这个动作可以锻炼胸大肌和前锯肌，同时还是扩展胸部轮廓的最佳方法。

动作要领：(1) 在长凳上放一个哑铃，横着躺在长凳上，只有肩部接触凳面，双脚平放在地板上。双手抓着哑铃，将它直接举至胸部上方，两个手掌向上。(2) 双臂保持笔直，将哑铃慢慢放低到头部后面，划出一个弧线，感觉胸部和胸腔的拉伸。你可以让髋部向地板下坠来加大拉伸幅度。你将哑铃放得尽可能低之后，再划出同样的弧线将其举回起始位置。注意不要让髋部在你举起哑铃时向上挺起，在整个过程中让它们位于较低的位置，来保证胸部得到最大程度的拉伸，从而尽可能地扩展胸腔。

除了胸大肌，上拉动作还可以用来锻炼前锯肌，只要集中注意力让前锯肌进行最大程度的牵拉就可以。

器械上拉

（见259页）

上拉动作是一种圆弧运动，若是使用自由重量的话，通常很难在动作的全程中都能锻炼肌肉（虽然许多健身者完全凭经验就学会了这一点）。有一些为上拉动作设计的器械能够提供变化的阻力，有些还允许单臂操作，以便于进一步的孤立训练——它们都是非常有用的。实际上，我认为这是你在健身房中能找到的最有价值的器械之一。

器械上拉可以被用来锻炼前锯肌和背阔肌。你要试着去感觉前锯肌在何时最吃力，并且调整你身体的位置和肘部的运动，直到你感觉它们已经收缩到极限了。

绳索下拉

练习目的：发展前锯肌。

动作要领：(1) 跪在地板上，握住连接在拉索上的绳子——拉索固定在头部上方的滑轮上。(2) 向头顶上方伸展双臂，向前下方蜷起身体，用背阔肌牵拉。继续这个动作，直到头部几乎触到大腿。接着，将肘部向下拉到地面。然后放松臂部，舒展身体，回到起始位置，伸直双臂，感觉背阔肌的拉伸。

这个动作必须做得严格、规范，而不要只是去尝试最大的重量。在这组动作结束时，尽量让前锯肌真的充血——你的腹部也会有燃烧的感觉。

胸　部

李·阿珀森（Lee Apperson）

单臂拉力器下拉

练习目的：锻炼前锯肌。

动作要领：（1）跪在地板上，手掌朝上，握住连接在拉索上的把手——拉索固定在位于头部上方的滑轮上。（2）用背阔肌牵拉，将肘部向下拉到膝盖位置。有意识地紧缩前锯肌和背阔肌，使它们充分地收缩。然后放松，慢慢回到动作的起始位置。做这个动作最重要的原则就是绝对的规范。请慢慢地、有控制地完成动作，集中注意力感觉背阔肌和前锯肌的收缩。一组练习之后，换另一只手臂重复动作。

窄握引体向上

（见250页）

这个动作是用于锻炼背阔肌的，不过，通过将注意力集中于收缩前锯肌，你可以将这个动作变成一个同样能在很大程度上锻炼到前锯肌的动作。

237

悬垂前锯肌卷腹

练习目的：孤立锻炼前锯肌。

动作要领：(1) 手掌向前，握住引体向上用的横杠。(使用助力带能够减轻双手和手腕的压力。) (2) 将双腿向侧上方摆动，感觉身体一侧的前锯肌充分拉伸，而另一侧的前锯肌则充分收缩。慢慢地使身体回到初始位置，然后向身体另一侧摆动双腿；按照同样的方法完成动作。要尽量拉伸到最大程度，将注意力集中于只使用前锯肌来完成动作，尽可能孤立这些肌肉。这个练习动作要求完全的控制和严格的技巧。你需要有意地将双腿带向身体的每一侧，而不要让它们像钟摆一样来回晃荡。

悬垂哑铃划船

练习目的：这是一个发展前锯肌的高级练习动作。

动作要领：(1) 穿上倒吊鞋，头朝下倒挂在一根引体向上用的横杠上。一只手握住一个哑铃，让它们悬垂在你的下方，感觉斜方肌拉伸到极限。(2) 将注意力集中于尽可能孤立地使用前锯肌，在你的前方提起哑铃，在此过程中肘部应该始终指向前方，而不是指向两侧。尽量收缩斜方肌，保持一段时间，然后慢慢放下哑铃到起始位置，再一次感觉斜方肌的充分拉伸。在这个动作中，确保肘部和哑铃尽可能靠近你的身体。

背部

背部的肌肉

背阔肌，你背部两块很大的三角形肌肉，从肩膀的下部，一直向下延伸到腰部，它们是上半身最大的两块肌肉。

基本功能：向下、向后拉动肩膀。

竖脊肌，位于下背部，保护神经通道，并且帮助脊椎保持竖直。它们还是在高强度的训练后恢复最慢的肌肉。

基本功能：保持脊椎竖直。

请注意：**斜方肌**是平滑的、三角形的肌肉，从颈部向外、向下延伸，并且向下插入两块肩胛骨之间。它们实际上应该属于肩部肌肉群。

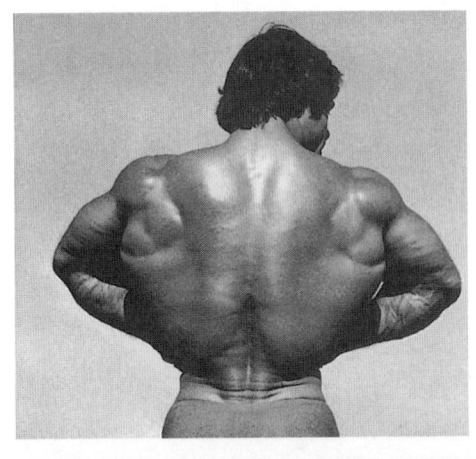

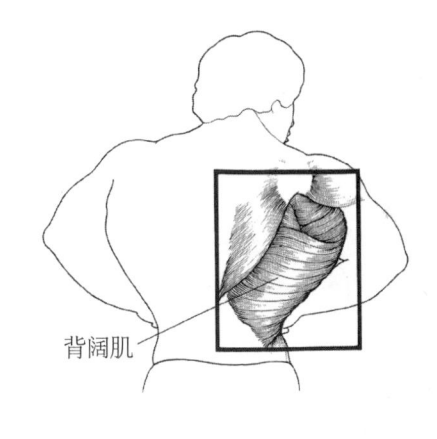

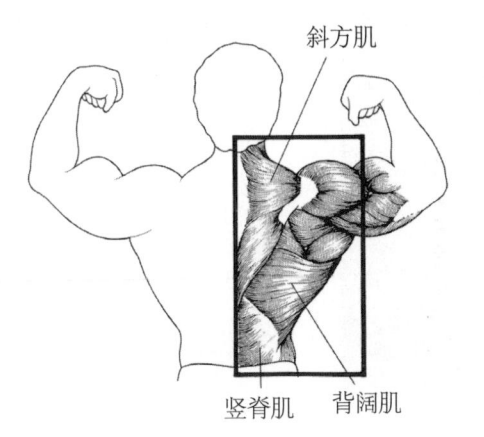

训练背部

对一个完美的体形来说，一个宽阔、厚实并且非常发达的背部是绝对必不可少的。强壮的背部肌肉对提举、携带很重的物体来说非常关键。并且，高度发达的背部通常也被视为一个人力量强大的展示。

"我的背部就是我击败对手的武器"，两届"奥林匹亚先生"称号的获得者弗朗哥·哥伦布这样说道，"我将大拇指放到腰上后就开始展开我的背阔肌。实际上它们并不会在一开始就完全凸显出来。首先，我会让这些肌肉紧缩几次，之后再让它们伸展到最大的限度。每当观众们和比赛的评委们都认为这就是我肌肉的最佳状态之后，我就会再狠狠地紧缩一次，然后让它们凸显得更加明显。而在每一个人都被人类居然能拥有如此发达的肌肉所震撼时，我就会将我的双臂举起，做一个强有力的双肱二头肌展示动作，来表现我肌肉的发达度、厚实度和分离度。而每到我做这些的时候，就只有最顶级的健美运动员们才能站在我的身旁了，因为只有他们才不会被观众给我的雷动掌声赶下台去。"

有三个方面决定了背部的完美程度：（1）上背部的厚实度和肌肉发达度；（2）背阔肌的弧线和宽度；（3）下背部和背阔肌下部的清晰度和发达度。

上背部

斜方肌位于上背部的中心，一个拥有充分发达的背部的人的斜方肌必定是非常饱满而厚实的。斜方肌有助于从身体的两侧平衡背阔肌，并且增强它们的分离度。专门针对斜方肌的练习包括任何一种提起肩部的动作——主要是耸肩和直立划船，也包括在特定姿势下的划船动作以及某些推举动作，所有这些都已经被列入了训练斜方肌的部分中（从 207 页开始）。

在这个姿势中，一个厚实的、发达的上背部会有助于平衡发达的肩部、肱二头肌、肱三头肌和前臂。

塞吉奥·奥利瓦就是一个完美的例子，很好地说明一个厚实的上背部可以多么令人难忘。

李·哈尼

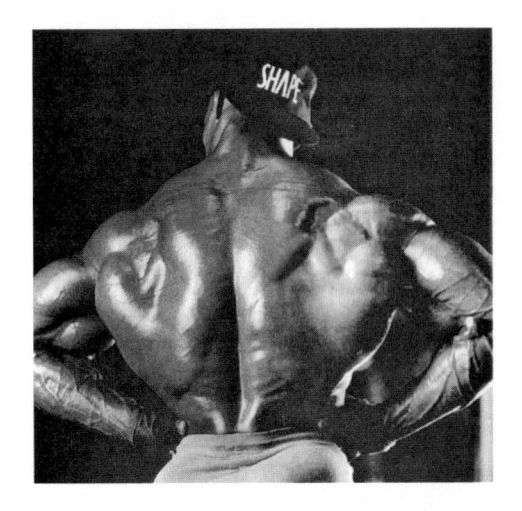

罗比·罗宾逊

> 李·哈尼、罗尼·科尔曼以及罗比·罗宾逊是三位非常杰出的健身者，他们都以躯干的倒三角形状而闻名——无论是从后面看还是从前面看，而这都是背阔肌发达的结果。

罗尼·科尔曼

当然，充分发达的背部中最容易给人留下深刻印象的地方就是背阔肌。因为正是它们的宽度才能够让你有信心向世界宣示，你已经是一个真正的健身者了。最传统的倒三角体形——从宽阔的双肩向下，线条逐渐收拢，直至聚集到一个紧致而结实的腰部——必须要依赖背阔肌足够的发达度。

背阔肌的宽度能够通过任何一种下拉的动作来进行锻炼，如拉力器下拉或者引体向上。不过下拉这种动作真正对背阔肌产生影响的方式则由你做动作时采用的角度决定，另外还与双臂分开的宽度以及是从正面还是颈后做动作有关。因此我在这一章中介绍了各式各样的窄握和宽握动作以及颈前、颈后的引体向上和下拉动作，以完全地发展你的背阔肌。

在从前面看的时候，背阔肌也同样明显，它们能加宽你的躯干，用线条形成一个胸大肌的框架，从而使得你的胸部显得更加饱满。

背阔肌下部

在观看弗朗哥·哥伦布或者弗兰克·赞恩做转身的展示动作时，你会不由自主地被他们背阔肌的下部所震撼。他们背阔肌的线条会一直向下延伸，并最终聚集到腰部。而这样的形状会使他们的背阔肌具有极佳的审美效果。

为了锻炼你的背阔肌下部，你需要在做背部的练习动作中采用一个非常窄的握距，如窄握引体向上以及坐姿窄握下拉，或者用单臂拉力器划船和单臂哑铃划船。另外，在每组动作之间做一些拉伸动作也是非常必要的，每次用一只手抓住什么东西，然后用力牵拉，直到你能感觉背阔肌几乎拉伸到了髋部。

弗兰克·赞恩 　　　　　　　　　　　　弗朗哥·哥伦布

中背部厚度

背阔肌不仅仅需要宽度和弧线，它们位于背部中间的部分还需要显得厚实并且强壮有力。许多健身者都拥有宽阔的背部，但他们背部的视觉效果并不是最佳，因为他们的中背部都不具有那种必需的强壮且厚实的外观。

基本上，厚实的背部都能通过划船动作来获得——杠铃划船、拉力器划船、T

背 部

弗莱克斯·惠勒一直被认为拥有不可思议的基因优势，但是他背部的厚实度和发达度却只能表明，为了实现自己的潜能他进行了多么艰苦的训练。

完全发达的背部可以让你从背后看起来强壮无比——无论以什么姿势。塞尔日·纽伯莱、弗朗哥·哥伦布和我正在展示厚实的上背部、发达的下背部，还有背阔肌的宽度。

杠划船等。但是，如果你想集中锻炼背部的中间部分，那么你就必须注意，在做划船动作时要选用那些能让动作达到最大幅度的方式——包括使用两根独立拉索的拉力器划船，以及单臂划船，或者使用宽握杠铃划船——从而使这个区域的肌肉得到最充分的收缩。

下背部

除了要拥有一个非常健壮的上背部，下背部也应该达到相当的水准。一个真正发达的下背部应该具有两组肌肉——在脊椎的两侧凸现出来。而它们是连续几年的大重量硬拉、俯身划船及其他强力练习的结果。

一个真正的希腊勇士般的体形需要发达且厚实的下背部。注意观察塞吉奥·奥利瓦、弗朗哥·哥伦布、多里安·耶茨或者纳赛尔·桑贝蒂的背部，你就会明白什么才叫做极其发达的下背部。弗兰克·赞恩的下背部曾经相当缺乏锻炼，我建议他做俯身划船练习，而他也接受了，并且从使用一个相对较轻的重量开始进行背部的锻炼。他是一个非常专注的健美运动员，因此在很短的时间内就将下背部锻炼得相当发达

了——仅仅在一年之内，你就可以看到贯穿他下背部的漂亮条纹了。

由于我们的身体常常倾向于将大量脂肪不成比例地囤积在腰线位置，因此对于一个健身者来说，下背部的苗条和清晰度就证明了你为拥有完美身材所作的努力。

我给出的训练计划，从一开始就包含了针对下背部的练习，所以在坚持训练一年后，你不会发现自己的下背部还很弱。大重量的强力练习，如硬拉，就是比较理想的，因为它不仅能锻炼下背部的块头，还能增强它的力量。这样，你就可以进行其他各种练习，像俯身划船之类，而不用担心下背部会先于上背部力竭。

背部肌肉的功能

从健身的角度看，背阔肌有两项最基本的功能：将肩膀向后方拉动（在一个划船动作中）以及向下方拉动（在一个下拉动作或者一个引体向上动作中）。而在做这些动作时，健身者通常都会犯的一个错误就是肱二头肌出力过多，而背部肌肉则出力不够。另外，还有一种错误就是通过摇摆身体，让下背部出力，而不是让背阔肌完成主要工作。在锻炼背阔肌的时候，你需要努力将它们孤立出来，只让它们获得最充分的锻炼。

下背部的功能与身体其他大部分肌肉的功能都不同。它们是起稳定作用的，主要作用在于保持身体平衡，而不是像肱二头肌一样，在一个完整的全幅度动作中持续地收缩和放松。因此，当你做一个全幅度的练习时，比如俯卧挺身或者直腿硬拉，将太多的压力加在下背上，它将需要一周的时间才能完全恢复。这就意味着，用最大重量和强力练习，让下背部竭尽全力的训练，一周只能进行一次。在其他的日子里，你只能进行非强力训练，使用较轻的负重。

克里斯·科米尔、多里安·耶茨和弗莱克斯·惠勒的背部肌肉。注意，沿着背部中央的肌肉和条纹所形成的"圣诞树"。

设计背部训练计划

在制订背部训练计划时，你需要考虑到背部每一块重要的肌肉都是如何发挥作用的，从而为每一个重要区域安排相应的练习。如果你不了解背部的复杂性，不知道完全发达的背部需要多少种不同的练习动作，你的背部就会出现严重的弱点。

例如，如果你认为做 5 组正面引体向上、5 组颈后引体向上、5 组坐姿宽握下拉以及 5 组坐姿窄握下拉之后，背部已经得到合适的锻炼了，那不会有多少好处。这些动作都仅仅发挥了背部肌肉的下拉功能，这会使背阔肌的宽度增加，但一个完整背部训练计划还必须包括增加背部的厚度和背阔肌下部的厚度的动作以及增强下背部的力量和清晰度的动作。

最基本的训练计划是从一些简单的练习动作开始的，比如硬拉和引体向上。接下来，在硬拉的部分，你将要加入其他针对背部的练习，如俯卧挺身和负重体前屈。同样地，引体向上的部分也要补充一些下拉动作，双手划船的动作则有时可以换成单臂划船的动作等等。

弱点训练

大多数人的背部都相对薄弱，原因可能非常简单：这些人对背部关注不够，他们更关注正面的形象，于是也就没有足够的动力和热情来训练背部肌肉。另一个原因，也许只能归咎于其对背部训练技巧的无知了。相对来说，对背部的训练要比许多人通常认为的更加精细，也更加艰难。举个例子，背阔肌和其他背部肌肉的一项基本功能是拉动上肢带骨向下和向后运动。许多健身者都不明白这一点，因此在做背部练习时不知道他们应该使用哪些肌肉。如果他们在练习过程中向后摇晃身体，并且使用下背部或肩部本身，那么在整个的动作中他的背部都不会得到锻炼。

小时候，你学会了如何让各处肌肉协作，以更轻松地举起东西。你知道在提举东西的时候，首先要弯曲双膝，这样能使尽可能多的压力从背部转移出去，并让附近的肌肉平均地承担压力来协助背部。但健身时的情况是相反的，想要有效地训练背部，就一定要学会将背部肌肉各个不同的区域都孤立出来，让每一个独立的区域都尽可能地费力，而不是轻松。

我见过一些人在做俯身划船时选用过重的重量，这样他们就不得不调动身上每一块肌肉来提起杠铃。但这种借力的锻炼方式永远不可能塑造出高质量的背部。在坐姿划船中，许多人都使用更多的配重，似乎举起很大的重量才是他们要做的，然后摇摇摆摆地原路返回，这样他们就在努力完成整个动作的过程中，过多地使用了下背部。

同样地，许多人在做下拉或者划船动作时，都让肱二头肌出力过多，这样会锻炼出一个强有力的臂部，但对背部的训练效果明显不足。这些人需要将注意力集中于背部，只将双臂当成是连接背部和杠铃（把手）之间的一个单纯的工具，而不是最主要的出力部位。

但是，背部由大量复杂的且相互关联的肌肉组成，即使你掌握了完全正确的背部训练技巧，它们也不太可能都以相同的速率发展。你会逐渐发现，你的背部的一些区域比另一些区域反应更迅速。而此时你就应当调整训练计划，更多地锻炼那些反应迟钝的区域。

背部外侧

背部外侧会对窄握的划船动作有反应，因为窄握把手或者杠铃的方式会使得你的动作不能超过躯干正面，从而缩小了动作幅度。我最喜欢的发展背部外侧的练习动作就是T杠划船，注意要尽可能严格地来做这个动作。

上背部

我推荐的发展上背部的最基本动作就是大重量的俯身杠铃划船。另外，你还可以在坐姿宽握划船中，使用一个较长的杠铃而不是把手。如果上背部的一侧比另一侧要更发达，那么尝试一下单臂哑铃划船来孤立地锻炼每一侧。

3年的时间可以造成多么大的变化啊！在18岁时，我意识到我的上背部需要更厚实……

……集中关注弱点训练之后，到21岁时，这个区域已经成为我的优点了。

背 部

多里安·耶茨　　　　　　　　　　　　　　凯文·莱夫隆

背阔肌宽度

无论是从正面看还是从背面看，背阔肌都是极其重要的。多里安·耶茨就拥有出色的背阔肌，它们的外形是无可挑剔的。背阔肌的弧线和宽度能通过一些尽可能远地向外牵拉背阔肌的动作来发展——宽握引体向上和坐姿宽握下拉就是两种能实现这种效果的最基本动作。

背阔肌下部

如果背阔肌没有一直延伸到腰线位置，那么背阔肌的弧线就没有那么完美。帮助训练背阔肌下部的动作包括单臂拉力器划船和各种窄握动作，如窄握引体向上和坐姿窄握下拉。

中背部厚度

当你将动作幅度做到尽可能最大的时候，你的中背部就会得到最大的锻炼。因此，你可以使用两个独立的把手来做坐姿划船动作，这使你能将肘部向后拉得更远，并且给中背部施加更大的压力。而用一个非常宽的握距来做划船动作，或者使用允许宽握的器械来做T杠划船动作，也会达到同样的效果。

塞尔日·纽伯莱在展示中背部和下背部的厚实度。

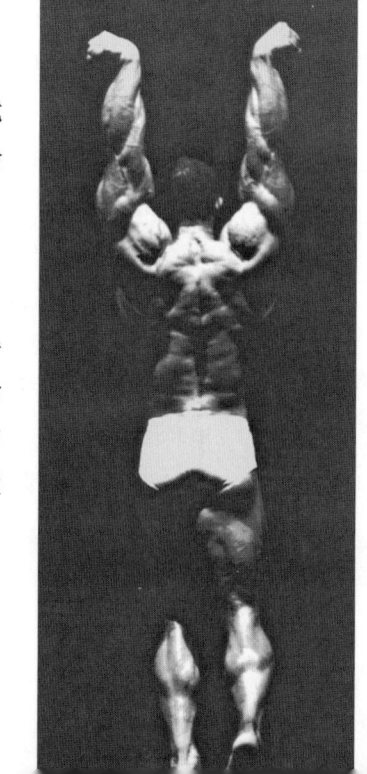

下背部

许多人通常都会忽略，下背部对背部的视觉效果有非常重要的影响。大重量的硬拉能迫使下背部得到最大程度的锻炼。你同样可以使用像负重体前屈和俯卧挺身之类的练习动作来孤立发展这个区域。

背部整体

记住，其他肌肉群也会对你的背部的视觉效果有影响。所以，你需要关心三角肌后部、斜方肌甚至肱二头肌和肱三头肌。每块肌肉都与其他肌肉相联系，不要让这些地方影响了你背部的完美形象。

拉伸和紧缩

我坚定地相信，在每组动作之间都应该紧缩肌肉——对背部来说尤其如此。在训练背部的过程中，你必须不断地紧缩这个区域的肌肉，来学习彻底地控制它们。在动作组之间紧缩肌肉，能让你的肌肉始终处于活跃并且充血的状态，并且真正地为下一组动作做好准备。

另外，持续地拉伸背阔肌有助于塑造背阔肌的弧线，增强背阔肌和腰际的联结度，这些都会让你的背部看起来很棒。当你在用引体向上和坐姿下拉动作训练背阔肌时，在两组动作之间，用一只手抓住一件结实的东西，然后用力向外拉伸背阔肌，如下图所示，或者同时拉伸两块背阔肌。同样的，所有的训练前锯肌的动作（从 236 页开始）都可以用来拉伸背阔肌。这会拉长肌肉，帮助你的动作达到更大的幅度，让你的肌肉在动作过程中更强地收缩，并且还能发展背阔肌下部，直到腰际位置。

背部练习

宽握颈后引体向上

练习目的：加宽上背部，塑造出背阔肌的完整弧线。

宽握引体向上这个动作能够使背阔肌变得更加宽阔，并且发展整个上肢带骨。这个练习主要锻炼的是背阔肌的上部和外侧，同时也能扩展肩胛骨，从而使背阔肌更容易变宽。

动作要领：(1) 手掌朝下，握住横杠，握距在可行的范围内尽可能地宽。(2) 身体悬挂在横杠下，然后向上拉起身体，直到后颈触到横杠。这是一个需要非常规范地进行的动作，不要试着蹬腿来帮助背部。在动作顶部位置保持一小段时间，然后再慢慢将身体放下回到起始位置。引体向上使用的是你的体重，因此一些初学者可能很难在一组练习中完成必需的反复次数。我想向这样的初学者们推荐我曾经使用过的一种方法：每一个训练期中做尽可能多的反复——也许每组仅仅是 3 次或者 4 次，直到总共达到 50 次反复，而不是竭尽全力做 5 组，每组 10 次。你越是强壮，就需要越少的组数来达到 50 次反复的总数，需要的时间也越少。

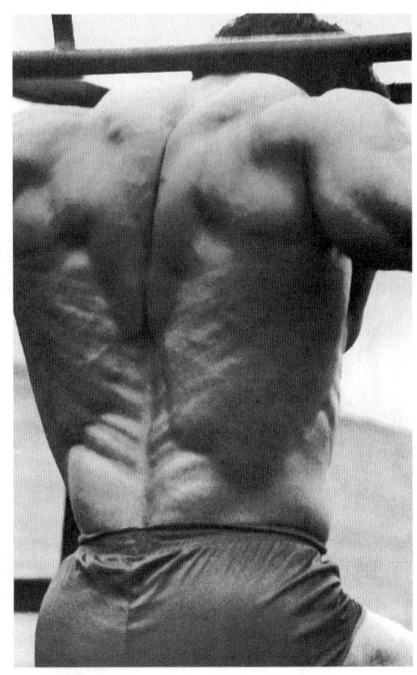

弗朗哥·哥伦布

第三部分 身体部位练习

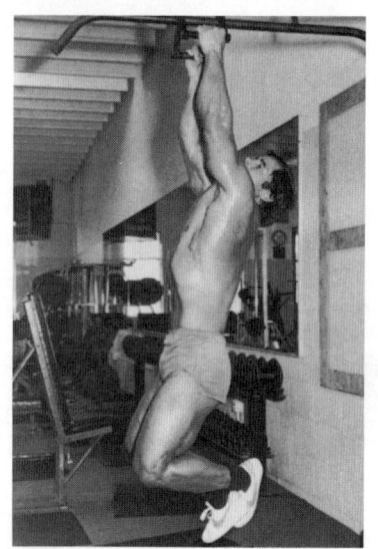

宽握正面引体向上（可选）

练习目的：加宽上背部，塑造出背阔肌的完整弧线。

拉起身体，直到胸部而不是后颈触到横杠，这样你的动作幅度可以略微大一些；做这个练习时，你的动作可以不那么规范，你可以允许你自己稍微地借一下力，以在疲惫时继续做反复动作。

动作要领：(1) 手掌朝下，握住横杠，握距在可行的范围内尽可能地宽。(2) 身体悬挂在横杠下，然后向上拉起身体，试着让胸部的顶端贴近横杠。在动作的顶部位置保持一小段时间，然后再让身体回到动作的起始位置。

窄握引体向上

练习目的：锻炼背部肌肉，加宽背阔肌下部，发展前锯肌。

要让背阔肌看起来更长、更宽，这个练习动作是再合适不过的了。并且，它同样能锻炼到前锯肌——那些位于胸大肌外侧下方的指状肌肉。

动作要领：(1) 握住横杠（或者是许多健身房都有的那种三角形把手），双手之间的距离要足够近，两只手各在杠的一侧。身体悬挂在横杠下方。(2) 向上拉起身体，同时让头部略略向后倾斜，以让胸部接触到（或者几乎接触到）双手；慢慢放低身体以充分拉伸背阔肌。将动作做到最大的幅度。

你也可以用直的横杠代替双边的把手来完成这个动作。

背阔肌器械下拉

练习目的：加宽背阔肌上部。

这个练习允许你用比体重轻的重量来完成一个引体向上的动作。这样你就能用更多的反复来锻炼上背部，如果你觉得需要对这个区域进行更多锻炼的话（这个动作不能取代引体向上，成为加宽背阔肌上部的常规练习动作）。

动作要领：(1) 手掌向下，握住横杠，握距较宽。坐在凳子上，双膝弯曲，放在支撑物下方。(2) 平稳地将横杠向下拉，直到它触到胸部的顶端。注意，要让上背部来完成工作，不要向后摇晃，让下背部参与进来。放松，再次伸展双臂，感受背阔肌的充分拉伸。

变式：尝试在颈后做背阔肌下拉。

窄握或中等握距下拉

练习目的：锻炼背阔肌，特别是背阔肌下部。

动作要领：(1) 以较窄的或者中等的握距握住把手或者横杠，将其向下拉到胸部的顶端。不要向后晃动身体，而要尝试着将注意力集中在用背阔肌完成动作。(2) 将双肩向后、向下拉动，胸部挺起。然后，再向上送回把手，直到背阔肌得到最充分的拉伸。

俯身杠铃划船

练习目的：加厚上背部。

这个练习同样能帮助加宽上背部，另外还能在一定程度上增加下背部的紧致度。

动作要领：(1) 采用站姿，双脚间隔几英寸，手掌向下握住杠铃，握距较宽。双膝略微弯曲，上身向前倾斜，直到躯干基本与地面平行。保持背部挺直，头部向上抬起，杠铃以一臂远的距离悬在你的下方，杠铃要几乎触到胫骨。(2) 主要利用背部肌肉，向上提起杠铃，直到它触到上腹部。然后，有控制地将杠铃放下，回到起始位置；接下来立即开始下一次反复。做这个动作时，让背部出力是非常重要的，而不要让它成为肱二头肌的练习动作。你要将你的双臂和双手想象成钩子，将其视为把背阔肌的收缩力传输到杠铃上的工具。另外，不要将杠铃向上提到胸部，只将它提到腹部，这样能减少双臂的作用。最后，请确保在任何一种划船练习的第一组动作中都使用相对较轻的重量，以让背部热身起来。而当你做最后一组动作时，你可以用一点点的借力帮助你做完整个动作，但要把这样的借力降到最低程度。

背　部

在俯身杠铃划船中，用你的背阔肌来牵拉，但不要用下背部来提起杠铃。另外，在整个过程中，始终保持你的上身与地面平行。请注意观察图中杠铃是如何被拉到腹部（不是被直接拉到胸部）。

这个图展示了两种最主要的错误：在做俯身杠铃划船时，如果你没有保持身体稳定，那么你的下背部就参与到动作中来了，而没有孤立背阔肌；如果你将杠铃直接向上提举到胸部，而不是腹部，那么你的肱二头肌就承担了太多背阔肌该做的工作。

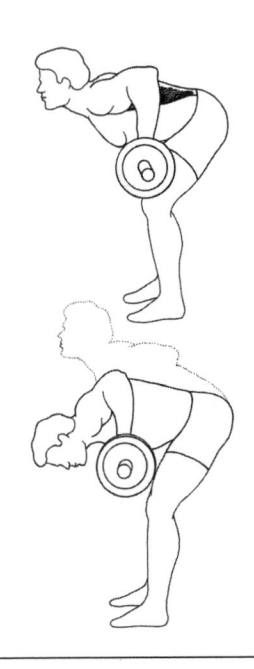

如果杠铃的杠铃片比较大，那么当你做划船动作时，就需要站在一个东西诸如一张长凳上面，这样在你完全放下杠铃时，杠铃片就不会与地面接触。你应该让你的头部向上抬起，背部保持挺直，双膝弯曲，这样你的姿势就接近于举重运动员的大重量提铃动作了。

俯身哑铃划船

练习目的：孤立锻炼上背部的每一侧。

用哑铃也可以有强度，并让你的背部得到很好的锻炼。使用哑铃，你就迫使身体的每一侧都以其最大的能力工作，而不会出现较强一侧协助另一侧的情况。对任何上背部不匀称的人来说，这都是个很好的针对弱点的练习动作。

动作要领：(1) 每一只手握住一个哑铃，略微弯曲你的双膝，上身前倾，头部向上抬起，背部保持挺直。两个哑铃以一臂的距离悬于双肩下方。(2) 同时将两个哑铃尽可能向上地向身体两侧提起，保持上身的稳定，以避免下背部也参与到动作中来（两个哑铃应该提到你的身体两侧，而不是提至你的胸部下方，以尽可能少地利用到肱二头肌的力量）。接下来，将两个哑铃放下，注意，动作要慢。

T杠划船

练习目的：加厚中背部和背部外侧。

动作要领：(1) 站在一个东西上面，双脚并拢，双膝略微弯曲。俯身，手掌向下，抓住 T 杠器械的把手。微微伸直你的双腿，然后将 T 杠向上提，直到你的身体与地面大约呈 45 度角为止。保持这个角度不变，将重量继续提起，直到它碰到你的胸部。(2) 将 T 杠以一臂远的距离放下，不要放到地面上。

记住，这是一个练习上背部的动作——不要让下背部或者腿部肌肉发挥过多作用。如果你发现不晃动身体，不让躯干超过一定的角度，就不能提起重量，那就是你使用的重量过重了，这时你应该拿掉一两个配重片。然而，一些细微的移动是难以避免的，但要确保你的背部挺直，或者即使有一点点弯曲，也绝不能弯曲到驼背的状态，那会导致你受伤。如果采用窄握的方式，这个练习就会主要锻炼到背阔肌外侧，因为你的动作幅度不足以让背部内侧也参与到动作中。不过，这个有限的动作幅度也意味着你能使用比杠铃划船时更重的重量。因此，这个动作也是一个很好的强力练习动作。

单臂哑铃划船

练习目的：分别锻炼背部的每一侧。

与杠铃划船相比，使用哑铃一次只做一侧的划船动作有两个独特的优点：第一，将每一侧的背阔肌孤立开；第二，你可以将重量提得更高，并因此更充分地收缩肌肉。做这个练习时，使用很重的重量与实现完全的动作幅度相比是没那么重要的，后者有助于增强中背部的块头和清晰度。

动作要领：（1）一只手握住哑铃，上身前倾，直到躯干基本与地面平行。将你空出的那只手放在凳子上做支撑。开始时，让哑铃以一臂远的距离悬于身体下方，感受到最大程度的拉伸。转动你的手腕，让手掌朝向你的身体。（2）你的身体保持稳定，将哑铃向上提举到你身体的一侧，集中注意力，用你的背部而不是臂部的力量来完成工作。将哑铃有控制地放下。完成一组动作之后，再换用另一只手臂重复以上过程。

李·普里斯特

单臂拉力器划船

练习目的：发展背阔肌下部。

要让背阔肌下部延伸到腰部，这个动作是再合适不过了。

动作要领：(1) 选用一个固定在地面上的滑轮，一只手握住把手。如果采用站姿，为了平衡，你可以把与所用的手臂相对的那条腿放在前面，另一条腿放在后面。（采用坐姿时也可以这样。）开始时，臂部在身体的前方充分伸展；你甚至还可以向内侧转动你的手腕，让大拇指比小拇指略低，以获得尽可能充分的拉伸。(2) 将把手从你身体的一侧尽可能远地向后拉，同时向外转动你的手腕，最后让大拇指在外侧，感觉背部肌肉的收缩。放松，伸开你的手臂，同时转动手腕，回到起始位置。这只手臂做完之后，换另一只手臂重复。

对单臂拉力器划船这个动作来说，成功的关键在于动作幅度。在你拉动拉索的时候，将你的肘部尽可能远地带向身体后方——要比你在常规拉力器划船中能做到的远得多。同样，在你再次放松并放低重量的时候，确保你的臂部和背阔肌都得到最大可能的拉伸。

坐姿拉力器划船

练习目的：发展背部的厚度，锻炼背阔肌下部。

动作要领：(1) 采用坐姿，双手握住把手，用你的双脚紧紧抵住前面的横木或其他障碍物，双膝略微弯曲。伸展你的双臂，身体略微前倾，感觉背阔肌的拉伸。你应该坐得离配重片足够远，使得拉伸的时候，所用的重量落不到最低处。(2) 从这个起始位置，将把手向后拉，直至它们碰到你的腹部；你应该感觉你的背部肌肉做了大部分工作，背部应该向前弓，胸部向外挺出，在将把手拉向你身体的时候，尝试让两块肩胛骨合在一起。不要前后摇晃，这样下背部就会参与到动作中。当把手碰到腹部的时候，你应该挺直坐着，而不是向后倾斜。始终让重量处于你的控制之下，放松，向前送回把手，再一次拉伸背阔肌。

变式：使用两个独立的把手，允许你的手和肘部能够向后拉得更远，从而将大部分压力放在你的中背部。

器械划船

许多健身房都配备有各式各样的划船机。其中有一些模仿了坐姿划船，另一些则允许你用肘部向后推的方式来做划船练习，从而避免了肱二头肌的收缩动作。这两种刺激背部的方式有一些不同，但若是你偶尔想在你的训练计划中加入多样的动作，以及"突袭"肌肉，那对你而言，它们都是很有用的工具。

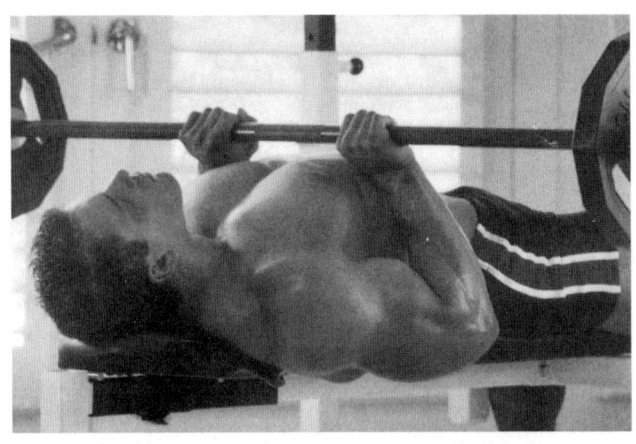

屈臂杠铃上拉

练习目的：锻炼背阔肌下部和前锯肌，此外还能拉伸胸大肌，扩展胸腔。

动作要领：(1) 仰卧在一张水平的凳子上。放一个杠铃在你头后方的地板上。双手伸向头后方，抓住杠铃。(2) 保持双臂弯曲，将杠铃提起，绕过你的头部，到达胸部。将杠铃慢慢放下，回到起始姿势，但不要让杠铃碰到地面。感觉你的背阔肌得到了最大程度的拉伸。做这个动作时，如果用的重量很重，我会让一个人坐在我的膝盖上，来帮助我稳定身体，这样我就能把力量集中在提起杠铃上了。

器械上拉

练习目的：锻炼前锯肌和背阔肌

动作要领：(1) 抓住你头顶上的横杠。(2) 将它向下拉动，感觉背阔肌的收缩。在动作的最后，横杠应该在腹部前方停住，不能再动。

硬拉

练习目的：锻炼下背部。硬拉是一种全方位的强力练习动作，它能锻炼到相当多的肌肉，包括下背部、上背部、斜方肌以及臀部和腿部，这是其他任何练习都达不到的。一个强壮的下背部对俯身划船和T杠划船之类的练习动作来说，是特别重要的，因为这些动作都会将大量的压力放到下背部。

动作要领：(1) 将一个杠铃放在你前方的地板上。弯曲膝盖，身体前倾，以中等握距握住杠铃，一只手掌向前，另一只手掌向后。始终让你的背部保持挺直，以使其免于承受过度的压力。如果你的背部弓起，它就有可能受伤。(2) 从腿部力量开始提起杠铃。挺直身体，直到完全竖直地站立。向外挺胸，向后收肩，就像你准备开始认真听讲一样。在放下杠铃的过程中，弯曲你的膝盖，上身前倾。让杠铃碰到地面，然后再开始下一次反复。

背 部

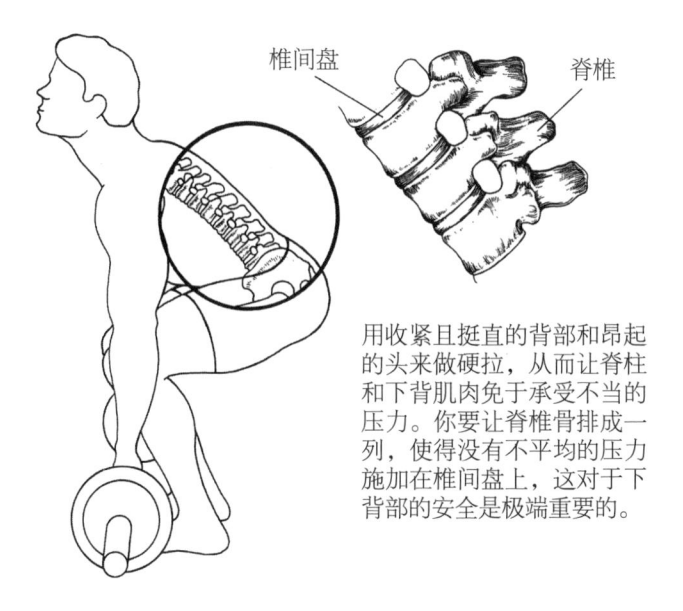

椎间盘 **脊椎**

用收紧且挺直的背部和昂起的头来做硬拉，从而让脊柱和下背肌肉免于承受不当的压力。你要让脊椎骨排成一列，使得没有不平均的压力施加在椎间盘上，这对于下背部的安全是极端重要的。

如果你头部抬起，背部挺直开始硬拉动作，那么你就能让臀部、腿部和下背部肌肉协作，用最大的力量将杠铃提起。

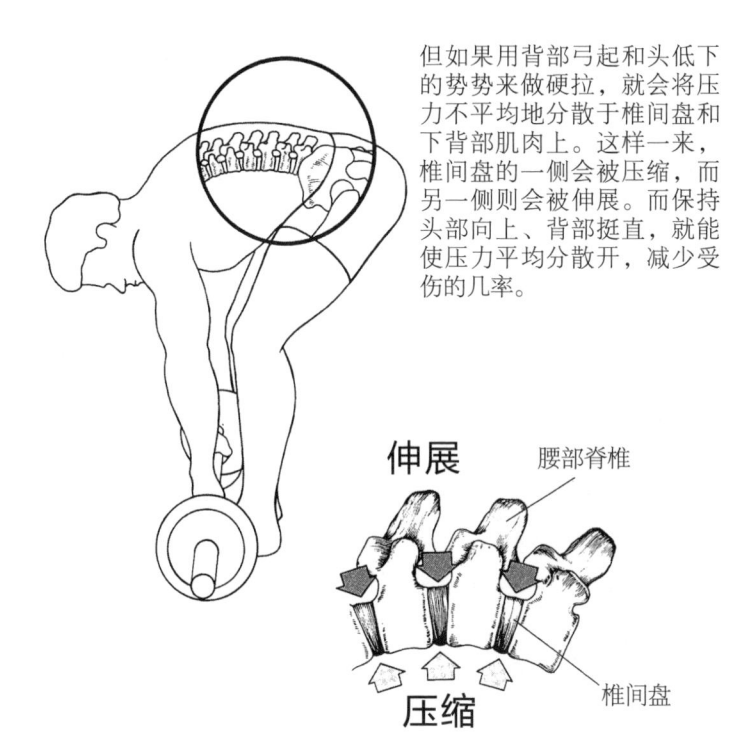

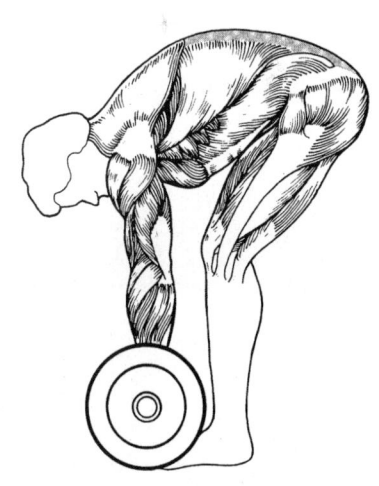

但如果用背部弓起和头低下的势势来做硬拉，就会将压力不平均地分散于椎间盘和下背部肌肉上。这样一来，椎间盘的一侧会被压缩，而另一侧则会被伸展。而保持头部向上、背部挺直，就能使压力平均分散开，减少受伤的几率。

伸展 **腰部脊椎**

压缩 **椎间盘**

而如果你背部向前弯曲开始硬拉动作，就意味着下背部将不得不做大部分的初始工作来使杠铃开始移动，这是很危险的。

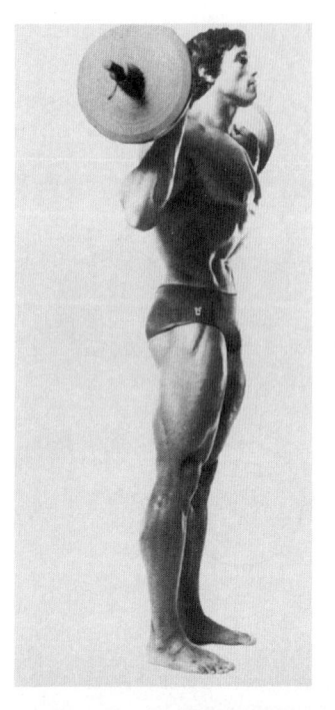

负重体前屈

练习目的：孤立锻炼下背部。

动作要领：(1) 站姿，双脚分开几英寸，然后像做深蹲（见340页）一样，将杠铃放在你双肩的后面。(2) 双腿锁定，背部挺直，上身前倾，直到你的身体基本与地面平行，在整个过程中头部要保持抬起。在结束位置保持一段时间，然后再回到起始位置。

俯卧挺身

练习目的：发展下背竖脊肌。

动作要领：(1) 面部朝下，俯卧在腹背训练凳上，脚后跟钩在后面的支撑物上。双手交叉抱在胸前，或者扣在头后。让你的上身向前、向下尽可能地弯曲，感觉下背部肌肉的拉伸。(2) 从这个位置开始，让上身向上抬起，直到它稍微高过与地面平行的状态。为了不过度牵拉脊椎，不要让你的身体再高过这个位置了。

臂部

臂部的肌肉

臂部一共有三块主要的肌肉。

肱二头肌是一块有两个头的肌肉,它起自三角肌下端,向下插入到肘部以下。

基本功能:抬起和弯曲手臂,旋转手腕(手掌向下翻)。

肱三头肌是一块有三个头的肌肉,与肱二头肌做相反的运动,它同样起自三角肌的下端,并向下延伸至肘部以下。

基本功能:伸直手臂,旋转手腕(手掌向上翻)。

前臂肌群包括许多不同的肌肉,位于前臂的外侧和内侧,控制手部和腕部的动作。

基本功能:前臂的屈肌肌群能够向下、向前弯曲手掌;前臂伸肌则能让手掌向后、向上弯起。

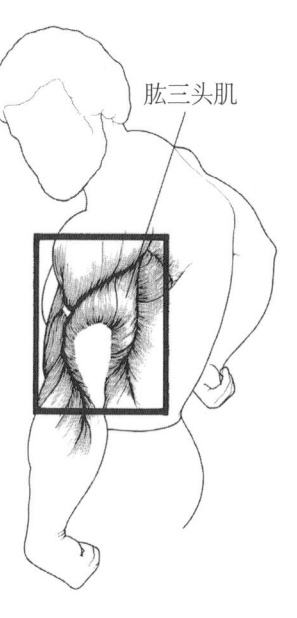

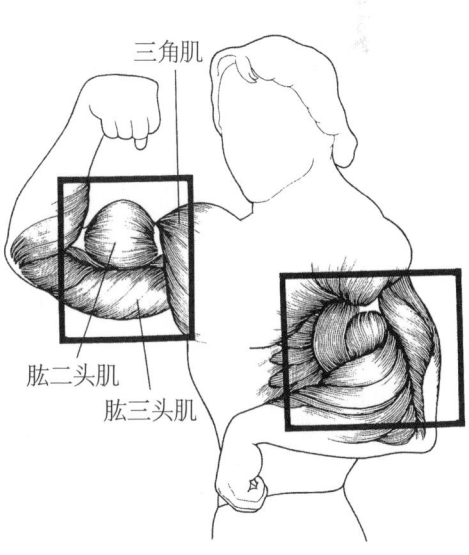

第三部分　身体部位练习

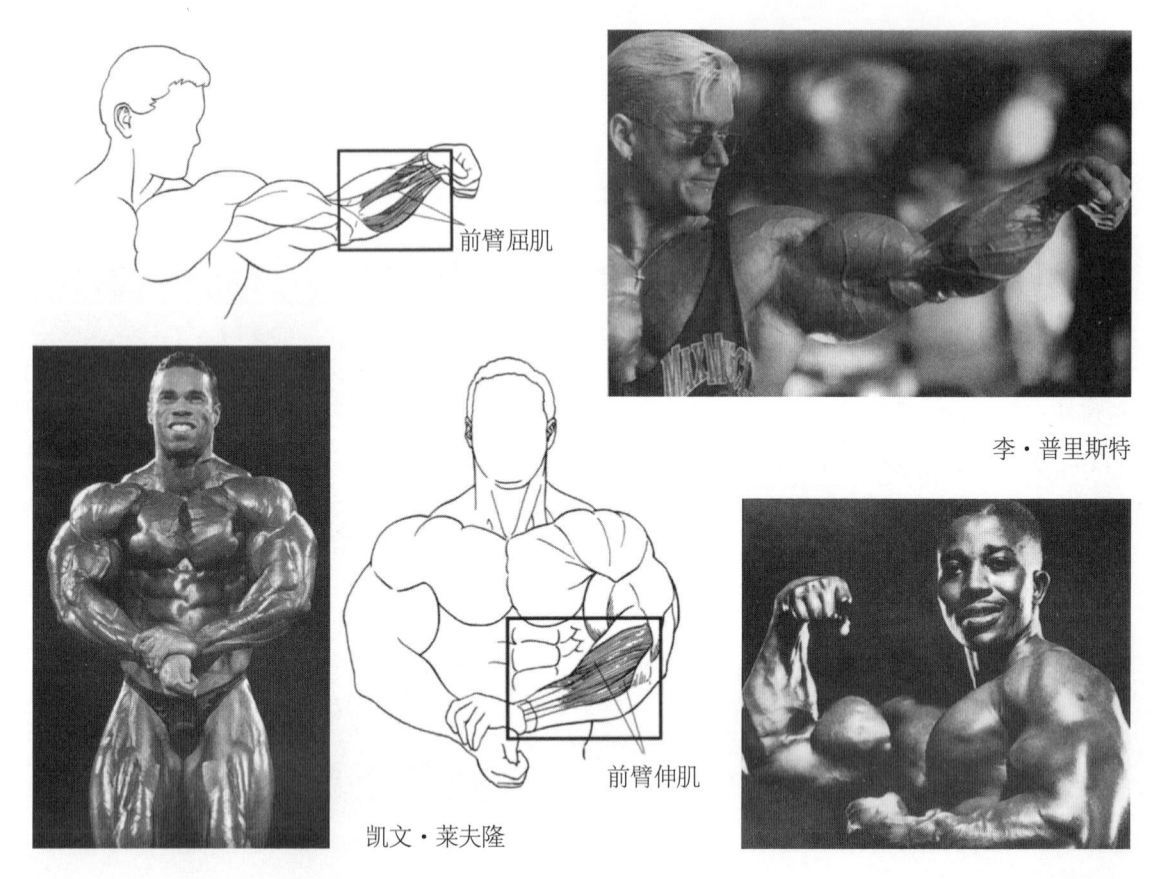

前臂屈肌

李·普里斯特

凯文·莱夫隆

前臂伸肌

勒罗伊·科尔伯特

训练臂部

和胸部、背部一样，强壮的手臂也是最能给人留下深刻印象的身体部分，它们是力量的象征。我在刚开始，常常被那些健美运动员硕大的肱二头肌吸引。比如勒罗伊·科尔伯特（Leroy Colbert）的肱二头肌，就让人过目难忘。雷格·帕克、比尔·珀尔和塞尔日·纽伯莱都因硕大的手臂而闻名。我一页页地浏览杂志，找到一些最为优秀的肱二头肌的例子，并且发誓总有一天我的手臂也会是那样的。

当然，最终我确实也因为我健壮的、高高耸起的肱二头肌而出名。在我仅仅19岁时，我的臂围就已经超过了20英寸（50.80厘米），并且仍然继续不断地发展，直到达到巅峰状态，即充血之后达到22.25英寸（56.52厘米）的围度。在健美比赛的舞台上，很少有什么能比货真价实的、19英寸（48.26厘米）或20英寸（50.80厘米）粗的手臂更令人激动了。

臂　部

　　另外，训练臂部肌肉有一个特别的优势，那就是"肌肉"总会让人联想到粗壮的手臂，所以训练臂部会让你在精神上很容易进入状态。如果走进任何一家比较正规的健身房，你都很可能看到，许多年轻人刚刚开始全面地健身，臂部却已经具有相当的发达度了。

　　之所以会有这种情况，原因之一是健身者，尤其是初学者，往往都会根据优先原则训练臂部，无论他们自己是否意识到了这一点。他们会首先锻炼臂部，并将大量的注意力和心血都花在这里。所以，它们当然会快速地生长。如果他们用同样的方法对待其他的身体部位，那么毫无疑问，我们将会看到很多人都拥有20英寸（50.8厘米）粗的小腿。

　　但是，要想锻炼出高品质的手臂，那就绝不仅仅是尺寸的问题了，它们必须达到从各个角度看都很好的状态才行。这就意味着，臂部肌肉的每一部分，每个轮廓和角度，都必须呈现出来。而这需要大量的思考与计划。如果仅仅是手持一副很重的杠铃举上举下，

19岁的我

两个不同侧面的肱二头肌。我右臂上的肱二头肌高耸，很好的形状、清晰度和分离度；而我左臂上的肱二头肌则以块头和分离度让手臂看起来极其粗壮。

肱二头肌，前视和后视

第三部分　身体部位练习

或者只是做几组针对肱三头肌的练习，你是不可能锻炼出优秀的手臂的。

你需要让你的肱二头肌高高耸起，并且让肱三头肌令人称赞地悬挂在臂部下方，还要注意两者之间的分离度以及三角肌和上臂肌肉之间的联结度。同时，你还需要好好塑造你的前臂，让它们和上臂肌肉比例协调。

这些方面不是偶然获得的，你需要以此为目标认真地进行训练，这意味着你需要将臂部的肌肉群分成几部分考虑，并确保每一部分都能得到适当的锻炼。

侧面的肱二头肌

罗尼·科尔曼

拥有粗大的臂部是远远不够的，肱二头肌和肱三头肌的形状也同样重要，另外还要注意整个上臂的比例协调。拉里·斯科特，第一个"奥林匹亚先生"，是我心目中的第一个拥有完美臂部的健美运动员。

迈克·马塔拉佐（Mike Matarazzo）的手臂令人叹为观止——饱满、高耸的肱二头肌、肱二头肌和肱三头肌之间的完美平衡以及因此看上去饱满而强壮的手臂。

谈到手臂的完全发展，迈克·马塔拉佐几乎能与任何一个人相媲美。

李·普里斯特证明：任何人都能练就令人惊叹的肌肉以及极其健壮的手臂——无论他的体型如何。

完美的臂部

一个完美的、架起双臂的正面造型——健美运动员尤其会这样做——需要所有的东西：协调的比例，优秀的肱二头肌、肱三头肌、三角肌以及胸大肌，一个饱满的胸腔，具有完美弧线的背阔肌，以及一个紧致的腰部。

虽然当我们在提到发达的手臂时，通常都会想到巨大而隆起的肱二头肌，但实际上，肱三头肌是一组更大、更复杂的肌肉群。肱二头肌有两个头，而肱三头肌则有三个头。一双比例完美的手臂，通常应该是肱二头肌占 1/3，肱三头肌占 2/3。

想要拥有完美的手臂，就要知道，需要用什么练习、什么样的训练量来训练哪些肌肉。锻炼臂部的方法是多种

保罗·迪利特证明了协调的比例对冠军体形的重要性。对已经如此健壮的人来说，手臂仅仅"大"是远远不够的，它们的尺寸必须与身体的其他部位相协调，就像这张照片中的一样。

267

第三部分　身体部位练习

纳赛尔·桑贝蒂和让-皮埃尔·福克斯都绝不仅仅是依靠他们的块头来登上健美比赛的舞台的。他们都拥有完全发展的体形，包括协调的前臂、杰出的肱二头肌、肱三头肌、三角肌和胸大肌。

多样的。你可以一次就对整个臂部进行锻炼，或者锻炼完一个肌肉群再锻炼下一个，再或者交替完成肱二头肌和肱三头肌的练习组，来使胳膊上的所有肌肉都处于充血状态。另外，你也可以第一天锻炼肱三头肌，第二天锻炼肱二头肌，然后再找合适的一天锻炼前臂肌肉。

和其他身体部位一样，完全的发展只有在你冲击臂部，迫使它们做出反应之后才能得到，无论它们已经有多么健壮。在你的训练中加入多样的练习动作，不断变化，来尽可能地实践冲击原则，这样会让你拥有你希望得到的那种手臂。

训练肱二头肌

　　肱二头肌一向是我最好的身体部位。当我年轻的时候，肱二头肌的锻炼对我来说尤其重要，因此我努力地训练它们。很快地，它们像气球一样鼓了起来。

　　高强度的训练，加上正确的技巧会最充分地激发出每一块肌肉的潜力。但是，并不是每个人的每一块肌肉都拥有相同程度的潜力。有些人的肱二头肌比较长，而另一些人的则会比较短；有些人的肌肉会高高耸起，而另一些人的则不会这样；有些人能够通过锻炼让肌肉变得无比厚实，而另一些人则做不到这一点。你可以针对这些方面中的任何一个进行训练，并且通过合适的计划修正弱点。如果你在形状和比例上有着良好的先天因素，那么你的训练效果一定会超出预期。

　　当然，没有一种先天因素是有绝对优势的。被认为是一流的肱二头肌也是形状各异的：拉里·斯科特就是因为长长的，同时又厚实饱满的肱二头肌而著名；而我自己的肱二头肌则是因耸起的高度而出众；至于弗朗哥·哥伦布，他的肱二头肌也高高耸起，但是却非常短；塞吉奥·奥利瓦的肱二头肌同样很长，却不是特别高；博耶·科的肱二头肌不仅高耸，而且很长，但遗憾的是它们相对较窄。虽然我们的臂部肌肉结构各不相同，但我们每一个人都同样赢得了许多称号。

潜在的骨骼结构和身体比例在很大的程度上决定了你的臂部最终的视觉效果。手臂相对较短的人，想锻炼出健壮发达又比例匀称的肱二头肌并不是什么难事。但对那些手臂非常长的人来说，需要锻炼出很大的肌肉块头，才能让他们的手臂看起来同身体相协调。

其他肌肉的比例和相对的力量也会对肱二头肌的锻炼和发展产生影响。举个例子，在观察弗朗哥·哥伦布和肯·沃勒做杠铃弯举时，我就发现，他们的三角肌前部是那么的强壮有力，因此在动作过程中会负责大部分本该由肱二头肌负责的工作。于是，他们两人必须特别努力地孤立肱二头肌，否则就永远无法获得自己想要的训练效果。他们采用的一种方法就是在做弯举时用臂托板将肘部固定住，（我有时也会用这种方法，见294页。）另一种方法是利用斜托进一步孤立臂部肌肉。

如果你也有这样的困扰，却很难找到类似的器械，那么你可以使用一种更简单的方法，即在做杠铃弯举时，背靠着墙壁，把借力降到最低。

我自己的三角肌前部相对没有那么强壮，所以对我来说，常规的杠铃弯举就已经非常有益于肌肉的发展了。我并

就像丹尼·帕迪拉（Danny Padilla）和弗朗哥·哥伦布一样，李·普里斯特也是一个"大块头杀手"。至于为什么，看看他杰出的上臂和前臂吧。

不需要特别地孤立肱二头肌使其得到锻炼，这也正是为什么在早期我对训练生理学的知识并不那么熟悉。

如果你用其他肌肉来帮助举起重量，那你就不能期望肱二头肌有很好的发展。你还需要找到那个正确的动作路线——在任何弯举动作中都做到最大的幅度。在弯举时，你必须把手直接带到肩膀，如果你改变路线——无论是向身体内侧还是外侧移动一英寸——都将减少肱二头肌所受的压力，从而不能获得最佳的效果。

另一种常见的错误——塞吉奥·奥利瓦就曾经犯过这样的错误——是在弯举的开始先将手腕弯曲，然后在动作的压力真正压到肱二头肌之前，又将手腕向上翻起。这样就更多地用到了前臂的力量，而将压力从肱二头肌上转移开了，这会导致粗壮的前臂和平庸的肱二头肌的形成。

但是，仅仅一个弯举动作，对锻炼整个肱二头肌来说是不够的。肱二头肌并不仅仅能带动手臂抬起和弯曲，它们还能带动手腕转动。举杠铃能发展肱二头肌的块头，但同时手腕也被锁定了不能移动。因此，我常常还会做一些哑铃练习，以让我在举起重量的同时也能转动手腕，让肱二头肌得到更全面的收缩。另外，使用哑铃还能发展肘部的肱肌，这样能更好地分离肱二头肌和肱三头肌。

肱二头肌的长度也很重要。许多人用反握弯举来锻炼前臂，而我发现这个动作对增加肱二头肌的长度也有着明显的作用。肱二头肌应该一直向下延伸到接近肘部的位置，然后以一个饱满有力的弧线结束。

我在做弯举时还有一个习惯，那就是尽可能多地改变我双手的动作，从而全面地刺激肱二头肌的所有区域。比如说，杠铃弯举时锁定双手，哑铃弯举允许你旋转手腕，反握弯举让你保持手掌向下的姿势，在举起哑铃时保持大拇指始终在顶部（比如锤击式弯举）则能够直接锻炼到肱肌，这对肱二头肌的全面发展是非常重要的。另外，我常常会通过使用各种各样不同的器械来锻炼肱二头肌——臂托板、直杆杠铃、曲杆杠铃、斜托板、俯卧凳、杠铃、哑铃、拉力器及各种器械。

再说一遍，我看到人们在肱二头肌的训练中所犯的最主要错误是，动作幅度不够。没有任何一个身体部位的训练对动作幅度的要求像肱二头肌的这么高。你的双肘抬高或者是过于靠后，都会限制动作的范围，使你不能够做出弧度足够大的动作。

许多健身者都不想将重量放低到手臂完全的伸展并锁定时的位置，因为那样他们就举不起那样的重量了。但是他们忘了，这个动作的靠下阶段才真正发展肱二头肌下部的厚度，使它们看起来好像延伸到了前臂位置——在你伸开手臂时，这种形状是关乎视觉效果的；而在你紧缩肱二头肌时，肌肉的这个部分还能蜷曲起来，帮助增加肌峰。

有些健身者在弯举中让臂部伸直了，但他们由于在动作的开始没有严格做动作，而影响了练习效果。他们借用肩膀和背部的一些力量，将重量举起，于是这个动作最开始的阶段几乎是无用的，因为在这一阶段肱二头肌没怎么用力。

另外一种错误是将重量一直向上举起，却忽略了让肌肉紧缩。当重量到达你下颌的时候，骨骼和关节承受绝大部分的压力，这时为了使肌肉继续工作，你就必须真正地紧缩它们，否则它们就还会是软软的，因为你没有让它们一直处在压力下。如果你在弯举动作的最后阶段偷懒的话，那么你就永远不会有一副饱满、强硬且厚实的肱二头肌。

对杠铃弯举来说，这是一个不正确的起始姿势：双臂弯曲，肘部靠后，这样肱二头肌得不到充分的伸展，极大地缩小了动作范围。另外，双臂在动作过程中始终都伸不直，所以肱二头肌的下部也就一直得不到足够的压力。

从俯身姿势开始，也是杠铃弯举中最常见的错误。如果你举起重量的同时挺直身体，下背部就要用力——这就产生了额外的动量，让你将重量向上甩起，而不是靠紧张收缩的肱二头肌举起它，所以肱二头肌的下部始终都得不到适当的刺激。至于这个练习动作的正确完成方式，请参考第293页。

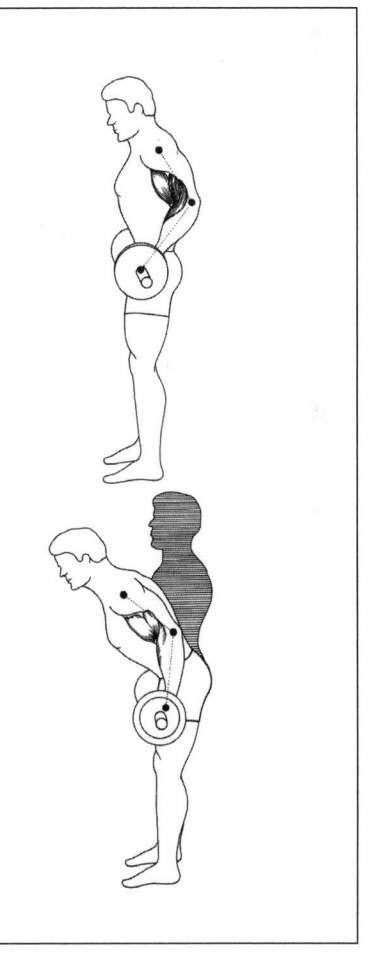

借力弯举

在有些练习动作中，借力有助于达到很好的效果，弯举就是其中之一。从本质上来说，弯举是一个旋转运动，形成阻力的重力始终是垂直方向的。也就是说，你要做出一个圆弧动作来举起重量，但重力始终将重量垂直向下拉。在动作的过程中，你有时是向外举，有时向上举，但阻力总是上下方向的。所以，你并不是一直在重力的反方向上用力，这使得动作中的某些部分在锻炼效果上要打折扣。

弯举机的设计者们常常宣称，对做弯举来说，他们那些做圆弧运动而非线性运动的器械，要比哑铃或者杠铃要好。然而，你并不需要如此复杂的器械来克服这个问题。你可以在做一些弯举动作时，用一些很重的重量，以至于你无法严格地做动作。这样即使你借助背部肌肉和肩部来"强行"将重量提起，你也可以让肱二头肌在动作的每个点上都付出最大的力量。

在你的前臂与地面平行的时候，杠铃或者哑铃更难向上举起，在弯举的开始，你的手臂指向地面时，则要相对轻松一些。在借力弯举中，你可以使用一个你在动作的"轻松"阶段就感到很重的重量；然后，使用一点借力让你渡过"困难"部分，因为在这个阶段，重量形成的阻力过大，严格地遵循练习技巧是无法将其克服的。

借力弯举对塑造肱二头肌的形状和肌峰来说没什么帮助，但是却有助于打造肌肉的块头。不过，借力弯举不应该超过你的肱二头肌训练量的10%——你还需要各种规范的练习动作来全面地发展你的肌肉。

基础训练计划

对初学者来说，严格规范的杠铃弯举是基本的、塑造肱二头肌块头的练习动作。杠铃弯举会一直贯穿于你的训练计划中，因为它是你不断塑造和保持肌肉的块头和厚度的唯一方法。另外，我建议你在一开始将哑铃弯举动作纳入你的训练计划，因为它能让你转动手腕，这会让你的肌肉更彻底地收缩，以发展肌肉的完整形状。

在起步的时候，我还建议你做集中弯举。做这个动作时，我会一只手扶住一个固定物来稳定我的身体，然后微微地向一侧倾斜身体，以获得更大的动作幅度。这个练习可以让你每次将注意力完全集中在一侧的肱二头肌上——这是你同时用两只手臂训练时做不到的。

高级训练计划

进入到高级训练阶段之后,你还需要继续努力练出更大的块头,同时还要注意打造分离度,塑造整个肱二头肌的形状。如果你的肱二头肌缺乏肌峰,那就专注于肌肉的高度训练。如果它们厚度不够,就让它们变厚一些。

如果你想发展肱二头肌的形状和质量,并且使它们得到更大程度的拉伸,那上斜哑铃弯举是最合适不过的了。集中弯举则有助于增加肱二头肌的高度。

随着你的不断进步,你就开始需要使用超级组了,以缩短时间间隔来增大训练强度。我喜欢将肱二头肌和肱三头肌的练习组合在一起,这会给你的双臂巨大的泵感,让你感觉自己是个超人。同样,你也可以在你的肱二头肌已经充血得像一个枕头的时候,使用更重的重量来训练你的肱三头肌,此时的肱二头肌就像软垫一样,可以缓冲肱三头肌的动作。

越是要求完美的手臂,你就越需要确定一点——你的肱二头肌的每个侧面都得到了完全的发展。为此,除了打造肌肉块头的杠铃弯举之外,你还需要做更多的上斜弯举,这有助于发展肱二头肌的下部。有时我甚至会躺在一张水平的长凳上来做哑铃弯举,从而使我的肱二头肌得到更大程度的拉伸。除此之外,你还可以进行额外的拉力器训练和哑铃训练,做这些训练时你可以旋转手腕,从而能更好地对肌肉进行塑形。

参赛训练计划

在每一个阶段,你都需要做一些额外的事,对肌肉提出更多要求,使其处于持续的超负荷下。这一点对打造完美的手臂来说尤其重要。加大训练强度的一个好方法是用交替哑铃弯举来代替杠铃弯举。这样你可以孤立每一侧的肱二头肌,每次将所有精力集中于一个手臂上。这个练习的方式很独特——一只手臂举起的同时另一只手臂放下,它有助于你通过非常少的借力,做出严格得多的动作。还有一种增加强度的方式就是做斜托弯举,它能增大动作幅度,并且固定肘部,从而强迫你更严格地做动作,更多地刺激你的肱二头肌下部。

更进一步的方法是,三合组——接连做三种不同的练习,中间不停下休息,它会使你的训练强度达到前所未有的水平。在一开始,你会感觉非常艰难,但是一旦适应,你会发现这样的加速训练能给你带来极强的泵感,并使你能在相当短的时间内完成很大的训练量。

总而言之，你需要使用尽可能多的技巧来冲击肱二头肌，使其进一步发展。比如，我经常喜欢和一个训练伙伴一起做杠铃弯举：我会做一组，然后立即把重量交给他，让他也做一组，之后他再立即把重量交还给我，我再做下一组。如此进行，直到精疲力竭。

为了参加健美比赛，我确保要用很多种练习进行大量的单项训练、超级组、三合组——在比赛前，每个小时都做一组肱二头肌练习，其中会使用借力训练、强迫次数训练、局部次数训练、负功训练、向内侧弯举、向外侧弯举——没有任何遗漏，没有任何侥幸。

为了比赛，我还会使用递减法来训练我的肱二头肌，但也会使用21响礼炮——结合大量的局部动作和全程动作，还会把两种肱二头肌练习组合成超级组，或者把肱二头肌练习和肱三头肌练习，或者其他什么练习组合成超级组。

在进行肱二头肌训练时，我还会大量运用想象的力量。在我的脑中，我会构想出我肱二头肌的形状，如同山脉般无比巨大。我想象自己用这对超人般的肌肉块，举起了巨大的重量。

这种强度训练能帮你打造出肱二头肌的绝对块头，肱二头肌的长度、厚度以及高度，肱二头肌的内侧、外侧，肱二头肌和三角肌、肱二头肌和肱三头肌之间的分离度。对于完美的手臂来说，所有这些都是你必需的。

弱点训练

但是，即使你已经完全按照我上面所描述的方法进行训练了，甚至做得更多，你仍然可能发现你肱二头肌的某些区域相比于其他区域来说较不发达。

总体来说，如果你想对肱二头肌的弱区进行训练，那么最好的练习是那些单臂的哑铃练习动作。你可以一次只用一只手臂完成一整组动作，这有助于将注意力和强度都最大化。这样一来，就不会出现一块很壮的肱二头肌使另一块肱二头肌相形失色的情况，而会让双臂得到均衡的发展。另外，在动作过程中，请注意转动你的手腕来确保肱二头肌得到了彻底的收缩。

不过我相信，许多人在肱二头肌上出现弱点的主要原因是他们没能正确地完成练习动作。你需要正确地掌握技巧——保持肘部稳定不动，并且慢慢地放下重量，而不是任其自由落下，尽可能多地运用冲击原则——如果能做到这些，那么你的这个区域应该就不会有问题了。

比如说，我曾经见过许多人在弯举时使用他们的前臂，用腕弯举的姿势来开始动作，这样就会让这个练习变得没有效果。或者，他们会在弯举动作的顶点位置，不紧缩肱二头肌——不保持其最强的紧张度，而是简单地把重量甩向他们的肩膀，让肱二头肌松懈着，一点儿没有出力。因此，我建议使用顶峰收缩原则——在弯举动作的顶点位置用尽可能大的力量紧缩肱二头肌。

单臂哑铃弯举（杰伊·卡特勒）

但是，有时肱二头肌的发展之所以滞后于其他肌肉，只是由于它们并没有获得足够的训练强度。有些健身者感觉，完成 5 组肱二头肌的练习动作就已经足够了，这样只会让他们在本应该是漂亮的、得到精心塑造的肱二头肌的地方，仅仅长出巨大却毫无形状可言的块头。

为了纠正肱二头肌的一些特定弱点，我推荐如下的练习：

肌肉块头

大重量的杠铃弯举和借力弯举。肌肉的尺寸来自举起很重的重量。如果你开始只能弯举110磅（49.895千克）的重量，而通过练习能举起130磅（58.967千克）的重量了，那你的肱二头肌就会变得更大。另外，尝试使用我的想象技巧，幻想你的肱二头肌长到了超人般的尺寸。

这是我的双臂最发达时的状态，那时我主要依靠大重量的杠铃弯举和借力弯举来锻炼手臂。注意看那只没有紧缩的手臂看起来有多么厚实、巨大。

长度和厚度

弯举，集中在动作的下1/3阶段。

上斜或者俯卧弯举，将肱二头肌拉伸到最大程度。

严格的动作，比如斜托弯举或者使用臂托板的弯举，来固定你的肘部，并能让你的肱二头肌得到最充分的伸展。

在完成了每组哑铃弯举练习之后，将你的手腕以180度的角度转动5～6次。

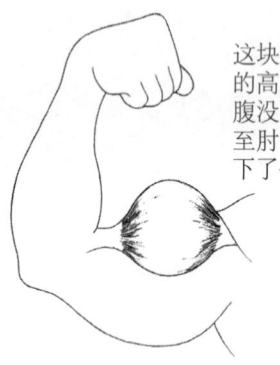

这块肱二头肌拥有不错的高度，但是很短。肌腹没有完全伸展并延伸至肘部位置，在臂部留下了一块空白。

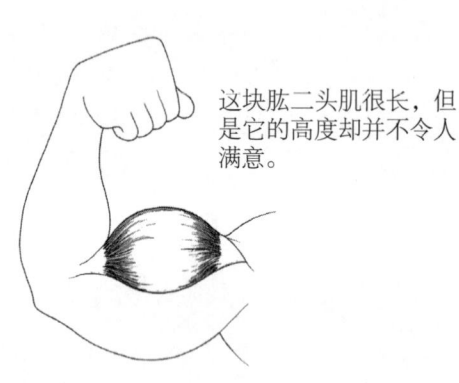

这块肱二头肌很长，但是它的高度却并不令人满意。

你的肱二头肌越长、越厚实，那么在你伸直手臂的时候，它们就看起来越漂亮。在你弯曲并紧缩臂部时，它们也会更大、更高。

许多健身者没有意识到，肱二头肌除了弯曲、提举之外，还能带动手腕旋转。这也正是为什么我常常以如图1和图2所示的方式开始弯举动作的原因。

如果你想省去腕部在完成哑铃弯举动作时的旋转动作，那么图3和图4所示的手的动作就是非常适用的。

肌峰

集中弯举，使用哑铃或拉力器。

哑铃练习动作，在提起重量的过程中，注意腕部的旋转（大拇指转向外侧），集中精力在整个动作的上 1/3 阶段。

使用顶峰收缩原则——在动作的最后阶段尽可能地紧缩肱二头肌，并在练习后进行一系列的收缩和舒张练习，直到有了极强的泵感。

在训练过程中，使用局部充血法——在结束时，将重量举起，充分收缩肱二头肌。之后，将重量向下放 1/3，然后重新举起，再来一次充分的收缩。这样做 3～4 次，最后放下重量，紧缩肱二头肌。

对肱二头肌来说，厚度是非常重要的，可肌峰的重要性常常被低估。我就常常为我的肱二头肌的肌峰而努力锻炼。我觉得正是这两块高高耸起的肱二头肌帮助我赢得了许多的健美比赛。

肱二头肌的块头和外侧厚度

弯举，向内侧，朝向身体的中心，比如窄握杠铃弯举或者窄握斜托弯举。

集中弯举，将重量带向你的胸部。

发达的肱二头肌外侧有很好的视觉效果。我就喜欢这样简单地弯曲手臂，将肱二头肌外侧展示出来。要想获得这样的效果，你需要从各个角度对肱二头肌进行锻炼。

通过改变你的手握住杠铃的位置，你就能改变肱二头肌的受力方式。这样的动作变式对发展肱二头肌的弱区来说非常有效。如图所示，以很窄的握距握住杠铃，就能将额外的压力转移到肱二头肌的外侧头上。

想要在这个动作中有良好的表现，你的肱二头肌外侧就必须很发达；另外，肱肌（肘部位置）也要发达，以分离肱二头肌和肱三头肌。

肱二头肌的块头和内侧厚度

用"锤击"的姿势握住哑铃——手掌朝向身体内侧，而不是面向外侧。你可以感觉出肱二头肌受到的压力会发生何种改变。

站姿杠铃弯举

宽握斜托杠铃弯举

坐姿或站姿哑铃弯举

上斜哑铃弯举

完成站姿交替哑铃弯举，双臂间的距离保持较宽，稍微离开身体，如果你直上直下地弯举并略微转动手腕，将大拇指略微向下垂，那么你会感觉到这个练习对肱二头肌内侧的特别锻炼效果。

文斯·泰勒

李·普里斯特

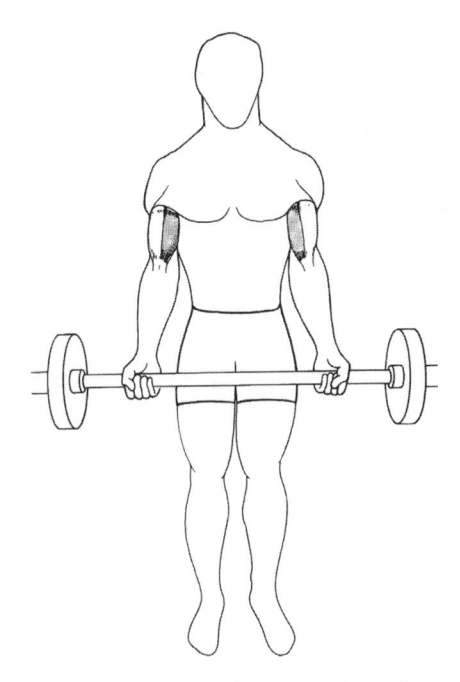

如果你的弱点是肱二头肌的内侧，那么你可以在杠铃弯举中，采用很宽的握距，让更多的压力作用于肱二头肌内侧。

弗莱克斯·惠勒

分离度和清晰度

高组数的训练、超级组以及三合组。你可以尝试使用尽可能多种的、不同的肱二头肌练习动作，特别是那些使用哑铃的练习动作，它们能使你从非常多的角度进行训练，还能让你进行单臂训练，从而得到最佳的孤立效果。

反握弯举动作，发展肱桡肌和肱二头肌。这两块肌肉在你从后面展示肱二头肌时，会产生极佳的视觉效果。要注意让你的肘部保持稳定，做支点；此外，整个过程中你的腕部也要保持稳定。

罗比·罗宾逊的双臂就是肱二头肌的清晰度和分离度的最佳示例之一。看这张照片中的罗比，和看解剖图谱差不多。

从这张照片里你可以清楚地看到肱三头肌是如何悬垂在臂部下方的，还能看到肱三头肌、三角肌、肱二头肌和前臂肌肉之间的分离度。

训练肱三头肌

肱三头肌是一块比肱二头肌更大的肌肉，它需要从更多的角度进行训练。和肱二头肌一样，你的肱三头肌也应该从各个角度看都非常完美。但和肱二头肌不同的是，你的肱三头肌应该让你的双臂在没有弯曲的时候，就看起来非常发达，并给人留下深刻印象。如果你听到有人惊叹："哇哦，看看那个家伙的手臂有多粗！"你可以确定，那是肱三头肌的效果。

无论是比尔·珀尔、塞尔日·纽伯莱、塞吉奥·奥利瓦、阿尔伯特·贝克斯（Albert Beckles），还是弗雷迪·奥尔蒂斯、凯西·维埃特、尤苏普·维尔科什、弗兰克·赞恩，都拥有发达的肱三头肌。肱三头肌需要那样发展，才能使它们从各个角度看起来都很好。你可以想象，从后背看时，一副锻炼良好的肱三头肌能给你带来多好的视觉效果。或者，如果你的肱三头肌从肘部开始向外有力地凸起，并且整块肌肉一直向三角肌后部的位置延伸，那会是怎样的状况。又或者，你还可以想象一下，将双手放在脑后时，肱三头肌能够起到什么作用。

但是，和身体其他部位一样，大的肱三头肌和好的肱三头肌之间是有区别的。肱三头肌相对来说更加复杂，它们的每一块都要得到完全的发展。对肱三头肌的锻炼需要达到这样的效果，即当双手自然下垂时，你的肱三头肌应该从肘部直到三角肌后部都非常明显地向外凸出；而紧缩时，它的每一个头都必须具有良好的形状、分离度和清晰度。

塞尔日·纽伯莱就拥有一副饱满、厚实的肱三头肌。因此他的双臂看起来始终很健硕，即便他只是放松地站着。

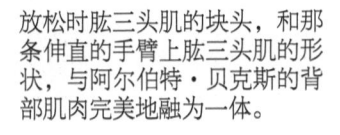

放松时肱三头肌的块头，和那条伸直的手臂上肱三头肌的形状，与阿尔伯特·贝克斯的背部肌肉完美地融为一体。

基础训练计划和高级训练计划

　　训练肱三头肌，第一步就是打造肌肉的块头，增强肌肉的力量。这就意味着你要做基本的推举和屈伸训练，并且逐渐地增加重量，直到这个区域开始有反应。不同种类的推举和屈伸动作针对肱三头肌的不同区域。但是，还有一些技巧，可以用来强化你的肱三头肌的训练效果。记住，任何时候你在伸直手臂对抗阻力时都会锻炼到肱三头肌，无论你是否正在专门对肱三头肌进行训练。

　　通常情况下，借力技巧可以用来增加肌肉的块头和力量，但是你不需要使用借力来将额外的压力施加在肱三头肌上面。当你在进行强力练习，如仰卧推举、哑铃推举或者肩上推举时，你在用力的过程中已经对肱三头肌这个部位施加了极大的压力了。

　　尽管肱三头肌在许多练习动作中都会得到锻炼，但是对肱三头肌的每一个头分别进行孤立训练仍然是非常必要的，特别是当你进入高级训练阶段之后，你就需要将压力直接施加在肱三头肌的每一个区域，这样才能让它们得到完全的发展。为此，我推荐多种不同的肱三头肌屈伸动作，使用杠铃、哑铃或拉力器，它们能对肱三头肌的不同区域产生不同的影响。

　　另外，身体比例和骨骼结构也确实会让一些人更容易塑造出好的肱三头肌。例如，对一些人来说，肱三头肌下压动作很容易孤立锻炼肱三头肌，而另一些人拥有和前者不同的身体比例和肌肉位置，所以就会发现做这个动作时会用到胸大肌、甚至背阔肌的力量，从而很难让肱三头肌得到单独的训练。你会看见一些人做肱三头肌下压，最后却是胸部高度充血了。遇到这种情况时，学会完全地将肱三头肌孤立出来就变得极端重要了，这

看看比尔·珀尔的这个姿势，无人能够超越，尤其是那发达的三头肌上部。

可以通过单臂臂屈伸或者杠铃臂屈伸来做到。

仰卧臂屈伸会锻炼到从肘部开始直到三角肌后部的肌肉。单臂臂屈伸有助于肱三头肌的发展，让饱满的肱三头肌与过度高耸的肱二头肌相协调，从而使你的臂部看起来更平衡。而仰卧哑铃臂屈伸会很好地锻炼肱三头肌的外侧头，给你发达的肱三头肌所需要的形状和厚度。

另外，手的位置也会改变肱三头肌的锻炼效果。让大拇指朝上，手掌向内，会给肱三头肌的外侧相对更强的锻炼，比如在做肱三头肌下压时，抓住拉索而不是按住一个横杠，或者做俯身臂屈伸，都会有这样的效果。而如果在肱三头肌下压中，让手掌向下，就会给肱三头肌的内侧部分施加更多的压力。而如果你转动手腕，让大拇指向内、向下——在单臂拉力器下压中最容易做到这一点，那对肌肉的锻炼效果也会有些不一样。

在肱三头肌的高级训练中，同样会包含超级组，即在完成一组练习动作之后立刻进行另一组动作，以发展肌肉的尺寸、力量、形状和耐力。另外，你还需要同时对肱三头肌的上部、下部、长头、外侧头和内侧头都进行锻炼。无论你到了什么程度，对你而言，只有追求动作强度，迫使肌肉持续生长，增加练习动作才是有意义的。

记住，肱三头肌同样也有转动手腕的功能——与肱二头肌相对。因此，就像你在肱二头肌练习动作中向外转动手腕一样，你在做肱三头肌的练习动作中，向相反的方向转动你的手腕，会使你的肱三头肌得到彻底的收缩。另外，为了达到这个目的，你可以做颈后哑铃臂屈伸、单臂拉力器下压等。

参赛训练计划

在观看一流的健美运动员展示肱三头肌之前，你很可能都不清楚这些肌肉应该是什么样子的。事实上，肱三头肌应该像一块马蹄铁，从肘部沿一条曲线上去，与它上方的三角肌和手臂另一侧的肱二头肌清晰地分离。对于健美运动员来说，这块肌肉可是棒极了。

参赛训练计划就能帮你获得那样的肌肉效果，其中会有一些你还没有学到的练习动作，另外，你还需要大量的高时间密度的超级组来增加你的训练强度。

像拉力器下压、俯身臂屈伸、窄握推举和屈臂撑的练习都

发达的肱三头肌看起来就像钉在你上臂后面的马蹄铁一样。（李·普里斯特）

能全面锻炼肱三头肌。而几乎任何一种肱三头肌练习，如果你只完成靠下阶段的动作，那么它就有助于发展肌肉的下部。抓住重量，弯曲肘部，尽可能完全地拉伸肱三头肌，然后开始时伸直你的手臂，但是在动作只进行了1/3阶段时就停下；就这样只在这个局部范围内一来一去，就能帮你有效地锻炼肱三头肌的下部。

而要发展肱三头肌上部，就在任何一个肱三头肌练习中，完全锁定手臂，保持肌肉收缩三四秒钟，让肌肉在静力下紧张。一组动作完成后，在你的训练伙伴锻炼时，你要让你的肌肉紧张起来，这样肱三头肌上部甚至会给你更多反应。

你还要记住，肱三头肌也旋转手腕——方向与肱二头肌的正好相反。正如你在训练肱二头肌时要向外转动手腕一样，你应该做一些允许你向反方向转动手腕的肱三头肌练习。这会让肱三头肌得到彻底的收缩。颈后哑铃臂屈伸和单臂拉力器下压都可以达到这一目的。

弱点训练

如果你的肱三头肌的确存在问题，那么我建议你遵循优先训练原则，即趁你在锻炼的开始还精力充沛，首先训练它们。我自己就曾经用过这样的方法进行锻炼，那时我刚刚意识到我的肱二头肌的发达度已经不成比例地超过肱三头肌了。于是我开始将注意力集中到肱三头肌上，采用了优先训练原则。很快地，我的肱三头肌就做出了反应，所以我就获得了一双奥林匹亚级别的手臂，而不仅仅是一副奥林匹亚级别的肱二头肌。

我同样发现，做肱三头肌的超级组练习，即一组动作接另一组动作，也是一种让肱三头肌得到额外发展的好方法。我会先做几组练习，让肱二头肌达到充血状态，这时的肱二头肌就像一个"软垫"一样，然后我再对肱三头肌进行真正的轰击。在超级组之后，我会继续紧缩肱三头肌，而不是让它们松懈下来。

李·哈尼正在展示的，就是肱三头肌块头的极致效果。他都不需要向他背阔肌的方向挤压他的臂部，就能让他的肱三头肌看起来巨大。他所需要的仅仅是向下伸开手臂，并且紧缩一下。

如果肱三头肌对你来说是一个特别的弱点，那么我建议你修改一下训练计划，从而使它们每时每刻都能对自己进行训练，让自己只关注你手臂的后侧，完全地冲击并刺激肱三头肌。为了克服特定的弱点，我推荐以下练习：

块头

在每个练习动作中都使用较重的重量：

窄握杠铃推举

负重屈臂撑

背后屈臂撑

块头和肱三头肌上部

拉力器下压及单臂拉力器下压（常规握法和反握）

俯身臂屈伸

屈臂撑

多里安·耶茨

所有的肱三头肌练习都要严格完成，这样才能真正完全地收缩它们。另外，在每个动作中都注意锁定手臂。遵循顶峰收缩原则，在动作的最高处，保持完全收缩一段时间。

实际上，克里斯·迪克森并不是因其壮硕的臂部而闻名，但是他的肱三头肌——特别是肱三头肌上部——确实非常发达，因此他的双臂也就能在做这个动作时看起来如此健壮。注意他肱三头肌和三角肌之间一流的分离度，这恰恰是帮助克里斯赢得1982年"奥林匹亚先生"称号的最关键因素。

纳赛尔·桑贝蒂

块头和肱三头肌下部

负重屈臂撑

背后屈臂撑——只需做动作的一部分，将身体完全放下，但向上只做 3/4 的部分（不要锁定手臂），让肱三头肌下部在整个过程中始终处于压力之下（你臂部的弯曲程度越高，肱三头肌下部所负担的压力越多。）

图中肖恩·雷正在展示两种不同的、却都十分有效的姿势，以展示他十分杰出的肱三头肌。

拉里·斯科特

塞吉奥·奥利瓦伸直双臂的姿势

训练前臂

通常你展示肌肉的时候，人们并不会特别观察你的前臂，可是如果你的前臂不够发达，他们就会立刻注意到。前臂占了整只手臂的 1/3，因此如果前臂肌肉的锻炼效果不佳，那么整只手臂就会看起来不成比例。而给人留下深刻印象的前臂会让你上身的其他肌肉也看起来更好。

想要塑造出真正高质量的体形，你就必须认真严肃地、像对待身体其他部位肌肉一样来对待前臂。其实几乎每个上身的练习动作都会牵涉到前臂，或者是帮助你握住一个工具，或者是在你做推、拉动作时起一定的作用。所以，即使你并没有专门锻炼前臂肌肉，它们也会在你进行其他练习的过程中得到附加的训练。实际上，无论任何时候，只要你弯曲肘部或者手腕，前臂肌肉都会承受压力。

完美的前臂对塑造一流身材来说是十分必要。另外，前臂肌肉的力量也十分重要，强壮的前臂使得你可以使用更重的重量进行训练；而且，在一些练习，如引体向上和拉力器划船（在这些动作中，手和腕部是普遍的"薄弱环节"）中，还能够让你进行更大强度的训练，从而施加更多的压力在其他肌肉上面。

同其他肌肉一样，遗传的肌肉结构也是决定前臂可以达到的尺寸和力量的因素。例如，有些人的前臂肌肉看上去一直延伸到手部，几乎看不出肌腱，这是因为他们天生拥有非常长的肌腹——整个肌肉结构中实际上能收缩的部分。肌肉的尺寸受到肌腹长度的影响，因为大块头缘于大体积——是三维的而非一维的。当你考虑肌肉体积的增加的时候，在前臂上拥有几英寸的优势，就实实在在地意味着拥有更大的肌肉发展潜力。有许多健身者也会宣称，他们并不需要专门进行前臂肌肉的训练，也能在一些练习如杠铃弯举中获得足够的效果。但是据我所见，凯西·维埃特这位拥有着令人不可思议的前臂的健美运动员，是会用

罗尼·科尔曼发达的臂部就是一个完美的例子，可以说明发达的肱二头肌内侧是如何帮助塑造出必要的肱二头肌和肱三头肌之间、肱二头肌和前臂肌肉之间的分离度的。

发展良好的前臂是极其重要的。

287

155 磅（70.30 千克）的重量做杠铃腕弯举的，并且还会用 135 磅（61.23 千克）的重量做反握腕弯举。而塞吉奥·奥利瓦也同样会在一张凳子上做大量的反握腕弯举，以确保他能拥有非常健硕的前臂。至于戴夫·德雷珀，他也会进行大量的前臂训练。因此，即使你天生就被上天赋予了优秀的前臂，那也绝不意味着你就可以完全放弃对它们的训练了。

然而，即便你的肌腹比较短，肌腱相对较长，并因此限制了肌肉的体积发展，你也同样有可能锻炼出一副高耸的前臂。许多人包括我自己，就正好处于两种极端情况中间，即既没有像塞吉奥·奥利瓦那样饱满的前臂，也并不是完全不可能锻炼出高耸的前臂。在这种情况下，其实是有可能将前臂肌肉锻炼得与上臂比例协调的，只不过你必须为此而非常刻苦地锻炼它们。

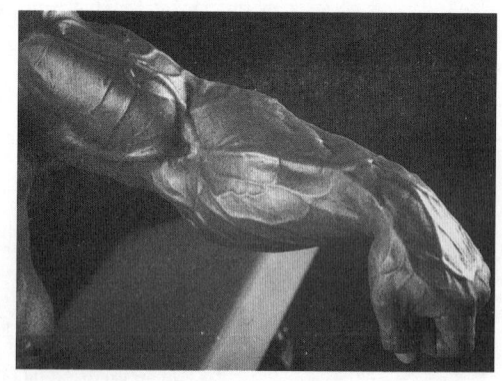

像李·拉布拉达这样的手臂，需要非常发达的前臂，来平衡上臂的块头和分离度。

基础训练计划

前臂的训练应该从一开始就被纳入你的日常训练计划中，但是这部分的锻炼与其他身体部分有所不同。许多练习动作本身就会涉及前臂肌肉的锻炼，因此你在一开始并不需要专门进行大量的前臂训练——杠铃腕弯举和反握腕弯举就已经足够了。另外，我并不建议你像训练腿部或者身体其他部位一样，做许多组前臂的练习。我发现，完成几组相对来说高次数的练习会得到最佳的效果。

在前臂训练方面，许多健身者常犯的一个错误就是他们没有使用足够的重量。实际上，前臂肌肉在某种程度上和小腿肌肉类似，即它们很适应长期的工作和很重的压力。因此，你就需要使用一个相对较重的重量来真正地刺激这些肌肉。

为了孤立前臂，不让肱二头肌参与工作，严格的技巧也是非常必要的。为了做到这点，你要把前臂稳定地放在一张凳子上，双肘互相靠拢并在你的双膝之间保持锁定。

有些人也许认为，从一开始就将注意力集中在前臂的锻炼上并不是十分必要，但是我并不赞同这种看法——前臂的力量对更重、更强的训练来说是如此重要，因此你需要从第一天起就认真地锻炼它们。另外，由于对一部分人来说前臂的生长速度很缓慢，因此你越早开始对它们进行训练，收效就会越好。

高级训练计划

在高级训练计划中，我加入了一些单臂腕弯举来使每一只手臂的前臂都能得到孤立的、高强度的训练。另外，你可以重新设计你的训练计划，用腕弯举和反握腕弯举进行超级组训练，从而使你的前臂得到泵感。

当然，如果你在对其他身体部位进行高强度的训练，你的手臂实际上已经被迫去努力工作了，你的整套训练本身就倾向于消耗前臂的力量，所以当你专门锻炼它们时，就需要非常高的专注度和非常大的决心来锻炼这些已经疲惫、力量快要消耗殆尽的肌肉了。

记住，前臂的尺寸，比身体任何其他部位都更加依赖于遗传因素。如果你的前臂肌肉只有很短的肌腹，那想获得你想要的肌肉尺寸就有些难了，所以你最好尽早开始考虑对前臂肌肉进行额外的训练。因为前臂的尺寸增长得很慢，你需要时间来完成你朝思暮想的改变。

但也许你也会非常惊讶于你的前臂的发展速度，如果你真的在努力。一般而言，健身者不能锻炼出发达的前臂，仅仅是因为他们并没有足够地刻苦，他们只是随意地将前臂训练附加在整个训练期的后面，并且只是马马虎虎地完成几组动作就收尾了。相信我，如果你想要让一个身体部位呈现最佳效果，你就必须认真严肃地对待它们。前臂训练的重要性丝毫不亚于对胸部或者肱二头肌的训练——如果你真的想要完美的体形的话。

参赛训练计划

为了拥有最完美的前臂，你要确保14块肌肉中的每一块都能得到锻炼，为此你可以在计划中加入斜托反握弯举和背后腕弯举。

用反握弯举来锻炼前臂上部时，最好选用直杆的杠铃，而不是曲杆杠铃。你将杠铃从大腿位置沿着弧线向上举起的同时，向后弯曲手腕，这可以完全锻炼到整个前臂上部。顺便说一句，许多健身者在做反握弯举时会将身体向后倾斜，但其实你应该让身体略微地前倾。这会进一步地孤立臂部，对前臂肌肉持续不断地施加压力，并让你的动作更加严格。

在某些特定的弯举机上，或者斜托上，反握弯举的效果也很好。但是记住，无论你怎么做这个练习，都一定要让动作幅度达到最大——整个地放下，整个地举起，慢慢地做，始终保持在你的控制之下。另外你还要记住，在大重量的杠铃弯举动作、借力弯举、臂屈伸以及许多其他的贯穿不同阶段的练习动作中，你的手腕和前臂也会受到影响。

我建议你在整个训练期结束的时候做前臂训练。如果你在手腕和前臂都已经相当疲惫的情况下，还尝试进行上身的练习动作，就会大大限制你可能达到的训练强度。

有一个能够真正刺激你的前臂的好方法，即在你做完腕弯举之后——当你已经非常疲倦，再也做不了一次反复的时候——简单地用你的手指钩住并提着杠铃，然后紧缩你的手指，即反复地张开并收拢你的手，从而锻炼到那最后可用的一点儿肌纤维。

弱点训练

许多健身者在一段时间的训练后，都发现他们不得不接受前臂已经成为了他们的弱点这一事实，而这仅仅是因为他们没有能够从一开始就对前臂进行训练。另外，除了明显的骨骼结构的原因之外，还有一个原因也会导致前臂的发展远远滞后，即健身者没能以一种正确的方式严格地完成动作。你越是孤立前臂，迫使它们在没有其他肌肉帮助的情况下完成动作，它们的反应也就越明显。但这意味着非常非常严格的动作。

让前臂完成很大幅度的动作也是非常重要的。也就是说你需要将重量放得尽可能地低，最大程度地拉伸肌肉，然后再完成反向动作，使肌肉得到彻底的收缩。只完成整个动作的 3/4 部分并不是那么有益的，因为你在其他的练习中已经使用过这部分肌肉了。

如果你想要你的前臂突飞猛进，你可以以一种独特的方式来运用优先训练原则：在你已经得到充分的休息并且精力充沛的时候，就只对前臂肌肉进行训练，或者在你训练腿部的那天训练你的前臂，那时你的臂部是处于休息状态的。你还可以在家里放上杠铃或者哑铃,然后每当你想健身的时候就做上几组腕弯举或者反握腕弯举,甚至每一小时就做一次。

许多的健身者常常会忘记,你同样也可以采用冲击原则来帮助发展前臂,就像你发展身体的其他部位一样。任何一个对弯举适用的冲击原则都适用于腕弯举——像强迫次数、超级组、递减法和局部次数训练等等。

对于发展滞后的前臂来说,单臂的训练是一个重要技巧。前臂习惯于协同工作举起杠铃,可是如果你迫使它们单独举起并控制重量,它们很快就会受到冲击,并加速发展。哑铃腕弯举和反握哑铃腕弯举就是两种基本的、可以达到这一目的的练习动作。此外,每次只用一只手臂来做拉力器练习,不仅是迫使一侧的前臂单独工作,也是让它在对抗一种不同的阻力。对这种练习,我推荐单臂拉力器反握弯举。

尽可能经常地收缩前臂肌肉也是非常重要的,不要只是在训练的时候进行收缩,而要在两组其他部位的练习之间也收缩它们。这也会促进它们的发展。

总之,我推荐以下的练习动作来克服前臂的弱点:

前臂上部、前臂伸肌

反握弯举,使用杠铃、哑铃和斜托

单臂拉力器反握弯举

锤击式弯举

反握腕弯举

前臂内侧、前臂屈肌

单臂腕弯举

杠铃腕弯举

背后腕弯举

在这个展示动作中,肖恩·雷就证明了发达的前臂上部的重要性,他长长的前臂肌肉一直延伸到了手腕。

戴夫·德雷珀正在展示双臂,他前臂内侧的发达度是极其重要的。

臂部练习——肱二头肌

站姿杠铃弯举

练习目的：发展肱二头肌的整体尺寸。

这是一个最基本，并且最受欢迎的肱二头肌练习动作。

动作要领：（1）采用站姿，双脚距离与肩同宽。手掌向上，握住杠铃，双手之间的距离也与肩同宽。让杠铃以一臂远的距离悬于你的身体前方。（2）向外、向上举起杠铃，划出一个比较大的弧线，将杠铃带到尽可能高的位置，在此过程中肘部始终靠近你的身体，并始终固定在同一位置。你要让划出的圆弧尽可能地大，而不是直接将杠铃举起来，那样过于容易了。在动作的最高点充分紧缩肌肉。然后将重量沿同样的弧线放下，在整个过程中对抗阻力，直到你的手臂得到充分的伸展。这个动作就是一个发展肌肉块头的动作，在练习过程中，身体稍微动一下是可以的，但你应该把这种动作控制在最小程度，除非你是有意在做借力弯举。身体的向前弯曲和向后倾斜都会减小你的动作幅度。

要打造最大的块头，使整个肱二头肌都得到锻炼，那就以与肩同宽的握距来做杠铃弯举。注意这样的技巧是如何将肩部、臂部和手掌集中到一条直线上的。

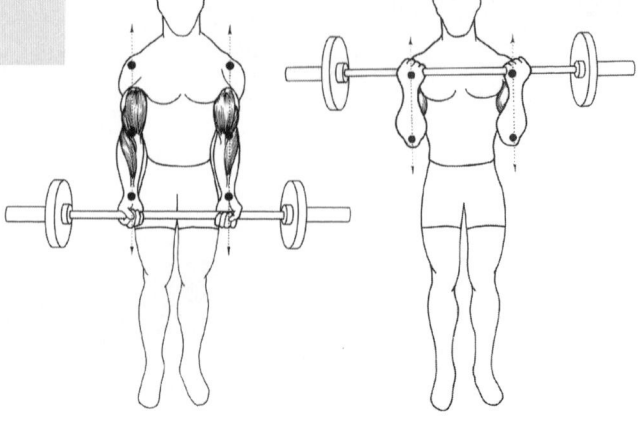

臂 部

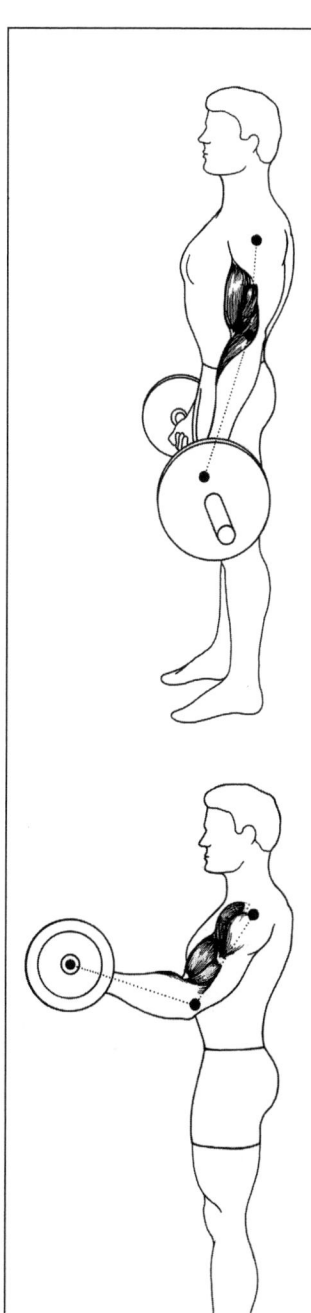

杠铃弯举的正确起始姿势：笔直站立，肘部在身体两侧，手臂完全伸展以拉伸肱二头肌。

杠铃弯举的正确结束姿势：身体保持笔直，没有摇摆，肘部固定在身体两侧。这个严格的形式可以让肱二头肌独立完成所有的工作，而没有依靠背部和肩部的帮助。还要注意，当你保持肘部稳定的时候，在动作的最高处你的手臂仍然有一个角度，而不是完全垂直于地面的。这样可以让肱二头肌仍然保持工作状态，而不是靠骨骼和关节支起重量，从而让肌肉进入休息状态。

注意，如果你在杠铃弯举过程中提起肘部，会发生什么呢？你会将三角肌前部牵扯进动作中，而不是让肱二头肌孤立地、真正地工作，这样已经影响了这个练习的效果。

在杠铃弯举中，如果你提起肘部而不是让它们保持在你的身体两侧，会导致另一个问题：在动作的结束位置，你的前臂是垂直于地面的，这意味着骨骼承担了杠铃的重量，而肱二头肌则完全没有在工作。

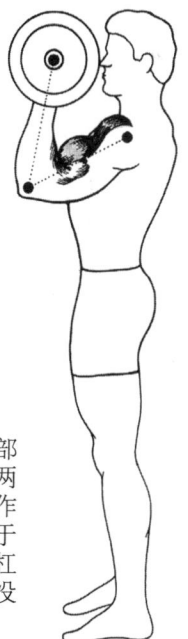

293

臂托板弯举（可选）

用臂托板——这是一种训练装备，但很遗憾，今天你不能经常看到它们了——来做弯举是一种锻炼肱二头肌的严格方式，它能将借力降到最低。通过使用臂托板，你会获得和使用斜托时一样的锻炼效果——没有任何的肘部移动，严格地孤立了肱二头肌。

借力弯举

练习目的：额外发展肱二头肌的块头和力量。

动作要领：和杠铃弯举一样，采用站姿，握住杠铃。但是你选用的重量要足够重，以至于很难做几次严格的动作。此时，你首先要将重量向上甩起，让背部和肩部来帮助你的手臂。关键在于，你要始终让肱二头肌以最大的力量工作，而借力的程度仅限于能够让整个动作正常进行即可。让肘部在腰部保持静止。我喜欢将杠铃弯举和借力弯举结合起来，即完成一组常规的弯举动作，然后当我的臂部已经过于疲倦，无法再严格规范地完成更多反复时，再增加额外的重量，做一些借力弯举，以真正地轰炸肱二头肌。

斜托弯举

练习目的：发展肱二头肌，特别是肱二头肌的下部。

这个动作对那些在肱二头肌末端和肘关节之间有空白区的人来说是极好的，它可以帮助你充实这个空白区域，塑造这里的肌肉。

动作要领：实际上，斜托弯举是一个比常规杠铃弯举还要严格的练习动作。(1) 坐在凳子上，用你的胸部顶着斜托，在上面伸展你的双臂。这会让你的手臂与身体形成一个角度，这个角度会将额外的压力转移到肱二头肌的下部。手掌向上，握住杠铃。(2) 始终保持你身体的稳定，将杠铃径直向上举起，再将它放低，直到手臂充分伸展。在放下杠铃的过程中，注意对抗阻力。

你可以选用曲杆杠铃来完成动作，甚至可以使用斜托来做单臂哑铃弯举。向上举起杠铃时，身体不要向后倾斜，并有意在动作的最高处用力紧缩肌肉，因为在这个位置上，真正施加在肱二头肌上的压力是很小的。

斜托弯举也可以用曲杆杠铃来完成。

第三部分　身体部位练习

使用哑铃来做斜托弯举，迫使每只手臂都单独工作。

罗比·罗宾逊

在这个动作中，如果两个哑铃靠得很近，就能使肱二头肌的外侧得到稍微多一些的锻炼……

……而如果两个哑铃分得很开，就会更多地锻炼到肱二头肌的内侧。

三部弯举（21响礼炮）

练习目的：对整块肱二头肌进行锻炼和塑造。

这个练习是局部动作和全程动作的结合，是对耐力的极大挑战。而这个动作是由 3 组动作组成，每组一般包括 7 次反复，所以它也常常被称作"21响礼炮"。

动作要领：（1）采用站姿或者坐姿，每只手握住一个哑铃，使其以一臂远的距离悬于你身体的两侧。（2）向上弯举重量，但到中途就停下，此时你的前臂应该基本与地面平行。然后，再次将哑铃放回起始位置。做 7 次这样的反复。（3）然后，不要停下。将哑铃一直向上举起，但在放下哑铃的过程中，到半途就停下。同样，这个局部动作也要反复 7 次。此时，即使你的手臂的力气已经快要用尽了，你也要坚持住并做完 7 次完整的哑铃弯举动作。我喜欢在镜子前面做这个练习，这样我能知道自己的动作幅度是否完全正确。

上斜哑铃弯举

练习目的：拉伸肱二头肌，让肱二头肌全面发展。

这个练习能同时发展肱二头肌的块头和肌峰。如果你在身体正面做这个动作，它就会全面地发展肱二头肌。而如果你向身体的两侧做这个动作，那么它就变成了强调肱二头肌内侧的特别练习了。

动作要领：(1) 向后靠坐在斜凳上，每只手握住一个哑铃。(2) 始终保持你的肘部向前，向前、向上举起哑铃，到肩部的位置。将哑铃慢慢放下，在此过程中，让它们始终处于完全的控制下。在动作的最低处暂停一下，避免在下一次反复中是利用惯性将重量向上荡起来的情况出现。我发现，如果在动作的过程中，让我的手腕向前、向后转动——在最低处手掌掌心相对，然后在上举哑铃的同时转动手腕，让手掌转向上面，再转向外面，在动作的最高处让小拇指高于大拇指，那就能获得最好的锻炼效果。

向身体的外侧弯举哑铃有助于发展肱二头肌内侧，这是弱点训练的一个重要部分。

坐姿哑铃弯举

练习目的： 发展肱二头肌的块头、形状和清晰度。

用哑铃而不是杠铃来做常规的弯举，意味着你使用的重量会偏轻一些，但也意味着你的双臂可以自由地在动作范围内移动，而且你甚至可以达到更高的专注程度。和杠铃弯举一样，你也可以稍微地借力，但尽量将借力控制到最小程度。

动作要领：（1）坐在凳子的一头，或者让你的背部靠在斜凳（调整至垂直位置以做支撑）上。每只手握住一个哑铃，让它们以一臂远的距离竖直悬于空中，两个手掌相对。（2）保持你肘部的稳定，你的肘部应该像固定的支点一样；向前、向上举起重量，转动手腕，直至手掌朝上。将重量举得尽可能高，然后额外紧缩肱二头肌，使其达到最高的收缩度。沿着同样的轨迹将哑铃放下，整个过程中对抗重力，直到你的手臂充分伸展，肱二头肌得到尽可能大的拉伸。在你举起和放下哑铃时，转动手腕，以更充分地收缩肱二头肌，并发展肱二头肌的内侧，增强肱二头肌与肱三头肌的分离度。你也可以选用站姿而不是坐姿来完成这个练习，这会允许你使用更重一些的重量，但是动作就不会那么标准了。

锤击式弯举（可选）

这个动作和常规哑铃弯举一样，只不过在整个过程中手掌始终掌心相对。这样不仅能锻炼肱二头肌，还能锻炼前臂。

交替哑铃弯举

练习目的：孤立锻炼每只手臂的肱二头肌。

这是哑铃弯举动作的一个变式，你在动作过程中交替举起两个哑铃，先是一只手臂，然后是另一只，这可以额外地孤立手臂，一次只集中精力在一只手臂上，另外还可以将借力降到最低限度。

动作要领：(1) 笔直站立，每只手一个哑铃，使其以一臂远的距离悬于身体两侧。(2) 向前、向上举起其中一个哑铃，肘部在腰部位置保持稳定。略微转动你的手腕，让大拇指向下、小拇指向上，以使得肱二头肌得到最大程度的收缩。将哑铃举得尽可能地高。然后再沿着同样的轨迹将哑铃有控制地放下，与此同时将另一个哑铃举起，这样两个哑铃就都处于运动状态中；在上举过程中，以同样的方式转动另一个手腕。继续进行交替弯举，直到两只手臂都完成了想要的反复次数。在过程中，确保手臂得到充分的伸展和收缩，让动作幅度达到最大。

使用臂托板将肘部稳稳地固定住，你可以将动作做得和斜托弯举一样严格，这对训练肱二头肌下部尤其有益。

你也可以采用坐姿来做交替哑铃弯举。

集中弯举

练习目的：尽可能地塑造肱二头肌的肌峰，特别是对肱二头肌外侧来说。

我喜欢在肱二头肌训练的最后来做这个练习，因为它是让肌肉高耸的最好方法之一。这是一个非常严格的动作，但它是发展高度而不是清晰度的，所以你可以用你能使用的最大重量。"集中弯举"这个名字就非常明显：你需要将精力集中在让肱二头肌收缩上，并严格地做动作，以获得最好的效果。

动作要领：(1) 采用站姿，然后稍微向前俯身，一只手拿着哑铃。把你空闲的那只手臂抵在膝盖或其他的固定物上，保持你身体的稳定。(2) 将重量上举到三角肌的位置，不要移动上臂或肘部，并确保没有让你的肘部靠在大腿上休息。上举过程中转动手腕，最终让小拇指高于大拇指。在动作的最高处让你的肌肉紧张。然后，将重量慢慢放下，在此过程中对抗阻力，直到肌肉达到完全的伸展。在动作的最高处，肱二头肌将负担重量造成的所有压力。另外，不要将重量弯举到胸部——而应该弯举到肩部。

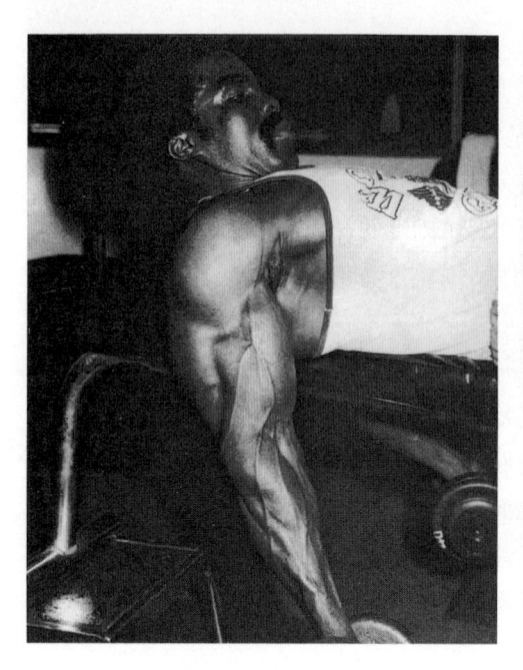

仰卧哑铃弯举

练习目的：通过最大的动作幅度打造整块肱二头肌。

这是我从雷格·帕克那里学来的练习动作。它非常有效，因为它极大地拉伸你的肱二头肌，有助于增加肌肉的长度。同时，在做这一动作时，由于角度的问题，肱二头肌还必须彻底收缩来抵消掉万有引力造成的阻力。

动作要领：使用训练凳，如有必要，你还可以将它垫得高一些，加大它与地面之间的距离。(1) 仰卧在凳子上，每只手握住一个哑铃，弯曲你的膝盖，脚平放在凳子上。让哑铃在身体两侧下垂（但不要接触到地面），转动手腕，让手掌朝前。(2) 保持肘部稳定，将哑铃向上举起至肩部位置，动作要非常严格。最后，再将哑铃向地面方向放回，整个过程中注意对抗重力。

臂 部

双手拉力器弯举

练习目的：发展、塑造肱二头肌，尤其是肱二头肌的肌峰高度。

动作要领：首先将一根横杠与地面上的滑轮和拉索连接。（1）手掌向上，握住横杠，双手间的距离与肩同宽。肘部固定在你的身体两侧，向外、向下伸展手臂，直到肱二头肌得到了完全的拉伸。（2）将横杠向上拉起，拉到你的下颌位置，在此过程不要移动肘部。在动作的最高点，尽可能地用力收缩你的肱二头肌。然后，慢慢地将横杠放下，直到你的手臂完全伸展，肱二头肌完全拉伸。总体来说，这并不是一个发展肌肉块头的练习，因此关键在于让动作缓慢、平稳，并始终处于你的控制之下。

李·普里斯特

斜托拉力器弯举（可选）

动作要领：用斜托来完成这个练习动作。（1）坐下，将手臂放在斜托上，帮助手臂保持稳定。（2）将重量向上提起，然后再慢慢放下，整个过程中对抗重力。

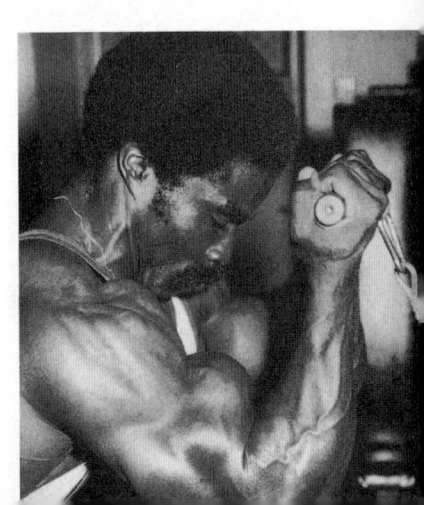

斜托拉力器弯举这个动作使斜托提供的动作严格性和拉力器提供的不变阻力相结合。这样，甚至在动作的最高点也能给肱二头肌施以恒定的阻力。（用哑铃或者杠铃的话，在动作的较低处阻力较大）。因此，使用拉力器进行练习有助于你在训练中加上顶峰收缩。

反握弯举

练习目的：发展肱二头肌。这个动作对前臂的发展也有好处。

动作要领：(1) 采用站姿，双脚距离与肩同宽。手掌向下，握住杠铃，并让杠铃以一臂远的距离悬于你身体的前方。(2) 保持肘部的稳定，向上、向外将杠铃举起，直到其与你的下颌同高。沿着同样的轨迹放下杠铃，整个过程中注意对抗重力。这样握住杠铃时，肱二头肌被置于不利位置（从力学角度看），所以你不能举起很大的重量。这种握姿的确会让前臂顶部承担很大的工作量，但这个练习还是针对肱二头肌而非前臂的，所以不要用任何形式的反握腕弯举来做它的起始动作，在举起杠铃的过程中，始终保持腕部的稳定。注意，大拇指应该始终在杠铃的上方。

反握斜托弯举

练习目的：发展肱二头肌和前臂顶部。

使用斜托，动作就会非常严格。

动作要领：(1) 手掌向上，握住杠铃，双手距离与肩同宽。身体前倾，贴在斜托上，手臂垂向地面，并完全伸展。(2) 将重量向上举起，手腕不要弯曲，肘部稳定地靠在斜托上，将重量尽可能高地举起。然后，将重量有控制地放下，并注意对抗重力。另外，在整个过程中都要保持身体稳定，不要前后摇晃。

肱二头肌训练器

弯举机有很多种，你可以用它们让肱二头肌在整个动作过程中都承受阻力。这些器械的一个优点是允许你进行较大强度的强迫负功训练，即在动作的下行过程中，让你的训练伙伴按压器械，给你增加要对抗的阻力。另一个优点是能加大你的动作幅度，让你的肌肉得到更多的拉伸和更为彻底的收缩。但是，器械也会使得你只能沿固定的动作轨迹运动，这会限制肱二头肌，使其不能得到真正全面的发展。所以，你可以使用器械来给你的训练计划增添多样性，即用器械来做补充，而不能用它们完全代替自由重量的弯举动作。

器械弯举

练习目的：尽可能地加大动作幅度，锻炼肱二头肌。

当你在器械上做弯举时，动作会变得极其严格规范，你还可以在尽可能大的动作幅度中——从完全伸展到完全的顶峰收缩，收缩肌肉对抗阻力。因此，器械弯举是一种塑形、修整练习，不适合用来打造块头。

在健身房中，有种类繁多的弯举机。其中一些是通过装载配重片来提供阻力，而另一些则是通过一根拉索与配重堆连接的。有些器械，是让你用双手握住横杠，双臂同时弯曲。另一些器械，比如本页右上角的图中所示的这个，两侧是独立的，因此你既可以同时弯曲两只手臂，也可以像这样，利用器械来做交替弯举。

动作要领：无论用哪一种器械，在做弯举时，你都要把肘放在垫子上，然后手掌向上，握住横杠或者把手。(1) 做双手弯举时，收缩肱二头肌，尽可能地弯曲两只手臂，在动作的最高点感觉完全的顶峰收缩。然后完全有控制地向下伸展手臂，直到其得到完全的伸展。(2) 做交替弯举时，收缩一只手臂直到顶峰收缩，然后完全有控制地向下伸展它，直到完全的伸展。之后换另一只手臂完成同样的动作，就这样交替使用两只手臂，直到完成练习组。

弗莱克斯·惠勒

臂部练习——肱三头肌

拉力器下压

练习目的：通过完全的动作幅度来锻炼肱三头肌。

动作要领：（1）将一根短杠连接在位于头顶上方的拉索和滑轮上，站得与短杠近些，手掌朝下握住短杠，双手间距大概为10英寸（25.4厘米）。肘部靠近你的身体，保持固定。稳定住你的整个身体——不要出现身体前倾、用你的体重来下压短杠的情况。（2）将短杠尽可能低地向下压，锁定你的臂部，感觉肱三头肌的充分收缩。放松，尽可能高地让短杠回移，注意不要移动你的肘部。

你可以改变所用的杠的类型、你离杠的距离或者你的握姿、握距，实现这一动作的变式。你还可以只做3/4的动作，即向上到顶部，但向下只完成整个动作幅度的3/4，以直接地锻炼肱三头肌下部。

尤苏普·维尔科什

臂托板下压——我常常使用臂托板来做下压，这样可以保持肘部不动，让动作极其严格。

臂　部

使用斜凳来做下压，你就迫使肱三头肌以一个陌生的角度来工作，而且也不能借力。（迈克·马塔拉佐）

从正握转变为反握时，感觉会不一样——肌肉出力的方式也会不一样。

307

单臂拉力器反握下压

练习目的：孤立肱三头肌，塑造马蹄铁形状。

这个练习非常适合针对弱点的训练，因为你可以使用拉力器分别锻炼每只手臂。

动作要领：(1) 使用位于头顶上方的拉索和滑轮，反握住拉索上的把手，手掌朝上。(2) 肘部固定，不要移动，伸直你的手臂直至其达到完全伸展的锁定状态。在这个位置上紧缩肱三头肌以获得额外的收缩。仍然不要移动肘部，让手尽可能地上移，直到前臂抵到肱二头肌，感觉肱三头肌的充分拉伸。完成一组之后，换用另一只手。

坐姿臂屈伸

练习目的：刺激肱三头肌的三个头，尤其是长头。

动作要领：(1) 手掌朝下，握住杠铃，双手距离较近。然后，坐在凳子上，将杠铃举过头顶，臂部锁定。(2) 保持肘部稳定并靠近你的头部，沿一个弧线移动杠铃，使其绕过你的头，到达头后，直到你的肱三头肌得到了完全的拉伸。在这个练习动作中，只有前臂是应该移动的。接下来，只用你的肱三头肌，将重量重新向上举过头顶，直到手臂完全伸展。锁定你的手臂并紧缩你的肱三头肌。

或许你更喜欢用曲杆杠铃或者斜凳来做这个练习。

站姿臂屈伸

练习目的：发展肱三头肌的整体弧线。

这个练习会让你的肱三头肌看起来很饱满。采用站姿而不是坐姿来做臂屈伸，可以让你使用借力，从而能使用更重的重量。你也可以使用一根连接在地面滑轮上的绳索或者拉力器来做这个动作，这会极大地刺激肱三头肌的长头。

动作要领：(1) 手掌朝下，握住直杠或曲杆杠铃，双手间距大约10英寸（25.4厘米）。笔直站立，伸展手臂，将杠铃举至头顶上方。(2) 固定肘部，并使其靠近头部，将杠铃移至你的头后方，并让杠铃尽可能地低。然后再沿一个半圆的轨迹将杠铃向上举，直至其回到起始位置。

克里斯·科米尔

仰卧臂屈伸

练习目的：锻炼从肘部开始直到背阔肌位置的全部肱三头肌肌群。

动作要领：(1) 仰卧在凳子上，让你的头部正好位于凳子的末端之外，双膝弯曲，脚平放在凳子上。反握住杠铃（最好是曲杆杠铃），双手间距大约为 10 英寸 (25.4 厘米)。(2) 将杠铃向上举起，直到手臂锁定；注意，这个时候杠铃并不是在你脸部的正上方，相反，它应该位于你头部的后上方，让肱三头肌用力保持它在那个位置。保持肘部不动，放低重量，然后再将杠铃重新向上举，回到起始位置。在手臂还没有与地面垂直的时候就停下，以让肱三头肌处于持续的紧张状态下。在这个练习中，你需要始终控制住重量，避免让杠铃砸到你的头。当你不能再做一次反复时，你可以做一些窄握推举来迫使肱三头肌继续工作。

在这张照片里，在动作的最后，手臂与身体是垂直的。其实，想要得到最大程度的收缩，它们应该呈45度的夹角。（罗兰德·基金格）

臂 部

如果在做仰卧臂屈伸时你的头部抬起的话，你就不能将杠铃放得足够低，以完全拉伸肱三头肌。

让你的头在凳子的末端之外略微下垂，这样你就有空间将杠铃放得足够低，从而使肱三头肌得到充分的伸展。

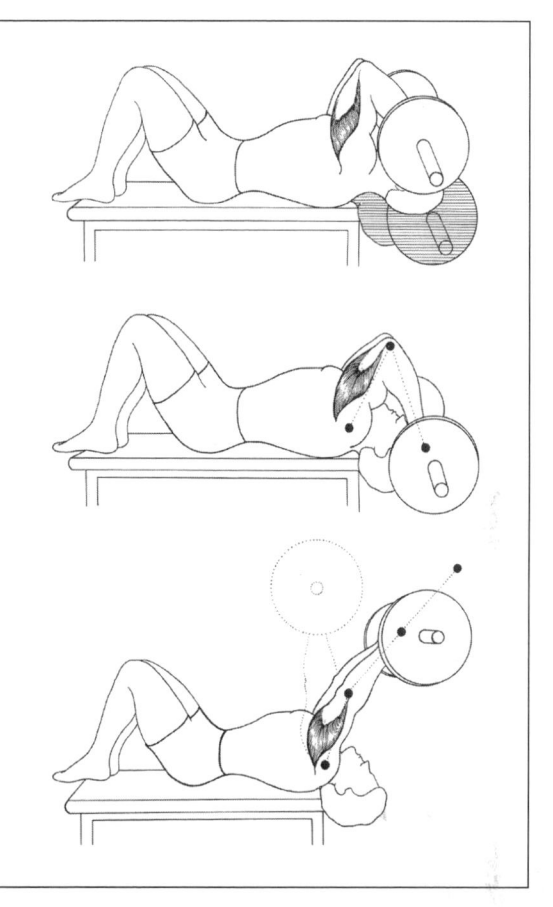

在做仰卧臂屈伸时最常犯的一个错误就是直接将重量举到头的上方，这意味着是骨头和关节而不是肱三头肌在承担压力。这个插图展示了这个动作的正确做法——如此放置你的身体，从而使得你的双臂在锁定的时候，仍然与身体有一个角度。这个角度确保你的肱三头肌在动作的最高点也不能休息，而是不得不与万有引力相对抗以支撑重量。

窄握推举——起始姿势（迈克·弗朗索瓦）　　　　　窄握推举——结束姿势

311

仰卧哑铃臂屈伸

练习目的：锻炼肱三头肌。

动作要领：(1) 仰卧在凳子上，使头部与凳子末端齐平，弯曲膝盖，脚平放在凳面上。每只手握住一个哑铃，将其举至身体上方，手臂伸直，手掌相对。(2) 保持肘部静止，放低哑铃到你头部的两侧，直到肱三头肌得到充分拉伸，哑铃几乎碰到肩膀。然后再将它们向上举起，划出一个平滑的弧线。但是要在你的手臂与身体垂直前就锁定肘部，紧缩你的肱三头肌。

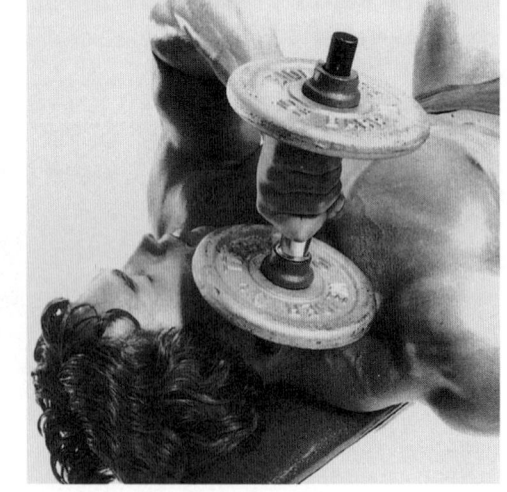

仰卧交叉臂屈伸（可选）

仰卧哑铃臂屈伸也可以一次只用一个哑铃来做，这时要让哑铃从身体上方划过，到达另一侧的肩部。用一只手臂做完一组之后，再换用另一只手臂。改变动作的角度，你的肱三头肌的感觉也会相应改变。

俯身臂屈伸

练习目的：发展肱三头肌，特别是肱三头肌上部。

动作要领：(1) 采用站姿，膝盖弯曲，一只脚在另一只脚的前面。一只手扶住一张较低的凳子来使你的身体保持平衡，另一只手握住一个哑铃，弯曲手臂，向后、向上抬起肘部到大约肩膀的高度，此时你的肘部应该紧贴身体的一侧，而哑铃应该位于肘部正下方。(2)保持肘部静止，向后方提起哑铃，直到你的前臂基本与地面平行。在这个位置上坚持一小段时间，给肱三头肌额外的紧缩，然后再慢慢地将哑铃放回到起始位置。为了增加肱三头肌的锻炼量，你可以在举起重量的时候略微转动你的手腕，让大拇指向上，并且在放低哑铃的同时让手腕再转回来。完成一组动作之后，再换用另一只手臂重复一组。在这个练习中，确保只有你的前臂而不是上臂在运动。另外，这个练习动作同样可以使用拉力器和滑轮来做。

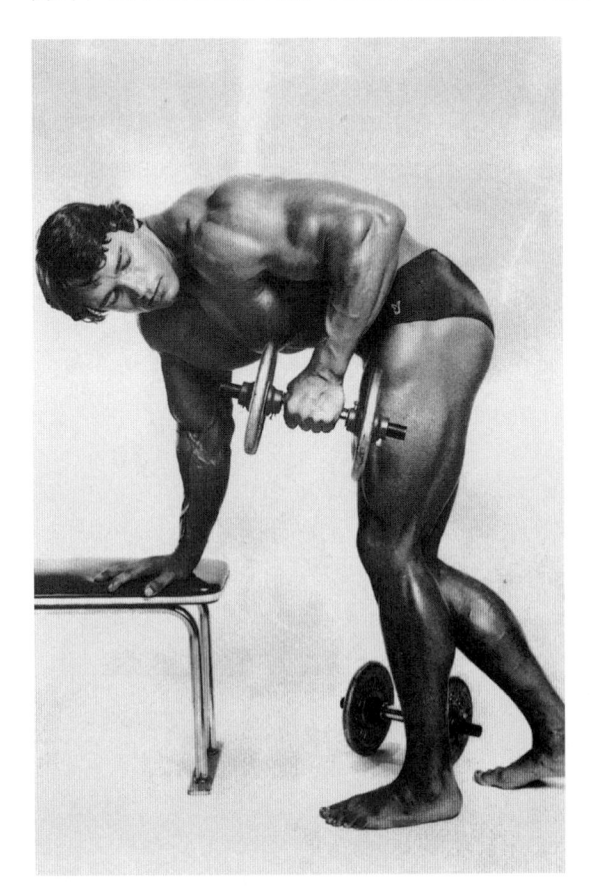

单臂臂屈伸

练习目的：锻炼整块肱三头肌，增加三个头的分离度。

动作要领：(1) 坐在凳子上，一只手握住哑铃，向头部上方伸直手臂。(2) 让肘部靠近你的头部并保持不动，以一条弧线尽可能低地放低哑铃，让其位于你的头后面（不是在肩部后面）。感觉肱三头肌已经拉伸到最大程度，然后再向上举起哑铃，直至其回到起始位置。在这个练习过程中，动作要尽可能地规范，这是至关重要的。看着镜子可以帮助你检查自己的动作。完成一组动作之后，再换用另一只手臂。确保两只手臂的练习互相跟进，中间没有停顿。

变式：许多器械可以让你在做臂屈伸时，选择一次用一只手，还是两只手同时进行，并且大部分器械都能实现肱三头肌的最大动作幅度，并且给它施加持续不变的阻力。这些器械可以给你的训练计划增加多样性，或者让你的训练伙伴在你想要增加强度时，帮助你进行强迫次数训练和强迫负功训练。

单臂臂屈伸同样可以采取站姿来做——只需要让你空着的那只手扶住什么东西来使你的身体保持平衡。

屈臂撑

练习目的：发展肱三头肌的厚度，特别是肘部附近的区域。

屈臂撑通常都被视为胸部的练习动作，但也可以用来真正强烈地刺激肱三头肌。

动作要领：(1) 双手紧握双杠，将自己撑起来，锁定你的手臂。(2) 当你弯曲肘部，在双杠中间放低自己时，尽可能地让你的身体保持竖直——你越是向后倾斜身体，就越能锻炼到肱三头肌；而你越是向前倾斜身体，就越是在锻炼你的胸大肌。接着，从动作的最低点，将你自己向上撑起，直到双臂锁定，然后再额外紧缩肱三头肌，以增加它们的收缩程度。

为了增加这个练习的困难度，你可以在腰间系一个重物，并且向上撑起时只完成全部动作的 3/4，而不是在最高点锁定双臂来消除肱三头肌的紧张。

尤苏普·维尔科什

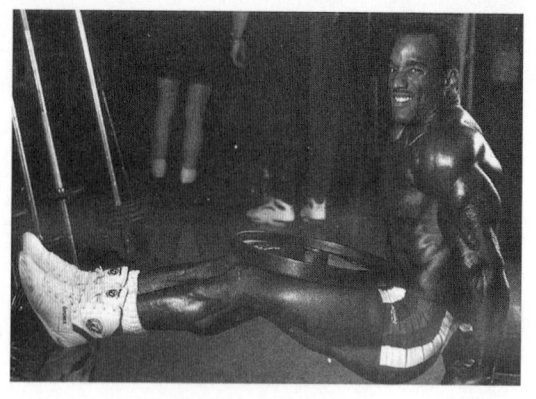

背后屈臂撑

达瑞姆·查尔斯（Darrem Charles）

练习目的：发展肱三头肌的厚度。

这个动作也常常被称为仰姿反屈伸或者反向俯卧撑。

动作要领：(1) 放一张凳子（或者横杠）在你的背后，抓住凳子的边缘，双手间距与肩同宽。将你的脚后跟放在另一张凳子（或者横杠）上，这张凳子的高度最好高于你用手撑住的那张凳子的高度。弯曲你的肘部，向地面方向尽可能低地放低你的身体。(2) 向上撑起身体，锁定住你的手臂，以锻炼肱三头肌上部。要想锻炼肱三头肌的下部，就在手臂即将锁定，还没有锁定的时候停下。如果你的体重不够，可以在做这个练习时，尝试让训练伙伴在你的膝部放一个杠铃片。

固定杠臂屈伸

练习目的：充分拉伸和发展肱三头肌。

相对于其他练习，这个练习可以让你更安全、彻底地拉伸肱三头肌。

动作要领：(1) 选用一根固定的水平杠，大概与你的腰部等高。手掌朝下握住横杠，双手间距与肩同宽，锁定双臂以支撑起你自身的重量。然后，向后移动你的双脚，直到你的身体在横杠上形成一个准俯卧撑姿势。(2) 弯曲你的手臂，放低身体，让你的头部向下移动，在横杠的下方降得尽可能地低。当你感觉到肱三头肌已经拉伸到最大程度时，再用手臂向上推，将自己升高到起始位置，最后锁定手臂。

李·普里斯特

臂部练习——前臂

杠铃腕弯举

练习目的： 发展前臂内侧（屈肌肌群）。

大重量的杠铃弯举可以极强地锻炼前臂，但是腕弯举动作能帮助你更为彻底地孤立训练这些肌肉。

动作要领：（1）手掌朝上，握住杠铃，双手靠拢。跨坐在凳子上，让你的前臂也贴在凳面上，手腕和手在凳子边沿之外悬空，肘部的间距和腕部的间距相等。膝盖锁定，向内靠着肘部以使其稳定。（2）向下弯曲你的手腕，向地面方向放低杠铃。当你不能继续将杠铃放得更低时，小心地微微松开你的手，即不再紧握杠铃，让重量略微向下移动，不再位于你掌心处（但仍然在你的手中）。然后，再让杠铃滚回你的手中，收缩前臂，将它尽可能高地向上提起，但不要让你的前臂离开凳面。前臂和小腿一样，需要大量的刺激才会生长，所以放心大胆地让它们彻底燃烧吧！

单臂哑铃腕弯举

练习目的：孤立发展前臂。

这是腕弯举的一个变式，允许你一次孤立一只前臂。

动作要领：(1) 握住一个哑铃，坐在凳子上。上身前倾，把前臂放在你的大腿上，让你的手腕和哑铃都在膝盖之外，手掌和前臂内侧朝上。然后，向前弯身，用你空闲的那只手把住正在锻炼的那只手臂的肘部来使其稳定。向下弯曲你的手腕，将重量向地面方向尽可能低地放下。稍微松开你的手，让哑铃向下滚出你的手掌。再次合起手指，让你的手腕而不是肱二头肌用力，将重量尽可能高地提起。完成了一组动作后，再换用另一只手臂重复一组。

背后腕弯举

练习目的：发展前臂的屈肌肌群。这是一个针对前臂屈肌的、真正的强力练习，你可以尽可能地使用最重的重量。

动作要领：(1) 背向杠铃架站立，抓起一个杠铃。将杠铃从支架上提起，让其以一臂远的距离悬于你的身后，双手间距与肩同宽，手掌朝后。(2) 保持臂部的稳定，略微松开你的手指，让杠铃滚出手掌。然后再合起你的手指，让杠铃滚回手中，接着将杠铃向上、向你的后方尽可能高地举起，紧缩你的前臂。在这个练习中，确保只有你的腕部在动。

反握杠铃腕弯举

练习目的：发展前臂外侧（伸肌肌群）。

动作要领：(1) 手掌朝下，握住杠铃，双手间距约 10 英寸（25.4 厘米）。把你的前臂放在一个斜托上，让前臂与地面平行，你的腕部和手是悬空的，没有支撑。向下弯曲手腕，将杠铃放得尽可能地低。(2) 向上弯曲手腕，尽可能高地举起杠铃。在这个练习中，尽量不要让你的前臂移动。

变式：你也可以将前臂放在你的大腿上来做这个练习。

反握哑铃腕弯举

反握腕弯举锻炼前臂伸肌。使用哑铃，你能确保身体每一侧都能尽自己最大能力工作，而不会相互帮助。

反握杠铃弯举

练习目的：发展肱二头肌，前臂伸肌和肱桡肌。

动作要领：(1) 手掌朝下，握住杠铃，双手间距与肩同宽，让杠铃以一臂远的距离悬于你的身体前方。(2) 保持你的肘部在你身体两侧固定，以腕部的弯曲动作为开始，将杠铃向上举起。(3) 将杠铃举到下颌下面，在动作最高点尽可能完全地收缩肱二头肌，然后再慢慢地将重量放回到起始位置。

反握斜托杠铃弯举

练习目的：发展肱二头肌和前臂伸肌。

动作要领：(1) 身体靠着斜托，让你的手臂在斜托面上伸展。手掌朝下，握住杠铃，双手间距与肩同宽。让杠铃悬于空中，从而充分伸展你的手臂。(2) 以腕部弯曲的动作为开始，将杠铃向上、向你的下颌方向尽可能高地举起。在动作的最高点，你的前臂不应该是与地面完全垂直的。接着，慢慢地将重量向下放，让其回到起始位置。

反握器械弯举

练习目的：发展前臂伸肌。

这个动作中，除了紧缩腕部，你还要抬起前臂，所以可以锻炼延伸到肘部的前臂肌肉。虽然器械的功能是有限的，但动一下脑子，发挥一下想象力，你就能在使用它们时让它们的优势最大化。比如说，在使用弯举机时，反过来抓握，你就可以完成非常严格的反握弯举动作了。

动作要领：(1) 手掌朝下，握住弯举机的把手，肘部稳稳地放在垫子上，手臂完全伸展。(2) 将把手向上提起，尽可能地靠近你的头部。然后再慢慢地、有控制地将重量放下，直到回到手臂完全伸展的姿势。

单臂反握拉力器弯举

练习目的：孤立发展前臂伸肌。

一次只使用一只手臂进行拉力器训练，你就会获得持续的、全程的阻力——这种阻力和你使用哑铃时不一样，它不会随你身体姿势的改变而改变。所以，这个练习就是一个适于用来克服前臂伸肌弱点的练习，尤其是在一只手臂大于另一只的时候。

动作要领：（1）使用一个连接在地面位置的滑轮，一只手手掌向下，握住拉力器的把手。（2）集中注意力，让你的肘部像一个支点一样完全静止，将你的前臂向上抬起，尽可能靠近你的肩部。在动作的最高点，再次放低你的手，在过程中对抗阻力。用一只手完成一组之后，再换用另一只手重复一组。

大腿

大腿的肌肉

股四头肌是位于大腿前侧的肌肉，它的作用是伸展腿部。这个肌肉群包括四块肌肉，它们分别是股直肌、股中间肌（这两块肌肉形成大腿正面中间位置的 V 字形轮廓）、大腿内侧的股内侧肌和大腿外侧的股外侧肌。

基本功能：伸展和伸直腿部。

股二头肌和与其相联系的周边肌肉——在大腿后侧弯曲腿部的肌肉。

基本功能：将腿部向后弯曲。

大腿上其他的重要肌肉有阔筋膜张肌（它从髋部开始向下延伸到大腿外侧）、缝匠肌（你身体上最长的一块肌肉，它像一条对角线一样斜穿过大腿前侧）。

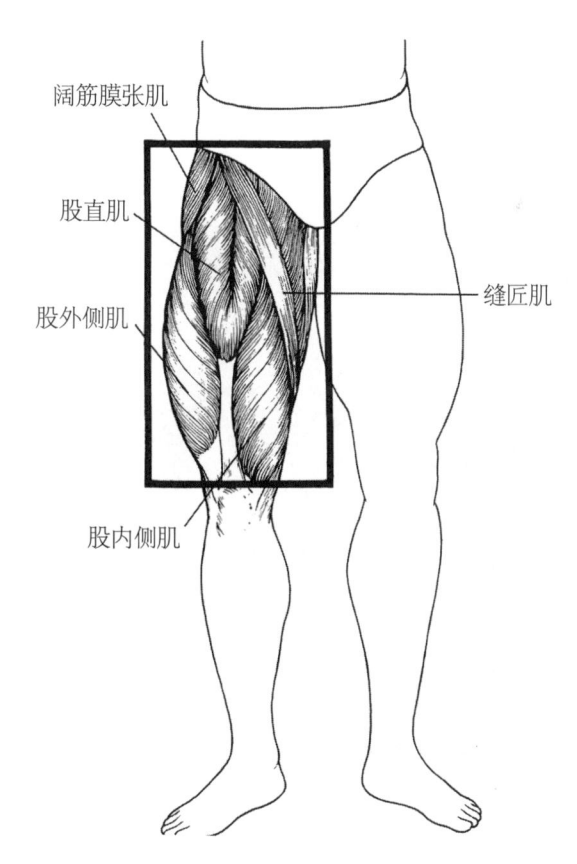

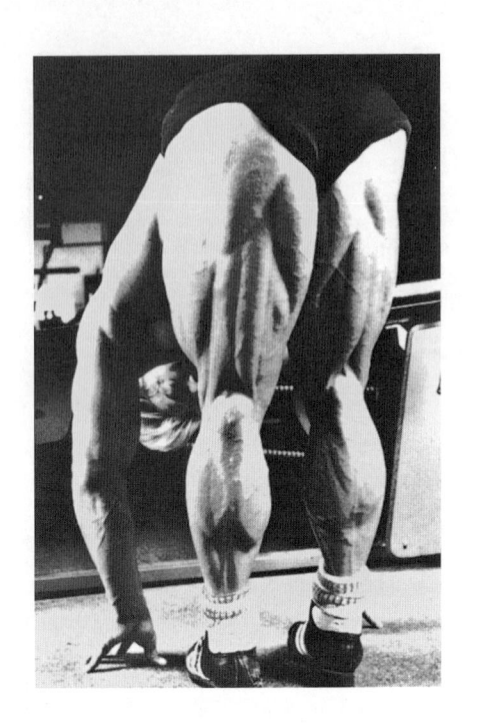

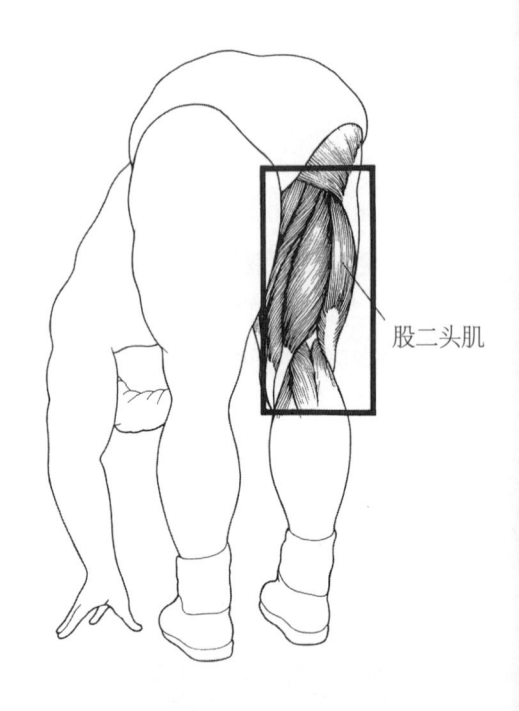

第三部分　身体部位练习

股二头肌

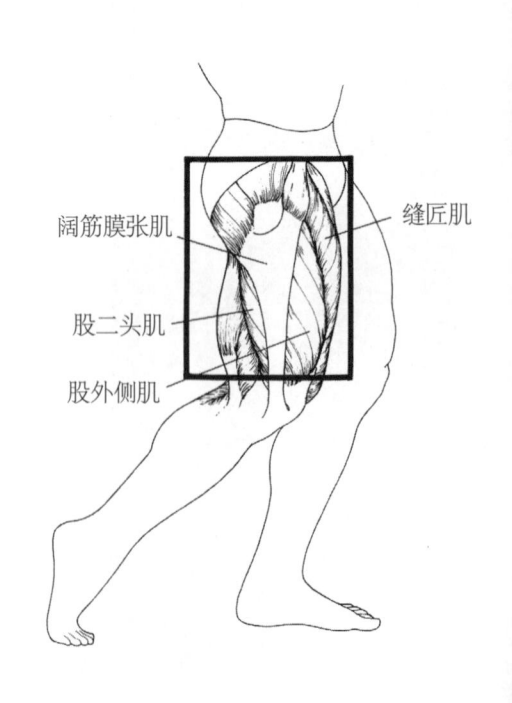

阔筋膜张肌
缝匠肌
股二头肌
股外侧肌

大腿训练的重要性

大腿的肌肉是整个身体中最大、最有力量的。在体育运动中,很少有不让大腿紧张工作的项目。无论是棒球运动员、高尔夫选手、掷铁饼者、铅球运动员还是拳击手,都必须要以一个强有力的腿部动作来开始他们的竞赛角逐。在举重运动中,绝大部分力量项目,像挺举、提铃上举、硬拉还有各种奥运会的举重比赛,都涉及大量的腿部动作。

但是,这些体育运动对大腿的要求,还比不上一个完美体形对大腿的要求。诚然,在腰部以上,肩部、胸部、臂部、背部和腹部都很重要,但是在下半身,就只有大腿——股四头肌和腘绳肌——是最重要的视觉元素了。毕竟,大腿是全身中块头最大的肌肉群了,而且从比例上来说,它们也占据了你体形中的几乎一半。

你难道可以想象,像塞吉奥·奥利瓦那样强壮的人拥有两条孱弱的大腿?或者是像纳赛尔·桑贝蒂那样的上身拥有一双纤细的下肢?如果你的胳膊已经达到21英寸(53.34厘米)或者更粗,但是你的大腿却不比它们大,那样的体形是个什么样子呢?

我年轻时曾经在奥地利练习踢球和滑雪,当时教练们就逼着我们去做像深蹲、弓步和提踵之类的练习来强化我们的腿部力量。这些早期的训练最终造就了我对健身运动的热爱。我们当时是非常幸运的,因为我们的教练们非常清楚腿部力量的重要性以及如何加强腿部力量。时至今日,每当我同来自世界各地的运动教练聊天的时候,我发现几乎所有人都认同,腿部的强大力量是在运动中杰出表现的基础,而重量训练则是发展这种力量的最好方式。

汤姆·普拉茨的股四头肌饱满而厚实,这一点无人能敌,特别是在大腿的下部区域,即肌肉与膝盖连接的地方。

李·普里斯特是传奇的汤姆·普拉茨的忠实粉丝,因此他尽最大的努力去塑造出一双同他的偶像一样发达的大腿,这双大腿是如此壮大,看起来都不像是属于人类的。

但是除了巨大的力量之外，腿部还有另外一个特点——它们拥有着极强的耐力。除了能承受重达一吨的重量造成的压力之外，腿部天生就适合带着你长途跋涉而不觉疲累。一个状态良好的人能够在路面崎岖的地方连续行走几个星期，或者奔跑100英里（160.93千米）。没有任何其他肌肉群能够拥有这种双重品质——巨大的力量和巨大的耐力。

所以，训练腿部是一件吃力的工作。仅仅让腿部承受大负荷是不够的。你必须要使用大重量，进行足量的训练，给肌纤维施以压力，将腿部肌肉耐久的力量完全耗尽。对肱二头肌来说，完成5组杠铃弯举就已经很累了，但是对腿部肌肉而言，肩负400磅（181.437千克）的重量做5组深蹲，只不过像跑完了一次迷你马拉松，二者的不同之处只是做深蹲时总消耗量被压缩进了8～9分钟的集中训练而已。

就像许多的年轻的健身者一样，我曾经也倾向于更卖力地训练上半身而不是大腿。幸运的是，我及时地意识到，对一个冠军体形来说，腿部肌肉是多么重要。我很快就沉浸于超人般的深蹲和其他的腿部训练中，以塑造这些肌肉的块头。

当然也有例外情况，那就是汤姆·普拉茨。他甚至有着与那些年轻的健身者正好相反的问题：他过于努力地训练腿部，然后发现自己已经拥有了一双冠军级的腿，这却显得他的上身过于落后了。从那时开始，他就开始向着塑造出一副具有完美比例的身材的目标大踏步地前进。其实，他那不可思议的发达的腿部给其他健美运动员建立了新的必须为之奋斗的标准。

腿部训练的要求

因为大腿训练十分地强烈、费力，所以许多人的大腿发展滞后仅仅是由于他们并没有全力以赴。他们会照镜子，然后对自己的腿的样子感到失望，但是他们没有意识到，他

米勒斯·萨奇夫（Milos Sarcev）发达的腿部就是大量的刻苦训练以及运用优先原则的结果。

们必须要在训练中全神贯注地付出努力，才能使这些巨大的肌肉做出反应。

许多年以来，我只做 5 组深蹲，其实那时应该做 8 组，我在以前的训练中做的肩前深蹲远远不够。现在，我还意识到，我过去在使用屈腿训练器时也没有用足够的重量。

一旦我意识到这些错误，我立即进行了纠正，然后我的大腿就开始变厚变大。我接受了这个事实，即要想让大腿训练有效果，就必须要对自己残酷，仅仅如此。为达到训练目的，精神上的付出几乎和身体上的付出是同等的。深蹲架上 400 磅（181.437 千克）或 500 磅（226.796 千克）的重量很容易让人生畏；如果你是一个初学者，那么 200 磅（90.718 千克）或 300 磅（136.078 千克）的重量就已经足以令你胆战心惊了。同样，督促自己坐在屈腿训练器上，一次又一次，一组又一组地折磨大腿也不是一件容易的事。

常规训练已经很艰苦了，但是如果大腿又正好是你体形上的弱点，你就必须做好更残酷地对待自己的准备了。这意味着你必须迫使自己克服一切的阻碍，对你的大腿狂轰滥炸，以获得全面的发展。

许多健身者在大腿训练中都很难到达完全力竭的程度。毕竟，在颈后横放着 400 磅（181.437 千克）的情况下，让自己达到力竭还是挺吓人的。这也正是为什么在腿部训练中，有必要让一个训练伙伴在一旁看着你。当你强迫自己完成了你用深蹲能完成的最大数量的反复时，扛着重量站一会儿，然后试着再做一次反复。把身体推到极限。但是这样做时，请确保有一个人站在旁边看着你。同样，当你做腿举时，也要让身体达到极限，和对待其他身体部分一样，迫使腿部的力量完全耗竭。

如果你想要塑造出一双健硕的大腿以及有形的臀部，那么你就必须经常问你自己这个问题：我真的不能再做一次反复了吗？在我的经验中，每当我这样挑战一个人，他通常都能强迫自己再做一次。

但是，虽然高负荷大重量的训练对大腿和臀部的发展来说非常重要，但你不要走入误区，将纯粹的努力和有效的努力混淆起来。和其他训练一样，想要最好的结果，就必须使用正确的技巧。在你的大腿训练中，除了达到最高的强度外，还要关注每一个动作应该是怎样进行的，试着掌握其中的技巧。这样，你的努力才不会白费，你的大腿发展也才不会滞后。

当然了，你应该依你的身体比例的具体情况对自己的训练进行一些改变。腿部较短的人，像凯西·维埃特、迈克·门泽尔和弗朗哥·哥伦布这样的人，会发现深蹲非常容易，且非常有效。他们的身体比例让他们具有一种力学上的优势，使他们能用很重的重量，轻松并规范地完成深蹲。而身材较高的人，就像我自己，通常会发现在这种练习中，下背部受力很多。但由于我常常对我下背部进行大量的训练，因此它们足够强壮，使得我能使用非常重的重量来做深蹲，而无论我的身体比例有多么不利。实际上，我常常认为深蹲是我训练下背部的最好方法。如果你的身体比例和我相似的话，那么可以在标准的深蹲之外，做一些肩前深蹲——在这个动作中，你必须保持背部挺直——将会使你的腿部锻炼效果最大化。

顺便说一句，通过多次的试验和失败，我发现如果我把脚后跟垫起来，那么就能在深蹲时保持一个更好的运动轨迹。你可以自己尝试一下，看这样是不是能改善你在练习中的平衡感和其他感觉。不过要注意，不要用太高的垫脚物，那样会让你的重心过多地转移到脚趾上，这样就容易向前跌倒。还有一种已被证明非常有效的变式，那就是使用史密斯机来做深蹲，这种器械能够让杠铃在一个固定的轨道上滑动，这样你就不必担心杠铃会从你的肩上滑落了。

在腿部的发展方面，我的终极榜样是汤姆·普拉茨。汤姆不只是和其他人一样刻苦训练——如果没有开始疼痛，他就不认为自己真的已经做了什么，他还会将所有的动作都做到完美。你总会看到一些健身者在做深蹲时将他们的臀部撅起太高，身体俯得太低，腿向两侧分得太开——但汤姆是不会那样的。他的姿势完美，他的用力一直是高强度的，而且他的精神也是完全集中的。所以，很明显，他之所以有那样令人感到不可思议的腿部，凭借的绝不仅仅是遗传优势。

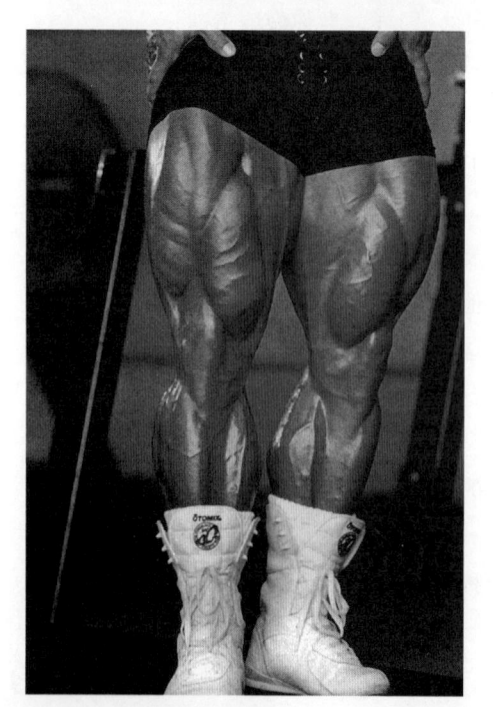

训练股四头肌

一双优秀的大腿，需要的是块头、形状以及股四头肌每块重要肌肉之间的分离度：股直肌、股中间肌、股内侧肌和股外侧肌。你需要发展你的大腿的整体块头，让它们和你的上身比例协调。大块头缘于大重量，特别是在深蹲和腿举中使用的大重量。

但是仅有块头远远不够，质和量一样重要：

李·普里斯特的腿部。你可以清晰地看到，股四头肌是由四块互相独立的肌肉构成的。

大 腿

健美运动员们通常都会努力地塑造大腿和股二头肌之间的分离度——在弗莱克斯·惠勒的大腿上,这种分离是如此突出,甚至像是被一剑劈开的一样!他的股四头肌不仅块头大,而且高度细节化。

1. 股四头肌中每一块单独的肌肉都得到充分的发展和塑形;大腿外侧从髋部直到膝盖位置呈现出饱满、令人满意的弧线;在大腿正面的中间位置塑造出V形轮廓;股四头肌伸入膝盖的部分看起来饱满而厚实;充分发达和定型的股二头肌。

2. 大腿区域明显的清晰度,条纹和交叉条纹清晰而突出,就像解剖图那样。

3. 从侧面看起来饱满,几乎像一对括弧一样;还有大腿前部和股二头肌之间清晰的分离度。

对打造股四头肌和臀大肌的块头来说,最基本的练习就是深蹲——这是你从始至终都会遇到的一种练习。每个优秀的健身者都依赖它。它会给你的身体造成一种复杂的力学影响。

深蹲开始时,你的大腿会做大部分的工作;你蹲得越低,

大腿是身体中块头最大的肌肉群。有许多种练习都可以塑造出大腿的形状和分离度,但是对打造块头来说,就只有大重量的深蹲,而别无替代。

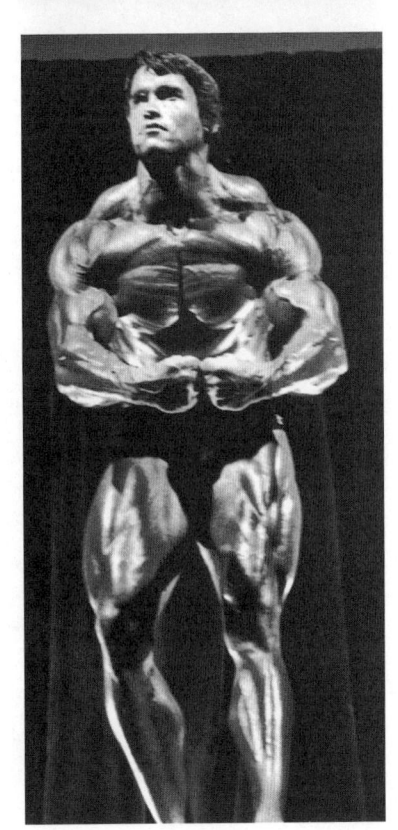

就有越多的压力转到你的腘绳肌；在动作的最低点，你的臀部承担了更多的压力。但是，正如我先前所解释的，根据每个人不同的身体比例，深蹲这个动作的锻炼效果也会有或大或小的不同。有时，你会需要像肩前深蹲这样的练习来更直接地锻炼股四头肌，尽可能降低下背部的参与程度。

大重量的腿举同样能打造大腿和臀大肌的块头。孤立锻炼股四头肌的腿屈伸，通常不被认为是打造肌肉块头的练习动作。

当然，要达到好的分离度和清晰度，还要控制你的饮食，大幅减少身体里的脂肪。但是，仅仅节食是不够的——你还需要通过像腿屈伸、弓步和腿弯举之类的动作来锻炼你的大腿。将哈克深蹲也纳入你的训练计划中，会给你的大腿终极的结实度和清晰度。（顺便说一句，就像我下面要向你介绍的其他练习动作一样，深蹲和弓步在某种程度上会锻炼到腘绳肌。）

训练腘绳肌

大腿的背面，特别是股二头肌，长期以来没能得到足够的重视。但是现在，这个区域已经变得特别重要，这要归功于像汤姆·普拉茨、塞吉奥·奥利瓦以及罗比·罗宾逊这样的健美运动员，他们让人们了解了这个区域能够发展成什么样子。

如同臂部的肱三头肌一样，大腿上的股二头肌对大腿的外观也起着非常重要的作用。从侧面看时，股二头肌的弧线必须非常明显。从背后看时，即使是再强健有力的、定型清晰的三角肌后部、斜方肌以及背阔肌都很难抵消孱弱的股二头肌给人留下的消极印象。每个头都充分发展的股二头肌将会和你发达的小腿一起，来协调你的背部、肩部以及臂部的肌肉，让你的体形看上去更平衡。

股二头肌越发达，你的双腿就越靠近，并会相互接触，

这是我在1974年获得"奥林匹亚先生"称号时的情景，虽然我是放松地站着，但我也在有意紧缩我的腘绳肌。当时我非常高兴，因为那一年我付出了额外的努力刻苦锻炼这个区域。

即使在你将两条腿分开一点儿的时候也一样。从侧面看时，发达的股二头肌边缘会有一条清晰的线，区分大腿的背面和前面。当然了，这是优质腿部的一个证明。

要训练腘绳肌，腿弯举是最基本的练习动作。这种动作既可以采用卧姿来做（通常同时使用两条腿），也可以采用站姿来做（一次只用一条腿，更多地孤立它们）。但其实腘绳肌在深蹲或者弓步中也会得到锻炼，特别是当你在做整个动作的下半个阶段时。

想要充分拉伸股二头肌，我建议你做直腿硬拉和负重体前屈，这样的练习虽然本身是锻炼下背部的，但也有助于发展大腿背面和臀部。

别忘了，股二头肌对各种冲击原则（如递减法、局部次数、强迫次数和超级组）也会有极其良好的反应。你越是用它们不适应的方式来冲击这些重要的肌肉，你就越能看到良好的锻炼效果。

基础训练计划和高级训练计划

我设计的基础训练计划包括了一些基本的、可以锻炼到大腿上每个重要区域的练习动作：深蹲、弓步以及腿弯举。前两个动作结合起来可以很好地发展大腿正面和臀大肌的块头和力量，而第三个练习动作则是锻炼大腿背面的最直接方式。

我将这些动作放在基础训练阶段，并不是说它们只是给初学者设计的。实际上，无论你达到了多么高的水准，这些练习始终都是塑造并保持一双杰出大腿的关键。你只有在要对某一个弱点区域的肌肉进行专门训练的时候，才需要一些非常特殊的练习动作；除此之外，你大多数时间都要依靠这些基本的动作来进行训练。

在高级训练阶段，你就需要用各种方式来做深蹲了。比如肩前深蹲会迫使你始终挺直背部，而这种状态会对肌肉产生不同的影响。而在哈克深蹲中，你一直蹲到最低处，这会锻炼到大腿下部，并帮助分离股四头肌和股二头肌。不同的深蹲会从不同的角度刺激腿部；而股二头肌练习，比如直腿硬拉，可以让你继续增加这些肌肉的锻炼强度。

腿部训练的要求非常高，所以适应性是一个重要因素。一开始，你会发现仅仅那几项练习就已经足够困难了。而过一段时间，你就会更加强壮，并更加适应腿部训练。此后，高级和参赛训练阶段要付出的努力虽然更加艰巨，却在你已经得到提升的承受能力之内了。

参赛训练计划

一旦你开始追求完美,你就必须在训练大腿的过程中关注更多的方面——肌肉的整体形状、突出的条纹和交叉条纹、完全的肌肉分离度、大腿块头与身体其他部位的比例关系。要想达到这样的目标,你就需要在腿部训练过程中对自己提出更高的要求,通过你能使用的每一个冲击原则,来让这个已经非常困难的训练变得更加不可能完成,不过你仍然要坚持完成。

例如,在腿部训练过程中使用超级组,就能真正完全耗尽你的力量。大腿是全身最大的肌肉群,所以若是你不休息地连续做两组或更多组的腿部练习,你很容易就会进入耗竭的状态,除非当时你的状态非常好。你可以对同一个区域的肌肉进行超级组训练,比如深蹲和腿屈伸,或者对前后相对的肌肉进行超级组训练,比如弓步和腿弯举。但是,所有这些强度都是为了一个目标:尽一切可能发展大腿的每个部分。

在这个阶段,你必须对自己绝对诚实,观察你的大腿,精确地评估:大腿上哪些部位是仅仅算过得去的,哪些是非常优秀的,哪些还不尽如人意。尽早发现弱点,并且尽可能快地对它们进行纠正,而不是干等,直到身体部位间的差距越来越大。

这时的训练计划应该经过特别设计,以对你自己的情况进行整体的把握和控制。为此你需要更加彻底地了解自己身体的结构,并且更加全面地理解,哪些动作是对哪些区域进行锻炼的——大腿的上部、下部、内侧、外侧,肌肉的起始点和插入点,股二头肌的厚度。你将需要学会更加精确地去体会,像深蹲、肩前深蹲、腿举和哈克深蹲这样的动作对哪个部位有作用,并因此明白应该如何调整自己的训练计划,把对你最有益的练习动作安排进去,让自己得到尽可能全面的锻炼。

要想塑造出壮硕的肌肉,你就需要使用很重的重量来训练。我正专注于使用500磅(226.80千克)的重量来做深蹲练习,这仅仅是为了让我的大腿再增长1英寸(2.54厘米)。

大　腿

　　记住，那些基本的练习动作都是非常重要的。即使你要调整自己的训练计划，将那些动作完全排除在外也不明智。深蹲打造块头，腿屈伸塑造形状和清晰度，这两种动作结合起来，再加上其他的重要动作，就可以保证训练的整体效果。

　　追求完美的训练并不意味着更多不同的训练，而意味着通过大量的超级组，来加大训练时的"时间密度"。对完美的体形来说，大腿的清晰度是至关重要的，当然还有肌肉间明显的分离度。我发现要达到这样的效果，方法之一就是做大量的超级组：腿屈伸和深蹲，肩前深蹲和腿弯举，哈克深蹲和腿弯举。这些方法会极强烈地燃烧肌肉，以至于在每一次、每一组动作中，你的成功欲望都会受到挑战，但它们是你达到目标的最佳途径。

　　我不会经常在大腿训练中运用递减法，但是，这个方法的确是非常有用的。好几年前，当我想让大腿肌肉有更好的清晰度时，就曾经在一台哈克深蹲机上进行尝试——我放了足够的重量，以至于只能做 6 次反复，然后减掉一些重量，再做 6 次反复。最终，我以这种方式做了 5 组共 30 次反复，这让我的股四头肌急剧地燃烧。我还发现这个方法在做腿屈伸时也非常有用。

　　由于腿部有极强的耐力，所以运用递减法来继续锻炼，会帮助你耗尽所有可用的肌纤维的能量。当你以这样的方法训练时，有一些器械是非常实用的，因为你可以非常迅速地卸下一部分重量，然后继续锻炼腿部直到真正的力竭，而不用担心最后无法控制重量。你还可以在做深蹲时，通过卸下一些杠铃片来实现同样的效果，虽然最后你会发现，这是你做过的所有练习中最让你崩溃的一个。

　　在我训练大腿的过程中，最大的一次进步发生在 1971 年。那时除了纯粹的尺寸之外，我还需要更强的清晰度和分离度，因此我开始使用腿屈伸加深蹲的超级组。在卖力地做完腿屈伸后，做深蹲时我已经非常虚弱和疲乏。我的大腿感觉像死了一样，我几乎只能勉强使用 315 磅（142.88 千克）的重量。但是我仍然坚持尝试，不久之后我就能在腿屈伸完成之后立即做大重量的深蹲了，我的大腿对这种新的冲击反应极其强烈。另一种对我来说非常有效的超级组是在肩前深蹲之后立刻做腿弯举。

　　我通常依靠哈克深蹲来强调发展膝盖以上的肌肉，这个动作会给肌肉最大的结实度、清晰度和分离度。实际上，我是从史蒂夫·李维斯那里发现了这个动作的极大价值，是他发现了这个动作对塑造完美的大腿来说有着真正的益处。

　　而汤姆·普拉茨则有一个方法，可以在轰炸腿部的同时，也耗尽肌肉的耐久力。比如说，在做腿屈伸时，他会尽可能多做完整的反复，当他开始感觉疲倦，不能再做完整幅度的动作时，他会继续下去，将动作做到自己能做到的最大幅度——从 3/4

的反复,到 1/2 的反复,再到 1/4 的反复。最后,他会躺在器械上,精疲力竭,但是你仍然可以看到,他的腿部还在收缩,每次只能移动几英寸。他不会停下,直到彻底的耗竭,直到腿部连几毫米都无法再移动。他就是这样运用局部次数原则的,在这个原则中缩减的是动作幅度而非训练重量。

普拉茨对腿部的要求比常人要高,所以他也比常人得到了更多的回报。比如说,他会首先用 315 磅(142.88 千克)的重量完成 35 次深蹲,然后在不到 60 秒的休息之后再做 25 次,之后再进行许多组彻底消耗式的腿屈伸、腿弯举、哈克深蹲、腿举和残酷的小腿训练;最后,他会走出去,骑上他的自行车跑 20 英里(32.19 千米)来结束他的腿部训练。

上面这些只是健美冠军们用来发展大腿的一部分方法。锻炼出真正顶级的大腿不仅需要艰苦的训练,还需要你熟练掌握动作技巧以及运用所有冲击原则,以将训练强度最大化——比如说,按照强迫负功原则来做腿屈伸、腿弯举、哈克深蹲或器械深蹲,这些都是在器械上完成的,可以安全地运用技巧;或者用深蹲练习来做交叉组训练,在整个训练期中,完成 8 组、10 组甚至更多组的深蹲;又或者用腿屈伸来预疲劳股四头肌,然后试着在你的大腿肌肉酸痛至极的情况下立即做深蹲练习。要想让你的腿部得到终极的发展,你就必须同时具备勇气、技巧和想象力。

对大腿来说最基本的指标当然是尺寸。我还记得,当我的腿部肌肉整体看来发展得还不错的时候,唯一缺乏的就是尺寸。为了打造我需要的块头,我将大量的大重量深蹲,特别是一些半深蹲纳入我的常规腿部计划中。半深蹲练习能够让你使用极其重的重量,因此能真正高强度地锻炼大腿,同时又不会有损伤膝盖的危险。无论任何时候,你想要打造块头,你就需要遵循基本的强力原则——更少的反复次数和组数,两组之间更多的休息,但是要用更大的负重。使用杠铃或者器械的深蹲、半深蹲和肩前深蹲,都是主要的强力练习。另外,你这可以在器械上做腿举练习,使用很大的重量让它成为强力练习。

紧缩和拉伸

在健美比赛中有人因肌肉疲劳而抽筋时,通常都会是他们的腿部肌肉首当其冲。这一部分肌肉巨大而强壮,它们在平时需要大量的训练,才能有那样的耐力完成一个小时接一个小时的造型动作。

持续不断地在训练中让你的大腿肌肉进行紧缩练习,会帮助你塑造出最佳的分

大 腿

离度以及优秀的肌肉条纹。但是,你越是经常地紧缩这些巨大的肌肉,它们就越倾向于变得更短。因此,用伸展运动来拉长它们也是十分必要的。实际上,所有的顶级健美冠军们都会进行大量的拉伸练习,以塑造他们那梦幻般的腿部。我们还以汤姆·普拉茨为例,他会在开始腿部训练之前,花 15 分钟来做拉伸练习,并且在结束训练之后,还会再进行一次拉伸。

你同样可以在训练中,加入一些合适的练习动作来达到拉伸肌肉的目的,比如说,在做完腿弯举之后,做直腿硬拉或者负重体前屈来拉伸你的股二头肌,或者在做深蹲和哈克深蹲时一直向下蹲到最低处,完成整个的动作幅度,并且在腿举练习中,一直将膝盖带到你的胸部位置。

这一天,我要在摄影师约翰·巴利克(John Balik)的镜头前紧缩我的肌肉。当时,我非常非常兴奋。其实,在训练过程中,我也会找出各种理由来紧缩肌肉。在每一组之后,我都喜欢站在一面镜子前,紧缩我正在训练的那些肌肉。尽我最大可能紧缩它们的时候,我能让它们达到最高的清晰度,特别是对大腿肌肉来说。

肌肉僵硬?看看汤姆·普拉茨那令人难以置信的柔韧性吧。

弱点训练

腿部的肌肉群过于巨大并且过于复杂，因此几乎任何一个健身者都会在某个阶段在这部分发现一些弱点。发现弱点之后就必须分析问题是什么，并且知道哪些练习和技巧能够用来解决那些问题。

总体来说，我建议按照优先原则来锻炼腿部。腿部训练是如此苛刻，因此如果你想要获得最佳的锻炼效果，就最好在你还精力充沛并且力量充足的时候训练它们。另外，有一个好的训练伙伴来帮助你到达极限，并且在你需要关注的时候在你身边，这也非常重要。

对于一些特定的弱区，我推荐如下的腿部练习：

大腿下部

大腿下部在膝盖完全弯曲时工作最卖力，所以下面我推荐的这些练习，你都只需要完成 3/4 幅度的动作，也就是说，向下运动到底，但向上运动时，只完成全部动作幅度的 3/4。

深蹲，哈克深蹲以及腿举

腿屈伸，集中注意力让腿部回到最后面，拉伸大腿，直到大腿下部最为吃力为止。

大腿外侧

肩前深蹲

哈克深蹲

在任何深蹲或腿举练习中，脚尖指向正前方，双脚靠近

分腿机练习

大腿内侧

大量的弓步——极有价值的大腿内侧练习

直腿硬拉

在任何深蹲或腿举练习中，脚尖朝向外侧，双脚间距相对较宽

当我刚刚开始参加健美比赛时，腿部还被认为是我的一个弱点。但是经过大量的刻苦训练之后，特别是遵循优先原则和每一种我能想到或创造出的冲击原则来训练我的大腿之后，情况就不一样了。在20世纪70年代早期，我的大腿已经不再是我的弱点了。

夹腿机练习

大腿正面的弧线

哈克深蹲，将一块踏板垫在脚后跟下，给股四头肌更大的压力

挺髋深蹲

在做不同的大腿练习动作时，改变你双脚的姿势，有助于大腿的发展。

整体的发展

双脚间距与肩同宽

脚尖略微朝向外侧

强调大腿外侧（股外侧肌）

双脚靠拢

脚尖指向正前方

强调大腿内侧（股内侧肌）和大腿正面（股中间肌）

双脚距离相对较宽

脚尖以一个很宽的角度指向外侧

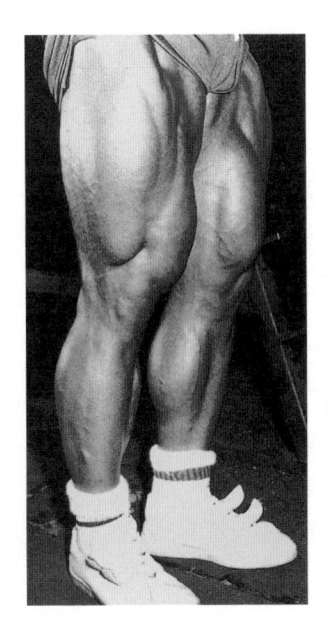

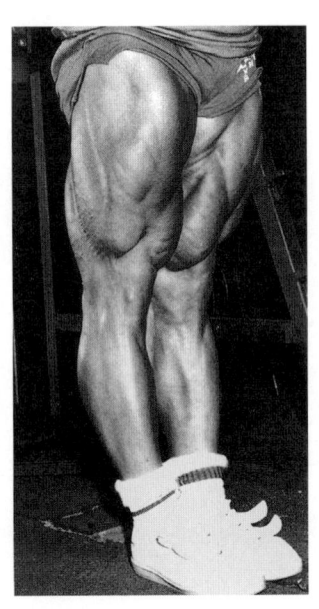

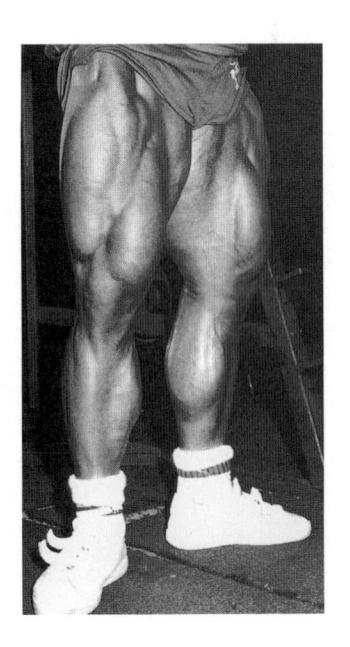

大腿练习

深蹲

练习目的：发展腿部特别是大腿的块头和力量。完整的深蹲动作是锻炼整个下半身的传统练习动作之一，但是它主要发展的还是股四头肌的四个头。

动作要领：(1) 将杠铃放在支架上，站在支架的下方，让杠铃位于你肩膀的后上部，握住杠铃来保持平衡。向上抬起杠铃，让其离开支架，然后走出支架。你可以让双脚平踩在地面上来做这个动作，也可以在你的脚后跟下垫一块较低的踏板以提供支持。(2) 保持你的头部向上，背部挺直。弯曲你的膝盖，放低身体，直到你的大腿刚刚低于与地面平行的位置。接着，将你的身体向上抬起，回到起始姿势。

在这个练习中，让大腿低于与地面平行的位置是非常重要的，特别是在刚刚开始学习这个动作时，这样你才能通过幅度完整的动作来发展力量。如果你从一开始就没有让身体降到足够低的位置上，那么在今后使用更重的重量时，你就可能受伤。在深蹲时，双脚的姿势也在一定的程度上决定了大腿的哪一个区域得到最多的锻炼：双脚间距较宽就会更多地锻炼到大腿内侧；双脚间距较窄则会更多地锻炼到大腿外侧；脚尖向外，就会刺激大腿内侧。能让你使出最大力量的基本站姿是双脚间距与肩同宽，脚尖略微向外。

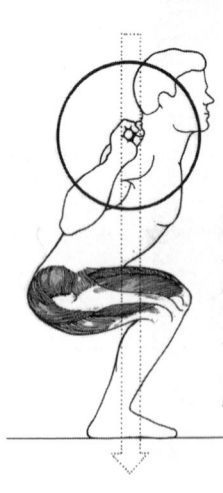

为了让深蹲发挥出最大的功效，你要始终让杠铃保持在你双脚脚心的正上方。当你弯曲膝盖放低身体时，确保你的头部向上抬起，背部挺直。这样不会牵涉到下背部，从而将压力正确地施加到腿部和臀部的肌肉上。

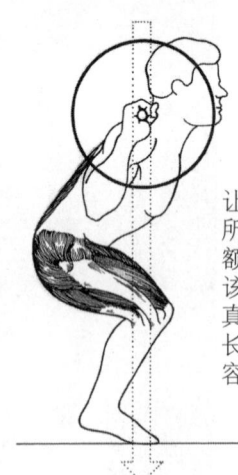

让你的头部向前倾斜，像图中所示的这样，会给下背部施加额外的压力，从而减少大腿本该受到的压力，而后者才是你真正想要锻炼的地方。那些腿长的人比那些双腿较短的人更容易有这个问题。

大重量深蹲

根据你的身体比例,你适用的深蹲技巧会有很大不同。由于我的身高,每当我做大重量深蹲时,我都被迫向前倾斜很多,从而让我的下背部在很大程度上参与进来。而理想的情况是,你应该在深蹲中让你的背部尽可能地直。像弗朗哥·哥伦布和汤姆·普拉茨都很容易地做到这一点,即在向下蹲的过程中让他们的臀部和杠铃几乎保持在同一垂直线上,而不像我做的这样,杠铃太过于靠前,而臀部则过于向后撅起。所以我通常都会在我的常规计划中放进大量的肩前深蹲,来确保我的股四头肌的确得到了足够的锻炼。

半深蹲

练习目的:额外发展大腿的块头和力量。

动作要领:这个练习和常规的深蹲完全相同,只不过你要在向下蹲时只完成动作的一半,这会允许你使用更重的重量。

汤姆·普拉茨

器械深蹲

练习目的：发展股四头肌。在使用器械做深蹲时，你可以降低其他区域的紧张程度（如膝盖和下背部），使你的大腿得到更大强度的训练。有许多的器械可以用于模拟深蹲这个动作。它们使用不同的技术来提供阻力，比如重量、摩擦力甚至是空气压力。我个人一直都喜欢使用史密斯机来做器械深蹲。

动作要领：(1) 将你的双肩置于杠铃下，站起来直到完全直立。保证你双脚的姿势正确以获得你想要的锻炼效果（请参考339页）。(2) 弯曲你的膝盖向下蹲，直到大腿低于与地面平行的位置，然后再站起，直到回到初始姿势。

脚尖向外有助于发展大腿内侧，虽然在这种姿势下很难平衡重量，但是器械会帮助你平衡它。站立时向前移动你的双脚，会有助于孤立股四头肌，特别是大腿下部靠近膝盖的区域，还能将下背部的压力减至最低，因为你已经完全不需要向前倾斜躯干了。

大 腿

器械深蹲——脚尖向外

器械深蹲——双脚靠前

在做大重量深蹲时将你的膝盖包裹起来，会增大关节内的液体静压力，从而保护关节和韧带免于受伤。

肩前深蹲

练习目的： 锻炼腿部，特别针对大腿肌肉。肩前深蹲有助于塑造股四头肌的外侧弧线。

动作要领：（1）走到支架旁，在杠铃下方架起手臂，双臂交叉，肘部高高抬起，用你的双手握住杠铃来控制它。将杠铃从支架上抬起来，后退一步，让你的双脚分开，保持身体平衡（我发现，当我在脚后跟下垫上一块踏板来帮助身体保持平衡时，这个动作就更容易做）。（2）弯曲你的膝盖下蹲，直到大腿低于与地面平行的位置。下蹲过程中，保持你的头部向上抬起，背部挺直。然后，让你的身体回到动作的起始姿势。这个练习要做得缓慢且严格，确保你的背部保持挺直。如果可能的话，最好在一面镜子前做所有的深蹲动作，这样你可以检查自己的背部是否挺直。

肩前半深蹲的做法和肩前深蹲一样，不过你只需要向下蹲到一半的幅度。

挺髋深蹲

练习目的：孤立股四头肌下部。虽然这个动作被称为深蹲，但从它对腿部的影响方式来说，它其实更接近于腿屈伸。做这个动作时，股四头肌插入膝盖的部位会感受到很大的压力。

动作要领：(1) 笔直站立，双脚分开几英寸，抓住一张凳子或者别的什么东西以做支撑。(2) 弯曲你的膝盖，用脚趾支撑起身体，然后再慢慢地放低你的身体，让你的骨盆和膝盖向前挺，同时你的头部和肩膀向后倾斜。(3) 继续尽可能低地放低身体，直到你的臀部接触到脚后跟。拉伸大腿肌肉，坚持一段时间。然后，将腿伸直，回到站立姿势。在动作的最高点，用力紧缩你的大腿肌肉，让其得到最大程度的塑造和锻炼。

腿举

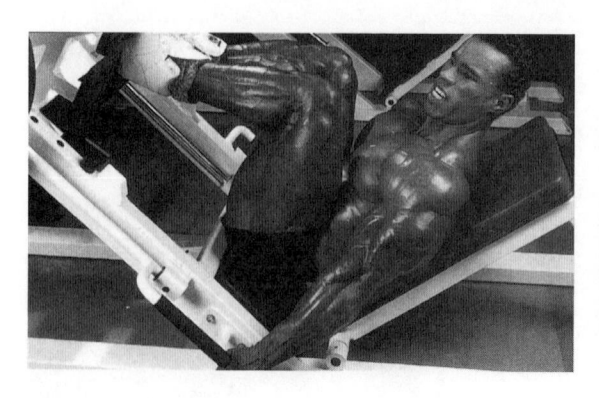

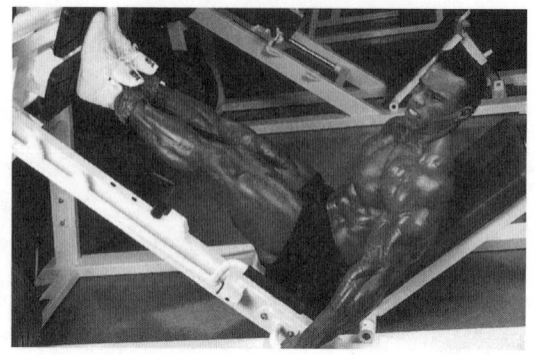

凯文·莱夫隆

练习目的：打造大腿的块头。如果说深蹲动作还有缺陷的话，那就是它将一部分压力放在了下背部。腿举练习是避开这个问题的好方法，它可以让你用非常重的重量来锻炼腿部。

动作要领：（1）使用屈腿训练器，把身体放置在器械上，双脚并拢，抵住器械上的横挡板。弯曲你的膝盖，将重量尽可能地放低，将你的膝盖带向肩膀。（2）将重量重新向上推，直到腿部完全伸展。不要养成这样一种习惯，即推压你的膝盖来帮助腿部向上举，或者在你的胸前交叉双臂，这会限制你的动作幅度。

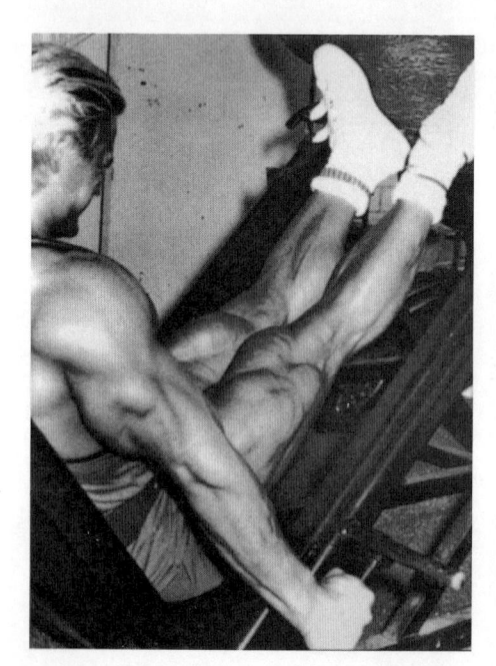

腿举的变式

有许多种类的器械可以让你做腿举练习。有些器械的移动轨道是有角度的，另一些的轨道则是水平的。无论你使用的是哪一种器械，练习的方式都是类似的，即让膝盖尽可能地靠近肩膀。

汤姆·普拉茨在做上斜腿举——以脚尖指向两侧的姿势。

哈克深蹲

练习目的：发展大腿下部。哈克深蹲是一种非常好的练习，尤其是在动作的靠下阶段。

动作要领：(1) 根据你使用的器械的不同设计，或者把双肩放在带垫板的横杠下，或者用你的双手握住把手。双脚靠拢，脚尖略微向外。(2) 用你的腿向下蹬，抬起器械，直到腿部达到完全伸展的状态，这会让腿部持续地紧张。然后，弯曲你的膝盖，一直放低身体。在动作的最后，你的腿部弯曲的角度，应该比你做深蹲时能弯曲的最小角度更小。在每一次反复中，都要将身体一直向下放，以获得在动作的靠下阶段的锻炼效果。(3) 另外，在你最后几次反复中，以正常的方式放低身体，但在你重新向上推时，让你的臀部离开器械，但不要锁定双腿。这会重点发展股二头肌和股四头肌的分离度，让你的大腿从侧面看起来更加壮硕。

李·普里斯特

弓步

练习目的：发展大腿正面和臀部。

动作要领：(1) 握住杠铃，将它横放在双肩后面，双脚并拢，笔直站立。(2) 保持你的头部抬起，背部挺直，胸部向前挺起，一只脚向前迈一步，弯曲膝盖，让后面的腿的膝盖几乎碰到地面。迈出的这一步要足够大，让后面的那条腿接近笔直。然后以一个强有力的、果断的动作，向后站起身来，回到起始姿势，双脚并拢。接下来，另一只脚向前迈，来重复这个动作。你既可以在整组练习中都用一条腿完成动作，然后再换一条腿来做同样的一组，也可以在一组练习中让双腿交替做动作。

大 腿

腿屈伸

练习目的：发展大腿正面的清晰度和分离度。腿屈伸是一个很棒的练习，可以让大腿获得极高的肌肉清晰度，同时又不会损失块头，尤其对发展膝盖附近的区域来说。

动作要领：(1) 使用一种腿部伸展机，坐在座位上，双脚放在垫板下面并钩住垫板。(2) 伸展腿部到最大程度，在此过程中确保你始终平坐在器械上（即不要向上抬起你的身体进行借力）。尽可能伸展你的腿，直到它们达到锁定状态，股四头肌得到最大程度的收缩。然后再慢慢放下重量，直到你的双脚移到膝盖后方，并且再也不可能更靠后了为止，这时大腿肌肉也得到了彻底的拉伸。为了确保你每次都充分伸展了腿部，可以让你的训练伙伴把手放在某个高度，让你的脚在动作的最高处能够踢到它。

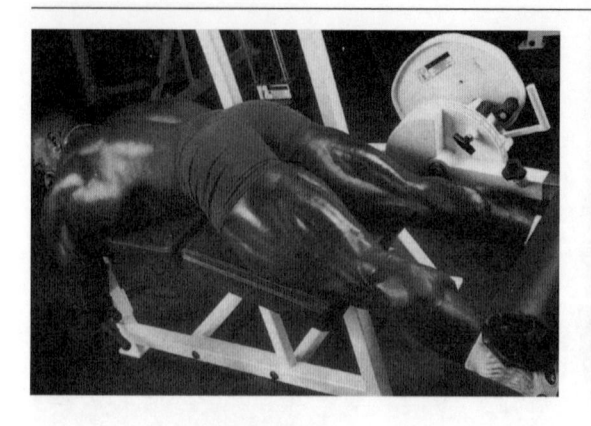

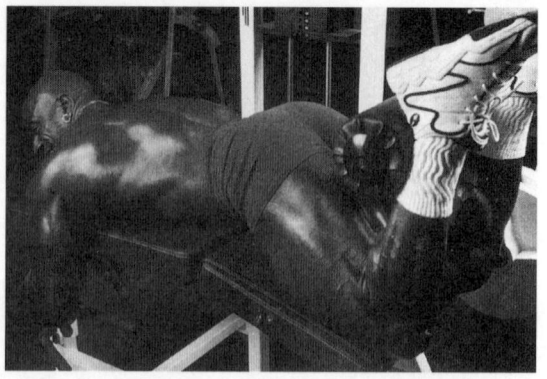

威利·斯托林斯（Willie Stallings）

腿弯举

练习目的：发展腘绳肌（大腿后部）。

动作要领：(1) 脸朝下，俯卧在屈腿训练器上，将你的脚后跟钩在杠杆装置的下面。你的双腿应该完全笔直并得到充分拉伸。(2) 保持身体在凳面上的水平状态，尽可能大幅度地弯起你的腿，直到股二头肌得到彻底的收缩。放松，将重量慢慢放下，回到动作的起始位置。在动作过程中，抓住把手或者凳子本身，使身体不会从凳子上抬起。这个练习需要做得严格规范，并实现尽可能大的动作幅度。我发现，用肘部撑住身体有助于保持身体下部的稳定，让其始终贴在凳面上。

站姿腿弯举

练习目的：发展股二头肌。使用这种训练器，你可以进一步孤立股二头肌。

动作要领：(1) 面朝器械站立，一只脚钩住杠杆装置。(2) 保持身体稳定，尽可能高地向后、向上弯起腿部。然后放松，将重量放回到起始位置。用一条腿完成一组练习后，换用另一条腿重复这个练习。确保整个动作缓慢且严格规范。

直腿硬拉

练习目的：锻炼腘绳肌。同样锻炼臀部和下背部。

动作要领：（1）像硬拉一样，抓住一个杠铃站起来。（2）保持腿部几乎锁定，上身前倾，保持背部挺直，直到你的躯干几乎与地面平行，杠铃以一臂远的距离悬挂在下方。再次向上挺直身体，将你的肩膀向后拉，脊柱前弓，从而彻底收缩竖脊肌。和常规的硬拉不同，这个练习没有腿部肌肉的帮助，所以要使用较轻的重量。如果用的是比较大的奥林匹克杠铃，那么你最好站在踏板或者凳子上，以把重量放得尽可能地低，从而让动作幅度达到最大。

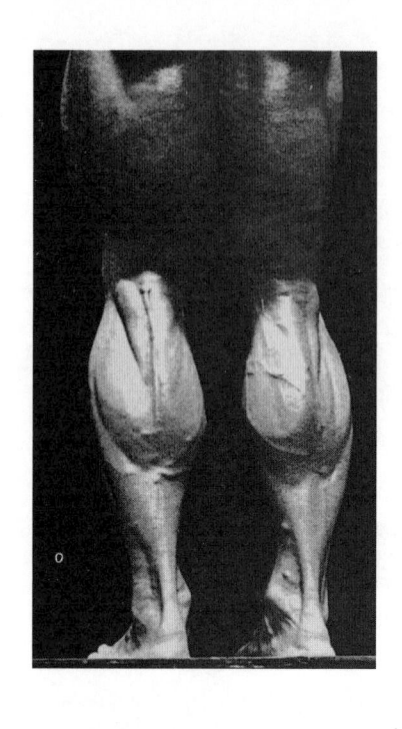

小腿

小腿的肌肉

比目鱼肌，是小腿肌肉中体积比较大，也比较深的。它起自腓骨和胫骨。

基本功能：弯曲脚部。

腓肠肌有两个头，一个起自股骨下部的外侧，另一个起自股骨下部的中间。这两个头最终汇合，覆盖比目鱼肌，并和它一起插入小腿的跟腱，跟腱则插入跟骨。

基本功能：弯曲脚部。

胫骨前肌，在小腿的前面，沿着胫骨延伸。

基本功能：弯曲脚部。

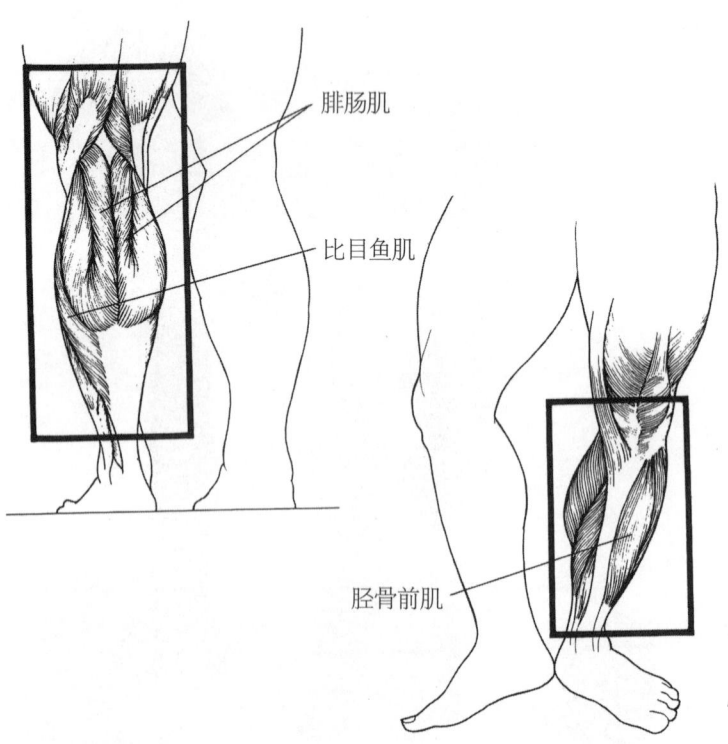

训练小腿

与三角肌、腹肌一样，小腿是非常具有审美价值的身体部分。一副优秀的小腿无论在海滩上、网球场上还是在健美比赛的舞台上都会有极好的视觉效果。但还不止如此，在历史上，杰出的小腿都会和男性的理想体形联系在一起。硕大的三角肌、搓板似的腹肌和强健有力的小腿是古希腊雕塑的特点，因为这是在那时流行的战士和运动员的经典形象。

最理想的状况是，你的小腿的发展程度和你的肱二头肌大致相当。如果你的小腿比手臂瘦小，你就需要给他们额外的关注了。(这个问题有一个例外，那就是克里斯·迪克森，他是小腿总是自然地比手臂粗壮的唯一的健美运动员。)

小腿被认为是身体中最难发展的肌肉群。但是小腿和其他肌肉一样，也对训练作出反应——你只需要明白，它们需要从许多不同的角度得到训练，还有极重的训练重量。

想一下当你行走或者跑步时，都发生了什么：先转动一边的脚和脚踝，再转动另一边的；启动身体，突然停下，转换方向，向上爬或者走下山。在你做这些动作时，小腿肌肉都在承担着你的体重，用你的脚趾向上撑起你的身体，放低你的身体到你的脚后跟上，帮助你向各个不同的方向转动你的脚。

我一直都无法让我的小腿发展到我想要的尺寸，直到我开始与雷格·帕克一起训练。我一直用500磅(226.80千克)或者600磅(272.16千克)的重量来做提踵，但是他用的是1000磅(453.59千克)的重量！他向我指出，我的每条小腿分别都能很轻松地支撑起我250磅(113.40千克)的体重，因此500磅(226.80千克)的阻力对它们来说实际上只是一个"正常"重量。所以，仅仅靠我当时使用的重量，几乎完全不可能获得什么效果！

发展小腿块头的最主要方法是站姿提踵，在此，额外的重量真的是非常重要的。这个练习，还有骑驴提踵，会同时锻炼到小腿的腓肠肌和比目鱼肌。而坐姿提踵则更多地针对比目鱼肌。

许多的健身者都是在事后才想起来要做小腿训练。他们会在日常训练之前或者之后，留出大约10分钟的时间来锻炼小腿，这远远少于他们给身体其他

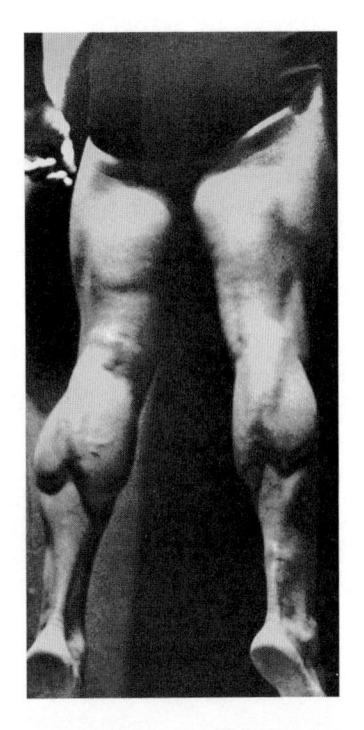

雷格·帕克

部位的时间。当小腿毫无反应时，他们又会抱怨。

我相信，要像对待其他身体部位一样对待小腿。由于小腿天生适合持久的工作，并拥有极快的恢复速度，我一天会花 30 ~ 45 分钟的时间来训练它们。我同样还会使用许多不同的练习动作，不只是几组站姿和坐姿提踵，而是足以锻炼到小腿每一个区域——上部和下部、内侧和外侧——的大量运动。

小腿非常强硬，习惯于大量的艰苦工作，因此让它们生长的最好办法就是不断地冲击它们，尽可能使用每一个高强度训练原则。比如，在做骑驴提踵时，我常常会在开始时让三个体重 220 磅（99.80 千克）的人坐在我的背上，我会一直锻炼，直到不能再做一次反复；然后，我会让其中一个人下来，从而使我能继续锻炼，直到我的小腿在极度痛苦中尖叫。最后，我会在结束这组动作时只使用我自己的体重，并感觉到我的小腿快要爆炸了。

另一种冲击方法是局部次数训练。在我的小腿训练中，几乎有 1/4 都是使用一个极重的重量，但只做整个动作幅度的 1/2 或者 1/4，这对小腿肌肉提出了巨大的挑战。实际上，你可以运用这本书中提到过的所有冲击原则来发展你的小腿——交叉组训练、停息训练、强迫次数训练、21 响礼炮、超级组和递减法，等等。你越是冲击小腿，你就越能让它们处于不适应的刺激下，结果是你的小腿发展就越好。

曾有一次，我在做站姿提踵时，一个年轻的健美运动员走过来，对我说他多么欣赏我发达的小腿。"你也可以有一样好的小腿，"我告诉他，"如果你能够付出代价的话。"他看起来完全糊涂了，问我是什么意思。"类似这样的小腿会花去你 500 个小时的时间，"我说，"少一点你都不会有这样的结果。"

具体分析下这 500 小时的数据：500 小时等于 660 次，每次 40 ~ 45 分钟的小腿训练；将 660 次训练分解为每周 4 次，就等于 165 周，或者说，3 年！因此，除非你像克里斯·迪克森一样在小腿上有遗传优势，并且生就一副壮大的小腿，否则你想要塑

想得到像我这样的小腿，你就必须愿意付出足够的代价：至少500小时紧张、注意力集中的，有时伴随痛苦的小腿训练。

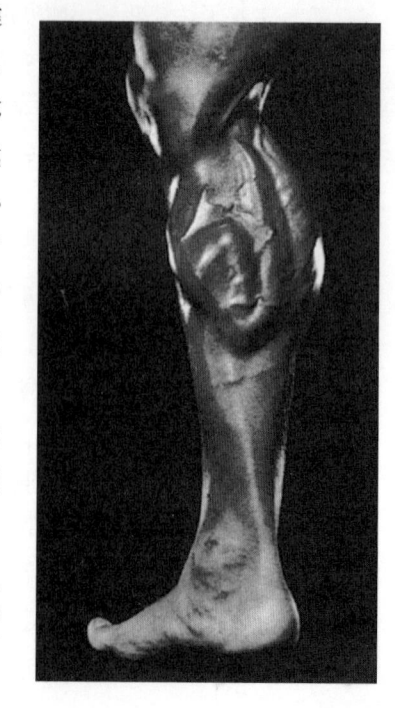

造它们，就需要至少 3 年的残酷的训练。

即使付出那样的努力，小腿也可能不会成为你最好的身体部位。但是我并不相信，如果按照我描述的方法锻炼，那些有足够的天赋将他们身体的其他部位发展得很好的人，不能让他们的小腿有很好的反应。

拉伸小腿

要想使肌肉彻底地收缩，首先你必须让它们彻底地伸展。在小腿训练上，这意味着在一个完整的动作幅度中，在你用脚趾一直向上支撑，让小腿充分收缩之前，首先要尽可能低地放低你的脚后跟。

汤姆·普拉茨将此发挥到了极致。他会让一个训练伙伴坐在坐姿提踵训练器的一头，迫使他的脚后跟放得越来越低，直到将他的小腿拉伸到极限程度（其他人如果想要模仿他，需要非常小心）。汤姆使用了我在许多年前发现的原则：动作幅度越大，肌肉的伸展和收缩越充分，它们发展得也就越好。这对小腿训练来说尤其重要，因为我们日常使用小腿行走或者跑动时，绝大多数时候只是使用了它们在动作中间阶段的功能。

我喜欢在做站姿提踵时使用一个踏板，高到让我的脚后跟在动作的最低处能接触到地面。这样我就知道我的脚后跟已经放得足够低了，从而能最大程度地拉伸我的小腿肌肉。

基础训练计划

当你开始训练小腿时，你很可能不能使用我前面提到的那样的重量。没有经过训练的小腿肌肉在"力量曲线"上是非常不成比例的。你的小腿肌肉在你的一生中都在支撑你的体重，但你很少要求它们在其所能达到的两个极点——即充分的伸展和充分的收缩——上工作。

因此，当你在开始做提踵练习时，你很可能发现，在整个动作范围的中间区域，你的小腿异常强壮，但在动作范围的两头，它们却非常无力。因此，在训练最开始的几个月中，你需要做的是提升你的小腿在充分收缩和充分伸展时的力量，这样你就获得了平衡的力量曲线。达到这个目标后，你就可以开始增加训练重量，在完整的动作范围内锻炼肌肉了。

不过，你还是会发现你的小腿在动作的中间阶段还是不成比例地强壮——由于力学和杠杆作用的因素——因此，我建议你在一开始，除了全幅度的练习外，还进行一些局部动作的训练。这样你就能在肌肉最强壮的角度，使用极大的重量来给它们施加压力了。

为了让你起步，我在基本训练计划中将小腿训练限制为 4 组，每组 15 次的站姿提踵，每周 3 次这样的训练。始终关注下面几点，学着正确地实现它们：

1. 实现完整的动作幅度，在最低处完全拉伸，在最高处用你的脚趾来支撑身体，完全收缩。
2. 用一个足够高的踏板，让你的脚后跟能一直向下放至地面。
3. 动作严格，使你的膝盖保持足够直的状态，从而仅仅使用小腿来提起重量，而没有你的大腿的协助。
4. 使用"常规的"双脚姿势——也就是说，双脚指向前方，从而使你的整个小腿能够得到比较均匀的锻炼。
5. 不要为了做其他的练习，而敷衍小腿的训练，也不要只是随便地在整个训练期的最后附上几组小腿练习——用和对待其他身体部位一样的态度和精力来对待小腿。

高级和参赛训练计划

在高级和参赛训练中，我建议一周做 6 次小腿训练。我曾经听过一些理论，说这样的训练频率意味着"训练过度"。但我发现，那些拥有最佳小腿的健美运动员会更加频繁地训练他们的小腿。

在高级训练计划中，我将骑驴提踵和坐姿提踵，以及打造肌肉块头的站姿提踵都包括了进来。坐姿提踵可以锻炼比目鱼肌，从而让你的肌肉向下延伸至踝部。而骑驴提踵中，你要对抗的阻力集中在髋部而不是肩部，这样可以让动作更严格。

骑驴提踵能够给你带来一种不同于其他小腿练习的深度发展。在骑驴提踵练习后，你会有不一样的感觉——不仅仅是泵感，而是感到你已经锻炼到骨头里了。我喜欢这个动作的另一个原因是，俯身的姿势会增加你能获得的拉伸程度，这会给你一个可能最长的动作幅度。

而一旦你进入参赛训练阶段，就有两种新的动作要学了：反向提踵发展胫骨前肌，单腿提踵进一步孤立每条腿上的小腿肌肉。但是，除了练习动作本身之外，你还需要改变练习中脚的摆放位置，来塑造整个小腿区域。

就像我之前所说的，许多人的小腿拒绝生长，仅仅是因为他们的训练强度或者训练重量不够。想要完美的小腿，你的训练计划就应该包括 9～15 组的小腿练习，如果你正确地完成了这样的训练量，并使用了正确的强度和足够的重量，你的小腿肌肉就会被迫发展并生长。不过，你还可以做一些事情来确保你的小腿肌肉作出反应：学会改变你的训练计划，来对小腿进行持续的突袭和刺激。

在 20 世纪 60 年代后期和 70 年代初，我开始不断地改变训练小腿的方式。我会在某一天来到健身房，做 5 组骑驴提踵，每组 10 次；5 组站姿提踵，每组 10 次；5 组坐姿提踵，每组 10 次；继而在屈腿训练器做 5 组提踵练习，每组 10 次；最后是 5 组单腿提踵，每组 10 次，来专门锻炼我比较弱的左小腿——只有 19.5 英寸（49.53 厘米），而我的右小腿在非充血状态下也有 20 英寸（50.80 厘米）。下一个训练日，我或许会以坐姿提踵来开始，然后做站姿或者骑驴提踵，背后的想法就是，尽可能经常地用小腿不熟悉的和意外的方式来迫使它们工作。有时，我会做 20 次反复而非 10 次，或者做更多组而非 5 组——或者一天总共有 40 组小腿练习，其中只有 10 组是全幅度的动作，剩下的都是局部动作。

此外，我还会使用每一种我能使用的冲击原则，从递减法到强迫次数训练。我通常还会在每一组练习后拉伸小腿，让那些肌肉一直在工作，并迫使它们以最大的幅度工作。

如果你只能使用 450 磅（204.12 千克）的重量，那么用 1000 磅（453.59 千克）的重量来做提踵似乎就成为了一个遥不可及的目标。但是同其他许多事情一样，目标的达成是循序渐进的。你可以试着每个月增加 50 磅的重量，让你的筋腱和韧带有时间来适应增加的重量，并且和你的小腿肌肉一起变得越来越强壮。

另一个好方法是使用一个比你在常规组中能舒服使用的更重的重量，在小腿训练的最后，用这个增加的重量试着做三四次反复。这会让身体的其他部位——比如背部、大腿以及跟腱——适应这个重量，并且还训练你的精神，去接受额外的重量，从而使你在准备好增加重量时不会感到恐惧。

当你的小腿发展到一定程度之后，你或许会发现，有时候使用稍轻一点的训练重量会是一个很好的办法。这样或许你就能额外多做几组练习，并且将额外的注意力也集中到让肌肉通过最大的动作幅度来收缩，而所有这些能让小腿的形状得到更为彻底的塑造。肯·沃勒——在某段时间内恐怕拥有世界上最为壮硕的小腿——喜欢使用很重的重量来做站姿提踵，但他也体会到，使用更轻的重量，他能在做坐姿提踵时获得一个更好的效果。当然了,这种训练方法绝不会成为你打造小腿尺寸的首选,但是它也表明了,一个人在达到一定的水准之后,会如何学着使用最适合他的方法。

对小腿进行高级训练意味着从各个角度上对它进行刺激——脚尖向里和向外,常规的站姿和坐姿——来发展比目鱼肌和腓肠肌,同时也不能忽略小腿正面的胫骨前肌。

为了身体上的优势,你要关心每一个训练技巧,并穿上一双能给你提供有力支撑的鞋。为了精神上的优势,你要学会从心理上激励自己,并不断强化你的动机——比如,可以在小腿训练器上挂一组健硕小腿的照片。

在小腿训练中,另一个我喜欢使用的训练技巧就是超级组。比如,我会以一组坐姿提踵开始,之后立即到屈腿训练器上做一组提踵,这两个动作都锻炼小腿的下部区域。我同样不时地使用交叉组——也许是先做一组引体向上来训练背部,然后再做一组站姿提踵;在几组背部练习之后,我会再做一组小腿练习。因此,当我完成了整次训练时,已经做了 8 组小腿练习,这样我的小腿训练就会遥遥领先。当你发现自己已经疲倦于小腿训练,并且不能在上面付出应有的努力时,这样做非常有效。

弱点训练

你可能发现你的小腿在生长,但是不成比例:有些区域的进度落后。在小腿训练中这种问题的答案和其他身体部位的一样——选择一些特定的练习来帮助纠正你的不平衡状态。

小腿下部

多做几组坐姿提踵,来发展小腿下部的比目鱼肌——肌肉一直向下延伸到跟腱,呈现出 V 字形。

站姿提踵,稍微弯曲膝盖,来锻炼小腿下部。如果你只做局部的动作——在动作范围的最低阶段,脚后跟几乎碰到地面——这种方法尤其好。

肯·沃勒的小腿比许多顶级健美运动员都要优秀,因为他的小腿下部发展非常好。位于更清晰的比目鱼肌之下的腓肠肌,一路向下延伸至脚踝,饱满而突出。

小 腿

小腿上部
站姿提踵，特别强调在动作范围的最高阶段，尤其是在动作的最高处保持一个肌肉彻底收缩的姿势。

小腿内侧
做每一组小腿练习时都让脚尖朝外。

小腿外侧
做提踵练习时让脚尖朝里。

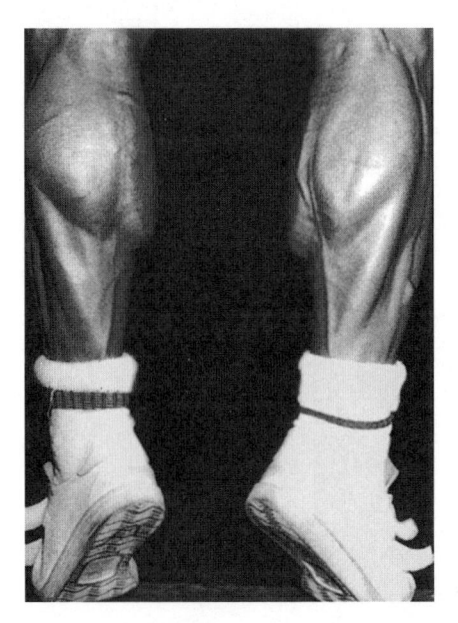

脚尖朝外的姿势会帮助发展小腿内侧。

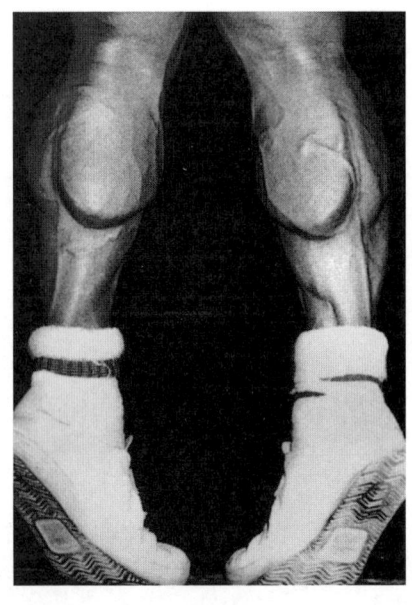

脚尖朝内的姿势常常被用来专门锻炼小腿外侧。

一条小腿太小
给较小的那条小腿上额外加上两组单腿提踵。这两组动作可以是用一条腿做站姿提踵，同时在同侧的手上握住一个哑铃；如果要加快小腿下部的发展，也可以用一条腿来做坐姿提踵。实际上，绝大多数的小腿练习动作都可以改成单腿的形式。只要确保使用了足够的重量来真正刺激你想要发展的肌肉。

小腿正面

发展胫骨前肌，会创造出额外的分离度，而这会让你的小腿从正面看起来格外地宽。通过做反向提踵，可以让小腿肌肉看起来再大 1 英寸（2.54 厘米）。这个练习能帮助你将小腿的外侧和内侧分离开来，并且带来一种宽阔的效果，这种效果单靠小腿的尺寸是很难达到的。因此，这些肌肉要得到其他肌肉所受的一样的关注度——整整 4 组高强度的训练，以及大量的拉伸。

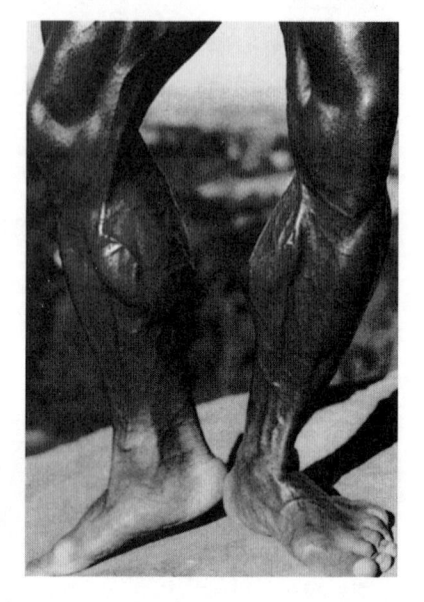

克里斯·迪克森的小腿看起来就非常显眼，甚至从正面看，它们也显得尤其健壮。

一开始，我的小腿是一个真正的弱点，因此在早期，我常常将小腿浸在水中来展示肌肉！

小　腿

很多人的小腿很弱，但他们并不想去弥补，一个原因是他们可以穿上长裤来遮住它们，所以他们就能忘掉它们。我自己就干过这样的事情，但一旦我意识到自己的错误，我的小腿训练就飞速发展了。

在我年轻时，体重增长很快，从230磅（104.33千克）很快就到了240磅（108.86千克），那时我非常骄傲于我炫目的背部和强壮的手臂。所以，我特别喜欢穿一件背心或者干脆什么都不穿去训练。我喜欢在镜子里看我的肌肉，这会激励我更加努力地训练，以打造更大的块头。但有一天我突然意识到，我从来没有像对待其他肌肉一样认真地对待小腿。因此我下决心扭转这个局面。

我做的第一件事就是将我训练时穿的裤子的底部剪掉。这样，我的小腿就会暴露在自己和所有人的面前。如果它们不够发达——它们确实不够发达——这个事实就无法掩盖。改变这种状况的唯一办法就是非常努力、非常高强度地训练小腿，让我腿部的后面变成两块大圆石。

一开始，这很令人难堪。在健身房中，其他健身者都能看到我的弱点，并且会不停地评论。但是，这个计划最终给了我回报。由于再也无法忽视小腿了，我决定将它们塑造成为我身体中最优秀的肌肉群之一。要实现这一点在心理上是极其残酷的过程，但是这个过程很有效，而我真正关心的也就是效果。在一年之内，我的小腿就变得异常健硕，并且我在健身房里得到的评论也大多从批评转为了赞扬。

如果小腿是你的问题，那么就用优先原则来攻击它们。给小腿训练以首要位置，也就是说，在你身体和精神上的能量都处于顶峰时训练它们。你还可以做的一件事是，即使不在健身房也锻炼你的小腿。比如，当你行走的时候，可以努力在一路上都踮起脚尖来，让小腿在最大的动作幅度中得到锻炼。如果你在沙滩上，可以在沙子上做同样的运动。当你在沙子上这样行走了一个半小时之后，用脚趾向下戳，你就会感觉你的小腿肌肉已经神奇地燃烧了。

这张照片是一个极佳的例子，说明瞄准你的弱点使用优先原则会是多么有效。在我开始努力训练小腿之后的两年，我走上了竞赛舞台，我将后背转向观众们。那时我的小腿已经如此发达，在我紧缩它们之前，就已经收到了观众的喝彩了。

小腿练习

站姿提踵

练习目的：发展小腿的整体块头。

动作要领：(1) 用你的脚趾站在站姿提踵训练器的踏板上面，脚后跟悬空。把你的肩膀放在垫板下面，伸直双腿，举起重量。然后向地面方向尽可能低地放下脚后跟，感觉到你的小腿肌肉已经拉伸到了最大程度。在整个动作中保持膝盖略微弯曲，使得你的小腿下部也能和上部一样得到锻炼。我喜欢在脚下放一个足够高的东西，这样在我放低脚后跟时能得到彻底的拉伸。(2) 从动作的最低处开始，用你的脚趾向上尽可能地撑起你的身体。训练重量应该足够重，以使小腿得到锻炼，但又不能重到你在绝大多数的反复中都无法向上完成整个动作。

当你已经过于疲倦，做不了完整的反复时，可以用一系列的局部动作来结束这组练习，这可以增加训练强度。

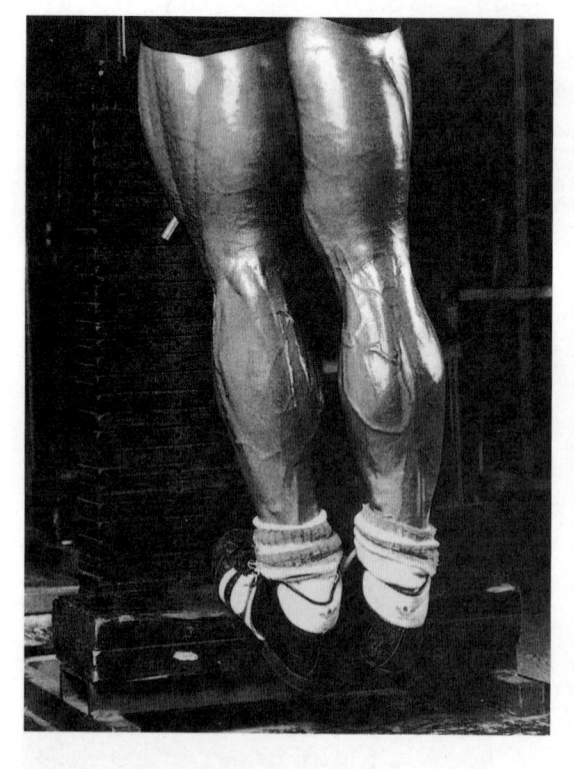

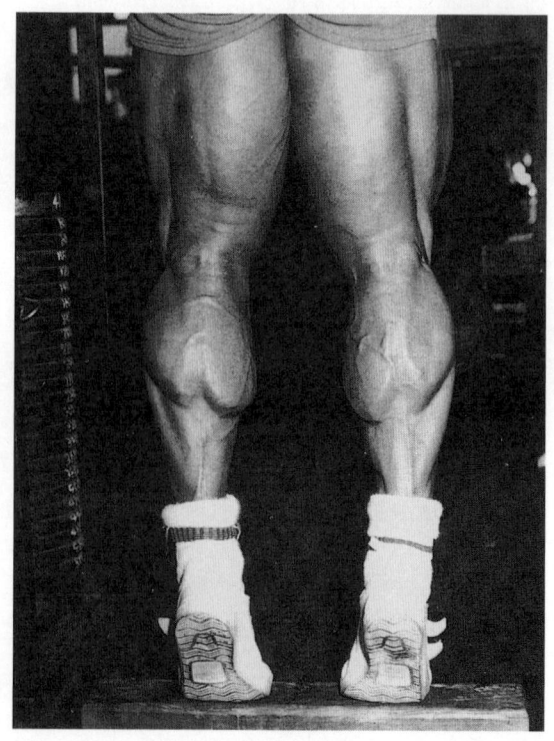

小 腿

这张图片展示的是有一次，当我无法在器械上再加上更多重量时的情景，但是我并不建议你这样做。

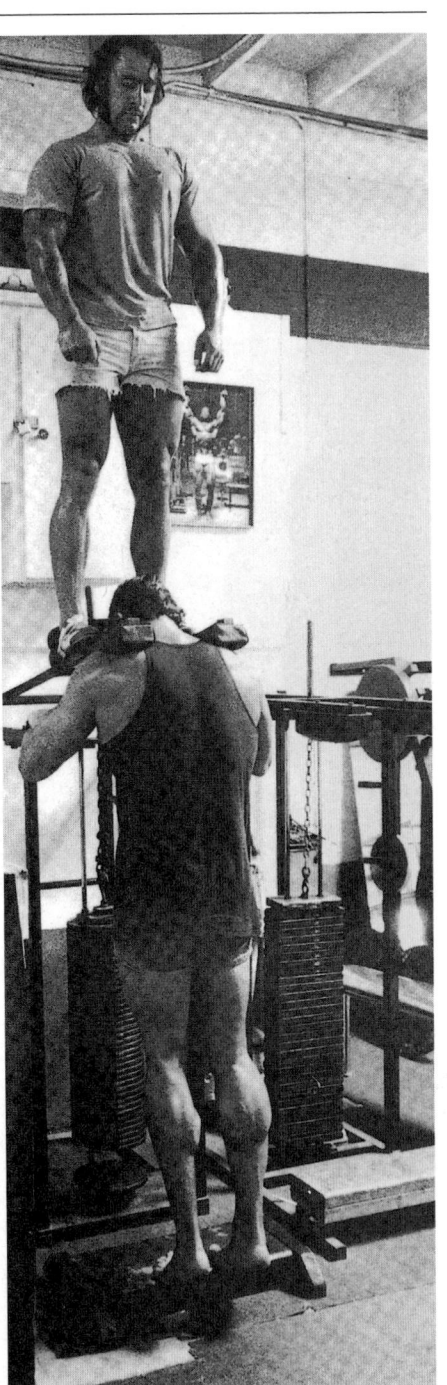

正常的姿势，脚尖朝向前方，这对全面发展小腿来说是最佳。

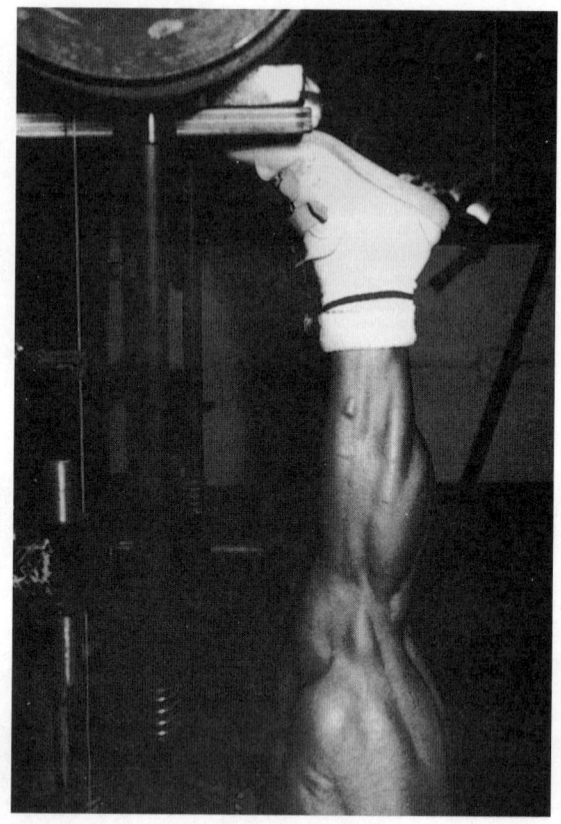

屈腿训练器提踵

练习目的：发展小腿。

动作要领：(1) 选择一种屈腿训练器（我偏爱用直立的屈腿训练器来做提踵练习），像做腿举一样放置身体，但是只使用你的脚趾抵着垫板，脚后跟则处于无支撑状态。伸直双腿，将重量向上推起，直到膝盖几乎锁定。膝盖略微弯曲，让你的脚后跟向上去，但把你的脚趾朝你身体的方向收回，感觉小腿肌肉得到了尽可能彻底的拉伸。
(2) 当你不能再进一步拉伸的时候，用你的脚趾尽可能向上推起重量，完全收缩小腿肌肉。在器械上做提踵时，你是不可能使用借力的。背部顶在靠垫上，你可以彻底地孤立小腿肌肉，给它们真正高强度的锻炼。最后，请确保安全栏在正确的位置上，以防你的脚趾打滑。

坐姿提踵

练习目的：发展小腿的下部和外侧区域。

动作要领：(1) 坐在器械上，将你的脚趾放在器械底部的横档上，将膝盖放在软垫下面。然后再慢慢地，向地面方向尽可能低地放低你的脚后跟。(2) 再用你的脚趾作为支撑将重量向上抬起，直到你的小腿得到了充分的收缩。试着不要太多地前后摇晃身体，而是让小腿用稳定的、有节奏的方式来工作。

汤姆·普拉茨

骑驴提踵

练习目的：发展小腿背面的厚度。

这是我最喜欢的练习之一，它能让你的小腿侧面看上去非常健硕。

动作要领：(1) 把你的脚趾放置在踏板上，从腰部往前倾斜身体，靠住一张凳子、桌子来作为支撑，或者使用骑驴提踵训练器。此时，你的脚趾应该位于髋部的正下方。如果有一个训练伙伴，可以让他横坐在你的髋部上方来增加阻力，但他坐的位置应该尽量靠后，避免将压力转移到下背部。(2) 脚尖朝向前方，尽可能低地放低你的脚后跟，然后再以脚趾作为支撑，将身体向上抬起，直到充分收缩小腿肌肉。如果使用借力，你就会将你的训练伙伴弹起来，因此出现这种情况时，可以让他立即告诉你。

另外，你还可以使用一种特殊的递减法来做骑驴提踵，我常常会让三个人骑在我背上开始训练，当我疲劳的时候，我会再完成几组动作，但是只用两个人在背上，最后结束时就只有一个人骑在上面了。燃烧你的小腿吧！

单腿提踵

练习目的：孤立每一侧的小腿肌肉。如果一条小腿比另一条大，你又需要让较细的小腿在尺寸上赶上另一条，那么一次只用一条腿来做提踵就是关键的。

动作要领：(1) 用一只脚的脚趾站在踏板上，另一只脚在你的背后悬空。尽可能将脚后跟放低。(2) 以你的脚趾作为支撑将身体向上抬起。在完成这组练习之后，再换用另一只脚。如果你的一条小腿要比另一条瘦弱或纤细，那就让它多做几组练习，来达到必要的对称。另外，你同样也可以使用屈腿训练器来做单腿提踵。

反向提踵

练习目的：发展小腿的正面。许多有着优秀小腿的健身者们忽视了小腿正面的肌肉——主要是胫骨前肌，它能将小腿的内侧和外侧分离开来，并且让小腿看起来更加壮硕。

动作要领：(1) 用你的脚后跟站在一个踏板上，然后尽可能放低你的脚趾。(2) 将它们向上收起，同时你也该感觉到正面大腿肌肉的下部区域已经得到了一个尽可能充分的收缩。你可以靠着你自己本身的体重来完成 20～30 次反复。而作为这个动作的一个变式，你可以让你的脚趾勾住一个稍微轻一些的重量，来给你的动作提供一个额外的阻力。

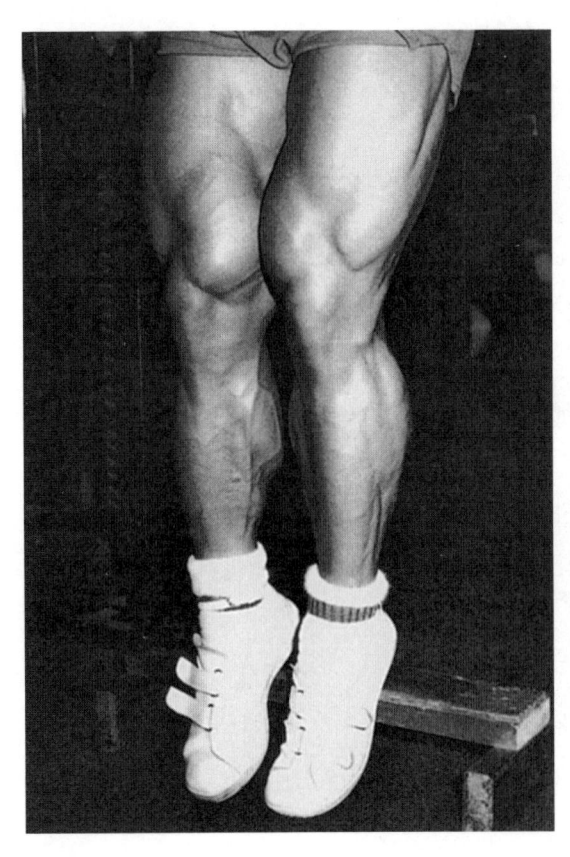

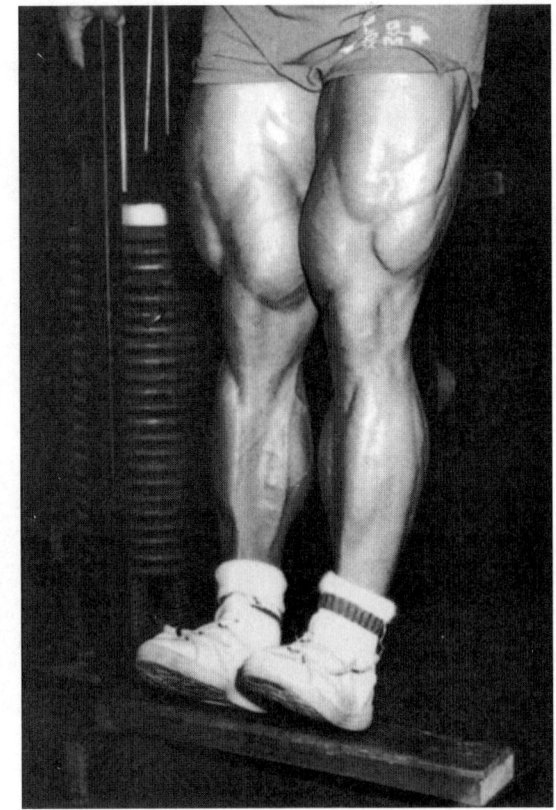

腹部

腹部的肌肉

腹直肌是很长的肌肉，沿着整个腹部的中央延伸。它起自耻骨区域，插入第五、第六、第七组肋骨的软骨组织下。

基本功能：弯曲脊柱，将胸骨向骨盆拉动。

腹外斜肌位于躯干的每一侧，连接下部的八组肋骨，并且插入骨盆两侧。

基本功能：弯曲、旋转脊柱。

肋间肌是两片由肌肉和肌腱纤维组成的薄片，占据肋骨之间的空隙。

基本功能：提起肋骨，并且把它们拉向一起。

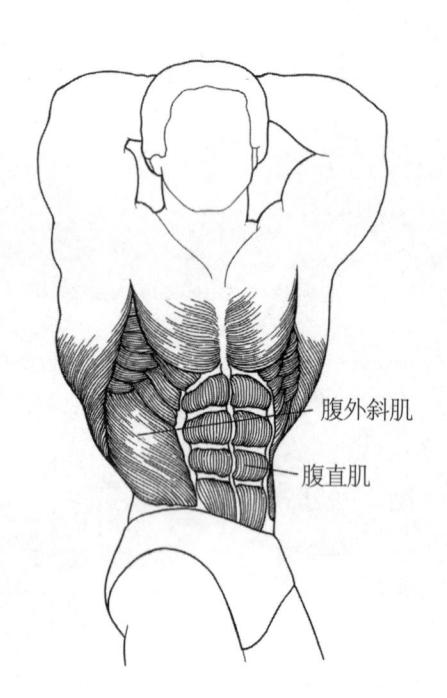

穆罕默德·马卡维（Mohamed Makkawy）

训练腹部

在几乎所有运动中，健壮的腹部都是最佳表现的关键。而对体形来说，腹部同样扮演了至关重要的角色，这直接决定了你给别人留下的关于你体形的视觉印象。事实上，腹部是你身体的视觉中心。如果在你的身上画上一个大大的 X，它的四个终点分别位于你的双肩和双脚位置，而两条线相交的地方，恰恰就是你的腹部。因此，这个区域不可避免地会吸引他人的注意力。和女性相比，男性在腹部区域有多到不成比例的脂肪细胞（女性却常常可以在体形相对较胖的情况下保有不错的腹部）。因此，高清晰度的腹部肌肉是身体处于最佳状况——苗条、结实并且强壮有力——的一个标志。

完美的体形中，有一副宽阔的肩膀和一对炫目的背阔肌，并以倒三角的形状向下插入到一个结实而狭窄的腰部。一个紧致的腰部会让你的胸脯和大腿都显得更加健硕，也更加具有审美价值。

一个传统的倒三角形躯干在塑造一个高质量的、冠军级别的体形方面来说与肌肉块头同样重要。我常常看到，许多本来很优秀的健美运动员想要增加一些体重来使自己看起来更加健硕，但是却发现，增加的那部分重量都集中在了他们的腰部，并因此破坏了整体的视觉效果。当我刚刚开始参加健美比赛时，就有一些健美运动员，必须依靠他们极其杰出的腹肌来弥补他们整体块头的不足——比如皮埃尔·范登斯坦（Pierre Vandensteen）和文斯·吉龙达。在现代的健美比赛中，每一个准冠军，无论他的身体类型如何，都必须要拥有一组发达的腹部肌肉，来使他自己具有竞争性，无论是那些身材高大的（多里安·耶茨、纳赛尔·桑贝蒂、保罗·迪利特），中等身材的（弗莱克斯·惠勒），还是体形较小的（肖恩·雷），还是身材矮小的健美运动员（李·普里斯特）都是如此。

当比尔·珀尔在20世纪50年代初赢得他的第一场健美比赛时，杰出的腹部还不被认为是他的成功中相当重要的因素。但是，当他赢得"宇宙先生"的称号时，他的腹部肌肉却令人惊叹——即使他的体重确实增加了。

如果我的腰部能够更紧致而结实，并且腹直肌和腹外斜肌能更加清晰，那么我在1968年的美国健美比赛中，或许就不会败给弗兰克·赞恩而屈居第二了。同样，如果弗兰克他自己在1982年能有他在1979年击败迈克·门泽尔时的体形，他或许在伦敦就能成功地击败克里斯·迪克森，而不是屈居第二名了。为了那场比赛，弗兰克的确锻炼出了他想要的块头，但是当他在舞台上展示那些块头时，却没有一个搓板式的腹肌作为辅助，来使得他的外形达到最佳效果。

如今，在健美比赛中体形越大的人反而越会遇到问题，那就是他们腹部块头已经过于巨大，这使得他们在躯干的中间和两侧显得过于厚实。通常，会出现这种情况是因为大重量的练习，比如深蹲，它们要求让腹直肌和腹外斜肌都大量参与到运动中来，以保持身体稳定。由于这个原因，你几乎从来看不到这些人使用重量来训练他们的腹直肌或者腹外斜肌。无论何时当你使用很重的训练重量练时，你都已经将大量的压力施加在腰部肌肉上面了，这个事实意味着没有任何健美运动员——即使体形较小的——需要用额外的阻力训练腹部肌肉（虽然许多人在比赛之前还是会训练腹部）。当然了，还是有一些腹部练习动作，让你使用更大的阻力来更多地锻炼腹部。这个问题的细节我们后面再讨论。

清晰的腹肌非常重要，但一个紧致的腰部也是不可或缺的。

局部减肥

无论你的身材如何，无论你的身体显得多么健硕，对腹部来说最重要的指标就是清晰度。要达到这一点，需要两个方面——训练和发展腹部，并且减掉足够的身体的脂肪，使下面的肌肉显现出来。

我刚开始健身训练时，发现很多运动员都相信一种叫做"局部减肥"的东西，并且时至今日，仍然有大量的人认为这是可能的。局部减肥的意思是指训练某一块特定的肌肉以将那个区域的脂肪燃烧尽。根据这样的理念，要发展腹部肌肉的清晰度，你就需要大量的腹部训练，大量的高次数练习，以将这一区域的脂肪燃烧掉，让腹部肌肉变得凸显。

但是很遗憾，这行不通。当你的身体缺乏卡路里，开始分解脂肪获取能量时，它并不会为了获得额外的能源，转向肌肉工作最多的区域。身体决定从哪些脂肪细胞中获取储存的脂肪能量，这是被基因设定好的。当然，练习的确会燃烧卡路里，但是腹部肌肉相对来说是那么小的肌肉群，无论你做多少腹部训练，也不会消耗多少能量——几乎不如你用相同的时间简单地走路所消耗的能量。

但是这并不是意味着，对特定区域比如腹部的训练，无法增加肌肉清晰度。正如我前面所说的，在你做大重量练习时腹部已经得到了高强度的训练了，但它们没有得到的是高质量的训练——也就是说，最大幅度的孤立练习。这样的练习可以将腹部塑造出饱满的形状和清晰的分离度，而不仅仅是让它们变得更大。因此，虽然这样训练腹部在减少腰线周围的脂肪量方面没有多少作用，但是它的确能打造出清晰度很好的肌肉，一旦你通过控制饮食和有氧运动减掉足够的脂肪，它们就会凸显出来。

针对腹部的练习

当腹部肌肉收缩时，发生的事情非常简单：它们以一个较短的"卷曲"动作将胸腔和骨盆拉向一起。无论你做的是哪种腹部练习——如果它真的是主要针对腹部的——都是这样。在过去，当腹部训练的生理机制还没有被人充分理解时，健身者通常会做大量的"传统"腹部练习，比如仰卧起坐和仰卧抬腿。但是很不幸，这些动作本身并不是主要锻炼腹部的，而是锻炼髂腰肌的动作——即髋部的屈肌。髋部屈肌起自下背部，穿过骨盆顶部，连接到大腿上部。当你抬起双腿时，你用的就是髋部屈肌。在传统的仰卧起坐中，当你固定双脚，向上抬起你的躯干时，你也在使用髂腰肌。

试着做这个实验：站姿，抓住某个东西作为支撑，然后抬起一条腿在你的前面，同时将一只手放在你的腹部。你会在大腿的顶部感觉到一个拉力，但也很明显，你的腹部并没有在这个动作中用力。腹部肌肉是连接在骨盆而不是大腿上的，因此将大腿抬到空中这一动作与它们没有丝毫关系。

这个道理同样适用于仰卧起坐或者斜板仰卧起坐。这些练习实际上是抬腿的反向动作。只是不是稳定躯干并抬腿，而是稳定腿臀部并抬起躯干——使用的是一块肌肉，髋部屈肌。当你做任何这些练习时，腹部肌肉主要是起稳定作用。它们会锁定并稳定躯干。但这与你想要在腹部训练中达到的目的是截然相反的，因为腹部肌肉的角色，就像我刚才指出的,只是简单地将胸腔和骨盆拉向一起——在一个较短的动作中将它们卷曲起来,其中背部会向前弯曲。这就是以最大的动作幅度,高质量地孤立锻炼腹部肌肉的秘密。

各种各样的卷腹

所有针对腹部的练习都是某一种卷腹动作。你可以让你的胸腔向骨盆方向移动(卷腹),或者让你的骨盆向胸腔方向移动(反向卷腹),或者让胸腔和骨盆同时相向移动(屈膝上举)。就反向卷腹来说,你可以在水平的凳子上做,在倾斜的凳子上做,也可以身体悬挂在一根横杠上来做。但是所有这些动作,从运动生理学的角度来说都是一样的:腹部肌肉最大幅度地收缩(通过它们有限的动作范围),胸腔和骨盆向一起靠拢,脊柱在整个动作中向前弯曲。

腹外斜肌练习

腹外斜肌位于躯干两侧,主要起稳定作用。实际上,在你的健身房训练中,或者在你的日常生活中,并没有很多动作要求你做从一侧向另一侧的弯身。因此,腹外斜肌(就像下背部的稳定肌一样)会在全幅度的练习中非常快地疲劳,并且相对缓慢地恢复。

曾经有一段时间,许多健美运动员们都做大量的腹外斜肌练习,有些人甚至会使用相当大的训练重量。但是今天你很少会看到成功的健美运动员会做这些练习了,因为腹外斜肌和其他肌肉一样,当你对它们进行重量训练时就会变大,而很大的腹外斜肌往往会让腰部看起来更厚,这会破坏掉杰出的倒三角形体形的审美效果。

当然了,每当你做大重量训练——比如深蹲或肩上推举——时,腹外斜肌都能得到静力锻炼。但由于它们只起稳定作用,而没有通过整个的动作幅度工作,所以这些练习通

这张照片是在1980年照的。你可以看见当时我的腹部肌肉已经是多么突出并有了多么高的清晰度。

常不会让它们生长到像在哑铃体侧屈中能让它们生长到的水平。因此，那些锻炼腹外斜肌的健身者通常会倾向于使用没有阻力的动作，比如不适用任何重量的转体和体侧屈，以此来使肌肉变得更加紧致，又不会让它们长得过大。

前锯肌和肋间肌

这些肌肉位于躯干上部的两侧，它们也像腹直肌一样会吸引目光。当你把手臂举过头顶时，或者把躯干从一侧转向另一侧时，这些肌肉的清晰度就会给人留下深刻印象。

同样，这些肌肉也是通过一种卷曲的动作来工作，只不过在这里是把肩部和肘部向下、向内压，或者让躯干向一侧弯曲。试一下这些动作，你就会发现，很容易就感觉到了这个区域的肌肉紧缩。这些肌肉也会在你的整体训练计划中变得发达，但是，你也可以在做各种卷腹练习时加一个转体动作，以专门发展前锯肌和肋间肌的清晰度。

基础训练计划

许多人在刚开始健身时会兴奋地训练胸部和臂部，而倾向于忽视腹部。过一段时间，他们就会发现，为了身体的协调，他们不得不实施极端的腹部训练计划。因此我建议你从一开始就训练腹部，就像你对其他身体部位所做的那样。这样，它们就会和身体的其他部位一起发展，你绝不会被迫去玩追赶的游戏。

我建议在每次训练中都训练腹部。在基础训练计划中，我建议每天交替做5组卷腹和5组反向卷腹。这两种练习都能在整体上锻炼腹部肌肉，但是卷腹更倾向于将腹部肌肉的上部区域锻炼得很好，而反向卷腹则会给下部区域施加更大的压力。

我推荐给初学者的另一种训练方式是完全吸腹——就是向外呼出气息，然后尽可能地向里吸住腹部，再试着保持这个状态15~20秒钟。

在日常生活中收腹，让腹肌保持紧张状态，也不失为一种让它们变得结实有力的好方法，并能让你更有意识去控制身体的这个重要区域。你需要开始关注，你的腹部是否快要成为你体形上的一个弱点，这样你就可以在进入高级训练阶段时采取合适的行为。

高级训练计划

一旦你开始发展你的腹部肌肉,你就可以开始训练每一个特定区域,以获得一个结实的清晰度高的腹部。这意味着更多组的练习,以及更多种类的动作,比如转体卷腹、屈膝上举和各种不同的反向卷腹和转体。

在第二阶段,我建议你在训练开始时以罗马椅卷腹作为热身,这是我最喜欢的一种卷腹动作。而对腹外斜肌来说,除了在卷腹中加入转体动作之外,你还会发现体侧屈和转体的练习。

参赛训练计划

对于完美的体形来说,重要的是整个腹部区域的清晰度,而不是块头和力量。为了增加训练强度,你可以首先做10分钟的罗马椅卷腹。以罗马椅卷腹开始训练,通常都能得到很好的效果。而且我的许多同时代人也是这么做的,像弗朗哥·哥伦布、谢博什·科泽斯基(Zabo Koszewski)和肯·沃勒。罗马椅卷腹能帮助你热身,并且它还是一个持续紧张的练习,让腹部在整个期间都得到锻炼。

最后,你需要的是整体的质量。要知道,每一个练习都会让你腰线位置的某个特定区域得到发展和塑造。为了发展完美的腹部,你的训练必须兼顾腹部肌肉的上

肖恩·雷

米勒斯·萨奇夫

塞尔日·纽伯莱

部和下部、腹外斜肌、前锯肌和肋间肌，还要用俯卧挺身和其他背部练习来发展下背部。你需要付出极大的努力来让轰炸它们，让它们服从于你的意志。一直向前，不要停下一秒钟，你会得到你想要的结果。

弱点训练

和其他身体部位一样，腹部也会出现弱点。为了帮助你克服这些弱点，我在腹部训练计划中列举了一些练习，针对你会关心的所有特定区域。虽然绝大多数的腹部练习都倾向于同时锻炼躯干上的几个区域，但是特定的动作都有特定的最有效区域——腹部肌肉的上部或者下部、腹外斜肌或者前锯肌和肋间肌。但要明白，腹部缺乏视觉效果经常是由于下面两个原因：

- 饮食控制得不够，所以在腹肌上有一层脂肪
- 没有足够的孤立、全幅度并且高质量的训练

如果你让腹肌在很大的阻力下收缩，或者使用髋部屈肌而不是腹部肌肉做动作，或者动作做得快而短促，那么你的腹部训练就不是高质量的。最佳的腹部训练包含慢速、有控制的、最大动作幅度的练习，并且在完全收缩的点上保持一段时间，以达到顶峰收缩的效果。

当你拥有真正杰出的腹部肌肉时，无论你是否在放松地还是半放松地站着，还是在故意紧缩腹部——就像塞尔日·纽伯莱，肖恩·雷，米勒斯·萨奇夫和我做的这样——你的腹部都能呈现出良好的清晰度。

腹部练习

卷腹

练习目的：强调腹肌上部。

动作要领：(1) 背靠地面，仰卧，双腿架在你面前的凳子上。你可以将双手放在颈后或者身体前面，随你的喜好而定。(2) 向上弯起你的双肩和躯干，使其靠近你的膝盖。让背部弯曲，但不要试着抬起整个背部，使其离开地面，只需向前蜷缩，让胸腔靠近骨盆。在动作的最高处，有意给腹部额外的挤压，以达到充分的收缩。然后放松，放低你的双肩，回到起始位置。这不是一个快速练习，每次反复都要做得从容且在你的控制之下。

通过调整双脚的高度，你可以改变腹部所受压力的角度。除了把双腿架在凳子上之外，你还可以试着仰卧在地面上，用一个你感觉最舒适的高度，把脚掌抵在墙壁上。

托马斯·霍本

转体卷腹

练习目的：锻炼腹肌上部和腹外斜肌。

动作要领：(1) 背靠地面，仰卧，双腿架在你面前的凳子上。(2) 你可以将你的双手放在颈后，然后向上弯起你的躯干，使其靠近你的膝盖，同时让你的背部弯曲。当你在做这些的同时，转动你的躯干，让右肘靠近你的左膝，然后放松，将躯干放低，回到起始位置。重复这个动作，这次向一个相反的方向转动，即让你的左肘靠近你的右膝。然后继续交替，向一个方向转体，接着换另一个方向，直到这个练习组结束。

反向卷腹

练习目的：强调腹肌下部。

动作要领：这个练习最好躺在一端有支架的卧推凳上来做。(1) 躺在凳子上，双手抓住你后面的支架作为支撑。弯曲并抬起你的膝盖，让它们尽可能地靠近你的脸部，但不要让骨盆抬起离开凳面。(2) 从这个起始姿势开始，将你的膝盖尽可能地拉向脸部，让背部弯曲，同时抬起臀部，使其离开凳面，并向胸腔的方向卷曲。在动作的最高处保持一段时间，有意挤压腹肌来得到充分的收缩。然后慢慢放低你的膝盖，直到你的臀部再一次靠在凳面上。（但是不要在这个位置上继续放低双腿，你不是在做抬腿动作。）这个练习也同样要做得从容并且在你的控制之下，而不要快速做很多反复。

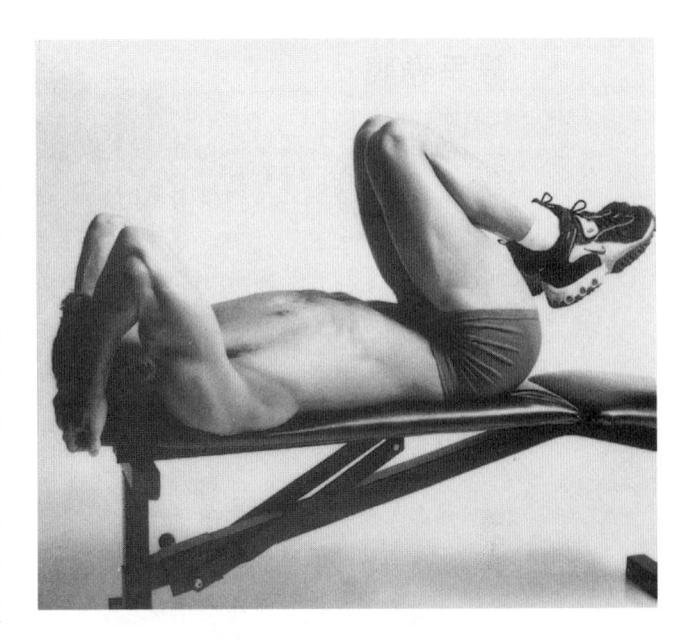

悬垂卷腹

练习目的：强调腹肌下部。

动作要领：这是另一种形式的反向卷腹，只是这个练习中，你需要双手抓住一根横杠，身体悬挂在下方，或者用前臂靠在一张倾斜的凳子上支撑起身体，而不是躺在凳子上。(1) 在悬挂姿势下，将膝盖抬到腹肌的高度。(2) 从这个起始姿势开始，向你的头部方向，尽可能高地抬起你的膝盖，让背部弯曲，让你的身体向上蜷缩成一个球。然后在动作的最高处保持住，将腹肌卷曲到一起，达到充分的收缩。之后再将你的膝盖放低到起始位置，并始终向上提着膝盖。同样，不要让双腿低于起始高度。

许多人包括大多数健美运动员——由于他们的腿部块头——并不能真正地做悬垂卷腹练习。一个简易些的变式是，头部向上躺在一张斜板上。与在水平的凳子上做的反向卷腹相比，这样会给你更大的阻力，但是通过调整斜板的倾斜度，你可以将阻力调到你想要的大小。

米勒斯·萨奇夫

器械卷腹

练习目的：锻炼腹肌的上部和下部。

动作要领：在腹部训练中，绝大多数的健身者都觉得器械派不上什么用场。但是另一些健身者却发誓说现在的一些腹部训练器械是相当有效的。比如说查尔斯·格拉斯（Charles Glass），经常会让他的客户使用诺德士卷腹训练器。然后，在任何情况下，你都需要集中注意力，去感觉在腹肌的收缩中，胸腔和骨盆向一起挤压。如果你没有这种感觉，那么你所使用的那台器械或许就不太适合你的个人需要。

垂直凳卷腹

练习目的：强调腹肌下部。

动作要领：这个练习是悬垂卷腹的一个变式。(1) 不是悬挂在横杠上,而是把自己放在垂直凳上,用你的肘和前臂支撑自己,抬起膝盖到你腹肌的高度。(2) 从这个起始姿势开始,向你的头部方向,尽可能地向上抬起膝盖,让背部弯曲,将自己向上蜷缩成一个球。在动作的最高处保持住,将腹肌卷曲到一起,达到充分的收缩。然后再放下膝盖,回到起始姿势,并始终向上提着膝盖。同样,不要让双腿低于起始高度。

拉力器卷腹

练习目的：锻炼腹肌的上部和下部。

动作要领：如果在以前,你经常会看到这种动作,现在却不多见,但它是一个非常有效的练习。(1) 将绳索连接在一个位于头部上方的滑轮上。双膝跪地,双手抓住绳索。(2) 抓住绳索到你的前额前面,俯身并向下弯,让背部弯曲。让头部尽量靠近你的膝盖,感觉腹肌卷曲到一起。(3) 在动作的最低处,保持顶峰收缩的状态。然后放松,向上回到起始姿势。确保整个动作中是腹肌来发力,而不要用你的手臂向下拉。

罗马椅卷腹

练习目的：强调腹肌上部。

动作要领：(1) 坐在罗马椅上，用你的双脚从下面勾住横档作为支撑，交叉手臂在你的前方。(2) 保持收腹，身体向后仰大约 70 度，但不要一直向后让躯干与地面平行。向上抬起并尽可能向前弯曲你的躯干。在完全的收缩中感觉腹肌快要卷到一起了。

我喜欢在罗马椅的正面位置垫上一个东西，来制造倾斜度，从而增加练习强度。你可以在开始时增加凳面的高度，在疲倦之后，再降低高度继续训练，这也算实现了变化阻力。

坐姿屈膝上举

练习目的：锻炼腹肌的上部和下部。

动作要领：在所有腹部练习中，要么是胸腔向骨盆方向收缩，要么是骨盆向胸腔方向收缩——但在这个练习中，两种动作同时进行。(1) 横坐在凳子上，抓住凳子的边缘来支撑身体。稍微抬起双腿，弯曲膝盖，身体向后仰大约 45 度。(2) 用一个剪刀的动作（这个练习有时也被称作剪式卷腹），向骨盆方向收缩上半身，背部弯曲，同时向上抬起你的膝盖，使其靠近头部。在胸腔和骨盆向一起挤压时，感觉腹部的卷曲。从这个姿势开始，放低你的躯干和膝盖，回到起始姿势。

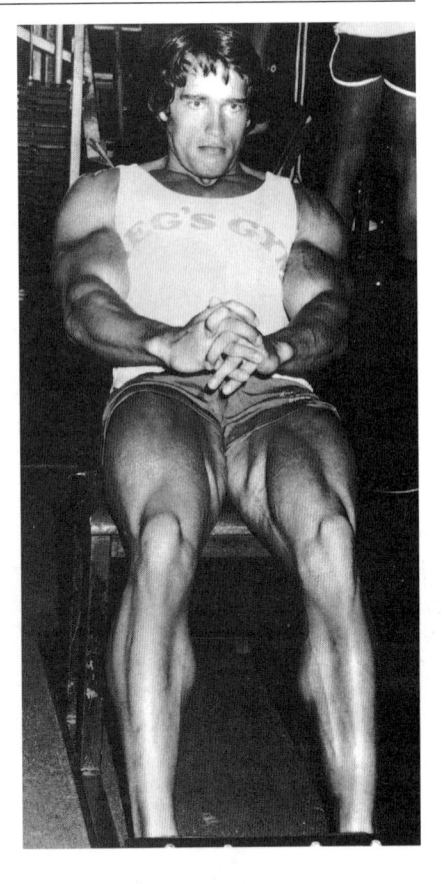

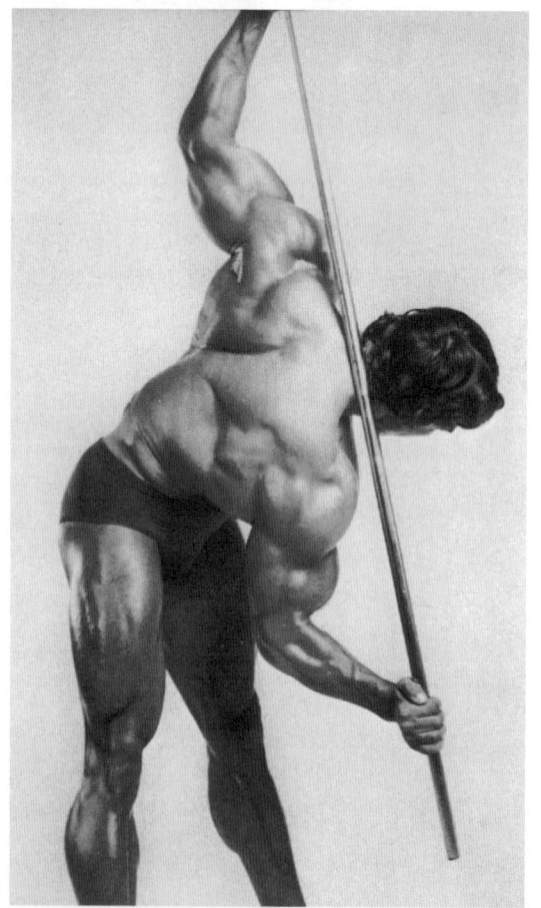

坐姿转体

练习目的：使腹外斜肌更紧致。

动作要领：（1）坐在凳子的一端，双脚平放在地面上并舒适地分开。将一根直杆横架在双肩后面，双手握住它的两端。（2）保持头部不动，并确保你的骨盆不会在凳子上滑动，向一个方向从容地、尽可能大幅度地转动你的上半身和肩膀。之后，在转到极限的姿势上保持一段时间，再让你的躯干和肩膀尽可能大幅度地向另一个方向转动。让整个动作完全处于你的控制下，而不是随便地摇摆身体。这个动作收缩了腹外斜肌，但没有使用额外的阻力，所以它会保持腹外斜肌的紧致，但不会增加额外的块头，让你的腰部变厚。

俯身转体

练习目的：使腹外斜肌更紧致。

动作要领：（1）站姿，双脚分开，将一根横杆横架在双肩上，双手握住它的两端。从腰部开始向前俯身，俯身程度以你感到舒适为宜。（2）保持头部不动，固定住你的骨盆，不要让它转动，再向一个方向从容地、尽可能大幅度地转动你的上半身和肩膀。在转到极限的姿势上保持一段时间，再让你的躯干和肩膀向另一个方向尽可能转动。让整个动作完全处于你的控制下，而不是任由身体摇摆。

抬腿

抬腿是一个传统的腹部练习动作，但它已经渐渐地不再被运动生理学家们所看好。原因是腹肌并没有连接在腿上，因此抬起和放低双腿只能间接锻炼到腹肌——作为稳定肌。控制双腿抬起和放下的是髂腰肌（髋部屈肌）——起自下背部，穿过骨盆上缘，然后连接到大腿上。

尽管如此，我还是通过抬腿练习获得了比较好的结果，还有很多其他健美冠军也是这样。因此我认为在这部健身全书中，如果不包括这个动作，就是不完整的。我非常相信科学和运动生理学，但是在健身运动中，底线标准总是看什么是对你有效的，而不管"专家"会怎么想。

仰卧抬腿

练习目的：强调腹肌下部。

动作要领：(1) 躺在水平的凳子上，让你的臀部正好在凳子的一端，将你的双手放臀部下面作为支撑，向外伸展双腿到挺直。(2) 在始终使你的双腿保持挺直状态的情况下，尽可能地将其抬高，在这个位置上暂停一下。然后再放下你的双腿，直到它们达到一个略微低于凳子平面的位置之上。

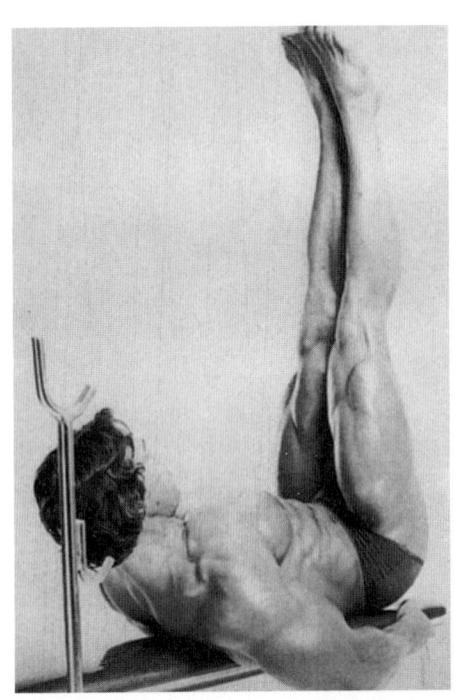

仰卧屈膝抬腿

练习目的：强调腹肌下部。

动作要领：和仰卧抬腿一样躺在一张凳子上。弯曲膝盖，将双腿尽可能高地抬起，在动作的最高处暂停一下，然后再重新将双腿放下。在整个动作范围中，保持腿部弯曲。

上斜屈膝抬腿

练习目的：强调腹肌下部。

动作要领：（1）躺在一张斜板上，头部高于你的双脚。双手向后抓住板子的顶端或其他什么来作为支撑。（2）弯曲膝盖，尽可能高地抬起你的双腿，再慢慢将它们放下，在你的臀部刚刚碰到板面的时候停住。在抬起双腿的时候呼气，放低双腿的时候吸气。弯曲膝盖使这个动作更容易完成，并可以增加你的动作幅度。

吉姆·奎因（B.J.Quinn）

垂直凳屈膝抬腿

练习目的：强调腹肌下部。

动作要领：（1）在垂直凳上用手臂支撑住身体。（2）保持上半身稳定，弯曲膝盖，并将它们尽可能高地向上抬起，在整个动作范围内紧缩腹肌。然后保持双腿弯曲，将它们放回到起始位置。

变式：一个动作的任何一种变式都会迫使肌肉以一个全新的、不同的方式来作出反应。在用垂直凳抬腿锻炼腹肌时，试着交替抬起每一条腿，而不是让两条腿同时运动。

悬垂抬腿

练习目的：强调腹肌下部。

动作要领：（1）抓住头部上方的横杠，双臂伸直让身体悬挂在空中。（2）保持双腿笔直，尽可能高地将它们抬起。在动作的最高处保持一段时间，然后有控制地将它们放回到起始位置。在这个练习中，保持双腿笔直会增加阻力，这使动作更难做一些。

米勒斯·萨奇夫

悬垂转体抬腿

练习目的：锻炼腹外斜肌，打造体侧的细节。

动作要领：和悬垂抬腿的起始姿势一样，以一臂长的距离悬挂在横杠下，保持双腿笔直。之后，稍微向一侧，尽可能高地抬起双腿，同时转动躯干以锻炼腹外斜肌、前锯肌和肋间肌。保持一段时间，再有控制地将双腿放回到起始位置。

迈克尔·奥赫恩（Mike O'Hearn）

额外的抬腿练习

除了基本的腹部练习之外，还有许多的抬腿动作，我一直很喜欢这些动作，并且相信它们能够将一些区域——比如髋部、下背部和臀部——变得紧致而结实。这些都是可以用高次数来完成的练习，即使你在旅途中，也可以很方便地在宾馆里做，就像在家里或者健身房里一样。

这些练习动作的一个优点是它们能从每个角度——正面、背面、下面——锻炼下半身。它们对大多数人都是有用的，无论是健身者、职业运动员、业余运动员，还是单纯想保持健康和身材的男男女女们。

侧卧侧抬腿

练习目的：锻炼腹外斜肌和肋间肌。

这个练习能锻炼整个体侧，并且真正能给你一个从正面看来紧致的腰部。

动作要领：（1）侧躺下，用你的肘部撑起自己，下面的那条腿弯曲，作为支撑。（2）保持上面的腿笔直，慢慢地、尽可能高地将它抬起，再将它放下，但在它即将接触地面时停住。用这条腿完成一组练习，再转向另一侧，重复一组这个动作。在整个过程中，不要让你的髋部出现任何移动。

屈膝侧抬腿

练习目的：锻炼腹外斜肌和肋间肌。

动作要领：侧躺下，用你的肘部撑住地面，下面的那条腿弯曲来作为支撑。然后弯曲上面那条腿的膝盖，并慢慢地、尽可能高地抬起它，并使其靠近你的胸部。然后再次放低它，在它即将接触地面时停住。用这条腿完成了一组练习后，再转身锻炼另一侧。

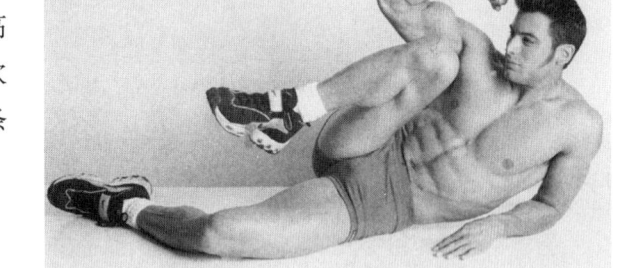

侧卧前踢腿

练习目的：锻炼腹外斜肌和肋间肌。

动作要领：和侧抬腿的起始姿势完全相同。但是在这儿，你要将上面的腿慢慢地、尽可能远地移向前方，并在整个过程中使其保持笔直状态。完成了一组练习后，再转向另一侧用另一条腿锻炼。

跪姿后踢腿

练习目的：锻炼臀大肌。

动作要领：(1) 单腿跪在一张凳子上，抓住凳面，并锁定手臂作为支撑。(2) 另一条腿向后尽可能高地踢出，然后再将它收回，但不要让它接触到凳面。在整个过程中，集中注意力紧缩臀部。完成了一组练习后，换用另一条腿重复练习。（也可以跪在地面上做，但略微难一些。）

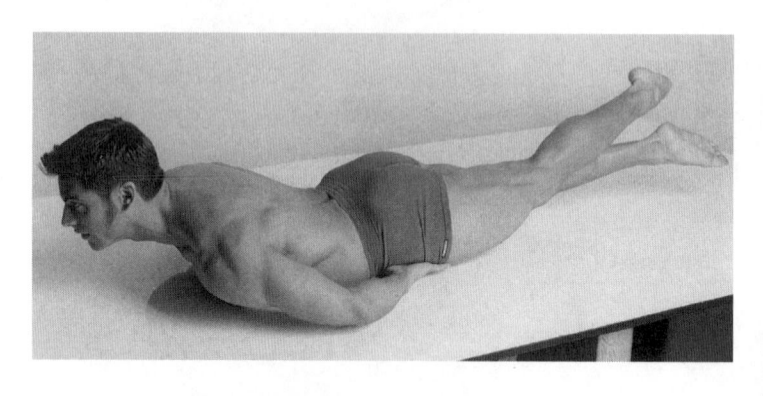

背后剪腿

练习目的：锻炼臀大肌。

动作要领：(1) 俯卧在地面上，双手放在你的大腿下面。然后抬起双腿，使它们尽可能高地离开地面。(2) 将你的双脚分开一小段距离，再让它们相互靠拢，直到一只条腿交叉在另一只腿上面。(3) 再次将双脚分开，然后再次交叉它们，不过这次让另一条腿在上面。重复这个过程，持续地交替两条腿的动作，直到完成整组练习。在练习过程中，集中注意力感觉臀部肌肉的收缩。

完全吸腹

能够完全地控制腹部肌肉，以至于能够实现并保持住一个彻底的吸腹状态，这快要成为一项消失的技艺了。这是非常不幸的，因为完全吸腹的姿势不仅仅能塑造出更纤细的腰部，夸大胸部和胸腔的大小和饱满程度，给人留下深刻印象，同样还能帮助发展腹部肌肉的清晰度，并给你对腹部的完全控制力，使你在放松时或者不在关注腹部时，不会让肚子向外隆起。

今天，就连健美运动员都往往很难实现完全吸腹，因为他们的腹肌块头实在太大了——但最主要的原因还是他们没有练习过。这不是你用一个小时就能掌握的。你必须经常地练习，持续几个星期或者几个月，直到你能完全控制这些肌肉。

开始练习完全吸腹时，用双手双膝撑在地面上，向外吐出所有的空气，尽量向内吸入你的腹部。保持 20 ~ 30 秒，放松一会儿，再尝试两三次。

下一步就在跪姿下练习完全吸腹。挺直上身跪坐，双手放在膝盖上，再试着尽可能长时间地保持完全吸腹的状态。

在坐姿下实现完全吸腹更加困难。但是一旦你能够毫无困难地在坐姿下保持完全收腹一段时间，你就能够用站姿或者其他各种姿势来实现完全吸腹了。

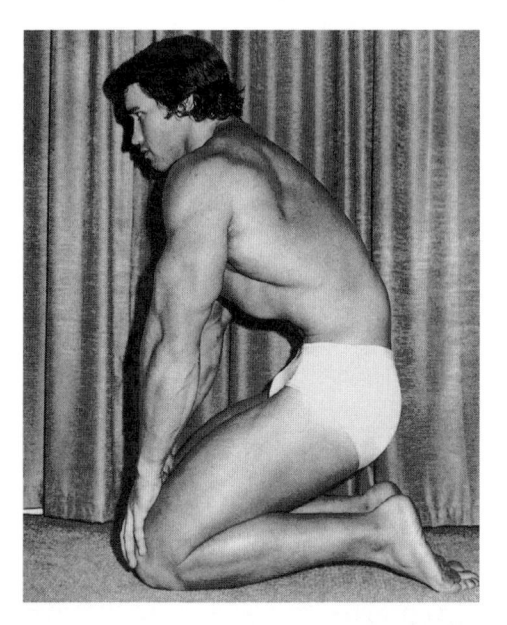

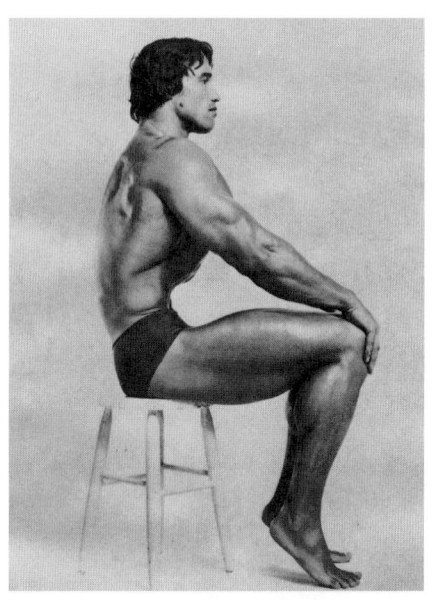

第四部分

健康 营养 饮食

第一章

营养和饮食

训练会刺激肌肉生长，然而要让训练充分发挥效果，你的身体还需要充足的能量和足够的原料，而这些能量和原料就是营养所扮演的角色。

关于营养，你需要了解怎样保持苗条、匀称和肌肉发达。这意味着，你要清楚应该吃什么样的食物、吃多少才可以达到最佳的效果。也意味着，你要了解基础营养物，还要确定对各种营养物的需求量。优质营养通常指蛋白质、维生素、矿物质以及其他元素。优质营养不仅能帮你变得更加魁梧和健壮，同时还能强化你的免疫系统，让你更加健康，这样你也不会因为感冒之类的问题而缺席训练。优质营养还有很多益处，比如加强身体在大强度的训练后的恢复能力，给你好的皮肤，让肝脏和其他内脏处在最佳状态，等等。

因此，在健身中，基础的营养原则和基础的训练原则有着同等的价值。想要通过健身练出强壮、健康、美观的身材，营养是绝对关键的。训练会让你产生对营养物的需求；为了打造想要的体形，你提供给身体什么营养和多少营养是一个关键因素。

在每年的阿诺德传统赛上，我都会在选手走下台后采访他们。我最喜欢问的一个问题是"你认为自己可以练就这么好的体形来参加比赛，最重要的原因是什么？"像肖恩·雷、纳赛尔·桑贝蒂、弗莱克斯·惠勒这样的顶级选手，往往不会回答说"做更大重量的仰卧推举练习""在训练计划中加入更多的休息日或者做更多的孤立动作"，等等。是的，在大多数情况下（尤其是近几年），他们提到的是更好的营养，以及更多的补给，还有就是更有效地控制饮食，这让他们能增加肌肉、减少脂肪，并能以最大的能量坚持训练。

现在，我们之所以能在各项运动中见到如此多的一流选手，我认为主要原因在于营养和补给质量的提升。虽然这些年来人们的训练水平有所提高，但是还没有革命性的改变，所以人们营养知识的增加，才是如今越来越多的一流选手走进赛场的原因。当然无须赘述，没有艰苦投入的大量训练，仅凭更好的营养是不可能成就冠军的。但是在艰苦的训练和良好的精神状态之外，丰富的营养知识和优秀的营养补充是健身的第三个因素。过去，健身者在直觉和经验的基础上设计饮食、补充营养。所以在最开始，他们可以练出魁梧的体形，但没有清晰的肌肉线条。后来健美运动员中出现了线条清晰的身材——像哈罗德·普尔或者文斯·吉龙达，他们的体形却又嫌小了。他们还不知道那些复杂的技巧，让身材在壮硕的同时又富有线条。

我在早期的时候，吃得很好，长得很魁梧，但是我发觉纯粹的大块头不能达到我想要的高度。所以，大概在搬去加利福尼亚州的时候，我开始认真学习饮食和营养方面的知识，希望可以塑造出在每个方面都堪称完美的身材——尺寸、形状、比例，而且线条清晰！我认为想要成为最棒的，就意味着将身体推到它的极限。但如果在正确的地方、正确的时间没有足够的关键营养，那么身体就不能作出最大的反应。

营养的基础原则是比较简单的，但是要学着将它们运用到你的个人训练中，了解身体的个性需要，清楚身体对各种减重、增重食谱的反应，就是另一回事了。像训练的其他方面一样，最终你会被迫回到直觉原则上来。

首先，你必须学习基础原则，将在能量生产、肌肉组织的生成和维持上起重要作用的那些变量都区别开。在基础原则之上，对营养的了解，不只是知道各种营养物以及身体怎么利用它们，你还必须学着将这些信息应用到你的个人需求和个人体形中去。

在这一章中，我们将详细了解各种重要的营养物，以及它们的组成和作用。然后，我们将看到如何针对肌肉塑造和体重控制去做好营养计划。

健身的特殊要求

事实上，健身对身体的要求和其他运动项目的截然不同。健身同时要求最多的肌肉和最少的脂肪，这是一个极难达到的状态。像体操运动员、拳击手和摔跤手这些专业运动员，他们也需要苗条的身体，但他们的训练日程已经燃烧了那么多卡路里，以至于他们基本不需要再去控制饮食来减去身体脂肪。一般情况下，他们也不去尝试达到很低的脂肪含量——对男性而言是8%～11%，对女性而言是7%～9%（很多检验结果报告出比这更低的数值，但是在3%～5%这样范围的极低数据大多数是错误的）——而健身者尤其是健美运动员就必须要这样做了。还有大多数力量型运动员，像足球运动员，只是锻炼出尽可能大的肌肉尺寸和力量就可以了，他们很少关注身体脂肪的含量。

而健身在这方面的余地就很小了。我们必须吃足够的东西来增加肌肉，然后还要在不牺牲肌肉块头的情况下减掉身体脂肪。虽然可以通过有氧运动燃烧多余的卡路里，但运动量又不能大到让健身训练打折扣的地步。需要控制卡路里的摄入，但又要保证有足够的蛋白质来生成和维持肌肉组织。营养学是一个复杂且不断扩展的学科，营养学家几乎每天都会给我们新的信息。然而，某些基础原则是非常成熟的，掌握了这些原则对健身者来说是很关键的，可以最大程度地激发个人基因上的潜能来增长肌肉，促进身体健美。

基础营养物

以下是三种基础营养物，即**宏量营养素**：

- **蛋白质**，由多种氨基酸构成，为肌肉组织提供构造单元。它也是所有器官的组成成分，包括在皮肤、骨骼和肌腱的构成中，而且与很多机体功能相关（所有的酶都是蛋白质）；
- **碳水化合物**，机体的供能燃料，包括各种单糖、寡糖、多糖和淀粉分子；
- **脂肪**（或油），这种营养物有最高的能量密度。

水也是一种不可或缺的营养物。肌肉中的 72% 都是水，大多数健身者每天都要喝几升水。除此之外，其他的补充还包括像草药和激素这些东西，关于这些我后面会论述。

其余的营养物，称为**微量营养素**，包括：

维生素——促进多种生化反应的重要化学物质；
矿物质——在许多至关重要的生理功能，包括在肌肉收缩中起关键作用；
必需氨基酸——我们从食物中获取的蛋白质的部分；
必需脂肪酸——从植物油或鱼油中获取。

蛋白质

蛋白质是身体用来生成、修复和维持肌肉组织的。各种高强度的训练，都要求补充大量的蛋白质；而增长肌肉，更加需要身体摄入非常多的蛋白质，比以前我们认为的还要多。我们会看到，健美运动员比大多数营养学家要先认识到了这点。

需要所有的必要氨基酸都存在，你摄入的蛋白质才能被身体利用来增长肌肉。然而，机体自身只能产生一部分氨基酸，剩余的需要从你所吃的食物中获取，这些必须从体外摄取的氨基酸被称作必需氨基酸。

蛋白质的组成中有碳、氢、氧（这点和其他宏量营养素一样），还有一种其他营养物中都没有的物质——氮。如果你曾经听人谈论过正氮平衡或者负氮平衡，那么他们所指的不是合成代谢状态就是分解代谢状态，前者可以增长肌肉，后者可以减少肌肉。

有些食物含有完全蛋白质——就是说，它们提供人体生产自身可用的蛋白质所需的所有氨基酸。这类食物有很多，例如牛奶、鸡蛋、肉类、鱼类，还有多种植物产品，比如大豆。但是即使是这些食物，在单位重量内含的可用蛋白质的量也是不相同的。也就是说，即使一种食物里含有 10 克蛋白质，你的身体也只能利用其中一定比例的量——比如，只有 7～8.5 克。

下面有一个表格，左边显示的是各种常见的、被我们当做蛋白质摄入源的食物中蛋白质含量的百分比，右边显示的是可以真正被机体吸收用来生成肌肉的蛋白质百分比：

食物	单位重量内蛋白质含量（%）	蛋白质纯利用率（%）
鸡蛋	12	94
牛奶	4	82
鱼肉	18～25	80
奶酪	22～36	70
糙米	8	70
肉和禽类	19～31	68
大豆粉	42	61

（乳清，一种牛奶的衍生物，是经过精炼的乳制品，甚至拥有比鸡蛋还高的蛋白质含量。）

这个表格告诉我们，一个鸡蛋中只有 12% 的重量是蛋白质。由于这些蛋白质中的氨基酸是比例平衡的，所以有 94% 可以被身体利用。对比之下，大豆粉中 42% 的重量都是蛋白质,但是这些蛋白质的构成导致只有其中的61%可以被身体利用。因此,一种食物里含有多少蛋白质,与多少蛋白质可以真正利用在肌肉生成上,这是有很大差别的。

鸡蛋是非常好的优质蛋白质的来源,它们可以作为评价其他食物的蛋白质质量的参考标准,如果在蛋白质质量上给鸡蛋"完美的"100分,那么就有了下面的评分:

食物	蛋白质质量
鸡蛋(整个)	100
鱼肉	70
瘦牛肉	69
牛奶	60
糙米	57
大米	56
大豆	47
全麦	44
花生	43
干豆类	34
土豆	34

注意一下,我给出的是整个鸡蛋的价值。现在似乎很流行只吃蛋白部分,因为蛋黄含了一些脂肪而蛋白中却没有脂肪,但我从来不这么做。实际上蛋黄和蛋白含有一样多的蛋白质,同时蛋黄还含有大部分的维生素和矿物质。如果你觉得需要限制饮食中的脂肪量,我建议你去掉其他含脂肪的食物,而不要扔掉蛋黄——从各方面来看它都是鸡蛋中的精华(但是蛋黄中的确含有胆固醇,如果你在这方面有问题,你还是应该和医生沟通一下你的饮食计划)。

回到表格中的数据,你会发现像大米、土豆还有大豆这些食物中提供的可用蛋白质相对鸡蛋和鱼肉要少得多。原因是这些食物虽然含有一些组成完全蛋白质的必需氨基酸,但是含量太少了。这种低质量的蛋白质就是不完全蛋白质。然而,你可以将两种或者更多种的低质量蛋白质摄入源结合起来,以获得高质量的完全蛋白质。也就是说,一种食物中缺少的某些氨基酸可以被另一种食物所提供,所以合在一起,它们就能给你你所需的。食用不完全蛋白质就像18个人打棒球,其中5个是投手,3个是捕手,这样虽然有18个人,但是两支队伍的组成都是不完整的。

这种召集一个完整的氨基酸"队伍"的需要,意味着只要在你的食谱里增加少量正确的食物，就会有很显著的改变。继续刚才打棒球的比喻，假如你有 72 名棒球运动员，但是其中没有一个人可以做一垒手，然后假设你只招募了 9 名额外的球员——全都是一垒手——原来 72 名运动员只能原地站着什么都做不了，现在一下子你就拥有了 9 支可以投入战斗的球队。同样的道理，当你有很多不成套的氨基酸，那么只是把缺少的那一点氨基酸加进去，就可以效果大增，让身体生成更多的肌肉。

这种将不完全蛋白质结合在一起的方法是很有用的，因为这样通常只需要食用脂肪含量低的几种食物，它们所含的热量比许多含完全蛋白质的食物要少。当你努力于塑造出最大量的肌肉却想让身体脂肪量尽可能少时，这样做就有很大的优势了。（你也可以在完全不摄入脂肪的情况下获得蛋白质，就是使用蛋白质补剂，这个我们稍后详谈。）

就像我说过的，由于含有不完全蛋白质的食物缺乏某些必需氨基酸，所以你就特别需要注意饮食上的搭配，来获得完全蛋白质的效果。在弗朗西斯·摩尔·拉佩（Frances Moore Lappé）的《一座小行星的新饮食方式》中，就推荐了以下饮食搭配的方法：

谷物配合种子

　　面包，添加除去了油脂的种子粉
　　面包，撒上芝麻或葵花籽
　　大米加上芝麻

谷物配合乳制品

　　麦片加牛奶（现在你就知道为什么这一直被推荐为早餐搭配了！）
　　面条加牛奶或奶酪（啊哈……撒上帕尔玛干酪的意大利面）
　　面包加牛奶或奶酪（这是许多欧洲地区的传统午餐）

谷物配合豆类

　　大米和大豆（这在全世界都是主食，尤其是在饮食上缺乏动物蛋白质的国家）
　　小麦面包和烤豆子
　　混合了玉米和大豆或者小麦和大豆的面包
　　面包和豆汤

为了更好地搭配食物，你可以向营养专家咨询，找出每种特定的食物中到底缺少8种必需氨基酸中的哪些，但其实没必要这么做。如果你简单地记住这里列出的食物组合，就可以正确地搭配饮食，最大化地获取可用蛋白质。

当然，如果你不清楚自己应该摄取多少蛋白质，那么去关注蛋白质的种类，或者研究应该吃什么食物来补充蛋白质，也就都没有什么意义了。关于这点，我们会在下一章里详谈。

蛋白质补剂

训练肌肉块头不只是需要艰苦的训练，还需要蛋白质，对一些人来说，每天要按1磅（453.59克）体重摄入1克蛋白质，但是你可能会发现，获取足量蛋白质又不摄入太多脂肪常常是一个难题。这个问题的一种解决方法就是使用蛋白质补剂。不仅因为它能够在补充蛋白质的同时不会像吃东西那样显著增加脂肪，还因为它在使用上很方便——这点很重要，因为饮食频率对很多健身者很重要。

如今，你可以在当地的健康食品商店，购买到各式各样的蛋白质补剂，可谓琳琅满目，它们的味道也和从前很不一样，跟高蛋白质、低脂肪的很多食物相比，它们尝起来更像甜食。而且现在很多的蛋白质补剂，不仅是一个罐头或者塑料包装里面装点蛋白质那么简单了，这些产品里含有高浓度的营养成分，不仅有蛋白质和碳水化合物这样的宏量营养素，还有维生素和矿物质。找到既能满足你的营养需求，又能满足你的口味的补剂会是你的营养计划中的一大财富。

考虑到可供选择的营养补剂种类繁多，我列出以下一些因素来帮你选择：

第一，读一读标签。有些蛋白质补剂里含有大量的各种碳水化合物，虽然碳水化合物可以促进食物蛋白质向肌肉蛋白质的转变，但是过量还是会增加额外的热量，使燃烧脂肪更困难。因此，如果你要确保精确地摄取宏量营养素，那么计算你购买的蛋白质补剂里含有多少碳水化合物就很重要了。

第二，对纯蛋白质补剂来说，如果摄入时不配合饮食或者添加碳水化合物，那么就不会被有效地代谢。研究表明，要想让摄入的蛋白质更多地被用在蛋白质合成上而不是产生能量上，就需要补充额外的卡路里，尤其是来自碳水化合物的卡路里。如果你的饮食中碳水化合物含量很低，而且希望自己所摄入的蛋白质有很大部分被用来提供能量，那就无所谓了。但如果你期望摄入的蛋白质可以发挥最大价值，就要确保在使用蛋白质补剂的同时也加入一些碳水化合物（如果不是那些已添加碳水化合物的蛋白质补剂），或者在饮食中配合食用蛋白质补剂。

第三，在蛋白质补剂中主要是三种典型的蛋白质，即乳蛋白质（乳清，凝聚的乳蛋白质和酪蛋白质）、卵蛋白质和大豆蛋白质。这三种都是优质蛋白质，虽然没有什么科学依据表明哪一种蛋白质比其他两种更有利于肌肉生长，但是从牛奶和蛋类中制作出的蛋白质补剂在健身界中拥有最广泛的受众。然而大豆蛋白质也有其他两种蛋白质没有的优点。最近在医药领域中，大豆蛋白质引起了关注，因为研究表明大豆蛋白质可以在一些人体中降低血清胆固醇。所以对于胆固醇指标高的人，大豆蛋白质可能是最好的选择。

最后，要记住蛋白质补剂不是食用蛋白质的唯一来源。均衡全面的饮食既是健康饮食，也是健身饮食的重要方面。

碳水化合物

碳水化合物是身体主要的、也是最容易获取的能量来源。所有的碳水化合物都是糖，其分子结构中含有碳、氢、氧，通过植物的光合作用（应用太阳能），或者通过动物体内的糖原合成过程产生。但是我说的糖，并不是你在咖啡或者早餐麦片里加的那种食用糖。我们会看到，有很多种类的碳水化合物，下面就是它们的基本分类：

单糖

葡萄糖（血液中的糖）

果糖（水果中的糖）

半乳糖（一种牛奶中的糖）

寡糖

蔗糖（食用糖）

乳糖（牛奶中的糖）

麦芽糖（用麦芽发酵谷物获得的糖）

多糖

植物多糖（淀粉和纤维素）

动物多糖（糖原）

碳水化合物的代谢速度可以用血糖生成指数来衡量。如果血糖生成指数高（一定时间内血糖大量增多）说明碳水化合物代谢的速度很快。同理，如果血糖生成指数低（一定时间内血糖相对少量增多），说明碳水化合物代谢慢或者代谢方式不同。血糖生成指数这个概念替代了在我比赛时普遍使用的概念——简单碳水化合物、复杂碳水化合物。被称为简单碳水化合物的就是血糖生成指数很高的食物（如水果、经加工的糖），而复杂碳水化合物的特点是血糖生成指数低（如淀粉、纤维素）。低血糖生成指数的碳水化合物可以在一段时间内提供能量，因此有一种长效性。

选择食品的时候，你通常需要留意它们的血糖生成指数。例如冰激凌，由于含有大量脂肪，它的血糖生成指数相对低。再如你在中餐馆里吃的那种比较粘的米饭（不包括糙米和野生稻米），它的血糖生成指数就惊人的高。

碳水化合物是为身体供能的最简单的食物类型。一旦摄取，碳水化合物就会转化为葡萄糖和糖原，前者在血液中循环并为肌肉收缩供能，糖原储存在肌肉和肝脏中待用。碳水化合物的充足供应对于一个严谨的健身者来说是关键的，理由如下：

1. 碳水化合物是主要的能量来源。肌肉中储存的碳水化合物，也就是糖原，能支持你进行大重量、高强度的训练。

2. 当身体在每个单纯的肌细胞中都储存了糖原和水分时，肌肉就会变大。

3. 碳水化合物在体内有"节约蛋白质"的作用，保证机体不会燃烧掉过多蛋白质来获取能量。关于这个重要方面，以后会有更多说明。

4. 碳水化合物是保证脑部功能正常运行的主要能量来源，如果缺少这个能源，会对情绪、性格、心智能力产生严重影响。

碳水化合物对大强度训练的能量供应如此重要，是因为大多数的强度训练都是无氧运动——也就是瞬间发生的强烈运动，超过了身体提供充足氧分来维持运动的能力。但是碳水化合物的结构使其可以在无氧的环境下，在较短的时间内持续供能。所以，比如你在做一组高强度的重量训练，或者100米冲刺时，你体内的能量来源主要就是碳水化合物。

碳水化合物补剂

强度大的训练不仅使身体产生了对氨基酸的需要，还产生了对糖原（碳水化合物）补充的需要。在训练后身体里有足够的碳水化合物供消耗是很重要的，否则身体就会调用氨基酸来替代供能。碳水化合物补充的"窗口期"——在这个时间段身体对这种营养物的需求量相当大——比蛋白质的"窗口期"要短很多。事实上,如果你能在训练结束的20分钟内摄入必需的碳水化合物,你就能得到最好的训练结果。

这种对糖原补充的紧急需要,是很多健身者在训练后在蛋白质补剂之外还使用碳水化合物补剂的原因。如果你在重量训练后又接着做了一段时间的心肺训练,这点就尤为重要。也就是说,如果你在重量训练后太快投入跑步机、踏步机或者单车训练,你的身体就会处于碳水化合物严重缺失状态,你会发现自己没有精力,你可以确定,此时你的身体肯定会不必要地代谢掉更多的氨基酸,以提供能量。

脂肪

脂肪是三种宏量营养素中是能量密度最高的。脂肪和碳水化合物一样,都由碳、氢、氧组成,但是原子的连接方式是不一样。(顺便提一下,油只是在室温下的液态的而非固态的脂肪而已。)脂肪在植物和动物中都存在,而且是不溶于水的。总体上说,脂肪可以大体分为三类:单纯脂(甘油三酯)、复合脂(磷脂、糖脂、脂蛋白)、衍生脂(胆固醇)。

身体内的脂肪有三个基本功能:(1)储存体内主要的能量;(2)为重要内脏提供缓冲和保护;(3)像隔离装置,保存体内热量并抵御外界的过度寒冷。

脂肪是所有营养物里卡路里密度最高的。1磅(453.59克)脂肪含有大约4000卡路里,与1磅(453.59克)蛋白质或碳水化合物中含有的1800卡路里形成鲜明对比。

当你训练时,假设你没有超出自己的供氧能力(没有喘不过气),身体会以1:1的比例燃烧脂肪和碳水化合物来供能。但是随着你训练时间的延长,脂肪的耗用比例也随之增多。在大约训练了3个小时后,体内所消耗的能量80%都是从脂肪中获取的。

在生物化学上,脂肪分子的结构各不相同,可以分为饱和脂肪酸、不饱和脂肪酸,还有多不饱和脂肪酸。这里所牵涉的就是连接在分子上的氢原子数量。想象一个线团,饱和脂肪酸就是缠绕得极其混乱的,不饱和脂肪酸就是只缠绕了一点的,而多不饱和脂肪酸就像整齐的线圈,根本不成团。越饱和的(缠绕得越乱的)脂肪,越有可能停留在体内、并阻塞动脉,增加罹患心脏病的风险。

此外,如果饮食中富含饱和脂肪酸,就容易引起血液中胆固醇含量的增高。因此,营养学专家建议,应保证饮食中摄入的2/3的脂肪都是多不饱和脂肪酸。

含饱和脂肪酸的食物有：

牛肉	奶油
羊肉	牛奶
猪肉	奶酪
鸡肉	黄油
水生贝类	巧克力
蛋黄	猪油
植物起酥油	

含不饱和脂肪酸的食物：

鳄梨	橄榄果和橄榄油
腰果	花生、花生油和花生酱

含多不饱和脂肪酸的食物：

杏仁	玉米油
棉籽油	鱼肉
人造黄油（普通的）	蛋黄酱
美洲山核桃	红花籽油
葵花籽油	大豆油
胡桃	

必需脂肪酸

在健康的饮食中，脂肪是绝对不可或缺的营养物。但是现在许多健身者都遵循含脂量很低的饮食方法，造成脂肪匮乏。其实，食物和营养补剂可以提供必要量的"好脂肪"。以下是一些例子：

鱼油。不一定非要食用低脂的鱼肉，可以尝试三文鱼、鳟鱼或者鲭鱼。鱼类脂肪不能在身体内生成，但是内脏却很需要（尤其是大脑），你也可以以补剂的形式摄入鱼油。

含多不饱和脂肪酸的植物油。两种有价值的脂肪酸是亚油酸和亚麻酸。超市里的食用油绝大多数都不含亚油酸，比如玉米油、葵花籽油、红花籽油。超市中唯一含有亚麻酸的就是大豆油了。胡桃、南瓜子和亚麻籽油一样，也是亚麻酸的理想来源。

MCTs（中链甘油三酯）。MCTs可以从椰子油中获得。在健美界，MCTs的名声颇佳，但这其实是有失偏颇的。大家都认为 MCTs 不会被存储在脂肪细胞中，但是研究表明这种观点是错误的。虽然 MCTs 可以很快地进入血液循环，但是不会给运动员更多的力量、体形、速度和耐力。MCTs 基本可以被认为等同于脂肪热量，所以我不推荐。

单不饱和脂肪酸。单不饱和脂肪酸是最好的脂肪种类，它像一些多不饱和脂肪酸一样，不会影响你的胆固醇和前列腺素（用来调节激素分泌）的水平。单不饱和脂肪酸存在于橄榄油和澳洲坚果中。

脂肪酸补剂。在健康食品商店里有很多种补剂，含有从鱼油和其他来源提取的必需脂肪酸。

水

水是人体的重要组成成分，它作为关键的营养物却经常被忽视。它是体内多种化学成分传输的途径，而且基础营养物中发生的各种生化反应都是以水为媒介的。

人体的 40%～60% 都是由水构成。你可能记得肌肉的总重量中 72% 都是水，而脂肪的重量中只有 20%～25% 是水。这意味着，饮食和体力活动中过度流失的水分会显著影响肌肉的大小。而且，如果水分摄入不足，你就会缺水。你的身体就会开始保存水分来进行自身保护，而这些水分很多都贮存在皮下，这就会极大地抹平肌肉的清晰度。

身体缺水时，由于肾脏不能很好地过滤有害物质，身体贮存的水分不再洁净。随后，肝脏会帮助处理这些废料，这样就干扰了肝脏的一项主要功能——分解体内脂肪。所以，如果体内的水分不够，你的身体会趋向于水肿、浮肿和肥胖，这对于肌肉清晰度来说是灾难性的。

缺水还可能导致钠的问题，当机体缺水的时候，钠不能被充分代谢出体外，导致进一步的水滞留，而且你在饮食中额外摄入的钠会加剧这个问题。

每一个进行强度训练的人，每天至少应该喝 8 杯水（每杯 12 盎司，共计约 2721.55 克）。有些健身者甚至摄入更多的水，而且溶液形式的水还不算在内：你需要的是纯水，不是果汁、软饮料、咖啡、茶或者其他东西。

维生素

维生素是身体需要量极少的有机物质，我们通过食物摄取它们。虽然维生素不提供能量，也不能显著增加肌肉体积，但是它们却可以起到催化剂的作用，在体内帮助引发其他一些反应。

维生素可以被分为两种基本类型，就是水溶性维生素和脂溶性维生素。水溶性维生素不在体内储存，多余的都会随尿液排出。脂溶性维生素可以溶解和储存在体内的脂肪组织中。每天都必须摄入水溶性维生素，而摄入脂溶性维生素就不必那么频繁了。

水溶性维生素：

维生素B1（硫胺素）	维生素B2（核黄素）
维生素B3（尼克酸，烟酸，烟酰胺）	维生素B5（泛酸）
维生素B6（吡哆醇）	维生素B12（氰钴胺素）
维生素H（生物素）	维生素M（叶酸）
维生素C（抗坏血酸）	维生素A（视黄醇）

脂溶性维生素：

维生素A	维生素D
维生素E	维生素K

维生素B1（硫胺素）

在身体中的作用：在新陈代谢过程中帮助释放碳水化合物的能量，对神经、肌肉，包括心脏的健康有重要意义，还有助于防止疲乏和过敏。

饮食来源：猪肉、全麦、干豆类和豌豆、葵花籽、坚果。

缺乏时可出现的症状：脚气病（神经系统的改变，有时可出现水肿，心力衰竭）

过量时可出现的症状：尚不清楚。

建议的日摄取量：1.5毫克

维生素B2（核黄素）

在身体中的作用：帮助身体代谢碳水化合物、脂肪和蛋白质以释放它们的能量。作为抗氧化剂，核黄素保护细胞免受氧化性损伤；对视力有益，并有利于毛发、皮肤、指甲的健康；对细胞正常生长也是必需的。

饮食来源：肝脏和其他动物内脏、家禽、啤酒酵母、鱼肉、干豆类、大豆、坚果、葵花籽、奶酪、鸡蛋、酸奶、牛奶、全麦、绿叶蔬菜、海苔。

缺乏时可出现的症状：皮肤损害。

过量时可出现的症状：尚不清楚。

建议的日摄取量：1.7 毫克

维生素B3（尼克酸，烟酸或烟酰胺）

在身体中的作用：能量代谢。对皮肤和消化系统的健康很重要，并可促进血液循环。（注意：如果单独服用烟酸，可能会造成脸部发红。）

饮食来源：肝脏和其他动物内脏、小牛肉、猪肉、家禽、鱼肉、坚果、啤酒酵母、干豆类、水果干、绿叶蔬菜、全麦、牛奶、鸡蛋。

缺乏时可出现的症状：糙皮病（对光敏感，疲乏，食欲下降，皮疹，舌头红且疼痛）

过量时可出现的症状：脸部、颈部和手部皮肤发红，肝脏损伤

建议的日摄取量：19 毫克

维生素B5（泛酸）

在身体中的作用：泛酸是辅酶 A（CoA）中的活性成分，对能量的产生和利用有很重要的作用；泛酸可以促进肾上腺分泌更多的激素来对抗压力，对皮肤和神经组织的健康也很重要。

饮食来源：坚果、豆类、种子、深绿叶蔬菜、家禽、水果干、牛奶。含量最丰富的食物：蜂王浆（蜜蜂的分泌物）。

缺乏时可出现的症状：疲乏，睡眠障碍，恶心。

过量时可出现的症状：尚不清楚。

建议的日摄取量：6 毫克

维生素B6（吡哆醇）

在身体中的作用：帮助体内蛋白质构建身体组织，并促进脂肪的代谢；促进肝脏和肌肉中的糖原释放，促进红细胞生成，调节体液平衡。

饮食来源：葵花籽、豆类、家禽、肝脏、鸡蛋、坚果、绿叶蔬菜、香蕉、水果干。

缺乏时可出现的症状：紧张、肌肉功能紊乱。

过量时可出现的症状：不稳定步态、脚麻、手部动作不协调、脑功能异常。
建议的日摄取量：2毫克

维生素B12（氰钴胺素）

在身体中的作用：对形成红细胞和构建基因物质有重要作用，促进儿童的生长发育，帮助神经系统运作及体内的蛋白质和脂肪代谢。

饮食来源：含动物蛋白的食物，包括肉、鱼、水生贝类、家禽、牛奶、酸奶、鸡蛋。

缺乏时可出现的症状：恶性贫血（体重减轻、虚弱、皮肤苍白）、意识错乱、情绪无常、记忆力下降、抑郁。

过量时可出现的症状：尚不清楚。

建议的日摄取量：2微克

维生素H（生物素）

在身体中的作用：能量代谢。

饮食来源：蛋黄、动物肝脏、沙丁鱼、全豆粉。

缺乏时可出现的症状：皮炎、抑郁、肌肉疼痛。

过量时可出现的症状：尚不清楚。

建议的日摄取量：30～100微克

维生素M（叶酸）

在身体中的作用：促进红细胞形成；协助蛋白质的分解和利用；由于其在细胞分裂中的重要性，对孕期妇女尤为关键；活性叶酸（含甲基的形式）可以维持蛋白质、核酸和细胞膜的结构稳定，并支持大脑功能。

饮食来源：深绿叶蔬菜、坚果、豆类、全麦制品、水果、果汁、动物肝脏、蛋黄。

缺乏时可出现的症状：贫血、胃肠功能紊乱。

过量时可出现的症状：很像维生素B12缺乏症。

建议的日摄取量：200微克

维生素C（抗坏血酸）

在身体中的作用：对结缔组织（在皮肤、软骨、骨骼和牙齿中）的形成有关键作用；帮助伤口愈合；抗氧化剂，刺激免疫系统，帮助铁的吸收。

饮食来源：柑橘类水果、浆果、甜瓜、深绿叶蔬菜、花椰菜、西红柿、红色和绿色辣椒、卷心菜、土豆。

缺乏时可出现的症状：坏血病（牙龈出血，虚弱）、伤口久不愈合、免疫应答受损。

过量时可出现的症状：胃肠道功能紊乱、各种混乱的结果（某些实验室的测验）。

建议的日摄取量：60毫克

维生素A（视黄醇）

在身体中的作用：组织维持；健康的皮肤、毛发和黏膜；帮助我们在昏暗光线下看东西；是人类正常发育和生殖不可或缺的物质。

饮食来源：动物肝脏；深黄色、橙色和深绿色的蔬菜水果（包括胡萝卜、西蓝花、菠菜、哈密瓜、红薯）；奶酪，牛奶，强化人造黄油。

缺乏时可出现的症状：夜盲症，干燥、鳞状皮肤，免疫系统应答功能差。血清中维生素A指标的数值范围应该在每毫升0.15～0.6微克。

过量时可出现的症状：损害肝脏、肾脏、骨骼，头痛，过敏，呕吐，脱发，视线模糊，皮肤黄染。

建议的日摄取量：1000微克（3333个国际单位）

维生素D3（胆钙化醇）

在身体中的作用：帮助调节钙的代谢和骨骼的钙化。因为人的皮肤接触紫外线时会产生维生素D3，所以此物质也被称作阳光维生素，在冬季或者多云、多雾的天气下，体内维生素D3的生成会减少。

饮食来源：强化的、全脂的奶制品，金枪鱼肉，鲑鱼、鳕鱼肝油。

缺乏时可出现的症状：儿童易患佝偻病，成人则可能发生骨骼软化。

过量时可出现的症状：胃肠功能紊乱；大脑、心血管和肾脏的损害；瞌睡。

建议的日摄取量：10微克

维生素E（D-α-生育酚）

在身体中的作用：抗氧化剂，防止细胞膜的损害。

饮食来源：植物油和植物油制品、坚果、种子、鱼肉、小麦胚芽、全麦制品、绿叶蔬菜。

缺乏时可出现的症状：胰脏和肝脏的相关疾病，以及各种慢性腹泻，贫血。

过量时可出现的症状：早产婴儿经静脉注入维生素 D3 可能是致命的，目前口服过量后出现的不良症状还未知。

建议的日摄取量：10 毫克

维生素 K（叶绿醌）

在身体中的作用：保证正常凝血功能的必需物质。

饮食来源：深绿叶蔬菜、卷心菜、北极熊肝脏（实际上足以致命）。

缺乏时可出现的症状：外伤后严重出血，内出血。

过量时可出现的症状：肝脏损坏，贫血（综合性表现的一部分）

建议的日摄取量：80 微克。

矿物质

矿物质属于无机物，包括人体需求量较少的一些元素。人体中有 22 种金属元素，它们的总量占体重的 4%。

在我们的星球上，矿物质大量存在于土壤和水中，最终被植物的根系吸收。我们把这些植物，或者吃了植物的动物吃掉，从而摄取了这些矿物质。如果你的饮食中有各种各样的肉类和蔬菜，一般你就能摄取足够的矿物质。

然后矿物质会在各种代谢过程中起到作用，还会参与合成像糖原、蛋白质和脂肪这类化合物。下面是一些人体需求量较大的重要矿物质的基本介绍：

钙：对骨骼和牙齿的硬度十分关键。存在于奶制品中，甘蓝、芜菁和芥菜叶等蔬菜中，豆腐以及沙丁鱼、蚌、牡蛎等海产品中。缺乏钙质会导致肌肉抽搐，长期缺钙还会出现骨质疏松症。每日建议摄取量为：11 岁～24 岁男性 1200 毫克；超过 25 岁男性 800 毫克。

磷：每个细胞中的 DNA、RNA、ATP 中都含有的成分。存在于全麦麦片、蛋黄、鱼肉、牛奶、肉类、家禽、豆荚以及坚果中。对体内 PH 值（酸/碱）的调节十分重要。每日建议摄取量为：11 岁～24 岁男性 1200 毫克；超过 25 岁男性 800 毫克。

镁：存在于全身各处，是大多数机体反应过程中酶的激活剂。可以从绿色蔬菜、豆荚、全麦麦片、坚果、肉类、牛奶、巧克力中摄取。每日建议摄取量为：15 岁～18 岁男性 400 毫克；19 岁以及 19 岁以上男性 350 毫克。

钠：调节体液水平，包括刺激肌肉收缩。钠可以从普通食用盐中获得，大多数食物——除了水果——中也含有钠，尤其是动物性食品、海产品、牛奶和鸡蛋。过度的钠容易导致体内水分滞留，同时与血糖水平升高有关。如果体内缺少钠，会出现肌肉无力和痉挛。每日建议摄取量为：1100～3300毫克。

氯：消化液中的成分，有与钠化合的作用。存在于食用盐、肉类、海产品、鸡蛋和牛奶中。每日建议摄取量为：1700～5100毫克。

钾：参与蛋白质与碳水化合物的代谢，可在细胞内作用（与细胞外的钠结合）调节渗透压。存在于肉类、牛奶、麦片、蔬菜、水果、豆类中。过量地摄入钾会造成呕吐，钾缺乏会造成肌肉无力。每日建议摄取量为：1875～5625毫克。

硫：参与合成关键代谢产物。存在于富含蛋白质的食物中，例如肉类、海产品、牛奶、鸡蛋、家禽、奶酪、豆类等。没有推荐的每日摄取量。

其他矿物质也对身体健康十分重要，但是每天仅需要极少量。具体如下：

铁	氟化物
锌	钼
铜	钴
碘	硒
锰	铬

还有其他一些矿物质被认为是必不可少的，但目前没有确定每日推荐的摄入量：

锡	钒
镍	硅

维生素和矿物质补剂

许多专家都认为我们每天从食物中摄取的维生素的量是不够的。他们列举出很多值得关注的理由，包括食物原材料生长和培育的方式，食物怎么被加工出来，还有食物添加剂的使用，以及营养分配吸收的复杂性等等。无论这是否正确，有一点可以确定的，那就是高强度的训练会增加我们对所有营养物的需求。所以，使用维生素和矿物质的补剂算是一种（如果没有其他的）简便易行的、避免各种营养缺乏的好方法。

在我个人的健美事业中，我的经验越丰富，就越依赖补剂。我从来不是这方面的超级专家，而且在20世纪60年代和70年代，获得补剂上的指导也不像今天这么简单。我咨询了每一个我遇到的专家，以获得在补剂的类型和数量上的建议，然后就去实验，看看那些建议的补剂是否能提升我的能量、力量、耐力和高强度训练后的恢复能力。和其他所有事情一样，相比于理论，我对于某些东西是否真的对我有效更感兴趣。

现在，事情变得更加简单。不仅因为健康食品商店中可以购买到所有补剂产品，更重要的是，你还可以买到日用装的补剂，里面有各种维生素和矿物质，含量精确，比例平衡（通常，每次服用中的各营养物的比例决定了补剂的效能大小）。

使用特大剂量时要予以谨慎考虑。鉴于它们在体内的作用特点，维生素和矿物质应该相对少量地存在于体内，然后发挥其功能。研究已经表明，补剂可以十分有效地预防许多疾病的发生，但是不需要大量服用。例如，虽然维生素C表现出的缓解重感冒的能力是有价值的，但是有声明说大量使用维生素C——每日用量3~6克——可以预防感冒甚至预防癌症，这还从未被证实过。

总体看来，服用特大剂量水溶性维生素只能使你的尿液浓度极度增高，但是大量服用脂溶性维生素问题就更严重了，它们会蓄积在体内成为毒素。然而，服用某些药物可以导致维生素缺乏，大剂量维生素也可以干扰各种药效的发挥。因此，服用大剂量维生素或矿物质补剂时一定要十分谨慎，需要有医疗咨询和专业建议来指导。而且，我推荐你首先尝试常规的合理用量，然后小心试探来寻找最适合你的用量。弗朗哥曾经每个月都在他的健身计划里添加一种补剂，记下自己服用后的效果，然后在下个月换用另一种补剂，然后比较营养日记里的这些结果。这显然需要花费一些时间，但是他最终成了专家，不仅知道什么是最适合他的，还从整体上掌握了补剂的知识。弗朗哥和我一样相信，接受专家的建议是不错的开始，但是想达到更好的效果，你需要仔细地寻找，不断地试错，通过经验来找到最合适你的身体和你的新陈代谢的那些东西。

顺便提一下，根据莱纳斯·鲍林（Linus Pauling）博士的理论，你摄入的补剂是天然的还是合成的（实验室制成）都没有关系，因为你的身体辨认不出其中的差异。这个观点后来也得到大多数营养学家的认可。

食物中的能量

任何食物中所含的能量都是用卡路里来衡量的。卡路里是热量单位，之所以用这种单位，因为细胞中因肌肉收缩而发生的能量生成是一种形式的氧化过程——当然，是缓慢的氧化，我们都知道的另一种形式的快速氧化就是火。卡路里，是衡量肌肉细胞中能量"缓慢燃烧"产生的热量的。

所有的宏量营养素——蛋白质、碳水化合物、脂肪——都含有热量，也就是含有卡路里。但是每种营养物中的卡路里含量是不同的，比如：

- 1 克蛋白质或者 1 克碳水化合物 =4 卡路里
- 1 克脂肪 =9 卡路里

这些数据就清楚地说明了，为什么想减肥的人一直尝试将饮食中的脂肪含量最小化，以及为什么背包客徒步翻越山峰时，一定会携带脂肪含量十分丰富的食物。单位脂肪中含有的热量要比蛋白质和碳水化合物的 2 倍还多（同理，增肥的效果也是 2 倍多）。

有一点需要注意，当提到脂肪和卡路里时，不管是哪一种脂肪，只要质量相等就都含有同样多的食物能量。也就是说，不管你指的是橄榄油、动物脂肪、黄油、猪油，还是其他形式的脂肪或油，它们都含有一样多的能量——每克 9 卡路里。

代谢率

你的身体有两种基本方式代谢（氧化）卡路里：基础代谢（用来维持基本生理功能所消耗的能量）和体力活动。有意思的是，肌肉组织决定人体对卡路里的需求。这点很重要，因为：

肌肉含量越多，你在平时消耗的卡路里就越多。
肌肉做越多的工作，其消耗的卡路里越多。

实际上，你的静息代谢率（RMR）根据身体无脂的部分的体重来计算，基本上也就是根据肌肉的重量，不包括脂肪的重量。所以你身体含脂量越少，你的静息代谢率越高。给希望得到专业信息的健身者一个公式，用来计算身体静息代谢率：

RMR= 无脂体重（磅）÷2.205 × 30.4

根据这个计算，一个无脂体重为150磅的人静息代谢率大约为2100卡路里，一个250磅的人一天要燃烧3500卡路里（额外的运动不算在内）。还有其他一些因素影响代谢率——简单说有年龄、性别、体型、甲状腺功能——但是有一点非常重要，就是你的体形越小，你要保持体重需要吃的就越少；你的体形越大，你要保持体重就需要吃得越多。在下一章讲到饮食与体重控制时，我们会在这方面介绍更多内容。

健身训练与热量消耗

每个运动员都会根据你参与的运动类型告诉你，你会燃烧掉多少卡路里。你的训练越艰苦，体力活动就越多，然后就会代谢掉更多的卡路里。无论你是在移动自己的身体（跑步）还是举杠铃，你训练得越多越辛苦，消耗的热量就越多。下面是一些例子，告诉你每项运动消耗的大概热量：

活动	每小时消耗的卡路里
睡眠	72
静坐	72～78
走路，每小时3.5英里（5.63千米）	336～420
柔软体操	300～360
游泳（基本）	360
骑自行车，每小时10英里（16.09千米）	360～420
慢跑，每小时5英里（8.05千米）	600
滑雪，中等坡度	480～720
跑步，每小时7.5英里（12.07千米）	900

顺便提一下，要注意走路、慢跑和跑步之间的关系。当你行走时，大约每英里（1.61千米）燃烧100卡路里的热量（还要注意，这取决于你的自身体重和肌肉重量）。你选择跑还是走其实关系并不大，经过相等的距离你代谢掉的热量也相等，因为你的工作量是相等的。当然不同的地方在于，你跑着的时候消耗能量的速度比走着要快。

健身的热量消耗主要取决于训练的强度。如果你举起很大的重量，但是反复次数相对少，然后每组之间的休息时间又长，消耗的热量就会相对少。如果你持续地训练，一组接着一组，一个练习又一个练习，休息时间很少，那么你在一个半小时到两个小时的训练中就会燃烧掉很多热量。如果你采用分化训练，一天训练两次，消耗的热量会更多，这就是为什么我青睐这样的训练方式来塑造身材、准备比赛。至于这样的训练方式究竟消耗了多少卡路里，确切数字很难说清。但是一位专家曾经评估过，我和弗朗哥·哥伦布在两天的训练中各自共消耗了将近 2000 卡路里——也就是说每个小时消耗 500 卡路里，相当于那段时间我们一直在以不错的节奏在跑步。

"假"能量

健美运动员和其他的运动员一直在进行各种边缘性尝试，以突破原有的极限。然而，就像他们说的，天下没有免费的午餐。当你让身体接受各种人为的刺激时，会得到短期的效果，但是状态下滑是不可避免的，你的总体表现力也会慢慢受到损害。因此，劳伦斯·戈尔丁博士曾经列出一部分药物和激素，属于"假"能量的范畴：

肾上腺素	可卡因
酒精	可拉明（尼可刹米）
碱	卵磷脂
安非他明	卡地阿唑（戊四氮）
咖啡因	去甲肾上腺素
磺胺类药物	

显然，在训练前喝几杯咖啡没什么不可以，但是一把咖啡因药片会让你变得非常激奋，并且可能让你在训练中受伤。阿司匹林可以缓解疼痛，但是也会干扰中枢神经对肌肉的刺激。和其他大多数人一样，那些认为酒精、安非他明、肾上腺素、大麻或者可卡因可以帮助他们塑造成出众身材的人，更不可能成功，他们生活在幻想的世界里。想发展最优的体形，需要让自己处于最优的健康状态，为此，"对药物说不"是绝对必要的。

营养底线

必须保证达到一定的最低营养值，否则身体就会因缺乏某种营养而不适。当然，你训练得越努力，承受的压力越大，你居住的环境越艰苦，你对营养的需求就会越大。

对于运动员和非运动员的营养底线到底是怎样的，一直是有争议的。但是，遵照下面的指导原则还是比较合理的。关于宏量营养素，其指导原则如下：

蛋白质。普通人的平均饮食中，推荐的蛋白质摄入量为每公斤体重摄入1克。有些专家错误地认为，即使是高强度训练的健身者对蛋白质的需求量也不过如此——是人们过高地估计了对摄入蛋白质的需求。然而，大多数健身者还是倾向于摄入大量蛋白质，最小推荐量为每磅（0.45千克）体重1克。

一些健美运动员摄入的蛋白质甚至比这更多。然而，我们在下一章会看到，健身的终极目标就是将肌肉量最大化并保持体内脂肪含量最小化；既然蛋白质像其他种类的营养一样，含有热量，所以如果吃太多蛋白质就意味着你摄入的卡路里也更多，如果不能被机体全部消化吸收，就不能保持苗条的身材。所以在设计一个饮食计划时，应该考虑到这点。

碳水化合物。根据活动量的不同，每个人对饮食中碳水化合物的需求量是很不相同的。如果仅仅为了支持神经系统的基本生理功能，身体就只需要大约60克碳水化合物（以大脑为例，几乎全部由碳水化合物供能）。

就如我们已经讨论过的，碳水化合物也是肌肉活动的重要燃料。所以，如果你的饮食中碳水化合物的含量过低，你的训练就难以支撑。而且当你计划该吃何种食物、吃多少的时候，一定要将这点也考虑进去。

每当提到碳水化合物，你选择的摄入量很大程度上在于你的目标是增重、减重还是保持体重，这点在后面讲体重控制的时候会提到。我们有办法可以既保证相对少摄入碳水化合物，又不因吃得太少导致身体处于碳水化合物丧失的状态，这种病状称为酮症。在第416页我们将详细讨论酮症是什么以及如何预防其发生。

在营养方面，你最好在每天的饮食里将每种碳水化合物都摄入一些。就像我们之前说过的，有些碳水化合物可以代谢得很快。水果含有高血糖生成指数的碳水化合物，所以水果不仅可以提供必需维生素，还可以提供短期的能量。低血糖生成指数的碳水化合物需要相对更长的时间让身体去处理，转化为能量，用最低的卡路里来提供长期的、缓慢释放的能量和营养。绿色和黄色的蔬菜也是很好的碳水化合物来源。

由于胰岛素的作用，碳水化合物的代谢速度也很重要。身体释放胰岛素来分解碳水化合物的糖链（糖尿病是一种由胰岛素缺乏引起的疾病，这就是为什么糖尿病人需要注射胰岛素）。当体内摄入大量高血糖生成指数的碳水化合物时，体内就需要分泌很多胰岛素来处理它们，这时就出现了胰岛素高峰。这些胰岛素迅速处理碳水化合物，你的血糖水平会很快地下降，你的能量水平也随之下降，所以也会很快感到饥饿。只吃少量的血糖生成指数高的碳水化合物或者吸收很快的碳水化合物，并与蛋白质、脂肪或者低血糖生成指数的碳水化合物一起吃，就会缓和这种过程；这时，机体仅释放平均量的胰岛素，你的血糖水平也倾向于稳定，这意味着你不会丢失能量，也不会很快就感觉到饥饿。

当然，许多被告知避免摄入过多碳水化合物的人会问，为什么我会推荐碳水化合物作为一种很好的营养和能量来源。首先，不管哪一种东西，我从来不推荐"过度"。碳水化合物是好的饮食计划中不可或缺的部分，但要与其他主要食物搭配得合理、平衡。但还有一点也是真的，即人们经常把有营养的含碳水化合物的食物与那些含加工糖的食物——蛋糕、糖果、软饮料以及添加了糖的加工食品——弄混。这些快餐的问题是它们仅仅提供了热量，含有非常多的卡路里，但是营养物却少得可怜。这显然与你吃水果、蔬菜、米饭或土豆一类的食物是不同的。

脂肪。在美国式的饮食习惯里，摄取到足够的脂肪不是什么难事。鸡蛋、红肉、奶制品和油类含有的脂肪都非常丰富。很容易见到一餐里50%都是脂肪。为了健康着想，我还是推荐每一餐脂肪含量小于30%，但是一味追求低脂饮食，把脂肪含量控制在20%以下对健康也没有好处（还会带来其他健康问题）。具体内容见下一部分，平衡饮食。

平衡饮食

当你的饮食搭配合理、均衡时，你的身体才会达到最佳状态。健身者所需要的均衡饮食与其他人的几乎是一样的。根据麦戈文营养和人体需求专责委员会的研究，目前推荐的平衡饮食大概比例是：蛋白质，12%；碳水化合物，58%；脂肪，30%。

在我的健美比赛生涯中，我经常意识到自己的饮食组合是非常不一样的：蛋白质，40%；碳水化合物，40%；脂肪，20%。但是要注意的是，当时我体重240磅（108.86千克）而且训练强度很大，我摄入的40%的碳水化合物其实比正常人的58%还多。所以我还是均衡地获得了我身体所需的所有营养物。

然而，一些健身者过于追求蛋白质的摄入，在他们的饮食中蛋白质占了 70%。还有一些人，认为蛋白质并不那么重要，他们饮食中的蛋白质只有 10%～20%。我认为这两种饮食方法都不会取得成功的效果。

还有一些健身者只在最后吃很少的食物——金枪鱼、鸡肉、水果和沙拉，如此持续几个月。

这样的确可以帮助他们减少脂肪，但是导致他们没有获得足够的营养物，来满足他们的能量和生长需求。放弃食物中的任何一个类别都会让你承受维生素和矿物质缺乏的风险。如果不合比例地大量吃水果，像曾经风靡一时的饮食方法那样，就会很难获得足够的蛋白质和足够多种类的维生素和矿物质。对想要达到肌肉重量最大化的健身者来说，全素食或者特别多碳水化合物的饮食，可能不能提供足够的蛋白质。同样，如果饮食中蛋白质的比例过大，会对肾脏和肝脏造成不健康的负担，导致身体内钙质的流失，还会使你变胖。

我记得肯·沃勒的食量很大，他在 20 世纪 70 年代每餐都吃下 3 份高蛋白质食物，因为他认为身体每次都会将这些蛋白质全部利用掉。结果，这些蛋白质让他的身体系统超负荷，而且大量利用不了的蛋白质都以脂肪的形式储存起来。因此，为了比赛，肯经常需要减掉过多的体重以塑造体形。

糖原的重要性

糖原是碳水化合物储存在肝脏和肌肉中的形式，为运动供能。经过训练的肌肉储存糖原的能力会增加，并且因为糖原是和水共存的（每克糖原配合有 2.7 克水），肌肉中的这些额外物质使肌肉膨隆、看起来更大。这就是为什么健美运动员在上台比赛前，一定要摄入很多碳水化合物的原因。充满糖原的肌肉体积大、圆润、饱满；缺失了糖原的肌肉就会小而平平。

酮症

碳水化合物的缺乏是造成酮症的原因。你的身体需要充足的碳水化合物来正常代谢体内脂肪。就像那句话说的："碳水化合物是脂肪的熔炉。"当身体中没有足够的碳水化合物来代谢脂肪（通常都是因为过度苛刻的减肥饮食方式），身体就会采取急救措施。酮症的主要症状是出现酮血症，即血液中出现酮体——脂肪不完全燃烧的产物。这些酮体可以用来代替糖原生成能量，而且它们还可以用来为大脑和神经系统供能（本应该全部依靠糖原来供能）。

这里的问题在于酮体在供能上不像糖原供能那样有效。在酮症发展的过程中，你会变得行动迟缓，你的精神思维不佳，然后身体逐渐倾向于脱水。更糟的是，在身体缺乏碳水化合物的情况下，越来越多的氨基酸（蛋白质）开始被分解来提供额外的能量。这对于每个想获得结实肌肉的健身者来说，显然是起了极大的反作用。

过低碳水化合物的饮食方式还有很多缺点，在下一章我们会细致讨论。同时，一定要牢记：任何一种营养的严重缺乏对你的健康都是有害的，不利于训练强度的增加和肌肉质量的最大化。

吃和训练

很多年轻的健身者向我咨询，在他们的训练计划里，应该吃什么、什么时间吃的问题。在训练中，肌肉需要足够的血液供应，你体验到的泵感是血液隆起肌肉的结果。但是如果消化系统也需要大量的血液来消化一顿大餐，循环中的血液就远远不足了，肌肉的供血就会出现问题。如果你在训练前吃得过饱，就在身体内制造了一个争抢血液的矛盾，一时间很多地方都需要额外的供血。许多家长告诉孩子不要在一顿大餐后去游泳，他们是对的，肌肉没有足量供血的情况下去为游泳，很容易出现问题，比如严重的痉挛。

训练时胃里装满了未消化的食物会是非常不舒服的体验。你会觉得腹胀，迟钝缓慢，做一组强度训练就让你有想呕吐的感觉。

身体对不同食物的代谢速度不同。胃需要 2~6 个小时排空里面的东西。富含碳水化合物的食物先被消耗，随后消化的是含蛋白质的食物，最后排空脂肪食物。

当你早晨醒来，8~12 个小时没有吃任何东西了，身体就开始缺少碳水化合物了。因为碳水化合物可以产生肌肉紧张收缩所需的糖原，所以在早晨去健身房训练前吃一顿富含碳水化合物的早餐是很有必要的。

在训练前，你可以吃一顿含有水果、果汁或者烤面包的清淡早餐，这顿早餐会为你提供能量并且不会拖你的后腿。然而，如果早餐中包括了鸡蛋、肉、或者奶酪——高脂肪、高蛋白质——就需要更长的消化时间，所以在你训练前最好不要吃这类食物。

还有，在训练结束后立即吃一顿大餐也是不明智的。当你训练时，你的身体承担着很大的压力，你需要等一段时间使身体系统恢复至正常的水平，让血液流出肌肉，让压力反应减弱。在训练后，蛋白质或者蛋白质/碳水化合物的补充饮料可以提供身体需要的营养素，来弥补训练造成的营养缺失，而且对于消化系统来说也是轻松的。在你训练后，洗个澡、换好衣服，然后离开健身房，你的身体系统恢复到更平稳的状态，这时你可以坐下来享受一顿营养均衡的"真正饮食"。

吃的频率

有一个传说，认为消化系统需要"休息"，也就是说你不应该太频繁地吃东西，因为这超过了你有效消化食物的能力。实际上，恰恰相反。在人类进化过程的初期，人们经常在白天抓着什么吃什么——也就是说，他们吃东西是随机的，在任何时间，只要找到合适食物——植物和水果，或者碰巧有机会获得的动物蛋白质——就吃下。

总之，让你的身体处理"少食多餐"，要比少数几次大餐要好得多。一日三餐是不错，但是一日四餐更好。很多健美运动员每2～3个小时就进食一次，意味着每天至少吃五餐（对于大多数人来说这有点极端）。在体重控制上，频繁饮食是很好的策略——假设你将每天的热量摄入控制在合理范围。因为你很少在极其饥饿的情况下进食，身体就没有理由将你摄入的很多食物储存为脂肪——我们将在下一章节更深入地探讨这一点。

第二章

体重控制：增加肌肉，减少脂肪

健身中控制饮食的目的是帮助你增长肌肉，减少脂肪。很多正在流行的饮食方法都是关于整体减重的，但是使用那种方法，大多数的结果都是在减少大量脂肪的同时也减少了肌肉。甚至有一些健身者经不住诱惑，让自己处于半饥饿状态进行训练，希望以此获得最发达的肌肉。大多数成功的健身者为了增长肌肉都学习了这个章节介绍的策略，将体内脂肪控制在最少，并能在限制饮食热量的同时保持能量供应。

在接下来的篇幅，我们将首先确定以饮食来控制体重的目标是什么，问题又是什么，然后针对你个人的饮食目标设计出特定的饮食计划。

身体的成分

健身的饮食和许多其他流行的饮食十分不同。对于健身者来说，重要的不是体重而是关于身体中各种成分的量和比例：

- 无脂部分（肌肉、骨骼、结缔组织）
- 体内脂肪
- 水

很多年轻的健身者，主要关心的是怎样让自己变得更"大"。但是随着经验的增长，很多人会意识到应该控制他们的身体成分，从一种体质转变为另一种体质，而不是仅仅追求体重的增长（或减少），忽略身体成分的因素。在我看来，健身者都需要意识到增长肌肉要比看上去体形魁梧重要，你能越快发现这点你就会变得越好。单纯通过脂肪增长让自己体形变魁梧，只能在以后让你有很多额外的体重要减掉，这还会助长很不好的习惯，最终还要你去改正。

在这个章节中，我们将关注怎样去有效控制你的身体成分，比如吃什么食物、吃多少，以及做多少有效的练习，还有其他一些影响因素，比如体型和年龄。

这种饮食类型是健身者经过许多年的试错实验发展出来的，对于那些不以健美比赛为目的的健身者——无论是为了获得更佳的运动表现、更健康、更强壮，或是出于其他一些目的——来说也被证明为控制身体成分的最有效方法。身体好像不大喜欢同时做两件相反的事，即：(1)增长肌肉，(2)减少脂肪。想同时达到这两个目标非常难。尽管在普通的、日常的标准下是难以置信的，但是全世界的健身者一直都在改变他们的体重和身体成分。他们具体是怎么做到的，就是这一章的主题。

身体成分的影响因素

无论你的身体成分正好是什么样的，都是以下这些因素影响的结果：

基因。你的体型是什么样的？你是天生骨感的外胚型，或者肌肉结实的中胚型，还是重量级的内胚型呢？

代谢。你能将所吃的东西全部燃烧掉吗，还是恰恰相反？这是另一个有关基因的问题。一些人不管做什么都似乎不会变胖，而另一些人却抱怨他们只是看着食物都会长胖。

热量消耗。你是个大胃王吗？每天你要摄入多少热量？如果你的摄入量超过你的需求量——无论是蛋白质、碳水化合物还是脂肪——你的身体都会将这些剩余部分转化为脂肪储存起来。

饮食质量。你"吃得纯净"吗？你摄入的卡路里是以高质量食物的形式存在的吗？是瘦肉蛋白质，各种营养丰富的碳水化合物，包括蔬菜、水果、淀粉？你的饮食是相对低脂肪的吗？你的习惯饮食中有很多快餐食品、深度加工的包装食品或者富含脂肪和糖的高热量食品吗？

运动方式。你正在进行是大强度的健身训练吗，是那种可以刺激身体将每天摄入的食物转化为肌肉组织的重量训练吗？如果正是如此，那么你的训练强度足够并且能长期坚持吗？

运动量。你每天的训练可以帮你消耗多少热量？为了消耗掉多余的热量，你做了足够的有氧运动吗？这些有氧运动可以将身体储存的脂肪变成燃料为训练供能吗？

饮食和体型

我们已经在前面讨论过体型的区别（详见 103 页），现在在控制身体成分上还要牵涉到它们：

外胚型的人有很高的代谢率，身体可以很容易将食物快速变为能量。所以这类人需要吃蛋白质含量高的食物，并且需要整体上增加热量摄入。由于他们需要更多热量，外胚型的人在饮食中需要比其他体型的人摄入更多的脂肪才能获益。

中胚型的人，他们的身体系统很容易将饮食转化为肌肉，同时也需要大量蛋白质来支持肌肉组织。但是，他们可以摄入相对接近常规量或者稍微再少一些的卡路里就可以，而且中胚型的人能有效燃烧脂肪。

内胚型的人，他们的代谢很慢，而且体内脂肪细胞数量很多，很容易将消化的食物转变为脂肪储存于体内。他们必须要摄入足量的蛋白质，但另一方面又必须将摄入的热量控制在最少。这就意味着在他们摄入的总能量中，来源于脂肪的不能超过 20%。

大约 20% 的内胚型人的甲状腺分泌水平低于平均值，这导致了上面提到的问题。然而，虽然他们总是需要训练得更辛苦才能保持低脂体形，但他们相对外胚型人更容易增长肌肉，经过训练和饮食控制，他们最终可以减掉过多的体内脂肪。

年龄和体内脂肪

许多青少年，特别是外胚型和外 - 中胚型的青少年，有着非常快的新陈代谢，似乎快得可以让他们肆意大吃大喝，即便是吃高脂高糖的垃圾食品也不会变胖。这些人适合通过"增重"产品来受益。

然而，即便是这些人在年龄增长的时候身体也会发生变化。事实上，研究已经表明，成年人的代谢趋向于不断减慢，在 30 岁以后每年减少 10 卡路里 / 天。这个数字看起来不多，但是可以解释为什么很多年龄在 40 岁及 40 岁以上的人，即使没有改变健身和饮食习惯，体重还是在不断增长。

不过，由于年龄而减慢的代谢问题不是不可逾越的难题。这只意味着需要更加注意自己的饮食，再每天增加大约 10 分钟的心肺训练。然而，有一个造成代谢率减慢的因素是慢性的，就是肌肉组织的逐渐减少。所以，如果你一直坚持健身训练并保持肌肉强壮坚实，那么随着年龄增长的发胖倾向对你就不是什么问题。

热量消耗

无论你属于那种体型，只要你的能量消耗持续大于你的能量摄入，你就会减掉体内脂肪——当你燃烧掉的热量大于你吃下的热量时，也就是说：

（A）你的RMR（静息状态代谢率）+ 活动中消耗的热量 = 消耗的总热量
（B）每天吃下的食物 = 摄入的总热量

如果A的数值持续大于B，你就会减少体内脂肪。当B的数值一直持续大于A，那么你就会增长脂肪。

我有一个朋友是狂热的越野爱好者，他有一次告诉我："一次我在内华达山里背包走了几天，背着60磅（27.22公斤）的重量穿过崎岖不平的地形，根本不可能携带足够的食物来维持我的体重。"这就是为什么运动商店里卖的各种各样的旅行食品都富含脂肪的原因（然而还有一些人认为这种食品是减肥食品）。在很多时候，越野爱好者需要在沿途有食物补给，来充实他们的饮食供应。所以由于能量的大量消耗，这种活动是很苛刻的。

你的体力活动越多——走路、跑步、骑自行车、滑雪、游泳、做运动等等——你消耗的热量就越多，你就越容易控制自己的体重。这就是为什么大多数严谨的健身者，会做一些心肺训练或有氧训练，比如使用跑步机、训练单车、踏步机或其他什么运动器械，来增加自己整体的活动量。

饮食的质量

除了吃多少，吃什么也是至关重要的。你越是约束热量的摄入，你就越有必要获取尽可能高的营养密度——让你的钱花得物有所值。一个健身者每天摄入3000卡路里的热量，如果他吃的是瘦肉蛋白质和各种蔬菜、水果和淀粉类碳水化合物，那么比起同样每天摄入3000卡路里热量但是吃加工快餐、高脂高糖食品的人，他可以承受更强的训练强度，并打造更多肌肉。那些徒有热量的食品完全没有什么营养价值。

健身饮食也就是要"吃得纯净"。就像一句老话说的"吃什么,你就是什么"。所以,如果你吃下的是垃圾食品,你的身体将变成——好吧,你懂的。

制造"需求"

当你吃东西时,也将食物的热量带进体内。所有的食物热量——不管是来自于蛋白质、碳水化合物还是脂肪——如果你的身体没有特意去利用,都会让你发胖。

你的身体会用你吃下的食物来做什么,很大程度上取决于你制造了什么样的需求,而后者取决于你的训练类型和训练量。比如,有氧运动可以燃烧很多热量,并且大大消耗你身体中的糖原——身体活动中能量的主要来源。也就是说,你在一段耐力训练后摄入碳水化合物,身体会以最快的速度将其转化为替代的糖原,这些碳水化合物很少会被转化为脂肪储存于体内。

另一方面,高强度的重量训练——让肌肉在大阻力下工作——造成了身体对替代蛋白质的大量需求。在训练后不久摄入的蛋白质,或者在高强度训练的同一天内摄入的蛋白质,会被身体利用来建造肌肉组织,这时蛋白质的利用率要远远高于没有做这种训练的日子。再说一遍,当身体处于这种高需求状态下,只要摄入的蛋白质不超量,就不会在多大程度上被转化为身体脂肪。

所以,总的来看,如果你的目标是让蛋白质直接贡献于肌肉组织,你需要做的是重量训练;如果你的目标是消耗多余的能量,你需要做更多的有氧运动。

要做多少有氧运动?

每个人都应该去做些心肺功能训练,因为这是有益于心脏、肺脏和循环系统的,我会每周拿出 4 天或 5 天,每一天最少做 30 分钟的有氧运动。

健身效果不显著的、外胚型的、很苗条不容易增重的人,不大应该做这么多的有氧运动。因为有氧运动消耗能量,而这些人需要保存能量来获得最大程度的肌肉增长。

那些想要减少体内脂肪,尤其是体型趋向于内胚型的、很难变苗条的人,就适合做比这更多的有氧运动——也就是说,每周 4~5 天、每一天 45 分钟。

然而,如果你不是很习惯于做这么多心肺训练,可以慢慢地开始,给自己的身体一个适应的时间,尤其当你要做任何一种有氧练习比如跑步或骑单车时。如果你因为感觉酸痛或者受伤而暂停了训练计划，就不会取得太大进步。

还有，尽量不要在一进健身房开始训练之前立即就做心肺训练。一些人认为首先做有氧运动是很好的热身，但是这种运动会让你的身体疲劳，使你很难达到你本可以达到的训练强度。

通过饮食增长肌肉

我们曾经说过，很多的健身训练者，尤其是年轻人在最开始体重往往过轻，处于被别人说"嘿，瘦干，肋骨都露出来了"这种状态。对他们来说，要想增长肌肉就需要：

1. 通过大重量、高强度且持续的健身训练来刺激肌肉增长。
2. 摄取足够的蛋白质来满足由训练引起的机体对氨基酸的需求。
3. 从整体上增加碳水化合物的摄入，达到足够支持大强度训练的需要，但是不要过多摄入以免增长不必要的脂肪。
4. 将有氧运动控制在健康的限度内，不要超过每周 4 或 5 天、每天 30 分钟，像我们之前说到的。

为了给你的增重饮食计划一个启发，我先给你开个头。我列出一个示例饮食计划，你可以照着尝试，也可以把它当做一个指导，来设计你自己的计划。我不建议突然在日常饮食里增加这么多的食物，那样会导致你的身体不能很好地应对，所以计划分为 3 个阶段，执行顺序如下：

1. 先按阶段 I 来开始饮食，直到你的体重不再增加时，开始阶段 II。
2. 如果按照阶段 I 来饮食，3 个星期后你的体重没有变化，开始阶段 II。
3. 一旦开始阶段 II 的饮食计划，如果你的体重不断增加就一直使用它，直到体重停止增长，开始阶段 III。
4. 如果按照阶段 II 来饮食，3 个星期后体重没有任何变化，直接开始阶段 III。

在上一章我们已经知道，一次性给身体注入大量卡路里不是一个好主意，消化系统不能一下子应付这么多的食物。所以，如果要吃得更多，最好吃得更频繁。这就是为什么我推荐每天吃得超过3餐的原因,这样可以很好地将每天摄入的热量分散。我认为一天4餐比较好,并且可以用高蛋白质饮料——含有大量易吸收的氨基酸(我们之后再详细讨论这点)——来配合你的饮食。我在15岁时非常渴望增加体重,就用了这种方法,我发现喝蛋白质饮料不仅满足了我对热量和氨基酸的额外需求,而且比购买其他蛋白质食品更加划算。

增长肌肉的饮食计划

我们已经讨论过肌肉生长要有足够蛋白质的支持,以及不易增重的人需要全面增加碳水化合物的摄入量来弥补他们快速的代谢率。然而,虽然这个饮食计划主要针对的是那些倾向于外胚型的人,但是我还要提醒一句,你很苗条,这并不意味着吃很多垃圾食品和徒有热量的食物对你是有益的。训练得越辛苦,吃得也越多,这没有问题。但是一定要吃纯净的食品,吃有营养的饭菜。如果你缺乏能量而且身体里没有所需的营养物,肌肉终究还是不能增长的。

当然,那些食量已经很大的人对下面的增长肌肉的饮食推荐会感到惊讶,但是对于外胚型的人来说,他们总体很苗条,不仅是因为代谢率很高,还因为他们从一开始就不是食量大的人。当然,如果你是外胚型身材的人,发现阶段Ⅰ甚至阶段Ⅱ的饮食都比你现在的正常饮食量少,那么很明显你需要进入下一阶段,吃更多的东西。你可以或多或少地根据你的个人需要来调整饮食量,只要确保你的饮食是有益健康并且富有营养的。

如果你按照下面详细列出的饮食计划来进食,并且用推荐的蛋白质饮料来配合饭菜,你将受益更多,远不止给身体增加蛋白质那么简单,所以不要犹豫。对于外胚型的人来说,他们在增重问题上有一大堆难题,解决的关键就是艰苦的训练加上大量热量的摄入,而且不能缺少蛋白质的补充。为了说明蛋白质的摄入量,我将每顿饭菜中的大概的蛋白质含量都写出来了。

参考饮食计划

阶段 I

早餐

两个鸡蛋，推荐水煮，其他做法也可以
1/4磅（113.40克）肉、鱼肉或者家禽肉
8盎司（226.80克）全脂牛奶
1片涂抹黄油的全麦吐司
（蛋白质=大约52克）

午餐

1/4磅（113.40克）肉、鱼肉、家禽肉或者奶酪
1片或2片全麦面包
8盎司（226.80克）全脂牛奶或鲜榨果汁
（蛋白质=大约43克）

晚餐

1/2磅（226.80克）肉、鱼肉或者家禽肉
涂抹黄油或者酸奶油的烤土豆
大份生沙拉
8盎司（226.80克）全脂牛奶
（蛋白质=大约48克）

阶段 II

早餐

3个鸡蛋，水煮或者其他做法的
1/4磅（113.40克）肉、鱼肉、家禽肉或者奶酪
8盎司（226.80克）全脂牛奶
涂抹黄油的1片或2片全麦吐司
（蛋白质=大约61克）

午餐

1/2磅（226.80克）肉、鱼肉、家禽肉或者奶酪（或者任意混合起来）
涂抹了黄油或者蛋黄酱的2片全麦面包
8盎司（226.80克）全脂牛奶
1个新鲜水果
（蛋白质=大约71克）

晚餐

1/2磅（226.80克）肉、鱼肉、家禽肉或者奶酪（或者任意混合起来）
烤或者水煮的土豆或者红薯
大份生沙拉
（蛋白质=大约59克）

阶段 Ⅲ

早餐

4个鸡蛋，水煮或其他做法
8盎司（226.80克）全脂牛奶
涂抹黄油的1片或2片全麦吐司
1个新鲜水果
（你可以将水果和面包替换为热燕麦粥、全麦麦片或者其他熟粥，但是如果想要甜味只可以用果糖；如果需要更多的热量摄入，以上说的两组食物各用一半，或者加些奶油。）
（蛋白质=大约72克）

午餐

1/2磅（226.80克）肉、鱼肉、家禽肉或者奶酪
涂抹了黄油或者蛋黄酱的2片全麦面包
8盎司（226.80克）~16盎司（453.59克）的全脂牛奶
1个新鲜水果（如果需要可以加点软干酪）
（蛋白质=大约74克）

晚餐

1/2磅（226.80克）~1磅（453.59克）肉、鱼肉、家禽肉或者奶酪（或者任意混合起来）
烤土豆或蒸土豆，也可以换成烤豆子或煮豆子
稍微蒸过的新鲜蔬菜
大份生沙拉
1个新鲜水果
8盎司（226.80克）全脂牛奶
（蛋白质=大约112克）

高蛋白质、高热量饮料

在上一章节我们讨论过蛋白质补充饮料的优点。实际上，有两种不同的饮料可以让你获得额外的蛋白质：

1. 除了蛋白质本身含有的热量，无其他添加热量（或者含有少量添加热量）的蛋白质饮料；
2. 除了蛋白质的热量之外，还附加有大量热量的增重饮料。

当你查看这两种不同产品的标签时（之后我们会详细介绍），你可以很容易地发现它们的区别。一瓶单纯的蛋白质补充饮料含有 27 克蛋白质，与水及人工甜味剂混合后，共含有 108 卡路里。另外，我熟悉的一种增重食品也含有同样多的蛋白质，但是同时附加了碳水化合物和一定量的脂肪。当你把这种增重饮料与之前推荐的全脂牛奶混合起来，每杯就会达到惊人的 2000 卡路里！显然，当你决定使用这种产品时，你要非常确定你知道其中的区别。

在我的健美生涯早期，市面上还没有现在这么多的蛋白质补充饮料，我经常喜欢制作自己的饮料，因为这样我可以清楚地知道其中都有什么，以及我会在营养上得到什么益处。

我从一开始就自己制作蛋白质饮料，但是那时我才 15 岁，不像你现在可以这么方便地买到蛋白质粉。所以，我就把一杯饮料和脱脂奶粉、鸡蛋、蜂蜜等配料混合，倒在一个保温瓶里，带去上学或工作。这样的话，我可以在 10 点左右，早中餐之间喝下半瓶，等下午 3 点左右喝下另一半。尤其在我服兵役的时候，一日三餐没有保证，这种喝蛋白质饮料的习惯更加有益。有些时候，装着蛋白质饮料的瓶子是我唯一可靠的蛋白质来源，让我度过一整天。

随着营养知识的不断增长，我发明了一个制作蛋白质饮料的配方，比我在奥地利的配方更加有效和营养。但是目标是一样的：让身体吸收足够的蛋白质，提供充足的必需氨基酸，使肌肉最大化地生长，并且为训练和肌肉增长提供必要的热量。

最理想的蛋白质粉是从牛奶和鸡蛋中提取的氨基酸——现在最受欢迎的是乳清的提取物。这些蛋白质粉不是很容易和果汁或者牛奶混合，所以最好用搅拌器，如果你有一个的话。在考虑购买蛋白质粉的时候一定记住，要查看产品的标签。比如，典型的牛奶 - 鸡蛋蛋白质粉含有的营养物如下所示：

净重：1盎司（28.35克）（约1/8杯）
热量：110卡路里
蛋白质含量：26克
碳水化合物含量：0克
脂肪含量：0克

每杯饮料都需要充足的蛋白质粉来制作，一天3杯的话，建议在早餐与中餐之间、中餐与晚餐之间以及你睡前一小时左右时饮用。但是，由于蛋白质需要很长时间去消化，所以训练时，至少提前1.5小时饮用蛋白质饮料。

阶段 I

（蛋白质=约50克）
20盎司（567.00克）牛奶或果汁
4盎司（113.40克）奶油，或者1盎司（28.35克）红花籽油和3盎司（85.05克）水。（对于代谢率缓慢的人，把奶油替换为红花籽油和水。如果附加的热量没太大影响，可以尝试交替使用，第一天用奶油，第二天用红花籽油和水。）
2个鸡蛋
2茶匙卵磷脂颗粒
1/4杯优质的蛋白质粉
调味品

在搅拌机里，放入牛奶、奶油、鸡蛋和卵磷脂颗粒，搅拌片刻。等待几分钟，让卵磷脂颗粒溶解，然后加入蛋白质粉混合直到均匀。如果想口味更好，就要发挥你的想象力：一根熟透的香蕉、香草浓缩物或者其他的水果和调味品。如果想要饮料更甜，加一勺或者不到一勺的果糖——不要用含蔗糖的食品比如冰激凌或者巧克力糖浆。

阶段 II

（蛋白质=约72克）
16盎司（453.59克）牛奶或果汁
6盎司（170.10克）奶油，或2盎司（56.70克）红花籽油和5盎司（141.75克）水
4个鸡蛋
4茶匙卵磷脂颗粒
1/2杯蛋白质粉
调味品

在搅拌机中，加入牛奶、奶油、鸡蛋和卵磷脂颗粒搅拌一会。等待几分钟，让

卵磷脂颗粒完全溶解，然后加入蛋白质粉混合直到均匀。调味品和阶段Ⅰ一样，只是你可以使用两勺果糖来增加甜味了。

阶段Ⅲ
（蛋白质=约98克）
16盎司（453.59克）牛奶或果汁
8盎司（226.80克）奶油，或3盎司（85.05克）红花籽油和6盎司（170.10克）水
6个鸡蛋
6茶匙卵磷脂颗粒
3/4杯蛋白质粉
调味品

在搅拌机中，加入牛奶、奶油、鸡蛋和卵磷脂颗粒搅拌一会。等待几分钟，让卵磷脂颗粒完全溶解，然后加入蛋白质粉混合直到均匀，加入你喜欢的调味品。

如果你觉得即使在第3阶段，体重的增加也不像你想象的那么多，这里还有一个更有潜力的补充饮料，你可以选择加入你的食谱（蛋白质＝约96克）。

12盎司（340.20克）牛奶或果汁
12盎司（340.20克）奶油，或4盎司（113.40克）红花籽油和8盎司（226.80克）水
6个鸡蛋
6茶匙卵磷脂颗粒
3/4杯蛋白质粉
调味品

在搅拌机中，加入牛奶、奶油、鸡蛋和卵磷脂颗粒，搅拌一会。等待几分钟，让卵磷脂颗粒完全溶解，然后加入蛋白质粉混合直到均匀，加入你喜欢的调味品。

虽然维生素和矿物质并不是专门增重的营养物，但是一定要确定自己不缺乏任何一种营养，这样才能在健身中取得最好的进步——无论你的短期计划是增重还是减重。

怎样减肥

节食，看上去好像是减少脂肪的最快方法。但是，这样瘦下去的每一磅体重中，60%都是肌肉，只有40%是脂肪。这个结果对于想获得结实肌肉的人来说是不可接受的，因为实际上减掉的肌肉比脂肪还多。

第二章 体重控制：增加肌肉，减少脂肪

在健身的意义上，减肥意味着保持身体中的蛋白质水平，同时削减其他各种形式的能量摄入。你可以通过进行更多的有氧运动来造成卡路里短缺，这样就消耗了更多的能量。

很难说减肥时每天应该摄入多少卡路里——因为还有很多影响因素，比如体形、体重、练习程度和身体代谢率——但可以确定的是，你要让身体处于卡路里短缺的状态，也就是消耗能量比从饮食中摄入的能量更多。这通常是一件不断试错的事情。例如，如果你记下吃的食物，发现每天摄入的总热量达到3000卡路里，并且在这个饮食水平下你的体重是稳定的，你可以通过将每天摄入的热量减少到2500或2000卡路里，来达到卡路里短缺的状态并消耗脂肪。你也可以加大运动量来燃烧更多的能量。但是如果你的代谢率较低，你需要在此基础上进一步将每天摄入的热量减少到1600或1800卡路里。我说过，这在很大程度上主要是个人经验和试验的事情。但是，规则是简单的：想要减肥，你可以选择减少热量摄入，可以选择增加练习，或者二者同时进行。

然而，如果你想尝试在最大程度上减少脂肪，我可以告诉你饮食控制的上限——当然是在不会减少肌肉组织的前提下：

1. 在你训练的日子里，坚持摄入充足的蛋白质（最少每磅体重1克蛋白质）——在你休息的日子蛋白质的摄入量要少一些。
2. 吃低脂的食物——而且其热量要占每日总摄入热量的20%。（但是也有研究表明，在饮食不变的情况下，每天增加6克鱼油或者6粒含一克鱼油的胶囊，可以让身体脂肪变少并增长更多肌肉。）
3. 在不会患上酮症（见416页）的前提下，尽可能减少碳水化合物的摄入。
4. 按之前讲过的，尝试45分钟~1小时的有氧运动，每周做4或5次。

如果你坚持摄入足够的蛋白质，而且不会处于酮症的状态（于是也不会调用过多的氨基酸来供能），你的脂肪摄入量也相对低，那么你就在进行对你来说最苛刻的饮食控制，同时不会缺乏营养或者能量。一定要记住，为了保证不患上酮症，你需要吃一定量的碳水化合物，而具体的摄入量是因人而异的，取决于你做了多少运动（重量训练加上有氧运动）。所以，如果你正在进行苛刻的饮食控制，你需要定期检查，确定你是否处于酮症状态。

顺便提一下，要记得碳水化合物不会对你的健康产生坏的影响，也不会特别地

让你变胖。只要它是营养物，你就不会仅仅吸收了空白的卡路里。所以当你控制饮食时，减少碳水化合物摄入的目的是要总体上将热量的摄入（蛋白质除外）最小化，而不是否定碳水化合物。

酮症

　　酮症的产生是由于摄入的碳水化合物过少。虽然这种情况是应该避免的（具体见 416 页），但是很多健身者却依然喜欢低碳水化合物的饮食。因为你吃了大量的蛋白质和脂肪，处于酮症状态会减轻你对饥饿的感觉。碳水化合物的丧失还会使你脱水，你会弄不清自己的体重减轻是由于脱水还是真的减掉了脂肪。

　　当你限制碳水化合物的摄入量时，你可以经常检查自己体内的酮水平。几乎在任何一家药店，都可以买到尿中酮体检查剂。当酮体检查棒浸上尿液时，如果你患了酮症，它的颜色会从红色变为紫色。检查棒的颜色越深代表你体内的酮水平越高。如果检验棒上没有显示出酮症迹象，你就不处于碳水化合物短缺的状态。一旦你发现检验棒上的颜色有变化的迹象，你就知道自己的身体缺乏所需的糖原了，这时就要增加碳水化合物的摄入了。底线是：只要检验棒不变颜色，你就可以尽量减少饮食中的碳水化合物，一旦检验棒颜色发生变化，就一定要增加饮食中的碳水化合物。

蛋白质的推荐饮食来源

　　很多食物中都含有低热量的蛋白质，下面列举一下大多数健身者所青睐的：

　　鱼肉（尤其是保存于水中的罐装金枪鱼，不推荐保存于油中的）。很少有鱼肉是富含脂肪的。贝类脂肪含量是很低，但是胆固醇含量很高。（顺便提一下，我们在上一章已经讲过了，像鲑鱼和鳟鱼这种脂肪含量高的鱼肉，由于其鱼油的价值，所以偶尔食用还是有益的。）

　　家禽肉（鸡肉、火鸡肉）。去掉皮，因为皮中的脂肪含量很高；有些家禽，比如鸭子，脂肪含量是非常高的。

　　鸡蛋。蛋白含有的热量相对低，但是整个鸡蛋含有更多的蛋白质和更多的营养。

　　脱脂牛奶（而不是低脂牛奶）。脱脂牛奶含有 50% 的蛋白质和 50% 的碳水化合物，而低脂牛奶中约有 2% 为脂肪。

牛奶-鸡蛋蛋白质粉或者乳清蛋白质粉

下面蛋白质食物脂肪含量稍高，但也是富有营养的氨基酸来源：

牛肉。严格选择瘦肉；常规的 3 盎司（85.05 克）牛排的热量为 330 卡路里，其中蛋白质的含量为 20 克，脂肪含量 27 克；相比之下，如果精选非常瘦的牛肉，也是同样的重量，热量约为 220 卡路里，其中蛋白质的含量为 24 克，脂肪含量只有 13 克。

猪肉。只选择瘦肉。不要食用其他的猪肉制品，比如香肠或者培根。

羊肉。羊排比猪排的脂肪含量更高。

奶酪。有些奶酪比其他种类的脂肪含量更高；如果你特别喜欢吃奶酪，一定要从商店的产品目录中选择低脂含量的奶酪。

全脂牛奶（还有其他乳制品，比如黄油、奶油或者酸奶油）。

碳水化合物的推荐饮食来源

蔬菜（尤其是绿叶蔬菜——西蓝花，芦笋，芽甘蓝，豌豆等等；如果可以，最好吃生的蔬菜或者稍微蒸过的蔬菜）。

豆类（不要吃罐装的豆子，含糖量太大了）。豆子含有的不是完全蛋白质，所以你需要在吃豆子的同时吃些肉、米饭或者其他互补的食物。

沙拉（谨慎使用那些沙拉酱）。

水果（新鲜水果，不要吃水果罐头）。

全麦面包或者黑麦面包。

烤土豆。一个中等大的土豆只含有大约 100 卡路里的热量；不要加上黄油或者酸奶油。

米饭（不是精加工的米或者速食米饭）。

如果你想把摄入的热量降低，就需要把饮食做得清淡。不要使用黄油、酸奶油或油腻腻的调味品，比如番茄酱、蛋黄酱等。做饭尽量选择烤、烘或蒸的烹饪方式——不要油炸（这样会添加食物热量）或沸煮（会损耗营养）。做沙拉时放少量沙拉酱即可；一勺油含有 100 卡路里的热量，相当于一小块黄油。还要注意减少饮食中的盐分。

减肥饮食的规则总结

1. 正如推荐的那样,想要减肥不能急于求成——如果你每周减掉 2 磅(907.18 克)以上的体重,那么你很可能在减掉脂肪的同时也减掉了肌肉。

2. 减少你的热量摄入,直到你开始发觉体重下降了。如果持续减重,就一直将饮食热量控制在这个水平。如果对饮食的一种控制方法有效,就不要进一步控制饮食了。

3. 饮食不要超过我推荐的最大摄入量——至少 1 磅(453.59 克)体重 1 克蛋白质,低脂,尽量减少碳水化合物的摄入,但不要患上酮症。

4. 通过有氧运动来消耗额外的热量。如果你是个新手,慢慢开始并逐渐增加你的运动量,但是不要超过每周 4 或 5 天、每天 45～60 分钟的有氧运动,运动方式可以选择快走、慢跑、骑自行车等,在健身房中的器械上或者户外都可以。这样的运动量可以让你的减重目标更快、更好地实现。

5. 使用维生素和矿物质补剂,保证自己每天都摄入了足够的营养。

6. 尽可能吃新鲜的食物。这样你可以最大程度地摄入营养,并且最小程度地吸收热量。罐装食物、冷冻食品或者任何其他加工的食品营养含量都会减少,而且都添加了糖、盐以及其他化学添加剂。

7. 学会计算卡路里。否则,你总会认为自己没有吃下那么多东西。

查看标签

我建议所有人都要养成查看标签的习惯。如果只是快速扫一眼产品标签,常常会误导我们的购物。虽然人们想尽量标准化"低脂""低糖""清淡"等用语,但是广告商还是会随心所欲地使用这些字眼,来更多地表达他们想要表达的。

今天,食品的营养标签本身就是很具体的。比如,我拿起一罐金枪鱼罐头,是存于水中的那种。很明显,我不想要油存的金枪鱼罐头,因为每勺油都含有 100 卡路里的热量,这让油和鱼本身的热量一样高了。再看看碳水化合物的含量,是零。这就对了,因为罐头里只是鱼肉蛋白质,不应该含有碳水化合物。那么蛋白质有多少呢?每 2 盎司(56.70 克)中含有 12 克。好的,脂肪含量呢?每罐 2 克。总体看来不错,产品总热量为 80 卡路里,其中脂肪只含有 18 卡路里。

好了,假设我决定用金枪鱼拌面条来吃,替代以前金枪鱼拌米饭的吃法。我们

第二章 体重控制：增加肌肉，减少脂肪

来看看，这里有一袋干的意大利宽面条，里面含有 8 克蛋白质和 39 克碳水化合物。这看上去很好，不仅是碳水化合物，同时也含有蛋白质。总脂肪含量是 2.5 克，也算很低了。如果我根据面条的净含量（如果要确知食物重量就必须使用食物天平秤！）来计算，这袋面条只有 210 卡路里，其中只有 25 卡路里来自脂肪。

我刚刚做的这一餐总热量为 290 卡路里，其中蛋白质含量是 20 克，而且脂肪含量也很低。可以说是美味又健康的一餐。当然，如果我在面里再加入黄油，就又增加了 100 或 200 卡路里，而且都是脂肪。那么换成意大利肉酱怎么样呢？产品标签显示 1/2 杯的肉酱含有 80 卡路里的热量，脂肪含量不算多而且有 2 克蛋白质。嘿，看来还是选择加入意大利肉酱更好，如果这样算起来，总热量就是 370 卡路里，里面含 22 克蛋白质，还有面条本身的复杂碳水化合物，这真算是一份既能控制体重又可以满足口味的美食。

现在我想问大家，必须是营养专家才可以做到这些吗？当然不是，我只是仔细查看了食物的标签。有一天，我看了一袋意大利面的标签，是那种预先包装好的、含配料的、烤箱烹饪即可食用的方便产品，还有一份奶酪产品的标签，如果用这些材料，同样是做一份意大利面，就会含有 750 卡路里的热量，而且 40% 的热量都来自脂肪，蛋白质的含量只有 8 克！当然，我知道大多数健身者不会吃这样的袋装方便食品，但是其他的产品也很容易混淆你的判断：它们看上去热量和脂肪含量都很低，但是却不是。这种食物前面的标签上可能写着"去脂"，也可能自称"低热量"（和什么相比呢？），但是不要被迷惑，仔细看看它的营养标签，就知道那里面真正都有些什么了。

还有，很多食品并没有附加标签。像快餐食品中的芝士汉堡、大份炸薯条会一直诱惑着你，还有带着厚厚酥皮的比萨。然而，现在这种食品的营养构成也是可以了解到的，提供这些食品的餐厅张贴出来了，还有书籍和饮食指导上写的更多的信息。这些书籍、资料在书店和健康食品商店里都能买到。它们会将大多数市面流行的食品含有的营养成分和热量都提供给你。我建议你去购买一本，但是一旦你拿到这些书，先做好被吓一跳的准备。就像我之前说过，有一些人认为旅行食品是减肥食品。你可能会惊讶地发现，不管是那些你非常热衷的"健康"早餐麦片，还是美味的"高纤维"麦麸松饼，或者是你一直信赖的"低热量"沙拉酱，含有的热量统统比你想到的高很多，至于被戏称为快餐工业"三大基础食品元素"的脂肪、糖、盐，更是塞满了这些所谓的美味"健康"食品中。

第 三 章

参赛饮食计划

从未有一项比赛，比健美比赛更要求肌肉的形状、发达度和清晰度。健身可以让你更强壮、更健康，看起来更好，还能让你在各种运动中表现更出色，无论是棒球还是高尔夫，滑雪还是橄榄球，但如果要参加健美比赛，你就要对自己提出更高的要求。实际上，健美比赛是所有现存比赛中，要求最高、最困难、最需要训练有素的一个。

在本书的其他部分，我们已经介绍了参赛训练的各个方面。然而，要保持肌肉组织的最大化，身体脂肪的最少化，并让皮下体液最小化，以最大化肌肉的清晰度——一旦你达到了这个地步，那么适宜的营养和饮食策略对你参赛的成功就是绝对关键的。参赛饮食意味着对你的身体进行全面的控制，其中的方法就是这个章节要讨论的主题。我们将考虑这些方面：

1. 在非赛时控制好你的体重，以让你的参赛饮食有更好的发挥空间。

2. 计算你所有的食物摄入——蛋白质、碳水化合物、脂肪和热量——让你的饮食尽量全面而均衡，并学会在饮食日记里仔细记录你的饮食过程。

3. 什么时候吃，多久吃一次，还有怎样去避免营养和热量缺乏的陷阱以及代谢率下降的问题。

4. 怎样通过体重秤、皮脂钳还有其他测量身体脂肪量的方法，去衡量身体成分的变化。

5. 怎样在参赛 12 周前订出完整的饮食计划，并在比赛开始前几天大量增加碳水化合物的摄入，怎样控制好皮下体液的多少，以求在比赛中达到巅峰状态。

控制体重、塑造身材

在开始参赛饮食前，你必须有一个起点。你在开始这种饮食方式时的体重决定了你会有多么成功。这个道理显而易见，但是很多健美运动员却不明白——你在非赛时的脂肪含量保持得越少，参赛饮食就越容易。一些健美运动员习惯在非赛时增重很多，还认为这是在变得更魁梧，相信这不仅能让自己更强壮——于是可以加大训练强度和训练负荷了——而且会加速肌肉增长的过程。从心理学的角度看，很多健美运动员就是喜欢那种"大块头"的感觉，这样可以在健身房里走来走去，或者穿着T恤在街上逛，谁会在乎他的肌肉线条是不是足够清晰呢？

当然，从某种意义上说，当你的体形膨胀时，你是更壮了——仅仅是因为变粗的胳膊和腿会给它们力学上的优势，让它们变成更好的杠杆。同时，你还会确保自己摄入了足够的蛋白质和其他营养物，以增加肌肉。但在非赛时大量增加体重是要付出代价的——你必须在参赛前，通过控制饮食来把过多的体重减掉。你吃出来的脂肪越多，你就要花费越长的时间对付它们。而同时，你很可能要牺牲掉更多的肌肉组织。

脂肪、肌肉一起被减掉的这种经历，我自己就体验过很多次。在20世纪60年代，那时我很年轻，十分享受变成大块头的感觉，可以向他人自我炫耀。在不比赛的时候，我就让自己增重很多。现在看看那时候的照片，感觉我当时在为参赛而控制饮食后身材还是很平，相对而言，几年之后我学会了怎样在不参赛时控制体重，那时的身材就像样多了。一定要记住，不要去追求看上去多么魁梧唬人，以求在不参赛时自我感觉良好，重要的是比赛期间你走上台时展现的样子。

当然了，有很多在比赛时重230磅（104.37千克）的健美选手，在非赛时却重达280磅（127.01千克），他们对此振振有词，认为自己不是胖，只是圆润了一点。的确，在正常人的眼中，像他们这样拥有如此多坚实肌肉的人来说，即便增加很多脂肪也不会看起来很胖——如此巨大坚实的身体让多余的那些重量不那么明显。但是脂肪就在那里，等到参赛前你必须减掉这些累赘，让自己看上去肌肉发达、线条明显、轮廓清晰。

还有，我们已经说过了，你节制饮食的时间越长，减掉的体重就会越多，但是在此过程中你可能减掉的肌肉也越多。减掉很多脂肪的同时还保持肌肉坚实、体形完美不是不可能的——这很显然，因为一些健美运动员做到了，比如多里安·耶茨的健美事业很成功，但是也因非赛时会变得超重而著名——但是要困难得多。就我个人而言，为比赛而健身本身就很艰难。而如今的参赛饮食要比我刚参加比赛时的要科学多了。我那时发现,在准备参赛的几个月前戒掉糖果和甜食、面包和黄油,还有晚餐时不喝酒,再加上每天两次的大强度训练就可以让我的身材结实、轮廓清晰,而且相对轻松。但是,20 年前所认为的结实度和清晰度,在如今激烈的健美比赛环境中,很可能不再适用了。

事实上,从我开始健美事业到我退役,参赛饮食的标准发生了巨大的改变。参加健美比赛的次数越多,我越懂得怎样获得健美比赛的身材,而且大家也越来越懂得怎样以最快最有效的方式获得最佳身材。当然,事情总在两个极端之间摇摆。在 20 世纪 60 年代的比赛中,健美运动员的身材看起来过于圆润。然而在 20 世纪 70 年的比赛中,很多健美运动员看起来瘦削、枯干,一度被称为看起来"像死人一样"。我记得在健身房里看见那些健美运动员走来走去,他们有 240 磅(108.86 千克)重,魁梧却不胖,而比赛时站在台上的他们只有 195 磅(88.45 千克)了,瘦瘦的接近枯萎,看起来就像他们的祖父一样。

全部记下来

参赛饮食是上一章节我们谈到的饮食的"高能"版本,包括吃高蛋白质食物(有时是非常高的蛋白质成分)来打造最大化的肌肉块头,以及尽可能减少脂肪和碳水化合物的摄入,还有做充足的有氧运动来燃烧掉任何过多的热量。

但是在做这些的同时,一定要确定自己对每一种重要营养物的摄入量都是合理的,具体做法如下:

1. 订一个细化的、特定的饮食计划,记录下来,在饮食日志中仔细记下自己每天吃了什么、吃了多少。
2. 使用食物天平秤、量杯、勺子来精确计算自己每天吃下的任何东西的热量以及蛋白质、碳水化合物、脂肪的克数(非常仔细地阅读食品标签)。
3. 每两个或三个小时进餐一次。
4. 如有必要,事先准备好食物,出门时装在塑料容器里携带,你就可以做到每两个或三个小时进餐一次了。
5. 只要有必要,就带着所有必需的营养补剂,包括蛋白质、维生素、矿物质、必需脂肪酸,还有我们将提到的其他一些补剂。
6. 喝很多的水,每天至少 4~5 升。

我一直都在强调记下你个人的饮食计划，并在每天确切地记录下你每天吃了什么以及多少食物——这些记录工作非常重要。在一些研究中，监控一些人的饮食摄入，但是这些受试者并不确切地知道自己吃下了多少东西。在一天的最后，当这些受试者被要求估计自己摄入了多少热量时，他们的估计结果经常会差之千里。一些人认为自己摄入的热量很多，但实际上却没有那么多；另一些人则相反。

如果你没有成文的饮食计划，也没有记下自己吃下的食物及热量，你也会错误地估计自己的饮食。你对自己吃了多少的感觉可能会比实际高或少——如果你在为参赛而控制饮食，无论哪一种错误都是不应该的。你可能会问，称量所有要吃的食物，控制剂量，记下吃的每样东西并计算摄入多少热量，这样是不是很乏味而且耗费时间？毫无疑问，你说得对。但是为了让你的参赛饮食效率最大化、效果最显著，这些都是必需的。

在吃，正在吃，还是在吃

吃的频率和吃的是什么同样重要。在上一章中我们已经讨论了每天超过三餐的好处。但是在参赛饮食中，你甚至还要增加用餐的次数。事实上，很多参加健美比赛的人都在抱怨，总是要不断地停下日常的活动来吃东西，是很不舒服的事情。起床了，吃早餐；到健身房去训练，然后再吃；去拍照，在半路的时候还是要停下来吃。

在比赛前，健美运动员在外出时都随身带着塑料器皿，里面装着食物。无论他们去哪，都带着金枪鱼的气味。他们在餐馆和朋友们一起吃饭，只点水，主要啃金枪鱼、去皮的鸡肉、火鸡肉、米饭、烤土豆还有红薯。当然，所以这些食物都是被仔细称量过的。健美运动员经常在前一晚上把食物装在容器里，并分别标注上应该在什么时间吃，所有食物的热量也都要考虑进去。

这听起来是不是过于麻烦了？的确是的。但是这种控制是如今参赛的健美运动员的基本能力，以在预期的日程内达到想要的身材，在最后时刻让身体状态达到顶峰，以确保在台上大展风采。有人曾经说健美不是什么高深问题，但是有时它真的不那么简单。

营养匮乏

如果你在很长时间非常严格地控制饮食，尤其是在你训练很艰苦的情况下，你的身体很容易缺乏足够的营养。我之前建议在保持不患上酮症的前提下减少碳水化合物的摄入，就是基于这个原因，使用大量营养补剂的原因也是为了不出现上述的碳水化合物缺乏状态。高蛋白质含量的饮食让你的肌肉永远不会缺少所需的氨基酸，但是你的肌肉还是需要能量的，这就是为什么你还是要吃那些碳水化合物。

很多健美运动员的饮食都非常的苛刻，在很大程度上限制了脂肪的摄入，以至于处于营养缺乏的状态，尤其是缺乏身体所需的必需脂肪酸。首先，为了比赛时能够最大化肌肉的分离度，你不必让饮食苛刻到仅有 10% 的脂肪含量的地步，脂肪含量占 20% 的饮食就已经很严格了。其次，为了不让摄入的脂肪太少，你可以使用必需脂肪酸补剂，这点在上一章中已经说过了。

代谢率下降

身体是自我平衡的有机体。它一直试着让自己保持不变，让一切都在平衡中。所以，当你减少了热量的摄入，你的代谢率也会随之变慢，这不利于你为节食作出的努力。

艰苦的训练，包括在健身房中的器械训练以及有氧运动，都帮助刺激身体加快代谢。另一个方法是不断地改变你摄入的热量。假设你平时摄入 3200 卡路里的热量，然后开始控制饮食，改为 2000 卡路里。当你的身体意识到热量在减少，它就会相应地慢下来。但是你不需要每天都把热量摄入减少到 2000 卡路里——你只需要做到把平均值保持在 2000 卡路里就可以了。你可以在一天或两三天内增加热量的摄入（大约到 2600 卡路里），然后再用几天把摄入热量降下来（比如 1600 卡路里），然后再回到每天 2000 卡路里的水平。除此之外，差不多每周你都可以选择一天让摄入的热量恢复到从前的水平（3200 卡路里），来进一步刺激你的代谢率（并给你的艰苦训练以某种回报和奖励）。

你可以坐下来，拿出纸笔，详细计算一下怎样去达到你期待的那个平均值，但是通过这样控制饮食，你可以确保自己的身体在尽可能高的代谢率水平下工作，从而消耗掉更多的热量，虽然你整体地减少了热量的摄入。

测量身体的变化

有很多方法可以对身体成分的变化进行仔细的追踪：

体重秤。当你减掉了相当多的脂肪时，即使你在此过程中也增长了一定的肌肉重量（在单纯节食的过程中肌肉增长不大可能发生），你的体重还是会变轻。所以你可以通过体重秤的数字来检查自己的健身成果。

卷尺测量。你的腰围在缩小吗？测量一下腰围你就知道你的饮食计划是不是起作用了。

体内脂肪测量。很多方法都可以测量体内的脂肪含量：水下称重测量法，皮脂钳测量法、生物电阻抗测量法。但要知道这样得到的百分比数据不是也不需要很精确。不过通过多次测量（使用同一种方法、同一种工具），身体改变的趋势是怎样的还是很明显的。

镜子。毕竟我们考虑的是健美比赛，底线当然是你的身体看起来怎么样。

当然，常规的称重是对饮食计划进行监督的基本方式。虽然经常控制不住，但是最好还是不要测量得过于频繁，不要超过一周一次或两次。身体减重并不是一个持续、有规律的过程，所以应该间隔足够长的一段时间再测量，这样才可以看到真实的进度。

除此之外，说到使用体重秤，我一直倾向于看结果。参赛时你将身体展现给台下的评委，这时你展示的并不是自己的体重，而是整体效果。所以想要看看自己离参赛身材还有多远距离的时候，镜子才是主要的衡量方法。要学会合理地使用镜子，最好的方式是永远在同一面镜子前、在同样的光线下观察自己的变化，比如选择一家健身房内的同一个位置，一面固定的镜子。这样就排除了环境和光线情况的影响，你在镜子中看到的变化就可以更多地归于饮食的效果了。

还有很多其他的方式能帮助你确定自己身体的变化。比如，我曾经每周让弗朗哥给我拍一张照片，这样我就能清楚地了解我的训练和饮食计划实行的效果如何。这些照片告诉我所有需要知道的东西。如果我觉得效果太慢，就会修改我的计划；如果我认为效果不错，就按原计划继续下去。

控制饮食和训练一样，应该很理智地进行。一边控制饮食，一边检查自己的健身效果，并在你认为必要的情况下，作一些改变。因为你身体的新陈代谢每个季节、每年都会变化，还有每个人的情况也是与其他个体大不相同，所以要想设计一个好的饮食计划就不要过分拘泥于一些固定的数值。

开始行动：提前12周

大多数健美运动员会在比赛前的12周起开始执行参赛饮食计划。这个时间长度足以让一般的健身者减掉20～25磅（9.07～11.34千克）体重，同时不怎么减少肌肉块头。极端地控制饮食却不减少肌肉组织是很难做到的，所以最好的策略是在参赛饮食计划前就控制好体重，以求之后每周以最多减掉2～2.5磅（0.91～1.13千克）的速度，让自己在12周内达到健美的体形。

当然也有少数比较罕见的健美运动员，在比赛时体重会减少，在比赛将近的时候就不得不增加体重。弗兰克·赞恩就是这样的。他的体重通常在非赛时要比他参赛时轻很多。弗朗哥也经常是类似这样的——在我寻找方法减少体内脂肪的时候，他就嘲笑我并继续吃他的意大利面。

然而就算是弗朗哥这样的健美运动员，为了比赛也还是需要减脂来使肌肉线条更清晰，只是不那么明显，因为在预备比赛的这一段时间内为了增加肌肉，他们还是在吃很多东西。所以说即使是这种体形的人，仍然需要通过控制饮食来减少脂肪。

酮症测试

虽然酮症本身并不是一个理想的状态，但是当你为参赛而将各种食物的摄入量压缩到最小时，它也可以为你所用。我说过，你可以通过尿中酮体检验棒来检查自己是否处于酮症状态，这种检验棒在大多数药店里都能买到。当你的身体系统中有酮体时，检验棒一旦接触到你的尿液，就会变成紫色。

为了帮助你找到你应该在饮食中摄入的碳水化合物的最小量，应该逐渐减少饮食中的碳水化合物，并偶尔进行酮症测试。当你发现检验棒开始变成紫色，立即增加饮食中的碳水化合物的含量，直到酮症反应消失。也就是说，你可以接近酮症，但是不能患上酮症。你应该摄入的碳水化合物的量，应该刚刚足够避免碳水化合物缺乏的状态。

要偶尔地重复这种测试，来确保身体没有下滑到酮症状态。记住，你训练得越艰苦，就要摄入越多的碳水化合物来保证不患酮症。而无论你的饮食控制是多么严格，如果没有刻苦的训练还是不能塑造出完美的体形。

不要做太多有氧运动

在我的参加健美比赛的年代，大多数健美运动员都会做一些心肺功能训练，但是远不像现在的参赛选手在赛前做那么多的有氧运动。一些专家认为，有氧运动在总体上是对保持最大量的肌肉组织起反作用的，对健美运动员而言，有氧运动的最佳量是零。但是现在的参赛者并不相信这个说法，并进行有氧运动帮助他们减少脂肪。所以问题就来了，参赛者到底应该怎样做呢？

过多的有氧运动也会刺激机体代谢掉身体中的非脂成分——肌肉——来提供更多的能量。身体确实可以征用自身的肌肉组织，尤其是白肌纤维，以给有氧运动供能。

最终，会出现机体疲劳。很多有氧运动会让人感到累。当你累的时候，你就没有能量来完成高强度的训练。你也可能不感到疲劳，但是当你做了太多的心肺功能训练后，身体系统恢复肌肉、补给能量的速度就跟不上你的需求了。

在上一章中我们讨论了有氧运动的基础原则，但是在参赛饮食阶段进行心肺功能训练，你还要更加精确和小心，使其会帮到你而不是害了你。举个例子，我推荐的心肺功能训练如下：

1. 每天的运动量不要超过 45～60 分钟（不需要一次完成——分两个或更多阶段完成有氧运动最好），每周 4 或 5 次。同时要将你的饮食仔细规划好，从而不需要做再多的有氧运动。

2. 不要在重量训练前立即进行有氧运动，那样只能让你疲劳，并且让你的训练强度下降。

3. 不要在训练后立即进行有氧运动。你的身体在这时很虚弱，需要休息和恢复，至少一会儿的时间——所以在完全不同的另一个时段开始你的有氧运动是很不错的。实际上，我建议在健身房训练后摄入一些糖原填补身体空缺（含碳水化合物的食物、补剂），然后再开始做不管什么形式的有氧训练。

关于药物

现在社会存在一个普遍问题，就是每个人都习惯于去寻找捷径和简单的方法。企业必须要很快获得利润，否则他们的股票就下跌了，无论这会否影响他们长期的盈利和成长；如果一档电视节目在几周之内的收视率不佳，它就会被要求下线停播；

电影能否继续上映也是首映日的票房收入来决定。有些运动员也倾向于追求捷径，不愿去坚持长期有规律和严谨的训练生活。全社会的人都没有耐心去等待结果，运动员这么做也就不足为奇了。

以上说到的现象也就能解释了，为什么现在关于成功运动员的讨论中都提到他们使用药物以帮助他们提高竞赛表现。媒体上充斥着各种运动员没能通过药物测试而被淘汰的报道。《体育画报》发表过一篇文章，说各种各样的药物，包括类固醇、生长激素、利尿剂还有很多非法的兴奋剂在体育界猖獗地流行着。在现代社会，不管是否在体育运动中，药物的使用都不幸地成为一个持久问题。

毫无疑问，现在的我处于一个可以影响年轻人的公众位置，所以我必须将我的观点表达清楚。我个人是坚决反对使用那些危险和违法药物的。各大体育赛事的联盟和组织都禁止使用这类药物，其中大多数的组织都开设检测环节来鉴别运动员们是否使用了药物。我衷心地感谢他们为之作出的努力。我真的希望各种体育杂志都可以有同样坚定的立场。有一些杂志公开声明反对使用药物，却又在之后发表文章介绍这些药物及其使用方法。我认为这种做法是可耻的。

使用药物对你的健康明显是有害的。我们知道很多这种药物可以造成严重的副作用，有些情况下——我毫不夸张——这些药物是可以置人于死地的。药物使用对于体育界的形象是有毁灭性的影响的，国际奥林匹克运动宣扬的自律和投入，公众就再也不能从运动员身上看到了。药物使用带来的问题也通过媒体传递给我们的孩子们，他们一直都把运动员当做终极偶像和英雄。在我个人成长的经历中，我受到的教育是你在运动中付出的努力越多，你的身体素质和技能就会越好，你也就越有可能成为冠军。我们真的希望引导下一代，让他们认为冠军就是使用了最好的化学药物的人吗？

如果你按照这本书中介绍的计划进行训练，你可以不求助于药物而成功地塑造体形——这取决于你有多大的诚意去投身其中。想要拥有顶级的身材，你要先有顶级的欲望，还要有艰苦并持久训练、不让任何东西干扰你的意志。你要不断了解怎样训练才是最有效的，而不是只会举起重量，或者没有技巧地把重物抛来抛去。需要足够的持久力来塑造你的身体到基因潜力的上限，做到这点并不容易。没有意志、欲望和梦想，就做不成大事。然而，如果你愿意去为自己的梦想付出，你就会取得你所能取得的最好成绩，这是我们任何人能期待和希望的一切。

药物和体育

我在上面已经提到了，在相当长的一段时间里，药物在各种各样的体育竞技中被广泛地使用。在类固醇的使用被判定为违法以及运动员们对它不很了解前，这类药品曾经被健美运动员们使用过。但是近几年，还是有竞技者在国际健美健身联合会的药物测试中被淘汰，这说明还是有一些人愿意冒着被停赛的风险来使用药物。

在韩国奥林匹克运动会上，本·约翰逊被取消参加100米短跑比赛的资格，这件事情我们都知道。其他运动员在奥运会时被停赛、或者取消参赛资格的事情很少对外界宣传，但其实这样的事件时有发生。

在专业级别的团队比赛项目中是有限制性药物测试的。很多专业足球运动员，在合成代谢药物（也包括各种"康乐"药物）的检测中呈阳性，然后会被勒令停赛。室内美式橄榄球，还在发展的早期阶段，就已经宣布了在所有有组织的体育比赛中最严格的药物禁用条例。

说到自行车比赛，环法自行车赛曾经在1998年爆出一则国际性的新闻，就是以滥用药物为由将意大利法斯蒂纳队驱逐出比赛，在这之后该团队的教练也被警察监禁。实际上，1998年2月BBC报道说，在20世纪70年代到20世纪80年代，有1万名男性和女性奥运会运动员，其中一些年轻的只有10岁，就在东德被有组织地使用药品。在近些年，也有些俄罗斯游泳运动员因服用类固醇而被暂停比赛。

冬季运动也没有幸免。两名澳大利亚雪橇运动员也没有通过药品测试，并被禁赛。在1997年，罗马尼亚体育运动联合会让一位欧洲越野滑雪冠军禁赛了2年，就是因为使用了违禁药物。

在1998年的友好运动会，两名运动员——一名美籍短跑运动员和一名铅球运动员——由于服用违禁药物被停赛。官方数字显示NCAA（美国大学体育协会）的学生运动员中有0.9%在药物测试中不合格，而1995年这个数字仅为0.1%。令人吃惊的是，虽然在足球比赛中药物检出率已经很高了（2.2%），但是在男子水球比赛中的检出率甚至更高，达到2.8%。在1995年，一名南非籍标枪投手因违禁药物测试结果为阳性而被禁赛。在1996年，一名英格兰板球运动员也因为使用违禁药物而被暂停比赛。

在橄榄球比赛中，有一支赢得澳大利亚总决赛冠军的球队，其中两名队员由于类固醇检测阳性被告知停赛，还有一名队员被发现服用了另一种违禁药物——麻黄碱。因为体育比赛中的违禁药物测试，总是会出现一些指控以及停赛通知，无论是自行车比赛或者山地自行车比赛，还是拳击赛。在1995年，重量级选手奥利弗·麦考尔被WBC（世界拳击理事会）停赛，原因是他拒绝在赛后接受药物测试。

我还可以继续举出类似的例子，但是我认为我的意思已经足够清楚了。使用违禁药物、兴奋剂是很流行的事情，这在健美界也不例外。一些运动员误入歧途，寻找快速胜利的捷径，然后就开始使用非法药物。这是所有体育项目都需要去应对的问题，我们对这个问题处理的好坏会对体育的未来产生重大的影响，也包括运动员的健康和安全问题。

使用类固醇的副作用

合成代谢/雄性激素类固醇在很多重要生理功能中都有着广泛的影响。使用类固醇可能出现的相关并发症包括：

肝功能异常。当你使用类固醇的时候，肝脏会承受很大的压力。如果长期大剂量的使用，尤其是口服的类固醇制剂，会出现进行性胆汁淤积、黄疸、大出血，甚至还有患上肝癌的可能。应用类固醇疗法的患者们确实有致死的报道。

心血管功能异常。使用类固醇可以改变血液中的凝血机制，还有糖原的代谢，以及血液中甘油三酯和胆固醇水平。口服类固醇可能造成胰岛功能亢进，降低糖原水平，降低口服或静脉注射的糖原耐受性，这些都与明显的胰岛素抵抗有关。类固醇增加了患心血管系统疾病的风险。

增加神经压力和/或血压。这就会导致高血压，也会从根本上改变身体系统中体液和电解质的平衡。

正常睾酮分泌减少。身体有一种机制来监督睾酮的水平，来提醒内分泌系统是增加还是减少激素的分泌。一旦摄入了类固醇，身体就立即记录这个改变，认为睾酮超量，然后趋向于降低或者关闭睾酮的分泌。这会带来性欲上的改变，还有很多其他与荷尔蒙水平有关的生理上或者心理上的功能，比如攻击性增加、抑郁或者身体脂肪的增加。

男性特征的影响。包括面部或者身体毛发的增加，汗腺分泌的增加（油性皮肤），导致粉刺，阴茎持续勃起，脱发，睾丸肥大，骨垢早闭（生长停滞）等。

除了以上的影响，以下这些短期的影响也是常见的：

肌肉抽搐和痉挛；

攻击性的增强或降低；

头疼；

流鼻血；

眩晕，乏力，困倦或者昏睡；

皮肤红疹或者注射局部出现反应；

乳头疼痛；

男子女性型乳房（男性乳腺发育）；

甲状腺功能异常；

口服类固醇后胃肠道功能紊乱，包括食欲下降，舌头灼痛，作呕，呕吐，腹泻，便秘，肠激惹症，在口服类固醇的人群中还有 1%～2% 的人感觉胃肠胀气。

绝对不能使用类固醇的禁忌症是前列腺癌或男性乳腺癌的前期和中后期。

类固醇与青少年

不管是为了增加自己肌肉的块头还是力量，青少年都绝不应该使用合成代谢的类固醇。在青少年期，男孩子们已经处于合成代谢最活跃的时期，睾酮在体内含量充盛。这个时期在身体中加入合成代谢物质，对于他们来说是不需要的，也是很危险的。

另外，类固醇倾向于结束骨骼的生长趋势。一个青少年没有长到自己身高的极限时，使用类固醇可能影响他继续增长到完全的高度，并且这种影响是完全不可逆转的。

类固醇与女性

相对于男性而言，女性体内的睾酮含量仅有男性的百分之一，所以只要一点点剂量的类固醇就会对她们的身体产生显著的雄性化影响。这些影响包括脸部毛发的生长，声音变粗，面部特征的改变，乳房组织的减少，阴蒂的变大。这类变化总体来说是持久的，即使不再使用药物，已经造成的身体改变甚至还会存在。

因为女性对于男性激素很敏感，所以使用后的副作用会很快出现，远不像男性在这方面的延时性。

利尿剂

在健美比赛的舞台上，要展现完美的肌肉，让肌肉达到最大的清晰度，这就要让皮下的水分储存达到最小程度。于是，现在有一些健美运动员开始依赖利尿剂的使用，也就是那种让机体排除多余水分的药物。

不幸的是，利尿剂会对身材产生不利的效果。因为排除过多的液体会让肌肉变平，看起来不再那么发达。一旦肌肉过度缺水，身体就会趋向于将水分贮存在皮下，这样一来就与期待的结果背道而驰了。同样，过度的丢失水液让体内的电解质紊乱，使肌肉无力和抽搐。

使用利尿剂不但让人感到十分虚弱，而且还很危险——甚至是致命的。有少数健美运动员不得不在台下接受私人医师的治疗，就是使用了利尿剂的结果。一些人严重到要转去医院治疗。有一例不被太多人知道的事情，一名冠军级的健美运动员想通过利尿剂来获得紧实、清晰度的肌肉，却因此而丧命。

因为利尿剂的危险性，在1996年的奥林匹亚先生大赛中，国际健美健身联合会开始对利尿药的使用进行测试，并且在接下来的所有大型赛事上一直这么做。

生长激素

一些健美运动员也尝试过人类生长激素（hGH），经常与胰岛素联合使用，为的是使肌肉最大化，脂肪最少化。生长激素的副作用包括了骨骼生长不规律，尤其是面部的骨骼，对心脏也有非常严重的损害。在20世纪90年代，健美运动员开始在台上展现粗厚的腰线和膨隆的腹部，大部分专家都将此归因为人类生长激素的使用。

除了其他一些医学考虑，经观察，高水平的生长激素还与前列腺癌有关联。如果二者之间真的有确定的因果联系，在不久的将来，我们就会发现很多的健美运动员承受着患前列腺癌的痛苦。

健美比赛与药物检测

使用各种各样的代谢药物，这种做法本身就是违反了国际健美健身联合会的规定。我之前说过，国际健美健身联合会在1996年就开始测试利尿剂，但没有测试类固醇。后来，国际健美健身联合会开始严格遵循国际奥林匹克委员会在1999年的禁药规定，至少在业余比赛中是这样。这就包括了检测在各个级别中排行前3位的参赛者，以及随机挑选出来的其他选手。隶属于国际健美健身联合会的国内各大联盟在药物测试中，都必须遵循相同的规则。

这时国际健美健身联合会还没有建立针对专业健美运动员的药物检测机制，然而一位联盟的发言人已经声明，他们计划对专业健美运动员执行已经在业余选手身上建立的药物检测机制，可能最早在2000年开始。

就我个人来说，过去超过的10年的时间中，我一直在建议国际健美健身联合会针对代谢药物以及雄性激素制剂，使用最新的现代技术来测试包括业余和专业的所有运动员。我认为，最终，药物测试不仅会拯救健美比赛，同时也会拯救生命。在这个我深爱了这么多年的体育项目无药可救之前，我衷心地希望我的愿望和梦想都会变成现实。我的目标是减少药物的使用，这样这项运动又会是强健身体的，而不是毁掉身体的。

超级补剂

如今，市面上出现了各种代表尖端科技的合法补剂，在我参赛时大多是不为人知的，更不可能获得。这些补剂的使用是有争议存在的，关于它们是不是真的有效的争论也有很多。以下列出了最重要的一些产品以及目前为止我们对它们的了解。

荷尔蒙前体

在1994年饮食补充健康与教育条例（DSHEA）出台前，这些药物是不合法的。它们被认为是荷尔蒙前体，因为身体会将它们转化为雄性（有时也可能是雌性）激素。尽管在DSHEA的规范下它们是作为饮食补剂被考虑的，但这些产品还是被某些体育机构排斥，比如国际足球协会以及国际奥林匹克委员会。在考虑使用这些产品时，大家要非常的谨慎，因为一旦它转化为雄性激素，就会对你的健康产生像合成代谢类固醇一样的作用。坦诚的说，如果你正在考虑使用一些这样的产品，我建议你在开始服用前进行医疗咨询。

处于青春期或者二十来岁的男性，任何年龄段的女性，以及高血压或者心脏、前列腺有问题的成年人，都不应该服用荷尔蒙前体。要牢记，目前没有太多科学依据证明这类药物是安全或者有效的。以下这些药物可以被认为属于荷尔蒙前体：DHEA（脱氢表雄酮），孕烯醇酮，4-雄烯二酮，去甲-4-雄烯二酮，4-雄烯二醇，去甲-4-雄烯二醇，5-雄烯二醇，去甲-5-雄烯二醇。

DHEA 是第一个合法的、被认可为饮食补剂的肾上腺类固醇激素（肾上腺附属在两侧肾脏的上方）。虽然可以用做抗氧化剂，但作为睾酮加强剂的效果还不那么可靠，因为 DHEA 不是一种直接先质，为了最终转换出少量的睾酮，它会生成各种类似雌激素的化合物。

雄烯二酮。是另一种肾上腺激素，为睾酮的直接先质。雄烯二酮对于女性的作用要明显大于男性，因为她们的身体会生成更多的肝酶，这是它转化为睾酮所必需的。

去甲雄烯二酮。这是同一种类的激素先质，是怀孕女性体内分泌的、可以自然产生合成代谢的苯乙酸诺龙，苯乙酸诺龙和睾酮有些相似，但并不让人变得那么肌肉发达。

4-雄烯二醇（4-雄甾烯-3β，17β-二醇）。这是另一种肾上腺激素，可以直接转化为睾酮，但是通过更多更有效的酶的作用，可以转化得更好。然而，在没有转化的状态下，4-AD 要比睾酮有更强大的让人肌肉发达的作用。

去甲–4–雄烯二醇。这是 4-雄烯二醇的变体，和去甲雄烯二酮的作用相似，但是由于拥有更好的酶促反应，更容易转化为苯乙酸诺龙。在所有的肾上腺激素中，去甲 4-雄烯二醇是最容易合成代谢，并且最不会让人变得肌肉发达的一种。

草药

虽然植物性的补剂和其他天然的产品总体被认为比化学药物安全，但是你在服用的时候同样要小心。不要超过推荐用量，也不要服用未经检测的、复合形式的补剂。

乳香提取物。这种植物的提取物含有乳香酸，乳香酸的抗炎效果已经得到证实，并且在关节损伤的治疗上非常有效（另一种天然抗炎物是辣椒素，是辣椒的提取物）。

苦橙。苦橙可用来调节血脂水平，降低糖尿病人的血糖，净化血液，调整肝脏、胆囊的功能性紊乱，刺激心、脑和循环系统。还可以帮助改善睡眠不规律、肾脏和膀胱病变以及矿物质代谢的不均衡。橙花精油还对治疗神经痛和肌肉疼痛、擦伤、静脉炎、缓解风湿不适有作用。

紫锥菊。根部有非特异性的免疫调节功能。它会提升你抵抗各种感染包括病毒感染的能力，并可以帮你应付感冒和流感盛行的时节。

刺五加（也被称作西伯利亚人参）。西伯利亚人参有强大的免疫调节能力；它可以提高机体对抗各种压力的能力，对心肺系统和神经系统有深刻且积极的影响。

草麻黄。通常被称作麻黄。麻黄中含有麻黄素，这种成分的作用与肾上腺素的相似，但是更温和、更持久。主要作用于心血管系统，刺激血管，增加血压，舒张平滑肌以防止平滑肌痉挛。报道过的副作用（即使小剂量使用）包括失眠、坐立不安、过敏、头痛、恶心、呕吐、排尿障碍以及心跳加速。在大剂量应用时，麻黄会大幅度升高血压，导致心律失常，并造成进一步的药物依赖性。由于存在以上可能出现的副作用，应该非常小心地使用麻黄，而且只应该短期使用。

藤黄果。含有羟基柠檬酸，这种成分会影响碳水化合物和脂质的代谢。羟基柠檬酸阻止脂肪酸和胆固醇的生物合成，而且可以抑制食欲并减少体重的增加。藤黄果可以用来防止、控制肥胖。

积雪草。积雪草也被称为印度铜钱草，可以提升精神活动：记忆、注意力、专注力。实际上，这是已被证实可以提高记忆力的极少数植物之一。同时它还可以加强血液循环，有益心血管系统。

绿茶（未经发酵的）。绿茶含有咖啡因和抗氧化剂。它可以提升消化系统和肾脏的功能，改善呼吸系统功能，增强血液循环，对心血管系统来说是一种滋补品。

瓜拉那（巴西可可）。瓜拉那有令人兴奋的特性，是由于它有很高的咖啡因以及相关的生物碱含量，比如茶碱和可可碱，这些成分可以增强身体的耐力。瓜拉那还有抑制食欲的作用。经常使用会导致对咖啡因的依赖，以至于中枢系统的机能障碍，造成血糖不稳的低血糖症。所以，只推荐适量的应用。

卡瓦胡椒。卡瓦胡椒经常被用来缓解精神焦虑、压力和心神不宁。卡瓦胡椒含有卡瓦-吡喃酮，可以增强其他物质——比如酒精、巴比妥酸盐以及心理药物学制剂——对中枢神经系统的作用。所以，卡瓦胡椒的使用者绝不能使用这些干扰物质。对于短期、少量使用来说，目前还没有可知的副作用。然而，更多的使用可能会造成严重的神经干扰问题；暂时性的皮肤、头发、指甲变黄；在少数病例中，有皮肤过敏反应。

昆布（海带）。昆布是棕色的海产藻类，是碘的优质来源。可以用来提高甲状腺的功能。昆布还是海藻酸的来源，其中含有的成分可以帮助修复人体的关节和肌腱。

人参。人参的根部是传统的滋补用品。它是一种适应原，或者说是"生物应答调节剂"。人参可以提高机体适应内外环境干扰的能力，提升人体对压力的非特异性抵抗作用。

圣约翰草（金丝桃）。这种植物经常内服，用来平静心理干扰、沮丧情绪、焦虑或者神经不安。外用金丝桃包括针对锐器伤害和挫伤、肌痛和一度烧伤的处理和后续治疗。

蒺藜。这是从一种被熟知为刺藤的植物中分离出来的植物。蒺藜的萃取物被很多人认为是合成代谢类固醇的安全替代品。据称，蒺藜可以刺激免疫系统并且可以生成几种激素。最初，蒺藜用来治疗不孕不育和其他生殖系统问题。

缬草。从缬草根部获取、制备的药物被用来治疗基于神经系统问题而产生的坐立不安、睡眠紊乱等症状。

育亨宾（柯楠属育亨宾）。育亨宾蕴含在育亨宾树皮中。它是一种兴奋剂，会增加你的天然兴奋剂——去甲肾上腺素的量。育亨宾有促进生热和调动脂肪的属性。因为它可以提高血压，所以使用时一定要注意。

活性代谢物

精氨酸。这种氨基酸，作为蛋白质的组成成分，有时被用来当做提高生长激素水平的补剂。

支链氨基酸（BCAA）。亮氨酸、异亮氨酸还有缬氨酸是必需氨基酸，对于健身者来说既可以作为肌肉的能量源，也可以作为合成代谢剂。

咖啡因。这种兴奋剂，通常是咖啡饮料中的成分，或者被当做补剂来提升运动表现。过量使用会有很多副作用，其中失眠、心律失常、胃肠道功能紊乱都是常见的副作用。大剂量使用会导致中枢神经系统的功能失调。

柯因。这是一种植物黄酮，被发现具有抗雌激素的活性。柯因会抑制雄烯二酮和睾酮向雌激素的转化，所以可能改变类固醇激素的代谢。

CLA（共轭亚油酸）。共轭亚油酸是亚油酸的变种。CLA 以它的抗氧化能力和抗癌能力而被熟知。CLA 似乎还有防止胆固醇含量过高和抗动脉粥样硬化的功能。另外，通过干扰某些前列腺素和淋巴激活素的生成，CLA 可以应用为抗分解代谢剂。它被认为可以降低体内脂肪并促进肌肉的产生。所以，CLA 被视为体内脂肪积累和保存的一个潜在调节器。

一水肌酸。这种氨基酸衍生物参与细胞内能量的产生。在人体中超过 90% 的肌酸都存在于肌肉中，其中大多数处于肌酸磷酸盐的形式。当大量化学能转化为机械能时，肌酸就会特别集中。肌酸磷酸盐在肌肉中充当了能量储存的角色，它可以提供高能量的磷酸盐，后者可以被很快的调用来维持细胞内 ATP（所有细胞的主要能量来源）的水平。对于增长肌肉的体积和力量来说，一水肌酸是最有成本效益的补剂了，因此被大多数健美运动员视作必需。它不仅可以增加力量，还可以支持蛋白质合成。因为肌酸的补充会影响水和电解质的平衡，所以需要额外地注意饮食的均衡，要让食物富含矿物质（尤其是钾），而且还要喝大量的水。没有最优化的肌酸补充，但是人们相信当肌酸与简单碳水化合物一起摄入时，可以最好地发挥作用。这点很简单，比如把肌酸粉与葡萄汁混合就可以了。有一些健美运动员在饭前30分钟饮用水冲的肌酸粉，或者使用含碳水化合物的肌酸补剂。

必需脂肪酸。必需脂肪酸包括亚麻酸、亚油酸、花生四烯酸、鱼油酸以及各种衍生物。所有体内细胞的最有效运作都离不开这些物质。如果缺乏了这些化合物会影响到所有的身体功能。必需脂肪酸的补充可以提升运动员的表现、训练后的恢复能力、免疫抵抗力和耐力。尤其要指出的是，在这些化合物中，DHA（二十二碳六烯酸）和EPA（二十碳五烯酸）对于健美运动员来说是非常重要的。DHA存在于鱼油和一些海草中，对于神经系统的功能——包括视觉能力——的发挥是必不可少的。EPA也是鱼油的组成成分，是心血管功能所必需的。

毛喉素。这是另一种草本复合物（从毛喉鞘蕊花中分离出来），一种腺苷酸环化酶——细胞内调节系统的一个重要部分——的激活剂。特别要提到的是，在强度训练中，毛喉素参与心肌细胞和骨骼肌细胞的适应性调节。

葡糖胺和软骨素。这些是促进关节健康的营养物。因为很多健身者的关节都承受了很大的压力，所以作为预防关节损害的有效措施，这些营养物在健身界很受欢迎。

谷氨酰胺。谷氨酰胺是一种对肌蛋白质的优质代谢来说很重要的氨基酸。在承受压力的过程中，谷氨酰胺从骨骼肌中释放出来支持免疫系统的功能。谷氨酰胺从肌肉中释放会使肌蛋白质合成变得相对困难，并会导致肌蛋白质的降解。人们相信，在两餐之间补充谷氨酰胺会促进肌肉的增长并提升整体健康。在空腹时或者与低脂蛋白质饮料混合食用时，谷氨酰胺会发挥出最佳的功效。

甘油。一种三价醇（不醉人的），在体内分解为葡萄糖和酮体。它因本身的吸水特性而被应用。体内血液中的甘油将多余的水分带出皮肤，所以可以被用来替代利尿剂。

瓜尔胶。瓜尔胶是从瓜尔豆的胚乳中提取的膳食纤维，已被证实有降低血液胆固醇和控制食欲的作用。

HMB。羟甲基丁酸钙，是氨基酸中亮氨酸的代谢物。研究表明此种营养物可以减少由强度训练和压力导致的蛋白质分解。HMB在你控制饮食的时期可以发挥出色的作用。HMB可以单独补充或者与蛋白质饮料一起使用。

左旋肉碱。曾经被认为是一种维生素，现今人们知道它是一种半必需的代谢物，肉碱是肌肉组织的一种正常成分，虽然有时在体内产生的肉碱属于不恰当的供给。它的功能是将脂肪酸转移入线粒体（细胞的组成部分）中，那儿就是脂肪酸发生氧化的地方。对于健身者来说，大强度的训练也许使他们需要补充左旋肉碱。左旋肉碱对于心肌有益，可以提升心肌的功能，从而提高训练表现。另一个重要的影响就是它可以改善血液和组织中的血脂谱。

硫辛酸。硫辛酸曾被认为是脂溶性维生素，现在人们认为它是一种半必需脂肪酸。它参与前列腺素的合成（因此与炎症反应和免疫调节有关）。它对健身者的重要性在于，它可以提升从食物中汲取的能量，以及它强大的抗氧化活性。

鸟氨酸。它的作用像精氨酸一样，用来增加生长激素的水平。鸟氨酸不是蛋白质的组成成分。

果胶。这种膳食纤维会减慢胃里的碳水化合物的运输，防止血糖的快速升高。果胶是一种"软"纤维，它会使肠中的排泄物压力变小，刺激大便的排出。

多酚。最常见的多酚来源是松树皮提取物以及葡萄籽提取物。多酚是自然出现在植物中的一类化合物，比如蔬菜、水果、花、种子、坚果和树皮中都存在。植物学家记录了超过8000种不同的多酚。最重要的并且广泛分布的一类多酚是黄酮类化合物，包括黄酮、黄酮醇、异黄酮、花青素等等。食物中的多酚作为强大的抗氧化剂对健康很有益处。它们支持心血管系统的功能，提升整体代谢，并且防止氧化作用对身体的损害。

丙酮酸。丙酮酸可以提升食物的能量生成，而且它本身也是能源，还可以辅助增加身体耐力。

钒（硫酸氧矾的形式）。钒是一种极其微量的矿物质，人体仅需要很少的量，但是广泛的生化反应过程都有它的参与。钒的产品现在很受欢迎，因为研究表明了它们在某些形式胰岛素抵抗（二型糖尿病）中的作用。然而，这项研究绝不是要把钒提升到饮食补剂的高度。所以这类补剂的安全性还有待确定，我建议大家还是谨慎些。

赛前最后一周

不管你的饮食多么的科学，还是要面对一个事实，就是严格的饮食控制会让你虚弱，你的肌肉细胞萎缩，肌肉中的糖原丧失，能量储备也会耗尽。在长时间的饮食控制的最后，你看起来绝不会是个强壮而魁梧的人，更不会是精力充沛、健康的，这绝不是你想在台上展现给评委看的。避免这种情况发生的方法就是，在比赛前一周停止控制饮食，给身体以时间去进行休整、复原和重新焕发。

然而大多数的健美运动员却常常犯下这种错误，就是控制饮食直到比赛临近，在最后的时刻才开始吃东西，尤其是试图强迫尽可能多的碳水化合物进入自己的身体。这样做已经是"太少、太晚"了。身体根本没有足够的时间完成能量储存的过程。

这也就是为什么，很多运动员在赛后一两天，反而发现自己看起来更棒，尤其是在一两顿美味的富含脂肪、碳水化合物的大餐后。他们疲惫的、空虚的身体最终有了足够的原材料，开始复原和恢复自己了！

我从来没有这么饮食过，当我准备参加一个比赛时，我会在比赛前一整周时（有时候甚至会更早）停止饮食控制，然后逐渐地增加饮食摄入量，让我的肌肉和糖原储备都有足够的时间从饮食控制的不良影响中恢复过来。这个过程也许可以用更短的时间来完成，但是一两天的时间绝对是不够的，这明显违反了身体的生理规律。这些变化需要一段时间才能完成，如果是周六的比赛，我建议健美运动员们在周一或周二的时候就考虑终止苛刻的饮食计划，最迟不要超过周三的早晨（这个时候时间就很紧张了）。

"虚空"

几年前，健美届流行着一种"零碳饮食"，就是在赛前开始大量补充碳水化合物之前的一两天内，不摄入任何碳水化合物。这种做法总体上不会产生有益的结果，而且还是有害的。在经历了 10~12 周的饮食节制后，谁还不是极度空虚？当身体需要食物来恢复的时候，你却让身体进一步干枯下去，这样做会有什么好处吗？

在赛前控制饮食让身体空虚，目的就是用额外的枯竭来刺激身体，使其会在接下来的"充碳阶段"吸收更多的碳水化合物。但是（1）这不是必须的；（2）即使这样做很有效，也没有充足的时间让身体吸收它能处理的全部碳水化合物。

"充碳"

充碳的过程包括在临近比赛时增加你的碳水化合物摄入量，以给肌肉供给更多的糖原，让它们变得更大。事实上，还包括摄入更多的脂肪。在经历了长时间的饮食控制后，你的身体不会在刚开始得到更多的食物量后，就立即开始制造身体脂肪。这个过程很必要，因为你的肌肉尺寸在很大程度上受到其中的糖原（储存的碳水化合物）含量和水分含量的影响。

至少需要经过 3 天时间，饥渴状态下的肌肉组织才能够充分的恢复，但是如果把时间拖得稍长一点可以让这个过程更轻松些。因为身体一次只能吸收一定量的糖分，所以你应该分成几顿小量的饮食来吸收碳水化合物——具体怎样可以随心所欲，但不要每天只吃一两顿大餐——从而给身体以时间把食物转化为糖原储存在肌肉里。所以，如果是周六要参加比赛，你必须至少从周三就要开始充碳，以保证自己的身体补充了足量的碳水化合物。如果你等到最后一刻才开始补充，就会让身体超负荷——过多的碳水化合物让身体不能代谢，只能让你的血糖率猛涨，进而导致体内存留大量水分——而你的肌肉体积还是不会增大。

在我的健美生涯的早期，我并不太清楚糖原储存的机制，但是就像我说过的，我通过不断的试错确实发现了，如果我在赛前1周达到了参赛的目标体重，然后用接下来的一周进行训练、造型和饮食补充，我的身材就会看起来更棒。我那时所做的，正是给身体提供它所需要的碳水化合物来制造新的糖原，并给它充足的时间来完成这个过程。然而，即使我在各种健身班和文章中多次阐释了这个观点，仍然发现有很多健美运动员在比赛的前一天才开始停止控制饮食，在最后一刻才开始大量填充碳水化合物。

减掉水分

参赛的健美运动员们经常会担心的另一个问题就是水分滞留的问题——皮下水液会让你的身体线条看起来平平甚至肿胀。萨米尔·贝若特总是怀疑自己的身体滞留了过多的水分，这事众所周知。健美运动员选择来对付水分的方法之一就是使用利尿剂，但是这会带来很多麻烦。比如，肌肉本身超过75%的成分是水，所以一旦失水过多就会让肌肉萎缩。另一方面，利尿剂会将电解质从身体中带走——这些矿物质对肌肉收缩来说是必需的。在使用了利尿剂后，很多健美运动员会感到身体虚弱，同时体形也变小了，有时候会出现肌肉痉挛——如果在台上摆造型时就更遭了。

有一个真实的案例，一位著名的职业健美运动员使用了过量的利尿剂，在他开始感到不适时，也没有去适时地检查身体并治疗，最后失去了生命。以此为鉴，国际健美健身联合会规定在大型比赛中要检验利尿剂的使用。这项措施显然是起了作用，因为很少有参赛者在比赛的检测中不合格。

你要做什么来对待水分滞留的问题？首先，让我们看看身体是怎样对待水的。你喝的水越多，你的身体就会在尿液中排去越多的水分。在这个过程中更多的矿物质比如钠，也随着尿液排出体外。另一方面，如果你限制饮水量，那么为了防止脱水，身体就会立即开始储存尽可能多的水分。所以你喝的水越多，你存留在体内的水分反而越少；你喝得越少，越多的水分就会滞留。

所以，正确的方法是保持正常的饮水量直到比赛的前一晚，而不是好几天前就严格地限水。比赛前的那一晚，将饮水量减为原来的1/2，而不是完全禁水。在几个小时内，你的身体会继续按照同样的速率排出水分，而因为你摄入的水分减少了，就可以保证在皮下没有滞留多余的水分。比赛的当天早上，继续适当地喝些水以防止出现脱水现象。这样做就不会出现任何问题了。

顺便提一下，虽然很多职业选手在比赛前持续地过度脱水，但滑稽的是，你会发现他们站在台上等待评分时，他们会接过一升又一升的水来喝。什么才是重要的——如果说在赛前喝水是不合适的，那么难道一旦你上了台再喝水，身体内就会发生不一样的过程，就不再滞留水分了吗？如果这些参赛选手在赛前喝够水，一旦上台比赛他们就不需要那些水了。

水是人类身体中最多的成分。肌肉主要是由水构成的。脂肪则不同，含的水分极少。当你的身体将碳水化合物转化为贮存糖原时，那些糖原会与水联合——差不多以1：3的比例，这意味着不小的体积。所以，如果你对待水分的方法不正确，就很容易地造成肌肉体积的缩小，这对于参赛显然是不利的。

钠

几年前，健美运动员们开始对于赛前摄入钠出现恐惧心理。过量的钠会让水液滞留在体内（这就是为什么血压有问题的人要注意钠的摄入），这是真的。但是事实上不会发生这样的情况，只要你喝了足够的水，过量的钠就会从尿液中排到体外。所以那些钠代谢异常的健美运动员一定是先严重脱水了，然后身体才开始滞留水分，同时也储存了过量的钠。

我曾经听说过很奇怪的关于钠的故事。一些健美运动员在比赛的几周前就开始限制钠的摄入，他们尽量不吃含钠的食物，哪怕只是含有正常的、健康的钠量。他们喝蒸馏水，这对他们并没有好处。由于身体中的化学失衡，他们最后会很虚弱，极度枯竭，还伴随有肌肉疼痛和抽搐。

所以，健美运动员只应该避免摄入含过多钠的食物（薯片、快餐鸡肉），还要喝足量的水以防脱水。其他的任何关于"控制"钠摄入的做法都是不需要的。

关于水液滞留的总结

1. 不要吃含钠过量的食物。

2. 仅在比赛前的一晚限制饮水量，而且你不需要完完全全地不喝水；只需要适度减量就可以了。

3. 保持你的血糖水平稳定。不要让自己太饥饿，也不要在马上比赛前填补大量食物。太多的食物会升高你的血糖水平，导致水分在体内滞留。

4. 通过训练让汗液正常地排出。训练会处理掉很多的水分，所以做有氧运动比如跑步和骑自行车都是不错的选择。做健美造型尤其是一个好方法，把水分挤到体外并使身体紧实。

5. 不要过分地依赖蒸汽房和桑拿来排掉水分。你可以通过上述方法来排水，但是过量会使身体虚弱。要记得，汗液不仅仅是水，你在排汗的同时也流失了很多矿物质。在辛苦的训练后，你应该使用矿物质补剂作为你整体增补计划的一部分。

6. 在你使用药物或者其他化学物质时，明确一下药物的副作用有哪些。记得在1980年奥林匹亚先生大赛之前，我因为肩伤注射了一支可的松。我不知道这会让我体内滞留过量的水分。后来我的身体变得肿胀，以至于我需要在比赛前整天整夜地做健美造型，以让身体再回复紧实。

7. 在你的训练计划里，尽量多安排户外运动，让阳光帮助你蒸发多余的水分。但是一定要喝够足量的水来补充汗液的丢失。

训练、造型和饮食

（部分）由于饮食控制的影响，一些健美运动员在比赛前的几周会减轻重量训练，做更多的孤立训练以及额外的有氧运动。但是你的肌肉之所以发达，就是由于大重量的训练，如果你不使用大强度的重量训练来继续刺激肌肉，它们不会一如既往地大而结实的。

严苛的饮食的确会让你的力量以及耐力下降，但是我还是建议你针对每个身体部位继续做至少一些重量组，如果是周六的比赛，最好这样持续到赛前的周二或周三。几个重量组会让你的肌肉保持结实、致密，而且不需要动用你本来就紧张的糖原储备。

在比赛前的2～3天，那时你已经不再做重量训练了，我之前建议的摆造型和肌肉紧缩练习会继续使你的肌肉结实、清晰。你可以进行常规的健美造型，但是你还应该站在镜子前，紧缩、展现所有的大肌肉群。再说一次，这会让肌肉保持结实，并且还不会损耗你在充碳过程中在体内存储的糖原。

赛前一晚

健美运动员经常在比赛前一天的晚上焦躁不安，就像一个笑话说的，他们会如此地迫切，以至于你几乎可以说服他们去做任何事情。（有一个传说，在比赛前一晚，一位有希望获得"宇宙先生"称号的选手被说服用了一袋的巧克力豆——以栓剂的形式——以求能在台上展现出他的"血脉"。）

就像乔治·布什总统经常说的，有些时候你需要"坚持到底"。既然你有了一个计划，那么就坚决地进行下去。按我建议的那样去减少水分，坚持少食多餐，并且做一些造型动作——不要慌张不安地去做些蠢事。在这个时刻，精神的集中是很重要的。做你必须做的，然后就躺下来休息，看看电视节目，放轻松些。记得其他的选手同样很担心——而过度的压力可能会导致皮下水分的滞留。

比赛当天早上

在一个周六的早上，我曾经和一位职业健美运动员坐在一起吃早餐，几个小时后预赛就开始了，我亲眼看见他吃下一盘堆得很高的食物，足足够三个人的食量。他吃了3大份的炸土豆，还跟我说这是为了给自己的身体充碳。他还在自己的食物上洒满了盐。

过后，在台上，这位健美选手看起来身材平平，还有些肿胀，而且在舞台灯光下汗流浃背。我不停地告诉自己，这位可是职业健美运动员啊。为什么他会在健美比赛上走得这么远了，却对饮食还懂得这么少呢？

在比赛的当天早上，你应该把你一直在做的事情继续做好。好好吃，但不是大餐，而是少食多餐（这还取决于预赛是在上午还是下午进行）。喝水，虽然你只应该喝"正常"量的一半。不要在食物里再加盐，但是不要拒绝钠含量正常的食物。在你练习造型时，不要让肌肉过多地紧缩，那会让你疲劳，从而影响你接下来的台上表现。

在预赛和晚间比赛之间

在一些比赛中，晚间比赛就是一场表演，在另一些比赛中，其中的造型还是会计入评分的。但是不管怎样，在夜场观众面前你肯定还是希望尽可能地表现出色。所以在预赛后你需要吃东西，但不是大量地填充食物，还要继续喝水然后好好休息，让自己在紧张的预赛后有机会恢复。

一些健美运动员倾向于在预赛后过度放纵，或者是由于比赛时压力太大了，或者——在某些情况下——是因为对自己在预赛时的表现不满意，感到沮丧，就开始狼吞虎咽了。我记得迈克·门泽尔，在1979年的奥林匹亚先生大赛的预赛中表现得完美极了，但是在晚上的决赛中肚子就明显地鼓了起来。据推测，他在这之间喝了大量的可乐，让自己膨胀起来了。我不确定这是不是真的，但是迈克肯定是在比赛间做了什么事情，破坏了自己的身材，而代价就是丢失了奥林匹亚先生的称号。所以教训就是，在预赛后不要做任何异常或者极端的行为，那很可能会影响你在晚间比赛的表现。

比赛之后

发明了"猪一样吃"这个词的人，一定是在形容某些健美运动员在比赛一旦结束后的反应。他们感觉终于不用再拘束于饮食控制了，就开始肆意地大吃特吃。有时候，那种"狂暴的饮食"会如此极端，甚至让一些没有参赛的运动员也加入其中，寻求一种所谓的"亢奋体验"，开始拼命地把东西扔进自己的胃里，好像他们也12个星期没好好吃饭一样。

这种行为可以理解，但是我并不推荐这么做。当然，经过这么久的饮食控制，好好享用一顿美餐是没有问题的，不但不会伤身体，而且对你的健康是很有好处的。身体可以很好地吸收过多的热量——只要你将其控制在合理限度内。但是你要记得，接下来的几天是你去拍照的理想时机，所以毫无规律地乱吃会让身材变差，这是个问题。乔·韦德一直这样告诫健美运动员们，"比赛结束并不意味着你的工作完成了。如果在比赛上表现出色，你会有机会被杂志邀请去拍照，那就意味着你需要在接下来的一周继续努力保持好的身材。"

不是每个人都有机会被《肌肉与健身》或《铁人》等知名杂志邀请摄影的，但是如果你获得了那种机会，你就要好好地表现。如果你没有被邀请，你会发现其他人被拍上了杂志——可能是在户外的公园里或者游泳池边——这至少给了你一个印象，要注意自己在赛后的形象。但是对于赛后不要过度放任饮食还有另一个原因——你坚持了很长的时间让自己的身材看上去很出色，为什么不继续有规律地饮食，让自己一直这么有魅力呢？不仅如此，在非赛时你把体重控制得越好，在下次准备参赛时你的饮食控制就会越轻松。

第四章

受伤及处理

要想在健身中飞速进步，你需要不断尝试将自己的身体推向极限。但是你总会有越过身体耐压能力的时候，这就会造成身体损伤。

一些损伤是比较轻微和常见的，我们很少关注它们。有些更严重的损伤就需要去找医生了。对于健身者来说，进步取决于优秀的身体条件，而受伤会造成严重的拖延。所以，你要知道各种可能会发生的损伤，怎么预防、怎样避开以及怎样处理和修复它们，这些问题都很重要。

身体是一个高度复杂的物理和生化系统，会面对各种损伤，每个人会有自己更容易发生的某些损伤。损伤经常出现在身体结构的薄弱环节：在肌肉中，肌肉与肌腱连接处；沿着肌腱，在肌腱和骨头的附着处；在韧带中，在关节处，等等。有时候损伤发生是由于长期以来的过度使用，有时是由于突发事件，比如误用了特别大的重量。

对付损伤，技巧上和医学上的精确非常重要。医学的概念和词汇对于外行来说可能有些难以吸收，但是对有志于健身的人来说还是很重要的，相关的知识可以帮助你预防、治疗身体伤害并且预防复发。所以我将这一章的内容分为两部分：

专业知识——关于身体的肌肉、肌腱和关节、韧带结构是怎么出现损伤的，以及面对可能在强度训练中出现的各种拉伤和扭伤，应该怎样去预防和恢复。

实践内容——按照身体部位的划分，具体看看那些最可能影响健身者的损伤，以及怎样去应对它们。

我要特别感谢骨科手术专家巴里·伯顿博士对这一章节的内容提出的宝贵意见。

专业知识

肌肉和肌腱

　　肌腱连接骨骼肌（随意肌）与骨骼。肌腱结缔组织在肌肉的两端都存在（起点以及止点的肌腱）。

　　肌肉或者肌腱的损伤可以有几种方式。一种是直接外伤，比如撞上一个钝物或尖锐的物体，造成了挫伤（瘀伤）或者割伤（切口）。

　　另一种方式是拉伤，由肌肉结构的过度工作，或者一次猛烈的事件所致，比如肌肉在用力收缩时突然受到牵拉，并且牵拉的力量超过了肌肉结构的承受能力。这种拉伤可能是完全的或者部分的，多出现在肌肉与肌腱的连接处、肌腱中或者肌腱与骨骼的连接处。

　　有时候，一小片骨骼被扯下来，并还与肌腱的末端相连，这称为撕脱性骨折。在某种意义上，肌肉或者肌腱所对抗的阻力如果过于大时，其中最薄弱的区域就会是受伤的地点。无论温和还是严重，损伤的程度取决于收缩的力量和对抗的阻力大小。一些纤维可能被撕裂或者整个肌肉结构被破坏。

　　在大多数情况下的拉伤都是轻度的——只是肌肉过度拉伸，没有过度的撕扯。这会带来疼痛和活动时的不适，以及可能并发的肌肉痉挛。在更严重的损伤中，一些纤维实际上被撕裂了，症状会变明显。疼痛和不适感更加严重，局部发生肿胀，活动受到限制。

初步处理

　　对所有这些损伤而言，初步处理就是休息。受伤的部位必须得到保护，以免进一步的损伤，使用或锻炼受伤部位只会让问题更严重。

　　对于轻度的拉伤，休息并避免造成损伤的活动，就是唯一必要的处理方法了，直到肢体完全康复。

　　更加严重的，比如腿部的损伤，可能需要拐杖来完全或部分地限制受伤肢体的承重；或者需要卧床休息并抬高腿部，缠绷带、上夹板以及冰袋外敷。即使受伤的肢体是不承重的，也需要遵循相同的原则。

　　在非常严重的肌肉和肌腱的损伤中，伴有某个组织完全破裂，那么必须修复使组织复原，也许需要外科手术。即使这些十分严重的情况下，急救原则也都是一样的：

休息（促进恢复）、抬高患肢（避免血液从伤区溢出）、冰袋外敷（导致血管收缩——血管直径变窄——减少出血）、绷带加压（同理，减少出血和肿胀）、固定（防止进一步损伤）。

抽搐和痉挛

肌肉抽搐，是突然的、经常是剧烈的肌肉收缩，是拉伤的另一种信号。在某种意义上，它是一种保护性的反射，即保护一个区域免于进一步的活动以让其有时间恢复。这种抽搐可能会持续一段时间，造成很大的疼痛，或者只持续较短的时间，比如痉挛，这是肌肉疲倦、过劳的结果。不管那种形式，需要做的只是休息并避免进一步的损伤。

腱鞘炎

过劳可能导致腱鞘炎的发生，也就是在腱鞘里围绕肌腱的滑膜出现的炎症。最常见的例子之一是肱二头肌长头腱鞘炎，涉及的是肱二头肌长头的肌腱，在肩膀的肱骨结间沟中。初期症状是肩膀疼痛，只在活动时出现，由肌腱在腱鞘中来回活动造成，或者会是持续的，甚至休息时也会疼痛。

在腱鞘炎发生的早期，其治疗和肌肉拉伤是一样的：休息，热敷以及防止进一步损伤。在急性发作期，可能需要注射皮质类固醇。在后期，出现严重并发症的时候可能需要手术治疗。

疼痛

训练时的疼痛是一个警示，告诉你某些部位已经受伤了。按照疼痛的指示，你可以实行预防性的措施。首先避免引发那种疼痛的活动，让相关的部位得到恢复。经过一段充分的休息，你就可以逐渐恢复活动了。

一旦你已经可以全幅度地活动受损的肢体并且也没有相关的疼痛，就说明你已经充分痊愈了，可以逐渐增加肢体在做那种动作时的阻力了。

如果你开始感觉疼痛，说明你已经做得过度了。根据程度不同，痊愈会需要不同的时间。如果你操之过急，想要很快活动起来，不顾我们说过的界限——避免疼痛——就会有二次损伤、更严重的损伤甚至慢性损伤的风险。

健身者经常会在或长或短的恢复期中变得沮丧，因为失去了状态、身体条件退化、肌肉"缩水"（肌肉退化及体积缩小），还有不能锻炼所带来的精神和情绪上的苦恼。然而，妥当处理受伤的能力并且自律地让伤处恢复是健身中非常重要的一部分。否

463

则只能进一步延误，甚至彻底毁了你的目标。

治疗

如果没有出血和肿胀情况，就应该使用热敷法——用发热包而不是热灯，后者只能温暖到皮肤。蒸气浴、极可意水流按摩浴（Jacuzzi）或者热水泡澡都是很好的治疗方法。至今没有证据表明埃普瑟姆盐浴对身体有积极的益处，各种号称可以缓解肌肉酸痛的商业制剂，实际上只能刺激皮肤表面，并不具有真正的治疗价值。

如果肌肉的拉伤非常严重，伴有纤维的破坏以及相关组织的肿胀、出血，那么热敷就不能用了，因为热敷会使血管扩张（血管的直径变大），这样会使受伤的局部供血增多，肿胀更加严重。而冰袋外敷可以让血管收缩，减少流向受伤部位的血液。针对肿胀，绷带加压、抬高患肢、固定等都是推荐的治疗方法。

出血可以渗入到局部的组织中，这是擦伤和挫伤中会出现的情况，或者血液集中到一个地方（血肿），或者血液溢出脉外并渗透，在离受伤部位较远的肢体的一大片区域发生变色（瘀血）。

常见的青一块、紫一块的痕迹是局部出血渗透到皮肤里，皮下组织的毛细血管破裂出血，这样的情况极有可能是直接的碰撞造成的。大多数健身者都会受到各种的磕碰或者擦伤，这很正常。通常冰敷和加压可以缓解肿胀。

此外重力作用也可以应用于治疗。抬高肿胀的患肢可以利用重力让血液通过静脉系统加速回到心脏中，这可以帮助缓解肿胀。想象一下，就像让水从山上往下流，而不是把水泵到山上。绷带加压，是通过绷带的压力限制进入患肢相关组织的出血量，也是有效的。

要知道对于轻度的肌肉牵拉我们自己去处理是可以的，但是对于更加严重的损伤你还是应该求助于医疗措施。如果对严重的损伤置之不理，会使它变得更加严重并且造成病情延误。然而，也要注意，不是所有的医生都有治疗运动损伤的经验，或者都很熟知健身的特殊需要和情况。当你需要医疗帮助时，应当寻找一位医生，或者更具体的，寻找一位能够帮你处理特定问题的骨科医师。

防止受伤

"一盎司的预防好过一磅的治疗"，这句话对每个健身者来说都是至理名言。过劳和强度训练造成的慢性拉伤之间存在微妙的差异。紧张的训练必定会导致偶尔的残留性的肌肉酸痛或者肌肉肌腱的混合酸痛。这种过劳造成的疼痛不是真正的损伤，大多数健身者把这当做自己已经训练得足够刻苦的信号。然而，如果你感到特别的疼痛以至于不能活动，或者导致接下来的训练强度减弱，你可能就做得太过头了。

紧张、疲惫并酸痛的肌肉更容易受伤。如果在这种情况下你还是坚持训练，很可能拉伤肌肉和肌腱结构的某一部分。在这种身体条件下，预防受伤的最好方式就是缓慢的拉伸、热身。对于比较严重的情况，只做轻度训练。拉伸牵涉到整个肌肉、肌腱结构，拉长它们就可以让这些结构在受到突然的、超过其限度的牵拉时，减少受伤害的可能。而且，热身可以让血液和氧气供给到运动部位，让相关的肌肉温度升高，使它们可以用更大的力量收缩。

避免训练受伤的最好方法是注意做运动前的拉伸和热身，以及大重量训练时注意技巧的正确。要记得，你越强壮，肌肉和肌腱就可以承受越大的压力，但是通常情况下，肌肉力量增长的速度要比肌腱快，所以这就造成了一种不平衡，从而产生问题。你必须把自己的进步控制在合理的速率上，在没有充分准备的情况下，不要用太大的强度或者重量来训练。

关节与韧带

关节是两块骨骼相遇的地方，运动就发生在这儿。关节的连接部位，就是相互接触的部位，附有透明的软骨，这是一种很光滑、坚韧的物质。有了它，关节的一部分就可以在另一部分上顺畅地滑动或移动。

软骨软化是关节的光滑表面磨损或者变软的情况，这通常是导致退行性关节炎——一种非常痛苦且影响活动能力的慢性病症——的长期的、一系列问题的第一步。退行性关节病也可能以软骨的（只涉及软骨）或者骨软骨（骨骼以及软骨）的骨折为首发症状。

关节囊是一个厚厚的纤维封闭空间，包裹着关节，同时紧密地连接着韧带。韧带很结实，是连接两块骨骼的纤维带状物。韧带帮助固定关节，在允许正常功能范围内的活动的同时，防止不正常的关节活动。

相对于肌肉、肌腱的主动稳定效果来说，关节囊和韧带都是被动地稳定关节的组织。除了提供动力，关节一端的肌肉和肌腱可以主动地稳固关节，与关节另一端的肌肉、肌腱联合就可以限制关节的运动。你可以把这想象为两支拔河的队伍，力量是均衡的，不管双方多么的努力，他们还是在原来的位置上，就像被胶粘在地上一样。

关节囊和韧带的损伤

伤害可以发生在关节囊和韧带上，也可以发生在关节的骨软骨结构（骨头和软骨）上。韧带的损伤可以在被钝物直接撞击时发生，造成挫伤（青肿），或者被利器划伤，造成割伤（切口）。

韧带损伤还可能源于受力过大，造成对韧带本身或者韧带附着处的伤害。这种形式的韧带损伤通常称为扭伤。这是对于一个被动、限制性结构的牵拉性损伤。相对来说，拉伤出现在主动性结构（肌肉和肌腱）中。

通常猛烈的外力造成关节向异常的方向活动，并且超过了韧带的承受牵拉的能力，这时最薄弱的部位就会发生损伤。

韧带如果被过度拉伸就会撕裂。这种撕裂伤可能是部分的，也可能是全局的，损伤可能会出现在韧带的任何地方，或者韧带与骨骼附着的部位，在后一种情况下，一小块骨头可能被韧带撕扯下来，但还连接在韧带的末端。当骨骼发生撕脱性骨折时，其治疗方法和严重扭伤时是一样的。

损伤是温和还是严重取决于所受的外力大小，以及受力组织的固有力量。仅有一小部分的韧带纤维会被撕裂，或者韧带被部分或彻底的毁坏，在通常情况下，如果你只感觉到一点疼痛并且没有什么表现症状，那么损伤是轻微的；如果有疼痛、肿胀和更明显的不适感，那么损伤是比较严重的。

处理

轻度扭伤中，仅有少量的韧带纤维被撕裂，可能几乎没有出血和肿胀，而且关节功能只是轻微地受到影响。这时的治疗取决于疼痛和肿胀的程度，许多总体原则和拉伤的处理是相同的。

可能用到一种或多种以下的处理方式：休息并且限制相关的活动，抬高受伤的肢端，绷带加压，冰袋以及夹板的应用。当然了，你应该避免任何可能造成患处不适的训练运动。这是另一个通用的原则，即锻炼伤处只会让问题更糟。

在更加严重的扭伤情况下（韧带部分撕裂），韧带纤维有更广泛的撕裂，出血和肿胀也是相对严重的；活动时更疼痛，关节功能的丧失也更多。这时关节绝对需要保护起来，以利于痊愈。

比如，假设你遭受了中等程度的踝关节扭伤，大量出血到组织中，脚和踝关节肿胀，当脚下垂时（低于心脏的高度，重力作用就会针对你）就会搏动性疼痛，活动时会疼，脚部承重时会疼，关节活动也受限。这时，推荐去医生那里诊治，以确认没有骨折及临床可检的不稳定性（完全的韧带毁坏）。后者的诊断通常是复杂的，X-光应力检查——当关节遭受特别的压力时拍摄 X-光——可以保证排除完全韧带断裂的可能。

踝关节应该被很好地保护，使其得到适当的痊愈。记住，我们谈论的是部分的撕裂，也就是说，韧带的一部分仍然保持连续，所以撕裂的部分仍然有不紧密的联系。让受伤的部位好好休养生息。因为踝关节是个承重肢体的一部分，所以不要用受伤的脚再走动。

拐杖可以帮助你来回活动，但是应该尽可能少地使用它们，因为治疗的一个部分就是要抬高患肢。大量的外压绷带可以帮助限制出血量和肿胀程度。在患处使用冰袋 48 小时左右是很有效的，这样可以让血管收缩，减少了流入该区域的血量。夹板或石膏固定提供了最有效的保护，因为这样防止了活动、减少疼痛并使患肢可以得到最好的恢复。当肿胀逐渐消退以后，你可以用热敷的方法。然而如果立即使用热敷，还会加剧肿胀，所以我建议在恢复正在很好地进行并且可以练习恢复动作幅度时，再开始热敷治疗或者热水泡澡。同样，要知道这些只是急救的方法，任何严重的损伤，都还要找骨科专家进行进一步的诊疗。

当韧带断裂的两端不能再很好的并置（对合与连接），并且存在较宽的空隙，重新并置是非常重要的。这可以让韧带的一端与另一端慢慢恢复融合，而不是出现一个大的介入性伤疤、一条被延长且松弛的韧带、长期不稳定的、永久性退行性关节疾病（退行性关节炎）。

关节脱位

关节脱位和半脱位（即部分脱位）是指相对的关节面或者组成关节的两端不再处于正常的相互关系中，而是离开了原来的位置，慢性症状是由于韧带和关节囊的松弛（没有张力），急性症状是由于过度的扭伤。

当伴有韧带断裂的严重扭伤中，关节会半脱位——也就是向一个异常的方向移动。这可能是暂时性的，还可能自然地发生复位。如果外力很猛烈，整个关节结构可能会被破坏，就会出现完全脱位。

实践内容

为了确保上面的材料在医学上和临床学上的精确，我尽了最大的努力。然而，医学教育并不是对健身者的要求，而且身体的解剖结构是极其复杂的，所以接下来的部分将介绍怎样应用这些知识来处理你自己的损伤、实现你的健身目标。

小腿

尤其是你在训练中安排了非常大重量的提踵练习时，小腿的肌肉容易过度受压和撕裂。由于负重太大，肌肉和筋腱结构中的薄弱环节可能被撕裂——肌腱的起止点、肌肉和肌腱结合处或者肌肉本身。

防止这种拉伤的一个非常好的方法是，在做提踵练习前和每组练习中，彻底地拉伸小腿肌肉。另外，一定要先用较轻的重量做几组热身练习，然后再用更重的重量。

过劳也可能引起小腿损伤。持续的训练过度可能导致越来越严重的疼痛和酸痛，只有让小腿休息，才会缓解这种情况。

这种疼痛和酸痛可能是局部性的，也可能向下扩展到跟腱。如果发生比较微小的拉伤，立即停止小腿的训练并且休息直到疼痛消失。如果出现了肿胀，基本的处理与之前交代的相同，包括冰敷、抬高患肢和外部加压。遇到更加严重的损伤时，建议你去咨询医生。

膝部

在健身中，膝关节的受伤通常是大重量的深蹲练习——其中膝盖在弯曲的姿势中受到很大的压力——的结果。受伤部位可能是韧带、髌骨（膝盖）、膝关节内部结构或者是与膝盖相连的肌肉和韧带。

髌骨被一层韧性物质覆盖着，股四头肌通过这层物质所属的韧带结构连接在膝关节下，支配腿部的伸展。如果让膝关节承受过大的压力，可能在某种程度上造成该区域内任何部位的撕裂。

在膝盖扭伤中，是膝关节本身的韧带结构受了某种伤害。这主要发生在深蹲动作中，膝盖处于最弱最尖的角度时。还有一些转体动作，尤其在举起一个很重的重量时，可能造成膝关节的扭伤。

半月板是膝关节里的软骨结构，任何扭转关节的动作，例如深蹲，都有可能造成半月板的损伤，可能需要骨科手术来治疗。

为了避免膝关节承受过分的压力，在它们要承受任何较大的压力前做好充分的热身活动是十分重要的。而且你也需要对训练技巧了解得很清楚——比如在深蹲中，你要在下蹲时保持完全的控制，不可以在动作的最低处"弹起"，还要在大腿刚刚低于与地面平行的位置时停住——没有必要下蹲到最低处，但是半深蹲就失去了动作的靠下阶段的锻炼效果。

在进行很大重量的举重时，将膝盖裹起来或者用弹力绷带可以帮助支持这个区域。

膝关节受伤的相关处理包括有休息、冰敷等等常规措施——不过是针对轻度的拉伤和扭伤。如果是严重的受伤就要请医生诊治了。

如果在膝关节受伤的情况下还需要训练，有时候可以在史密斯机上做深蹲练习，把你的双脚靠前放以孤立股四头肌，避免膝关节受压。如果膝关节的情况严重到不能用这个方法，我推荐练习腿屈伸——如果有必要，可以只做局部动作，或者高次数、低重量的训练——但是如果非常疼痛，就不能再训练了。

大腿

股内侧肌是四头肌中的一条长肌肉，与膝关节内侧相连接。当你充分伸展腿部并锁定时，压力就特别集中在这个连接处，于是就可能发生拉伤。膝关节可能感觉不适，但实际上是大腿出了问题。

大腿后面的伤损通常是因为股二头肌没有被充分地拉伸。除了用拉伸练习来拉长肌肉、肌腱组织外，你还可以练习直腿硬拉，同样有拉伸的效果。

腹股沟

腹股沟的拉伤，可出现于做像弓步这样的动作时，过度拉伸了这个区域。这是最难处理的问题，因为这个部位是一直被使用的，只要你在活动就总会拉伸到。基本的处理通常包括大量绝对静止的休息，让伤处自愈。

下腹

男性的下腹是天生的薄弱区域。有时候腹部压力很高，以至于会撕裂腹壁。在你屏住呼吸举起很大的重量时就可能出现这种情况。

腹壁出现破裂称作疝。这可能会导致内脏从破口处挤出，进入其他区域。严重情况需要手术治疗。

有一个防止疝出现的方法，就是在举起重量时逐渐地将气呼出。这样腹部的压力就足够高来稳定你完成动作，但压力又不会太高以至于伤害到腹壁。

和其他部位一样，腹壁肌肉和肌腱也是可能发生拉伤的，处理方法和其他部位的拉伤也是相同的。

下背

给下背部过多压力，就可能拉伤竖脊肌或其他下背部肌肉，尤其是当你过度拉伸这个区域时，比如在硬拉练习中，或者仰卧推举、抬腿等在凳子上做的练习中，下背部会离开凳面并且过度拉伸。下背部有一定的曲度是正常的，但是让它在压力下过度弯曲就会导致问题了。

当你拉伤下背时，你会感到疼痛向下发散到髋部或者向上延伸到中背部，有时候这些肌肉会抽搐以防止进一步损伤。

你同样能扭伤到下背部，即让这个区域的韧带受伤。对你来说，可能很难辨别是出现了拉伤还是扭伤，但是无论如何，处理还是一样的。

另一种可能出现的腰部损伤是椎间盘破裂，椎间盘位于椎骨之间，一旦破裂，其中柔软的组织就会挤出来，压迫临近的神经，你可能在背部的任何地方甚至一直到腿部都感觉到疼痛，但是疼痛来自这种特别的压迫，治疗会缓解这种压迫。

一种特别的神经类问题是坐骨神经痛，坐骨神经是身体内最大的神经，从背部一直延伸到腿部，一旦压迫到这条神经，那种疼痛是很严重的，会让你行动困难。

下背的问题也可以由腹部的训练引起，比如抬腿和直腿仰卧起坐，这些动作都给下背很大的压力。一些能毫无困难地做大重量的硬拉或者负重体前屈的健身者，有时在做腹部练习时会惊讶地发现自己的背部受伤了。

上背

所有上背部的肌肉都可能受到拉伤——斜方肌、肩胛提肌（起于上面四个颈椎横突，插入肩胛骨上角）、大圆肌（大圆肌起于肩胛骨的背面，止于肱骨，可以向内收、向内旋转手臂）、背阔肌（一块大的、平的、三角形肌肉，覆盖到腰部区域以及下胸部，经常被称作"后背的最宽处"），等等。比如说，颈部拉伤就很常见。上背损伤时，很难说是哪块肌肉受压过度了。你转头的时候，抬起肩膀或者背部弯曲的时候都会觉得疼。举个例子，弗兰克·赞恩在做斜托弯举时为了稳住身体只是收紧了上背部，就不幸将背部肌肉拉伤了。

通常情况下，你会同时收缩和牵拉这些肌肉，这会造成受压过度以及一定程度上的肌肉撕裂。如果受伤不算严重，那么没有必要去搞清楚到底哪一条肌肉受了影响。只是让受伤的部位休息，并且采用合适的处理即可。

肩部

在健身中，肩膀受伤是比较常见的。大重量的仰卧推举、哑铃推举以及肩上推举等都让肩膀承受了高强度的压力。

强大的压力会导致回旋套（回旋肌群的肌腱）的部分撕裂。三角肌的三个头或者它们在起止点的肌腱也可能受压过度。

肩部另一个容易出现的问题是三角肌下滑囊炎。滑囊是结缔组织形成的一个封闭性的腔，在肌腱和与之相对移动的相邻骨骼之间。它提供了一个润滑表面，让肌腱可以直接滑过骨骼上的骨膜。滑囊炎是炎性反应，滑囊不能正常工作，从而这个区域的活动会导致疼痛和活动困难。弗兰克·赞恩就曾受肩部滑膜炎之苦，通过使用大量的维生素补剂、脊椎推拿医师的治疗以及轻量的训练，最后得以治愈。

肱二头肌腱炎是另一种常见的肩部问题，因为压力和摩擦，肱二头肌的肌腱在前后活动中产生了炎症。对待这类肩部疾病，像可的松这样的药物是经常使用的。

在肩部受伤的情况下，有时候可以用不同的角度去训练肩部——例如，将肩上推举改为俯身侧平举，来锻炼三角肌后头而不是前头——或者就直接使用局部充血法，握住很重的哑铃保持在身体外侧，这样可以保持三角肌的紧实和坚固。

胸肌

　　胸肌的拉伤经常出现在止于肱骨的一端（上臂）。因为很多人喜欢在凳子上使用尽可能大的重量，这种拉伤经常会与过度受压相关，比如用了过重的重量，也可能是没有充分热身造成的。

　　很大比例的胸部受伤也是由于技巧不够造成的。在做仰卧推举的时候将重量放下得太快会对整个胸肌结构造成突然、严重的拉扯。同样的，在做哑铃飞鸟时如果将哑铃放下得过快，也容易让胸肌受压过度，尤其是训练前没有经过好好的热身和拉伸，并且肌肉很紧的时候。

肱二头肌

　　肱二头肌的拉伤可以发生在肌肉的两个端点——在肩胛骨的起点，或者插入桡骨的止点上——或者肌肉本身的任何地方。对肱二头肌的压力可以是突发的或者累积性的。

　　肱二头肌相对较小，因为很多练习都会用到它们，所以比较容易被训练过度。除了肱二头肌和背肌的训练，其他任何拉的动作——不管是坐姿划船还是宽卧引体向上——也都要肱二头肌的参与。因此当肱二头肌受伤的时候很难绕过它们继续训练——太多不同的活动都需要它们。尽管如此，唯一可以让二头肌拉伤好转的方法就是让肌肉休息。

　　如果是非常严重的损伤，比如是肌肉完全的撕裂，必须采用外科手术进行结构修复。

肱三头肌

　　和二头肌及其他肌肉的拉伤一样，肱三头肌会受到同样类型的拉伤。另一常见的肱三头肌损伤是鹰嘴滑囊炎（鹰嘴是肘部的隆突点）。当你做比如臂屈伸的动作时，就会牵拉肱三头肌在肘部的插入点。如果太多的压力加在这个区域的滑囊上，就会引起炎症及灼烧感。

　　如果训练过度或者由于训练缺乏技巧，给予肱三头肌突然的压力，那么它们也会被拉伤。如果肱三头肌完全撕裂，必须通过外科手术对其进行结构修复。

肘部

当你做推举动作时，肘部会承受持续的压力。使用过重的重量或者不规范的训练技巧导致关节过度受压，从而出现急性损伤问题，除此之外，很多慢性损伤是经过成年累月的强度训练才逐渐出现，有时还会引发退行性关节炎。

类似的退行性问题也可能出现在其他关节，例如肩关节和膝关节。在早期，这种情况很难被察觉，因为发展的太缓慢以至于不能立即被注意到。一个症状就是逐渐增强的疼痛感，另一个症状是动作幅度逐渐减小。其中任何一种症状都会指示出肘关节内部结构的某种损害，如果任由其发展不去处理，最终可能导致不可复原性的损害。在肘部突然拉伤的情况中，同样可以使用如下治疗方法：休息、冰敷、抬高以及加压。

为了在举起很大重量时稳定肘关节，你可以将这个区域包裹起来，或者使用弹力带固定。

前臂

因为在大多数的练习中，你都需要依靠腕部和前臂来帮你抓住重量，你会频繁地同时收缩和拉伸这些肌肉。这经常会导致肌肉或肌腱的拉伤。

手掌向前，做拉或者弯曲的动作，比如引体向上、提铃或者反握弯举，都会让前臂处于一个力学上的不利位置，从而变得脆弱，很容易被拉伤。损伤通常出现在前臂伸肌的起点，接近肘部的位置；这就是通常说的网球肘。然而，这种动作也会拉伤前臂上部肌肉的任何位置。

由于在做反握弯举时前臂受伤得频繁，弗朗哥·哥伦布博士建议避免做这种练习，而换成只用反握腕弯举来锻炼前臂上部。

因为在很多不同的练习中你都需要用力去抓握，前臂的损伤可能变为慢性的。因此，一旦前臂被拉伤，就很难得到休息。

对待前臂肌肉的拉伤，除了休息这个方法之外，我发现针灸治疗可以帮助加速恢复。

受伤时的训练

为了恢复，让受伤的部位得到休息是绝对必要的，但是不可能每当受到了小的拉伤或扭伤就停止训练，尤其是面临比赛的健美运动员，他们需要寻找一些方法来继续训练，并且不能让损伤恶化。

寻找这些方法，没有捷径可循。需要实践经验来寻找，哪个动作会加重病情，哪个动作不会。1980年，在距离奥林匹亚先生比赛很近的时候我的肩膀受伤了，只要做传统的肩上推举，就会感觉疼痛。然而，我发现了我可以让手掌朝向脸部，做窄握推举，这样我就可以继续训练肩部而不加重受伤情况。也可以像我之前介绍的，使用哑铃通过局部充血的方法进行静力训练。

曾经有一位健美运动员拉伤了前臂，所以不能做杠铃弯举和器械弯举，但是通过不断试错，他找到了一个方法，将前臂转到某个角度来做锤击式弯举，这让他在训练时免受疼痛，同时可以恢复伤势。有时在前臂或肱二头肌受伤后，可以改变双手的姿势，用曲杆杠铃弯举来继续训练。

肱三头肌的损伤让大多数推举动作和臂屈伸动作都变得很困难。然而在肱三头肌拉伤的情况下，有一个练习仍然可以做，这就是俯身哑铃臂屈伸，因为这个练习中，除了在动作收尾处外，基本上肱三头肌是受压很小的。

通常，在轻度拉伤的情况中，如果你在正式对抗较大的阻力前，花时间多做一些热身和拉伸，还可以训练受伤区域。

记住，绕过伤处继续训练，有时是可能的，但有时就是不能。尤其是，如果出现严重的受伤，再想和原来一样进行训练是基本不可能的。相对于身体长久的健康，一时的肌肉效果绝对是次要的。在受伤时继续训练并造成伤势加重，可能会在日后留下永久性、致残性的身体问题。

天气寒冷时的训练

在天气寒冷时训练，需要格外小心来避免受伤。在温度低的时候，身体需要更长的时间变暖，所以在训练之前你应该投入更多的时间去做热身和拉伸。除此之外，在健身房里要穿得暖和一点，这样在训练的休息间隙中，你的肌肉才不会冷下来。

简要总结

健身中出现的损伤大多是由于肌肉或肌腱过度受压或被牵拉而导致的拉伤。适当的热身、拉伸以及正确的技巧都能够帮助防止拉伤。一旦出现拉伤，需要让受伤部位休息。其他帮助恢复的方法，包括冰敷、抬高患肢以及外部加压固定；后续处理中可以使用热疗等方法。如果程度较轻，通常不需要精确地找出到底是哪里拉伤了。你可以感觉受伤的大致区域，判断哪些动作会加重损伤，这样就可以避免使用到那些区域了。拉伤可能出现在并不真正工作、而只是在杠杆原理下进行收缩的地方。

大多数健身者的关节损伤，是由于长年累月的负荷和磨损造成的。这些问题的产生是慢性的。年轻的健身者往往训练强度非常大，没有注意到任何问题，但是在几年后，他们就要为自己对身体的滥用付出代价了。年轻人有更好的恢复能力，可以比年龄大的训练者更快地从受伤中返还。但当你年龄增大并一直坚持训练时，有些问题就不能掉以轻心了，那些在你年轻时不会让你受伤的运动方法，可能就会给你一次教训，经过多年牵拉的肌肉，也会在这时让你尝到苦头。这时调整训练方式也许会很好，因为你已经有了年轻时梦寐以求的魁梧体形了。

在营养方面，有时预防和治疗几乎是同一件事。这里有五个最常见的问题，还有一些对应措施可以帮助你继续进步。

肌肉僵硬、酸痛以及损伤

为了快速增长肌肉块头，很多健身者几乎愿意去做任何事情。很多人都忘了，肌肉块头的增长过程是肌纤维微小损伤的结果。所以，如果尝试让肌肉过快地生长，这个过程会导致酸痛、肌肉损伤甚至是再次损伤（如果尝试让受过伤的肌肉快速恢复）。营养物的补剂可以帮助预防以及治疗疼痛和损伤。蛋白质、蛋白质水解物、生物活性肽以及氨基酸都可以帮助肌肉生长。多酚可以改善循环来加速治愈过程。

关节疼痛及其他关节问题

在健身中，关节损伤是很常见的。在练习的压力下，你的关节——肩膀、肘部、膝盖、脚踝等——不能像肌肉反应得那么快，反应的方式也不相同。在你快速增长力量和块头的同时，关节不能像周围的组织那样很快地适应变化。最近好几种营养补剂都开始上市，他们在保护结缔组织和加速关节恢复上很有效果。这些制剂包含有葡糖胺、乙酰葡糖胺、软骨素、胶原蛋白以及必需脂肪酸。

饮食填充

当你开始一个全新的、更加艰苦的训练日程时，身体要突然作出调整以适应增加的训练强度。当你开始感觉到你的标准用餐不再能跟上你的节奏，有很多种补剂可以帮助你的身体对增加的训练强度做出调整。你要找的是一种补剂。最常用的补剂是：麻黄、西伯利亚人参（刺五加）、育亨宾、EPA 以及含有咖啡因的草本植物。

要注意的是：脱水

在强度训练的过程中，健身者面临严重脱水的危险，每一次你大幅度地调整你的训练计划，身体的水分管理就会出现适应问题。经常喝水。要知道通过特定营养补剂的帮助，再水合过程会非常有效地给你补充身体缺乏的矿物质。同样的，你一定要喝足量的水来冲掉被损坏的组织，以便可以建造新的组织。

我的免疫系统怎么了？

免疫系统的主要食物是谷氨酰胺。强度训练让身体承受着较大的压力，如果你还是继续训练，你也同时开始消耗体内的谷氨酰胺。提高训练强度的一个自然反应就是，你可能发现自己变得更容易生病。几种自然物质（主要是植物来源的）可以帮助身体抵抗或者至少能更有效地处理致病原。不用多说，你需要增补的第一样物质就是谷氨酰胺。其他可以帮助你的东西是——紫锥菊、人参、维生素 C 以及多酚。

最后的补充

训练中，受压的不仅是身体。精神对训练压力的反应和身体的一样剧烈。健身中，最重要的素质之一——虽然不容易量化——是你面对训练（和比赛）的正确精神状态。有几种补剂可以在这方面有所帮助，包括银杏、多酚以及磷脂酰丝氨酸（一种必需脂肪酸 DHA）。这些东西帮助你保持思维敏捷。